KB108219

디지털
중독자
들

디지털 중독자들

인터넷 의존증이
바꿔놓은 세상

베르트 테 빌트 지음 | 박성원 옮김

율리시즈

◆ ◆ ◆

디지털 세계의 완성을 위해
지금 우리가 하나씩 쌓아가는 계단이
미래의 세대에게 어떤 유익함을 줄 것인지
우리는 생각해봐야 한다.

— 재런 래니어 Jaron Lanier

《디지털 중독자들》의 한국어판 출간을 저자로서 무척 기쁘고 영광스럽게 생각합니다.

인터넷 중독이라는 주제와 관련해 독일의 학계와 현장에서 일하는 사람들은 이미 오래전부터 한국을 주시해왔습니다. 이는 한국에서 디지털 기술이 특별히 중요한 역할을 해왔고, 인터넷과 컴퓨터 게임의 남용 및 의존 문제가 매우 일찍부터 심각한 차원에 이르렀기 때문만은 아닙니다. 우리가 한국에 시선을 두어온 더 큰 이유는 한국이 인터넷 중독이라는 새로운 현상을 조기에 심각한 중독 질환으로 인식하고 이에 상응하여 대응해왔기 때문입니다.

한국의 연구자들은 인터넷 중독이 어떻게 유발되는지, 우리가 이를 어떻게 진단할 수 있는지, 인터넷 중독자와 그 가족을 어떻게 도울 수 있는지를 우리가 과거 어느 때보다 정확히 이해하는 데 결정적인 기여를 했습니다. 알려진 바에 따르면 한국에서는 이러한 정보를 실제로 현장에 투입하고 있습니다. 다수의 의료 기관이 인터넷 중독 치료를 특화했으며, 이 새로운 유행성 질환이 더욱 확산되지 않도록 효율적인 예방책을 강구해온 것으로 압니다.

하지만 우리는 디지털 혁명이 전 세계적으로 빠른 속도로 진행 중인 상황에 직면해 있으므로, 특히 예방 문제에 관하여 전 지구적 차원에서 단일한 견해를 시급히 정립해야 할 것입니다. 오늘날 모든 사람들은 어떻게 하면 자신과 배우자와 무엇보다도 자녀와 손자들을 인터넷 중독에서 보호할 수 있을까, 하는 문제에 지대한 관심을 갖고 있습니다. 이 주제를 바라보는 제 관점은 전적으로 세계적인 연구 현황에 기반을 두고 여러 문화의 견해를 조명하고 있지만, 특히 이 책에 담겨 있는 독일어권 치료 현장의 경험과 정보를《디지털 중독자들》의 독자들과 공유하고자 합니다.

독일어권 지역에는 독일을 비롯하여 오스트리아와 스위스가 포함되어 있습니다. 이 국가들은 정신병학, 정신신체의학, 심리치료 분야에서 오랜 전통을 지니고 있기에, 인터넷 중독자 치료에 있어서는 이미 괄목할 만한 발전을 이루어왔으며 다양한 예방책을 시행하고 있습니다. 예컨대 인터넷 중독자를 위한 온라인-응급서비스(OASIS)를 네트워크상에 직접 구축했으며, 우리가 진행하고 있는 디지털-디톡스-운동은 현재 대중에게 커다란 반향을 일으키고 있습니다. 일반인과 전문가들 모두가 지대한 관심을 보여준 이 책 또한 현재 독일어권에서 인터넷 중독 문제를 주시하도록 만든 데에 상당 부분 기여했다고 자부합니다.

저자로서《디지털 중독자들》이 인터넷 중독이라는 주제와 친숙한 한국에 다양하고 새로운 관점과 정보를 전달함으로써 독자들의 시야를 확장시키기를 기대해봅니다. 또한 이 책이 인터넷 중독이라는 중요한 주제와 관련하여 독일과 한국 양국 간의 활발한 교류에 기여할 수 있다면 더없이 기쁠 것입니다. 마지막으로 저는 한국 독자들의 피드백이 무척 기대됩니다. 이 책이 한국에서 출간될 수 있도록 힘써준 독일의 드뢰머 출판사Droemer-Verlag와 한국의 율리시즈 출판사에 진심 어린 감사의 말씀을 드립니다.

2017년 3월 9일

베르트 테 빌트

머리말

미디어라는 것에 빠져 대부분의 시간을 보내는 바람에 아버지와 심한 언쟁을 벌인 적이 잦았다. 인터넷이 처음 세상에 등장한 1969년에 태어난 나는 80년대 말 아버지와 미디어가 인간에 미치는 악영향을 놓고 설전을 벌일 때만 하더라도 인터넷에 대해서는 전혀 몰랐다. 당시 아버지를 끊임없이 격분하게 만들었던 것은 세상에 나온 지 30년도 더 되었지만 채널수는 여전히 3개에 머물러 있던 TV였다. 그래도 TV는 당시 사람들에게 가장 중요한 미디어였다.

아버지가 미디어를 부정적으로 생각했던 이유는 그것이 사람들을 멍청하게 만들고 사람들의 생각을 조종한다고 여겼기 때문이다. 반면 나는 미디어는 사람들의 머릿속에 이미 들어 있는 것을 반영해줄 뿐이라고 생각했다.

만약 그 당시 내게 심리학에 관한 지식이 있었더라면 미디어는 사람들이 투영하는 것만을 내포한다는 사실을 아버지께 알려드릴 수 있었을 것이다. 미디어의 모든 내용은 어떤 식으로든 사람에게서 나온 것이다. 하지만 사람이 가장 깊숙한 내면을 미디어에 옮겨놓는 과정에서 미디어는 자체적으로 역동성을 띠게 되었다. 미디어의 이러한 역동성은 인터넷이 등장하면서 과거에 아버지와 내가 꿈도 꾸지 못했을 정도까지 발전했다.

90년대 말 대학 졸업을 앞두고 나는 인간과 미디어 간의 상호작용을 학문적으로 연구하기 시작했다. 의학을 전공하겠다고 마음먹은 이유는 심리치료를 하는 의사가 되고 싶었기 때문이다. 그런데 연구 과제를 선택하는 과정에서 심리치료와 미디어를 연관 지어 연구할 기회가 주어졌다. 당시만 하더라도 나는 미디어가 의존증을 유발할 정도로 인간에게 강력한 영향을 미칠 수 있다고는 생각하지 못했다. 하지만 일반 가정에 인터넷망이 급속히 보급되고 개인 및 업무상 커뮤니케이션의 주된 무대가 인터넷으로 옮겨가는 것을 지켜보면서, 정신 활동의 무대 또한 점차 인터넷으로 옮겨질 것이며 이에 따라 정신 질환 현상과 심리치료에 대한 수요가 늘어날 것임을 쉽게 예상할 수 있었다. 또한 디지털 미디어는 인간의 감정과 사고와 행동에 긍정적인 영향뿐만 아니라 부정적인 영향도 미칠 것이라는 생각도 들었다.

그래서 2002년 하노버 의과대학 부속병원에 '미디어 관련 정신 장애가 있는 이들을 위한 상담'을 개설했다. 이렇게 장황한 명칭을 지은 이유는, 과도한 인터넷 사용의 결과는 다양한 방식으로 나타나겠지만 특히 이미 알려져 있는 여러 가지 정신 장애로 나타나리라고 생각했기 때문이다. 그런데 놀랍게도 실제로 상담을 받으러 온 이들은 모두 미디어 사용과 관련해 단 하나의 증상만을 호소했다. 바로 인터넷 의존 증상이었다.

이러한 현상은 내가 2012년 보훔^{Bochum}에 있는 루르^{Ruhr}대학 LWL-

대학병원 심신의학 및 심리치료학과에 개설한 미디어 전문 외래진료 클리닉의 경우도 마찬가지였다. 내가 과다한 인터넷 사용으로 고생하는 사람들을 임상적으로 치료하고 이를 학술적으로 연구한 지는 올해로 12년째다. 이제 국내외 전문가들도 인터넷 의존증이 일종의 중독 질환에 속하는 독자적인 병증이라는 사실을 인식하기 시작했다. 내가 이를 분명히 확신할 수 있었던 것은 수년간의 치료 및 연구 과정 동안 나를 신뢰해준 인터넷 의존 환자들, 그리고 무엇보다도 임상치료와 연구 활동을 함께해준 동료들 덕분이다.

불과 몇 년 전만 해도 학회에 참가할 때마다 우리는 인터넷 의존과 관련된 일을 한다는 이유로 많은 비웃음과 비판을 받았다. 오늘날 인터넷 의존증은 전문가들 사이에서 점점 관심의 대상이 되고 있으며, 최근 들어 독자적인 병증으로 공식적으로 인정받기도 했다. 인터넷 의존증 중 가장 흔한 형태인 온라인 게임 의존증은 2013년 국제적으로 명망 있는 의사와 심리학자들로 구성된 학술 단체에서 연구 가치가 있는 대상으로 인정받았다. 하지만 온라인 게임 의존증이 질환으로 완전히 인정받기까지는 아직 갈 길이 멀다. 온라인 게임 의존자와 가족들은 여전히 전문적인 치료와 지원을 받기가 수월하지 않은 상황이다. 오늘날 인터넷과 컴퓨터 게임의 과다 사용과 관련하여 어디부터 치료가 필요한 정신 질환에 해당하는지, 이를 예방하려면 어떻게 해야 하는지 궁금해하는 사람들이 늘고 있다.

이 책은 인터넷 의존증 여부를 어떻게 알 수 있는지, 또 어떻게 치료할 수 있는지 알고 싶은 사람들을 위한 것이다. 또한 인터넷 의존증이라는 새로운 중독 질환의 예방법을 알리기 위해 발생 조건도 상세하게 다루었다. 하지만 그 목적이 인터넷을 비난하는 것은 결코 아님을 강조해야겠다. 나 자신도 인터넷 없이 살고 싶은 생각은 없다. 여기서 말하려는 것은 비판적인 시각을 지녀 디지털 혁명에 동참하고 디지털 미디어를 사려 깊게 사용하자는 것이지, 인터넷을 근본적으로 비판하자는 것이 아니다. 하지만 누군가 내게 현재 우리 사회가 디지털 혁명의 결과를 지나치게 우려하는지, 아니면 너무 가볍게 여기는지를 묻는다면 내 대답은 명백하다. 현재 우리 사회는 특히 자녀들의 미래를 지나치게 낙관적으로 생각하는 경향이 있다. 이 책에서 특히 인터넷의 부정적인 측면을 논할 때, 이는 의사이자 심리치료 전문의로서 인터넷 의존 환자들을 대하면서 얻은 경험을 바탕으로 한 것이다.

이 책으로 더 많은 사람들이 인터넷 의존증이라는 새로운 질환의 위험을 심각하게 생각해보고 이에 효과적으로 맞설 수 있었으면 좋겠다. 또한 급속도로 치닫고 있는 디지털 기술의 발달이 어느 순간 반대 운동을 끌어내 우리가 아날로그적 삶을 되돌아보고 사람 대 사람으로 직접 만나며 자연과 문화 안에서 교류할 수 있기를 바란다. 독자로 하여금 현실 세계*에서 타인과 함께 사는 삶의 중요성을 생각하게 하는 계기가 된다면 더없이 기쁘겠다.

---

* 나는 사이버 공간의 '버추얼 리얼리티Virtual Reality', 즉 가상현실도 하나의 현실이라는 것을 알고 있다. 그런데 '버추얼'이라는 형용사에는 '인공의', '~인 척하는' 혹은 심지어 '실제가 아닌'이라는 의미도 포함돼 있다. 이런 의미에서 '버추얼 리얼리티'에는 독특한 모순이 숨어 있다. 나는 사람들이 사이버 공간의 가상현실이 구체적인 현실 세계만큼 똑같이 현실적이라고 말한다고 이러한 모순이 해소될 것이라고는 생각하지 않는다. 바로 이런 점에서 나와 인터넷 신봉자들 간의 입장은 근본적으로 다르다. 나는 인공적인 가상세계와는 본질적으로 다른 현실감 또한 필요하다고 생각한다. 분명 이 세상에는 다양한 현실이 존재하지만 새로운 디지털 현실 저편에는 구체적이고 세속적이며 사실적인 아날로그 현실이 존재한다. 이러한 아날로그 현실이 진정한 현실임을 이야기하고 싶다.

차례

4장. 중독에서 벗어나는 길_ 치료

5장. 우리는 조치를 취할 수 있다_ 예방

6장. 인터넷 컬트_ 디지털 미디어는 '구원의 약속'인가?

네트워크화, 과도한 게임,
그리고 잃어버린 것들

세상은 디지털 원주민들의 것이다! 이는 우리 사회 어디에서나 들을 수 있는 슬로건이다. 이 슬로건에 따르면 디지털 이주민 세대는 디지털 원주민을 도저히 좇아갈 수 없다. 인터넷과 함께 성장하지 못한 세대이자 우리 중 대다수가 속하는 이른바 디지털 이주민 세대는 어쩌면 인류가 사이버 공간으로 이주할 때 그 행렬 속에 끼지 못할 수도 있다. 사람들은 디지털 미디어를 목적에 따라 악용하는 정치권과 기업들을 비판하기도 하지만 디지털 원주민에게 삶의 공간인 인터넷은 감히 어떤 비판도 받아서는 안 되는 고귀한 존재다.

하지만 이러한 태도는 분명 잘못된 것일 뿐만 아니라 위험하기까지 하다. 디지털 미디어를 일방적으로 미화하기 때문이다. 많은 부모들이 아날로그 세계에서 자녀가 달성해야 할 중요한 과제를 등한시한 채, 지나치게 일찍부터, 지나치게 오랜 동안 디지털 영상 매체 앞에 자녀들이 앉아 있는 것을 방치하는 이유도 바로 이러한 관점 때문이다.

이 모든 건 디지털 원주민의 빛나는 미래를 위한 것이라 말하면서 우리는 자녀의 디지털 미디어 사용을 통제해야 할 책임을 너무 쉽게 던져버린다. 최근 들어 점점 많은 사람들이 인터넷이라는 멋지고 새로운 세계를 아무런 비판 없이 대하고 있다. 왜까? 디지털 세대의 추세를 좇아가지 못할까봐 두려워서일까? 인터넷의 위험에 대한 정보가 부족해서일까? 아니면 상황을 바꾸기 위한 조치를 취하기에는 우리 스스로가 너무 안일해진 탓일까?

세상을 주의 깊게 살펴보는 사람라면 누구나 지금의 우리 사회가 디지털 미디어와 관련돼 무언가 근본적으로 잘못되었음을 감지하고 있을 것이다. 디지털 미디어를 통해 타인과 과다하게 커뮤니케이션하고 난 다음 친한 이와 함께 그저 조용히 시간을 보내고 싶다는, 울적한 기분을 느껴보지 못한 사람이 어디 있겠는가? 컴퓨터 게임을 압수당한 아이들이 미친 듯 분노하는 모습을 한 번도 못 본 사람이 어디 있겠는가? 스마트폰에 집중하느라 오가는 차들도 보지 못하고 위험천만하게 길을 건너는 청소년과 마주쳐본 적이 없는 사람이 있을까? 이제 인터넷 의존현상은 어디에서나 볼 수 있는, 더 이상 간과할 수 없는 문제가 되어버렸다.

나는 많은 독자들이 이 책을 읽고 나서 디지털 모니터에서 시선을 돌려 아날로그 세계를 돌아보고 자신이 해야 할 일을 깨닫기를 바란다. 단언하자면 오늘의 디지털 원주민은 내일의 디지털 폐인이 될 확률이 점점 커지고 있다. 어쩌면 발전적인 미래에 동참하지 못하고 도태될 이들은 디지털 이주민이 아니라 바로 디지털 원주민일지도 모른다. 인터넷을 활용하지 못하고 의존하는 사람들은 디지털 혁명의 승자가 아니라 패자다.

네트워크화!

의존의 위험을 외면하다

우리가 인터넷 의존증의 위험을 눈먼 사람처럼 인식하지 못하는 결정적인 이유는 사회 전체가 이미 오래전부터 디지털 미디어에 집단적으로 의존하고 있어 개개인의 사례가 부각되지 않기 때문이다.

이는 알코올 중독과 마찬가지다. 나는 인터넷 의존을 알코올 중독과 비교해야 하는 상황까지 오지 않기를 진심으로 바랐다. 하지만 이제 이 둘의 유사점은 매우 명백해졌다. 알코올은 우리 문화의 일부다. 다른 한편으로 알코올 의존은 니코틴 의존을 제외하면 독일어권 국가에 가장 만연해 있는 중독 질환이다. 다시 말해 알코올 의존은 독일어권 국가에서 가장 흔하게 접할 수 있는 정신 질환인 것이다. 사람들은 이러한 사실을 외면하고 싶어 한다. 대부분 알코올음료를 일종의 문화적 재화로 여기기 때문에 알코올에 내재된 위험성을 간과한다.

한번 솔직해져보자. 여름에 축제가 열리면 사람들은 대부분 시원한 맥주를 마시며 즐거운 시간을 보낸다. 무언가 축하할 일이 있을 때마다 우리는 한 잔의 샴페인을 마시며 축배를 든다. 친한 사람들과 둘러앉아 정찬을 할 때에는 와인이 빠질 수 없다. 식사를 마치고 나면 소화를 돕기 위해 화주火酒를 마신다. 이런 자리에서 술을 거절하는 이는 거의 없다. 알코올에 의존될 위험은 아예 생각지도 않는다. 근본적으로 알코올을 입에 대지 않는 사람은 알코올에 중독된 경험이 있거나, 가족 때문에 알코올 중독을 간접적으로 체험했거나, 종교적인 이유로 알코올 자체를 자제하는 사람들뿐이다. 한자리에 둘러앉아 시원한 맥주를 마시고 와인을 즐기는 분위기에 동참하지 않기란 결코 쉬운 일이 아니다. 음주를 즐기는 사회에서 개인이 집단의 압박에서 벗어나 생활하기 어려운 것은 모든 이들이 경험하는 바다.

인터넷도 이와 다르지 않다. 당신은 분명 누군가로부터 왜 이메일을 금방 확인하지 않느냐는 원성을 들어본 적이 있을 것이다. 혹은 페이스북 등 특정한 소셜 네트워크 활동을 하지 않는다는 이유만으로 그룹 전체에서 완전히 찬밥 신세가 된 듯한 느낌을 받은 적도 있을 것이다. 아니면 자녀 방에 인터넷망을 설치해주지 않고 스마트폰을 사주지 않아 자녀들이 인터넷에 접속할 수 없어서 친구들과 어울릴 수 없다는 푸념을 한 번쯤은 들어보았을 것이다.* 이러한 집단 압력은 오래전부터 젊은이뿐만 아니라 노년층도 느끼고 있는 문제다. 오늘날 우리 사회에서 컴퓨터와 인터넷을 다루지 못하거나 그럴 의향이 없는 사람들은 소외되고 웃음거리가 된다고 느낀다.

어떤 서비스나 제품은 온라인으로만 구입이 가능하기도 하다. 오늘날 사회에서 일어나는 모든 논쟁에 참여하려면 마음에 들든 들지 않든, 인터넷을 사용할 수밖에 없다. 결국 집단 압력이 승리한 것이다. 따라서 독일어권 국가의 구성원 중 90퍼센트 이상이 인터넷망에 연결돼 있다는 사실은 전혀 놀랍지 않다. 이제 인터넷을 사용하지 않고는 어느 누구도, 아무것도 할 수 없다.

하지만 다른 한편으로 알코올 의존과 인터넷 의존 사이에는 차이가 있다. 알코올과는 달리 인터넷은 즐거움을 위한 기호품에 그치지 않고 세상을 가꾸어가는 수단이기도 하다. 이제 정치와 경제, 교육 및 노동 제도는 인터넷 없이는 제 기능을 하기가 어려워졌다. 하루아침에 모든 알코올이 사라진다면 거대한 산업 하나가 붕괴되기는 하겠지만

---

* 페이스북 사용 규정에 따르면 만 13세가 되어야 페이스북에 가입할 수 있다는 사실을 모르는 부모가 많다. 독일 인터넷상의 신뢰 및 안전에 관한 연구소(DIVISI)의 연구 결과에 따르면 9세 이상 13세 이하 아동의 36퍼센트가 날마다 페이스북을 사용한다고 한다.

우리의 사회적, 정치적 삶은 아무 영향을 받지 않을 것이다. 반면 인터넷 전체가 하루아침에 붕괴된다면 이는 사회가 붕괴되는 것이나 다름없을 것이다. 지극히 많은 절차를 디지털 기술에 의존하고 있으며 얼마 전까지 삶을 지탱해준 다수의 아날로그 요소를 잃어버렸기 때문에, 인터넷이 붕괴되기라도 하면 우리는 손도 써보지 못하고 당할 수밖에 없다. 바로 이 때문에 모두가 조금씩 더 인터넷에 의존하게 된다는 사실을 인식하는 사람이 없는 것이다.

이처럼 인터넷에 완전히 발목 잡혀 있으므로 우리는 디지털 기술이 약속하는 것만 바라보고, 그로 인해 무엇을 포기하고 무엇을 놓쳐버리는지는 간과한다. 혹 우리는 이미 이런 것들을 사실상 모두 포기했고 놓쳐버린 것은 아닐까? 우리가 다수의 개인이 미디어 사용 통제 능력을 완전히 상실하고 좁은 의미의 인터넷 의존의 희생자가 되는 현실을 외면하는 이유도 바로 이런 사실을 인정하기 싫어서다. 음주를 권하는 사회가 알코올 중독의 집단적 피해를 외면하고 싶어 하듯, 인터넷 공동체도 인터넷상에서 삶을 내동댕이쳐버리는 젊은이들을 외면한다. 자기 행동에 의문을 제기할 필요가 없도록 인터넷 의존의 위험성이라는 것을 시야 밖으로 밀어내버린다. 음주 문화와 인터넷 문화의 귀찮은 혹 같은 희생자들 때문에 공연히 자신의 즐거움을 망쳐버릴 마음이 없는 것이다.

유감스럽지만 부모도 마찬가지다. 하루 종일 거실에 텔레비전을 틀어놓는 부모가 자녀에게 저녁마다 혹은 주말 내내 컴퓨터 게임을 하면 해롭다고 아무리 말한들, 먹히지 않을 것이다. 틈만 나면 스마트폰 화면을 들여다보며 자판을 두드리는 부모는 자녀에게 전자 기기를 합리적으로 사용하도록 교육하기 힘들다. 자녀와 얼굴을 맞대고 재미있는 일을 도모하거나 이야기 나눌 생각은 하지 않고 틈만 나면 영상 매체만 보고 있는데, 자녀라고 하고 싶은 게임을 굳이 참아야겠다는 생각이 들겠는가? 그러니 자녀를 위해서라도 자신의 즐거움은 잠깐 뒤로하고 가끔은 미디어 사용에 선을 그어야 하지 않겠는가.

과도한 게임!
자녀의 미래를 위험하게 만드는 어른

인간에게 즐거운 오락을 능가하는 것은 없다. 단 과거와는 달리 오늘날 즐거운 오락이라고 말할 때는 무엇보다 영상 매체를 지칭하는 것이지만 말이다. 오락이란 항상 놀이와 관련이 있고 놀이는 인간의 본성이다. 이는 아이뿐만 아니라 어른에게도 해당한다.

호모 루덴스Homo ludens라는 라틴어는 인간이 본래부터 '놀이하는 사람'이라는 의미로, 컴퓨터 게임 업계에서 특히 좋아하며 자주 인용하는 용어다. 컴퓨터 게임 업계는 이를 무기 삼아 자신들의 어마어마한 성공 스토리에 대한 비판과 맞선다. 2013년 독일 컴퓨터 게임 업계의 연매출은 26억 5천만 유로에 달해 유럽 최대의 컴퓨터 게임 시장임을 보여주었다. 컴퓨터 게임 생산업체들에게 로비는 사활이 걸린 중요한 문제다. 이들은 도박 업계의 로비스트와 마찬가지로 베를린과 브뤼셀의 고위 정책 결정권자들을 대상으로 적극적인 로비활동을 벌인다. 게임을 하고 판매하고자 하는 사람들의 욕구가 이제는 정치적으로 중요한 이슈가 된 것이다.

인류의 역사를 돌아보면 놀이로 사람들을 의존 상태에 묶어둔 사례는 매우 많다. '빵과 놀이'라는 관용적 표현은 이러한 맥락을 매우 정확히 표현하는데, 그 유래는 검투 시합이 벌어지던 시대로 거슬러 올라간다. 빵과 놀이란, 어떤 민족에게 먹을 것과 놀 거리를 제공해주면 그 민족을 손에 넣고 마음대로 휘두를 수 있다는 의미다. 과거와 마찬가지로 오늘날의 독재자도 자신의 지휘 아래에 있는 군중의 기분을 계속 들뜨게 하려고 올림픽 개최라는 카드를 이용한다. 오늘날 돈으로 동의나 복종을 얻어내기는 힘들어졌다. 현재 우리는 검투 시합의 최신 형태를 미디어를 이용해 즐긴다. 〈독일은 슈퍼스타를 찾아 나섰다〉 혹은 〈독일의 차세대 톱모델〉이라는 제목으로 텔레비전에서 방영되는 캐스팅 쇼, 〈헝거 게임〉 등의 소설과 영화, 〈스파르타쿠스〉 등의 텔레비전 시리즈물, 〈로마〉 등의 컴퓨터 게임 등이 그 예들이다.

놀이 욕구를 충족시킴으로써 사람들의 마음을 사로잡기 위해 미래에는 점점 더 정교한 기술이 요구될 것이다. 1932년 올더스 헉슬리 Aldous Huxley는 미래 세계에 관한 소설《멋진 신세계》에서 국가 권력이 시민에게 끊임없이 오락거리를 제공함으로써 시민들을 의존 상태로 만드는 미래 세계를 예견한 바 있다. 이 소설은 자본주의 원칙을 따른다. 현재 자본주의의 잠정적인 승리로 점점 많은 사람들이 모든 욕구를 즉시 충족하는 것이 당연한 권리인 듯 생각하며 사는 것처럼.

지금 우리는 마치 굶주림이 존재하지 않는 것처럼 살고 있어 마음 편하게 즐기고자 하는 욕구, 즉 놀이 욕구의 중요성이 한층 커졌다. 동시에 세계화 시대를 사는 우리는 불과 몇 년 전보다 훨씬 오랫동안 훨씬 강도 높게 일을 한다. 따라서 여가시간은 최대한 즐거운 놀이를 하며 보내야 한다. 그렇지 않은가? 또한 월요일 아침에 다시 힘차게 시장경제의 일원으로 활약하기 위해 퇴근 후 저녁시간과 주말 동안은 최대한 즐겁게 놀고 기분 전환을 할 의무까지 안고 있다. 이런 점에서 경제적 성공에 대한 압박감이 지극히 높은 한국과 중국 같은 나라에서 컴퓨터 게임 의존증이 만연하는 것은 당연한 일이다.

실제로 온라인 게임 의존증은 전 세계적으로 인터넷 의존증 중 발생률이 가장 높다. 또한 현재 컴퓨터 게임 산업처럼 성장률이 높고 변화가 많은 분야는 찾아보기 힘들다. 이와 관련해 다수의 경제 집단과 로비스트, 정치인들이 상호간의 불명예스러운 유착 관계를 간과하거나 은폐한다는 사실은 명백하다. 우리는 알코올이나 담배, 도박 시장을 규제하려는 움직임이 있을 때마다 기호품 산업과 이에 종속돼 있는 광고업계가 얼마나 막강한 힘으로 맞서는지 잘 알고 있다. 인터넷 시대의 다양한 기호품과 관련해서도 정확히 이와 동일한 일들이 벌어지고 있을 것이다. 아무리 부인하려 해도 이는 분명한 사실이다.

이 문제에 있어 모든 것이 잘되기를 바라는 순수한 마음으로 손 놓고 있을 수만은 없다. 특히 자라나는 세대를 생각하면 더욱 그렇다. 중독 물질과 접촉하는 나이가 어릴수록 중독 위험이 높아진다는 사실은 학술적으로 증명돼 있다.* 이는 무엇보다도 온라인 게임에 정확히 적용된다. 온라인 게임이 중독될 수 있는 기호품이라는 사실은 의심의 여지가 없다. 따라서 우리는 이런 시각으로 온라인 게임을 대해야 한다.

아마도 컴퓨터 게임 의존자들은 인터넷상에서 게임하며 많은 시간을 보냈기 때문에 성인으로 살아갈 준비가 되어 있지 않을 것이다. 어쩌면 자신에게 주어진 사회의 요구를 충족시킬 수도 없고 충족시키고픈 마음도 없어, 사회에 편입되기를 꺼리고 거부하는 것일 수도 있다. 이 두 현상은 모순되는 것이 아니라 서로 맞물려, 마치 동전의 양면같이 연결돼 있다. 또한 이런 현상은 자녀에게 성적에 대한 압박을 가하면서도 다른 한편으로는 오랫동안 게임을 하도록 놔둠으로써 아이들의 미래를 방치하는 어른들과도 연관 있다.

---

* 이는 비단 알코올과 니코틴 등의 물질에만 국한되지 않고 도박 중독에도 해당한다. 이를 증명한 사람은 심리학자이자 게임연구가인 마크 그리피스Mark Griffiths다. 그는 일찍이 컴퓨터 게임과 인터넷 의존에 대해서도 연구한 바 있다.

우리가 잃은 것!

얼마나 많은 사람들이 인터넷에 의존하고 있나

디지털 혁명을 우려하는 이유는 무엇보다 자라나는 세대의 미래를 염려해서다. 지금은 자칫하면 과거의 실수를 되풀이할 수도 있는 상황이다. 산업혁명 과정에서 좀 더 현명했더라면, 현재 지구를 위협하는 심각한 환경 문제는 발생하지 않았을지 모른다. 물론 전자 미디어가 미래의 삶을 어떻게 긍정적으로 변화시킬지 상상하는 것은 좋다. 하지만 그 때문에 나타날 부정적인 결과에 대해서도 진지하게 생각해야 한다. 그래야만 디지털 시대의 미래와 관련해 정말로 현명한 결정을 내릴 수 있다. 물론 걱정한다고 해서 인터넷이 초래할 모든 위험을 없앨 수는 없다. 하지만 가장 큰 위험, 즉 인터넷 의존에 대항하는 조치는 취할 수 있지 않을까.

이와 관련해 우리는 '명백하게 인터넷에 의존하는 사람'과 '인터넷 사용에 문제가 있는 사람'을 구분하는데, 이들의 숫자는 실로 경각심을 불러일으킨다. 2011년 뤼벡Lübeck 대학의 한스-위르겐 룸프Hans-Jürgen Rumpf와 그의 팀은 14세 이상 64세 이하 독일시민 1만 5,000명을 무작위로 추출하여 전화로 방대한 규모의 설문 조사를 진행했다. 독일연방보건부의 재정 지원을 받아 진행된 핀타-연구PINTA-Studie 결과 독일시민 중 1퍼센트 정도가 인터넷 의존증을 보이는 것으로 드러났다.* 독일의 인구를 8,000만 명으로 보면 현재 독일 내 인터넷 의존자

---

* 내게 여러 차례 토론을 제안해온 인터넷 업계와 컴퓨터 게임 업계 대표들은 이 수치를 축소하려고들 한다. 이들은 인터넷 의존자의 수치와 관련하여 국민 중 1퍼센트라는 수치는 그다지 심각하게 여길 필요가 없는 소수라는 의견을 이미 몇 번이나 피력한 바 있다. 하지만 해당 연구 결과 인터넷 사용에 문제가 있거나 병적인 인터넷 의존자에 해당한다고 밝혀진 국민의 수는 정신분열증 환자보다 많다. 그런데 정신분열증에 대해서는 누구도 해당 질환을 심각하게 여길 필요가 없는 것이라고 주장하지 않는다.

의 수를 80만 명으로 추산할 수 있고, 이 수치를 다른 독일어권 국가로 확대 적용해보면 오스트리아와 스위스의 인터넷 의존자는 각각 8만 명씩이다. 14세 미만 청소년의 인터넷 의존율도 증가 추세에 있는데, 이들은 연구 대상에 포함돼 있지 않다. 따라서 이를 감안하면 독일어권 국가만 하더라도 인터넷 의존자는 적어도 100만 명이 넘는다.

이에 관한 장기적인 연구 결과는 없지만, 지금까지의 수치를 토대로 보면 해당 질환의 발생 건수는 계속 증가할 것으로 보인다. 오늘날 소아와 청소년들은 점점 더 일찍부터 더 오랜 시간을 디지털 미디어를 사용하며 보내기 때문이다. 핀타-연구 결과에 따르면 14세 이상 24세 이하는 2.4퍼센트, 14세 이상 16세 이하는 4퍼센트가 인터넷 의존증에 해당한다. 이 수치는 명백한 의존증에 해당하는 사람들만 포함시킨 것이다.

알코올 중독과 마찬가지로 인터넷과 관련해서도 의존증(병적 인터넷 사용)과 남용(문제가 있는 인터넷 사용)을 구분한다. 이와 관련하여 유념할 것은, 공인된 물질 의존의 경우 남용 단계부터 확실한 진단을 내림으로써 엄연한 질환으로 간주한다는 점이다.

인터넷 남용에 해당하는 사람들은 이미 전형적인 중독행동을 보이지만 아직은 당사자의 삶을 심각하게 훼손하지는 않은 상태다. 단, 이들에게는 좁은 의미에서 의존증을 일으킬 위험이 항상 도사리고 있다. 핀타-연구에 따르면 14세 이상 64세 이하의 독일인 중 4.6퍼센트가 인터넷 의존이 아닌 인터넷 남용의 기준을 충족하고 있다. 이 수치를 독일 인구에 적용해보면 약 360만 명이나 된다. 지금까지의 수치를 종합하면 아무리 조심스럽게 예측하더라도 독일어권 국가에서 인터넷 사용에 문제가 있거나 병적으로 사용하는 사람들은 500만 명이 넘는다는 어마어마한 결과가 나온다.

Chapter 1

남용에서
중독까지
: 진단

20대 초반의 여성이 먼 도시에서 일자리를 구한 남편을 따라 이사를 했다. 얼마 후 그녀는 임신을 했지만, 의도치 않게 유산한다. 그 후 둘의 관계는 깨졌고 결국 헤어졌다. 그녀는 부모님 집으로 돌아가고 싶지 않았으므로 집에서 멀리 떨어진 낯선 도시에서 새출발을 하기로 마음먹었다. 하지만 그곳에서는 누구와도 접촉할 기회가 없었다. 일자리를 구하지도 못했고, 새로운 친구도 사귀지 못했다. 그녀는 외로움과 슬픔에 빠져 집에만 머무르며 줄곧 인터넷에 접속해 시간을 보냈다. 그녀는 온라인 롤플레잉 게임RPG 속에서 다른 게임 유저들과 함께 가상의 세계를 건설함으로써 우울한 현실에서 벗어나려 했다. 하루에 열두 시간 이상 게임에 매달릴 때도 많았다. 그녀가 보여준 치료일기에는 당시 상황이 이렇게 적혀 있다.

'그러고 나서 나는 인터넷을 알게 되었고, 나를 보호해줄 공간을 만들었다. 네모난 모니터 속에서 나는 다시 의미 있는 사람이 되었다. 나는 가면을 쓰고 새로운 세상으로 뛰어들었다. 그곳에서 롤플레잉 게임이라는 것을 알게 되면서 비로소 다시 생기를 되찾았다. 하지만 인터넷에서 아무리 게임을 해도 일상에서는 어떠한 변화도 없었기에, 어느 순간부터는 가면을 쓰고 있는 것조차 힘들었다. 나 자신과도, 다른 누구와도 원만히 지낼 수 없었으므로 잠을 자지도, 먹지도 못했다. 내가 숨 쉬고 있었던 것은 단지 컴퓨터 앞에 앉아 있기 위해서였다. 나를 이해하고 사랑해주는 사람은 단 한 명도 없었기 때문이다.'

당시 그녀가 빠져 있던 게임의 내용은 중세 네덜란드에서 사업을 하는 것이었다. 해당 게임 속에서 그녀는 다양한 캐릭터를 수행했는데, 특히 남성의 역할을 자주 맡았다. 심지어 오랫동안 사장 역할을 맡기도 했다. 시간이 갈수록 게임은 그녀를 지배하기 시작했다. 냉장고에 무언가를 가지러 가거나 동네 앞 상점을 다녀오느라 잠깐 컴퓨터 앞을 떠나 있기라도 하면 게임이 머릿속에서 떠나지 않아 점점 더 마음이 불편해졌다.

밤낮없이 게임 캐릭터의 가면 뒤로 자신을 숨겼기 때문에 그녀는 자신과 바깥세상을 향해 시선을 줄 틈이 없었다. 그러다 어느 날 문득 자신이 누구인지 도대체 알 수가 없어졌다. 그녀는 현실적인 자아, 생존을 위한 육체의 기본적인 욕구, 경제 여건을 전혀 돌보지 않고 있었다. 퇴거 소송을 당해 거리에 나앉게 되어서야 비로소 도움을 요청했다. '나는 마지막으로 남은 힘을 다해 부모님에게 전화를 걸어 나를 지옥 같은 게임에서 구해달라고 부탁했다. 누가 제발 이 공포영화 같은 현실을 좀 중단시켜주세요!' 결국 부모가 와서야 그녀는 게임과 형편없는 생활공간, 아무 연고도 없는 도시에서 해방될 수 있었다.

부모는 딸을 내가 재직하던 병원에 입원시켰다. 그녀는 정신과 병동에서 향정신성 의약품의 도움을 받아 위급한 상황에서 벗어났고 다소 안정을 찾은 뒤 심리치료 병동으로 이송되었다. 심리치료 병동에서 지내는 동안 눈에 띄는 증상이 하나 나타났는데, 그것은 바로 그녀가 병원 직원과 다른 환자들을 대할 때 마치 한 사람 속에 여러 인격이 존재하는 듯 매우 다른 행동을 하는 것이었다. 실제로 이 환자에게는 다중 인격 장애라고도 불리는 해리성 정체성 장애가 있었다. 주변 사람들이 그녀에게서 인식하는 정체성의 조각은 그녀가 온라인 게임에서 수행한 캐릭터들의 모습과 매우 유사했다.

12주간 치료를 통해 밝혀진 사실은 그녀의 경우 온라인 롤플레잉 게임에 의존하기 전부터 이미 정체성이 불안정했다는 점이다. 병동에서 치료를 받으며 인터넷과 떨어져 있는 기간이 길어질수록, 그리고 현실 세계의 사람들과 직접 접촉을 하는 횟수가 많아질수록 그녀가 쓰고 있던 가면들이 하나씩 벗겨져 나갔다. 이리하여 그녀는 '미디어 관련 정신 장애가 있는 이들을 위한 상담'을 받는 첫 여성 환자가 되었다. 나와 상담하는 자리에서 그녀는 치료를 받는 동안 썼던 일기를 주면서 책에 인용해도 된다고 허락해주었다(이 책에 소개되는 질병과 치료 사례는 환자들의 동의를 받은 것으로, 익명성을 보호하기 위해 내용의 핵심을 변화시키거나 극적으로 과장하지 않는 범위 내에서 이야기를 다소 각색했다).

그녀의 병력에서 특이한 사항은 의존 증상을 보였던 컴퓨터 게임이 상업적인 게임이 아니라 단지 수백 명의 유저들이 인터넷상에서 완전히 자유로운 의사소통을 하며 만들어낸 게임이라는 것이다. 다시 말해 해당 게임은 순전히 게임 유저들의 상상에 기반을 두는데, 유저들은 각자가 상상한 바를 인터넷 커뮤니티 사이트와 채팅, 이메일을 이용해 서로 공유한다. 단순히 텍스트 커뮤니케이션만을 기반으로 하는 게임이 그토록 강력한 의존 증상을 유발할 수 있다는 사실을 생각하면 지금도 여전히 놀랍다.

최근 인터넷 의존자들을 상담하며 접하게 되는 게임은 이보다 현저하게 복잡하고 훨씬 화려하며 속도가 빠르고 사람들의 시각과 청각을 강력히 자극하는 온라인 게임들이다. 이러한 게임의 이면에는 거대한 게임 산업이 버티고 있다. 이를 감안하면 점점 더 많은 사람들이 인터넷 의존으로 병들어가는 것은 전혀 놀라운 사실도 아니다.

인터넷 의존 현상의 발견

 세상을 변화시키는 획기적인 발견은 흔히 예기치 못한 방식으로 이루어진다. 인터넷 의존 현상을 발견하게 된 데에도 매우 특이한 스토리가 있다. 즉 인터넷 의존 현상은 아주 우연히, 의도치 않게 발견됐다.

잿빛 턱수염을 기르고 두꺼운 뿔테 안경을 즐겨 쓰는 현재 여든 살을 넘긴 의사 이반 골드버그Ivan Goldberg는 1987년에도 이미 전형적인 정신과 전문의였다. 자신은 인식하지 못했지만 그는 당시에도 이미 시대를 앞서고 있었다. 1986년 그는 정신과 전문의와 심리치료사들을 위한 커뮤니티 사이트를 만들었는데, 진료 활동에 대해 상호 교류할 수 있었던 이 사이트는 매우 인기 있었고 반향이 대단했다. 이반 골드버그 박사는 1년 후 새로운 증후군의 증상 목록을 재미 삼아 사이트에 올렸다. 그는 그 증후군을 '인터넷 중독 장애Internet Addiction Disorder'라 불렀다.

당시 미국은 디지털 혁명이 시작된 지 이미 오래되긴 했지만, 상당 수의 동료들이 실제로 이러한 인터넷 의존 증상으로 고통을 겪고 있어 도움이 필요하다며 연락해오자 박사는 놀라지 않을 수 없었다. 이러한 사실을 믿기 어려웠기 때문에 그는 본래 재미로 시작했던 실험을 한 단계 더 진행한다. 다음 단계로 온라인 자조집단을 만들자 얼마 후 수백 명이 가입 신청을 했다.

알려진 바에 따르면 이반 골드버그는 인터넷 의존을 심각한 질환으로 여겨야 한다는 주장에는 회의적이다. 하지만 인터넷 의존이라는 시대의 흐름을 짚어냈고, 그러한 현상과 별개가 될 수 없었다. 이로써 그의 이름과 1987년은 인터넷 의존 현상의 발견과 불가분의 관계가 되어버렸다. 어쨌든 당시 골드버그의 지적은 사회현상의 핵심을 찌른 것이었으며 그로부터 25년 이상이 흐른 지금은 개인적·집단적 인터넷 의존의 부정적인 결과가 미국뿐만 아니라 전 세계에서 엄청난 규모로 나타나고 있다.

인터넷 의존 분야의 학문적 선구자 또한 미국인이었다. 킴벌리 영Kimberly Young은 해당 증후군을 '병적 인터넷 사용Pathological Internet Use'이라고 명명했는데, 초기에는 해당 증후군이 실제로 의존 질환인지 확신할 수 없었기 때문이다(그녀의 웹사이트 www.netaddiction.com에서는 다수의 흥미로운 자료와 국제적 웹사이트를 소개하고 있다).

1995년 세계 최초로 인터넷 의존 치료 센터를 건립한 이도 킴벌리 영이다. 해당 센터의 정확한 명칭은 펜실베이니아 주 브래드퍼드 메디컬 센터 부속 '인터넷 중독 치료 및 회복 센터Internet Addiction Treatment and Recovery Center'이다. 그녀는 열정적인 참여와 경험, 독자적인 연구 활동을 바탕으로 다수의 저서를 출간함으로써 해당 증후군이 독자적인 증상을 보이는 중독이라는, 전 세계 전문가들의 의견 일치를 이끌어내는 데 선구적인 역할을 한다.

의사와 임상심리학자들이 의존성 질환을 진단할 때는 해당 물질을 얼마나 소비하는지 혹은 해당 행위를 얼마나 자주 하는지보다 국제적 전문가 팀의 학문적 관점에 따라 작성된 진단 기준을 판단 척도로 삼는다. 일반적으로 의존성 질환 진단을 내리기 위해서는 의심 환자에게 일정한 수 이상의 증상이 나타나야 한다(단, 인터넷 남용이 강박 질환이나 병적 심취라는 증상으로 명백히 드러나는 경우는 예외다).

킴벌리 영은 1996년 인터넷 의존 진단을 위한 진단 기준을 최초로 제시했다. 여기에서는 도박 중독을 진단할 때 사용하는 기준을 바탕으로 삼았는데, 도박 중독 진단 기준은 알코올 중독 진단 기준을 근거로 작성한 것이다.*

■ 킴벌리 영이 제시한 인터넷 의존 진단 기준, 1996년

인터넷 의존이라는 진단을 내리기 위해서는 다음 8개 항목 중 5개 이상의 증상에 해당해야 한다.

1. 끊임없이 인터넷 생각(방금 전, 온라인에서 했던 여러 행위와 조금 후 할 것에 대한 생각)에 몰두한다.
2. 좀 더 많은 만족감을 얻기 위해 인터넷상에서 보내는 시간을 강박적으로 늘린다.
3. 인터넷 사용을 통제하고 제한하거나 중단하려 해봤지만 실패했다.
4. 인터넷 사용을 줄이거나 중단하려고 시도하면 불안해지고 감정 기복이 심해지며 우울해지거나 극히 예민해진다.
5. 인터넷을 사용하기 시작하면 본래 계획했던 것보다 많은 시간을 보내게 된다.

---

* 킴벌리 영은 해당 기준을 1996년 8월 15일 토론토에서 개최한 미국심리학회American Psychological Association에서 처음 소개했으며 1998년 이를 출간했다. 《Internet Addiction: The Emergence of a New Clinical Disorder》

6. 인터넷 때문에 가까운 사람과의 관계나 직장생활이 소홀해졌거나 파탄에 이르렀고, 취업 기회를 놓쳤다.

7. 인터넷 사용 시간과 사용 여부를 감추기 위해 식구들, 상담치료사 혹은 다른 사람에게 거짓말한 적이 있다.

8. 당면문제들을 외면하려고, 혹은 우울한 기분(무력감, 죄의식, 두려움, 우울함 등)을 달래보려고 인터넷을 한다.

세계 각국에서는 킴벌리 영이 제시한 기준을 인터넷 의존의 진단 기준으로 삼았다. 이 기준은 해당 병증의 특징을 최대한 정확히 규정하고 상대적으로 확실한 진단을 내리려는 많은 시도의 중요한 출발점이 되었다. 단지 컴퓨터 게임 의존 증상만 나타나는 사람에 대해서는 정신 질환 진단 및 통계 편람 제5차 개정판이 새로운 기준을 제시하고 있다. 이 편람은 킴벌리 영이 제시한 일반적인 기준과는 몇 가지 항목에서 차이가 있다.

2013년에 5차 개정된 미국의 정신 질환 진단 및 통계 편람DSM (Diagnostic and Statistical manual of Mental disorders)은 세계적으로 가장 영향력 있는 정신 질환 관련 기준 목록 중 하나다. 해당 편람의 앞부분, 의존 질환편에 병적 도박과 알코올 중독 같은 행동 중독은 수록돼 있지만 인터넷 의존은 해당 장章에 아직 실리지 않았다. 하지만 영어로 인터넷 게임 장애Internet Gaming Disorder라 불리는 온라인 게임에 대한 특수한 의존은 해당 장의 부록에 연구 대상으로 실렸다.

지금까지는 인터넷 의존 중에서 이 유형만 연구 대상으로 고려하고 있다. 그 이유는 인터넷 게임 장애라는 유형이 인터넷 의존 중 가장 흔한 유형이며 이에 대한 연구가 가장 활발히 진행되었기 때문이다. 다음의 9개 항목 중 5개 이상의 증상에 해당되는 경우 온라인 게임 의존이라고 볼 수 있다(해당 기준은 나와 케이 피터슨Kay Petersen의 번역을 토대로 질문 형태로 만들어놓은 것이다).

■ 정신 질환 진단 및 통계 편람 제5차 개정판에 제시된 온라인 게임 의존 진단 기준

온라인 게임 의존이라는 진단을 내리기 위해서는 다음 9개 중 5개 이상의 항목에서 '그렇다'라는 대답이 나와야 한다.

1. 온라인 게임에 매우 심취해 방금 전까지 인터넷에서 했던 게임 장면이 떠오르고, 다음에 할 게임이 자꾸만 기다려지며, 게임이 주된 일상이 된 상태인가?
2. 게임을 위해 인터넷에 접속할 수 없는 경우 금단현상이 나타나는가?
3. 온라인 게임 시간을 늘리고 싶은 마음이 예전보다 더 커졌는가?
4. 게임 시간을 조절하려다 실패한 적이 있는가?
5. 게임에 몰두하느라 예전에 즐겨 했던 취미와 활동에 관심이 줄어들었는가?
6. 온라인 게임으로 인한 심리적·사회적 문제를 알지만, 여전히 게임을 과도하게 지속하고 있는가?
7. 가족이나 상담치료사 혹은 다른 사람에게 온라인 게임으로 보내는 시간을 속인 적이 있는가?
8. 무력감이나 죄책감 혹은 두려움 등의 부정적인 감정에서 벗어나기 위해, 그러한 감정을 잠재우기 위해 게임을 하는가?
9. 게임에 과도하게 몰입해서 중요한 대인관계나 직장생활에 지장이 생겼거나, 교육 이수나 경력을 쌓을 기회를 놓칠 뻔했거나 잃은 적이 있는가?

위의 9개 질문은 인터넷 의존 중 가장 흔한 유형인 온라인 게임 의존의 결정적인 증상들이다. 정신 질환 진단 및 통계 편람 5판은 이 가운데 5개 이상 해당하는 과도한 사용자에게게만 의존 진단을 내릴 것을 제시하고 있다(단, 도박에 중독된 경우는 해당 사항에서 제외한다. 이는 1차적으로 도박 중독으로 규정하기 때문이다).

1번부터 4번까지의 항목은 중독 행동에 초점이 맞춰져 있으며, 5번부터 9번까지의 항목은 이에 따른 부정적인 결과와 관련한 것이다. 이처럼 중독 행동으로 당사자의 삶에 실제로 부정적인 결과가 초래되었는지를 구체적인 질문으로 직접 확인하게 함으로써, 인터넷 의존이 삶에 조금이라도 지장을 끼친 경우에만 온라인 게임 의존이라는 진단을 내릴 수 있도록 했다. 이 같은 방식은 알코올이나 코카인 같은 약물 중독을 진단할 때에도 적용된다.

9개 질문 중 '그렇다'라는 대답이 5개 미만인 경우라도 적어도 인터넷 남용에 해당할 수 있고, '그렇다'라는 대답이 5개 미만이지만 다른 정신 질환을 앓고 있는 경우라면 치료를 받는 것이 좋다.

이런 경우에는 의존 정도를 조사할 수 있는 상세한 심리 테스트를 시행하는 것이 도움이 될 수도 있다. 한계치를 토대로 테스트 결과를 분석해보면 해당 사례가 남용의 범주에 속하는지 혹은 의존의 범주에 속하는지 알 수 있다.

이와 관련해 이른바 인터넷 중독 테스트[IAT](Internet-Addiction-Test)라고 불리는 최초의 설문지를 개발한 사람 또한 킴벌리 영이다. 인터넷 의존에 관한 연구 분야에서 킴벌리 영과 쌍벽을 이루는 독일 뒤스부르크-에센Duisburg-Essen 대학교 심리학과 교수 마티아스 브란트 Matthias Brand는 킴벌리 영과 함께 다수의 피실험자를 대상으로 일반적인 임의 추출 실험을 토대로 설문지의 축약판을 개발했다. 독일어로 된 이 설문지의 명칭은 인터넷 중독 테스트 축약판^{sIAT}이다.

우리 병원에서는 브란트 교수 연구팀의 협력 아래 인터넷 의존 증상을 보이는 환자들을 대상으로 테스트의 신뢰도를 검증하고 있다. 최근 들어서는 다양한 유형과 연령층을 고려해 엄격한 검증을 거친 인터넷 의존 진단 설문지도 일부 개발된 상태다. 진단의 질을 더욱 향상시키기 위한 이러한 심리 테스트 도구의 개발과 검증은 연구와 임상 두 분야에서 똑같이 중요하다. 인터넷 의존이 독립적인 장애로 널리 공인되기까지는 아직도 규명할 부분이 많이 남아 있다(내가 활동하고 있는 독일 정신의학·심리요법·신경치료학회DGPPN의 '행동 중독' 태스크포스팀은 인터넷 의존을 세계보건기구의 국제질병분류ICD에 수용할 것을 권장한다. 국제질병분류의 최신판ICD-11은 현재 준비 중이며 이에 관한 입장 보고서는 최근 출간되었다).

예를 들어 인터넷 의존이라는 확실한 진단을 위해서는 얼마나 오랫동안 해당 증상이 지속되어야 하는지, 아직 의견 일치를 보지 못한 상태다. 정신 질환 진단 및 통계 편람^{DSM-V}에는 이와 관련해 12개월 이상이라는 상당히 긴 기간이 제시돼 있는 반면, 독일의 미디어 의존 전문가협회는 해당 증상이 3개월 이상 지속되는 경우 진단을 내릴 것을 권장한다.

비록 지금까지 대부분의 인터넷 의존자들이 유감스럽게도 증상이 발생한 지 매우 오랜 시간이 지나서야 찾아왔지만, 인터넷 의존 증상은 이보다 훨씬 빨리 감지할 수 있다. 엄밀히 말하면 인터넷 의존은 몇 주 만에도 의학적인 관점에서 진단을 내릴 수 있을 정도로 진행이 가능하다. 현재로서는 의심환자들이 지나치게 빨리 치료를 받으러 오는 것이 문제가 아니라, 지나치게 늦거나 아예 오지 않는 것이 문제다. 이른 시기에 치료할수록 예후가 좋다. 어느 경우든 세심한 진단은 원활한 치료를 위한 출발점이다. 진단 없이는 치료도 없다.

　다음은 다양한 사례를 토대로 인터넷 의존의 특징적인 증상을 상세히 설명하려 한다. 증상을 인지하고 있으면 인터넷 의존의 진행 징후를 조기에 인식하는 데도 도움이 될 것이다. 이와 관련해 중독 행동 증상과 인터넷 의존의 전형적인 결과를 구분해 살펴본다.

중독 행동:
편협한 사고에서 과도한 사용에 이르기까지

 부부가 상담을 받으러 왔다. 부부의 얼굴에는 절망이 가득했다. 그들은 성인이 된 아들이 인터넷에 완전히 빠졌는데 어쩌면 좋을지 모르겠다며 무력감을 호소했다. 20세인 아들은 아직 부모와 함께 살고 있었고, 2년 전에 학업을 중단하고는 방에만 틀어박혀 있어 치료를 받으러 병원에 올 생각도 없었다. 우리는 '유기체적 가족치료'라는 맥락에서 먼저 청년의 부모와 상담을 했다. 그 결과 부부는 아들을 대할 때 한마음으로 일관된 태도를 보이고, 아들에게 분명한 선과 한계를 알려줄 수 있게 되었다. 이 같은 노력에 힘입어 결국 아들은 병원에 상담을 받으러 오겠다는 마음을 먹었다.

　처음 몇 번의 상담으로 알게 된 사실은 청년이 약 2년 전부터 '월드 오브 워크래프트World of Warcraft'라는 온라인 롤플레잉 게임에 빠져 있다는 것이었다. 그에 말에 따르면 해당 게임이 너무 재미있어서 시작한 지 몇 주 만에 완전히 빠져들었다고 한다. 학교를 그만두고 한 차례 취업 시도가 실패로 돌아간 다음부터는 다른 할 일도 없었다. 게다가 그는 현실 세계에서 한 번도 받아보지 못한 타인의 인정을 게임 세상 속에서 받았다.

그런 이유로 게임에 완전히 빠져든 청년은 삶에 대한 통제권을 완전히 잃어버렸다. 매일 오후 2시부터 새벽 6시까지 게임하느라 낮과 밤의 생활리듬도 완전히 뒤바뀌었고, 어느 시점부터는 게임 외에는 아무 생각도 들지 않았으며, 주방에 먹을 것을 가지러 가거나 화장실 갈 때를 제외하고는 한시도 방 밖으로 나가지 않았다. 상담을 받으러 오기까지, 그는 단 한 번도 게임 시간을 줄이거나 그만두려는 시도를 해본 적이 없었다. 그렇기 때문에 금단현상도 경험한 적이 없으며, 당연히 자신에게 어떤 현상이 나타날지에 대해서도 아는 바가 없었다.

입원해 치료를 받겠다고 결심하게끔 설득하는 데는 여러 달이 걸렸다. 그럼에도 불구하고 나는 단 하룻밤을 병원에서 보낸 다음날 아침 마치 도망치듯 병원 밖으로 나가려는 그와 복도에서 마주쳤다. 두려움이 가득하던 눈빛이 아직까지도 생생하다. 금단현상으로 패닉에 이른 전형적인 모습이었다. 그 후 그가 외래환자로 개별치료를 받으면서 해당 게임을 완전히 끊고 인터넷과 멀리하겠다고 다시 결심하기까지는 일 년 이상이 걸렸다.

니코틴이나 알코올에 중독된 경험이 있는 사람들은 중독 물질에 대한 욕구를 참기가 얼마나 힘든지 잘 안다. 예컨대 담배 중독자는 언제 잠깐 짬을 내 담배를 필까만을 끝없이 생각하고 알코올 중독자도 혈중 알코올 농도가 특정한 수치 이하로 내려가지 않도록 하루의 일정을 맞춘다.

무언가에 중독된 사람은 금단현상이 생기지 않도록 중독 물질과 최대한 가까이 있으려고 부단히 애쓴다. 의존이라는 현상의 관점에서 이는 강박적인 논리를 따른 것이다. 중독이란 마치 식탐이 많은 사나운 동물 같아서 위험해지지 않으려면 주기적으로 먹이를 주어야 한다. 인터넷 의존 현상도 이와 다르지 않다. 외부의 타인이 인터넷 의존자를 보고 있노라면 마치 물샐 틈 없는 고정관념에 사로잡혀 있는 것같이 보인다. 이들의 상태를 진단해보면 온라인 상태든 오프라인 상태든 이들의 머릿속은 항상 인터넷으로 가득 차 있는데, 이는 인터넷 의존의 특징적인 증상이다.

인터넷 의존 여부를 진단받기 위해 찾아온 사람에게 우리는 방금 전 대기실에서 인터넷 생각을 했는지 묻는다. 이들은 대부분 틈만 나면 인터넷에서 맨 마지막으로 했던 일을 떠올리거나 다음번에 할 일을 생각한다. 또한 이같이 인터넷에 집착하는 행위에 대해 자기가 좋아하는 일을 마음속으로 평가하고 준비하는 것으로 생각한다.

의학적인 관점에서 보면 이는 전형적인 중독 행동이다. 중독 매체 외에는 어떤 생각도 할 수 없고, 중독 매체를 끊임없이 획득하려는 생각만 가득하다. 인터넷 의존자는 언제, 어디서, 어떻게 하면 최대한 방해받지 않고 인터넷에 계속 접속할지, 끊임없이 주위를 둘러보며 망을 보는 노예와도 같다. 바로 이러한 이유 때문에 의존 증상이 많이 진행되면 집 밖으로 나가는 것 자체가 어려워지는 것이다.

이는 당사자의 삶에 직접적인 영향을 미친다. 끊임없이 새로운 음란물을 갈구하는 사이버 음란물 중독자도 마찬가지다. 음란물에 한없이 집중하다 보면 일상생활에 지장을 미칠 수밖에 없다. 끊임없이 육체가 흥분돼 있는 상태에서 어떻게 다른 일에 집중할 수 있겠는가? 언제, 어디서, 어떻게 하면 혼자 컴퓨터 앞에 앉아 있을까만 고민하는 상태에서 어떻게 업무에 몰입할 수 있겠는가? 무엇보다 자신이 중독되었다는 사실을 고용주나 아내에게 절대 들켜서는 안 된다는 점 때문에라도 당사자는 극심한 스트레스를 받는다. 이처럼 중독 매체에 생각이 고정되면 직장생활과 대인관계를 소홀히 할 수밖에 없다. 인터넷 의존자는 몸은 직장과 가정에 있더라도 생각은 항상 어딘가 다른 먼 곳에 가 있다. 온라인 게임과 소셜 네트워크, 사이버 음란물에 중독된 사람들도 마찬가지다.

중독 매체에 대한 통제 상실과 중독 매체 사용량이 증가하는 현상은 모든 의존 질환에서 공통적으로 나타난다. 중독자는 욕구를 거부하지 못한 채, 잠깐 동안은 진정되지만 장기적으로는 스스로를 망가뜨리는 매체를 시간이 갈수록 점점 더 많이 원하게 된다. 이는 디지털 미디어도 마찬가지다.

엄밀히 따진다면 누구나 이런 경험이 조금씩은 있을 것이다. 인터넷을 하다 의도치 않게 많은 시간을 써버린 적이 한 번도 없는 사람이 과연 있을까? 잠깐 이메일을 확인하려고, 혹은 무언가를 검색하려고 인터넷에 접속했지만 자신도 모르게 자꾸만 다른 것들을 클릭하게 된다. 저녁 10시에는 컴퓨터를 끄고 나오겠다고 마음먹지만, 자정이 지날 때까지 컴퓨터 앞에 앉아 있는 일도 부지기수다.

물론 이처럼 컴퓨터 앞에서 과도한 시간을 보내는 것은 원래 컴퓨터로 해야 했던 일 때문일 수도 있다. 예컨대 인터넷에 중독되지 않은 사람이라도, 자극적이지 않은 그저 아름답고 흥미로운 동영상을 보느라 계획보다 많은 시간을 보낼 수도 있다. 하지만 인터넷이 얼마나 순식간에 사람을 사로잡을 수 있는지는 우리 모두가 잘 안다.

그중에서도 중독 위험성이 가장 높은 것은 컴퓨터 게임, 섹스, 소셜 네트워크와 관련된 사이트들이다. 이들은 일반 유저 사이에서도 방문 횟수가 높고, 1인당 1일 평균 인터넷 사용량이 해마다 증가하는 데 직접 영향을 미친다.

인터넷 사용량의 증가는 인터넷 의존을 진단하는 데 기준이 되는 중요한 증상이다. 인터넷 의존자들은 좀 더 많은 만족감을 얻기 위해 점점 더 많은 시간을 인터넷을 돌아다니며 보낸다. 디지털 중독 매체들은 다양한 방식으로 인간의 뇌의 보상 체계를 자극한다(2장 참조). 온라인 게임에서 좀 더 높은 점수를 얻고, 동영상을 보며 좀 더 뜨거운 성적 희열을 느끼며, 소셜 네트워크에서 좀 더 많은 친구들을 얻고자 갈구하는 것은 중독 증상이 진행되면서 그 자체가 목적이 되어버린다. 중독의 비극은 바로 이 같은 것을 아무리 갈구해도 실제로는 언제나 목표에 도달할 수 없다는 점이다. 한없이 넓은 사이버 공간은 욕구를 무제한 충족시켜주겠다고 약속하며 우리를 유혹하지만, 그 약속은 절대로 지켜지지 않는다.

무엇보다 인터넷 사용 시간을 늘리는 데에는 물리적인 한계가 있다. 인터넷 의존자들은 생활 리듬이 깨져 밤낮이 뒤바뀐 경우가 흔하지만 이들에게도 하루는 24시간뿐이다. 하지만 학교나 직업교육기관 혹은 직장과 같이 시간이 정해져 있는 활동을 하지 않는 경우에는 하루에 약 16시간까지 인터넷을 누빌 수 있다. 일부 환자들의 말에 따르면 정상적인 생활을 하는 사람은 도저히 낼 수 없는 시간을 그들은 '술에 취해 의식이 없는' 것 같은 상태로 컴퓨터 앞에서 보내기도 한다. 하지만 오랫동안 잠을 자지 않으면 생명까지 위험해질 수 있기 때문에 일반적으로 하루 최대 활동 시간은 16시간 정도로 본다. 우리 병원의 특별 외래진료소에서 치료받는 환자 중에는 실제로 하루에 16시간 동안 인터넷을 하는 사람들도 많다.

매체 사용에 관한 통제력 상실은 의존 질환의 진단 기준이 되는 또 다른 중요한 증상이다. 인터넷 의존자는 아무리 마음을 먹더라도 온라인 접속 시간을 정상적인 범위까지 줄일 수 없다. 이들은 주변 사람들에게 자신이 마음만 먹으면 언제든 온라인 접속 시간을 줄일 수 있다고 말한다. 심지어 때로는 그들 자신도 그 말대로 될 거라 믿는다. 하지만 사실 이들의 말은 스스로를 보호하기 위한 주장일 뿐, 자신이 중독되었다는 사실을 회피하고 인정하지 않으려는 방편에 불과하다.

일단 어떤 매체에 의존하게 되면 시간이 갈수록 중독 매체 상실을 두려워하는 마음이 점점 커져간다. 이런 두려움 때문에 급기야는 자신과 주변 사람들을 속이는 일도 비일비재하다. 이는 인터넷에 대한 통제력을 상실한 사람에게서 나타나는 또 다른 증상이다. 여기서 통제력 상실이라는 증상은 인터넷상에서뿐만 아니라 실제 삶에서도 똑같은 모습으로 나타날 수 있다. 많은 시간을 가상 세계에서 보내는 사람은 흔히 실제 삶에 대한 통제력도 잃어버리기 때문이다.

깨어 있는 시간을 전부 사이버 공간에서 보내는 많은 사람들은 바로 이것이 자신이 원하는 삶이라고 말한다. 만일 이들에게 예컨대 노동부 산하 일자리 중개청이나 부모, 파트너 등 주위의 압력이 전혀 없다면, 이들은 상황을 바꿀 필요를 전혀 느끼지 못할 수 있다. 또한 인터넷에서 보내는 시간이 어느 틈에 더 이상 늘릴 수 없을 만큼 늘어나 버렸다고 말하는 경우가 많다. 하지만 어떤 문제의식도 없어서 인터넷 사용을 자제할 마음이 전혀 없는 경우, 이들의 통제력 상실 때문에 가족이나 친지들이 어려움을 겪을 때가 많다. 가족이나 친지는 인터넷에 빠진 자녀나 파트너 혹은 친구를 컴퓨터에서 떼어놓으려고 애쓰는데, 이럴 때 주위 사람이 관찰한 바는 인터넷 의존 의심 환자의 상태를 사실적으로 파악하는 데 유용하며 중요한 역할을 한다.

핸드폰을 집에 놔두고 출근해 하루 종일 불안한 마음으로 지낸 경험이 누구든 한 번쯤은 있을 것이다. 우리는 핸드폰을 비롯한 전자 기기들을 마치 없어서는 안 될 필수품으로 여기는 경향이 있다. 바지주

머니나 핸드백에 인터넷이 가능한 기기가 없다면 어떤 의미에서 해방감을 느낄 법도 하지만, 사람들은 대부분 이러한 상태를 견디지 못한다. 이는 인터넷에 수시로 접속하지 못하면 무언가 중요한 것을 놓칠 수 있다고 생각하며, 세상과 단절된 듯한 느낌을 받기 때문이다.

하지만 가끔씩은 의도치 않게 모든 전자 기기를 집에 놔두고 나가 모든 디지털 기기에서 완전히 벗어난 채로 지내는 것도 나쁘지 않다. 이러한 상황은 바쁜 삶을 잠깐 동안이라도 멈출 수 있는 최적의 조건을 마련해준다.

하지만 점점 더 많은 사람들이 고요함이라는 것을 불편하게 여기는 경향을 보인다. 많은 이들은 병원 대기실, 승용차 조수석 혹은 대중교통의 좌석에 앉아 있는 동안 전자 기기를 손에 들고 끊임없이 문자를 입력하지 않으면 불안해서 어쩔 줄 모른다. 모든 기기를 끄고 그저 아무 생각 없이 편안히 앉아 있을 수 있는 사람이 있을까? 이런 생각을 해보면 우리 모두 늘 사용하던 매체의 사용을 금하는 것이 무엇을 의미하는지 조금은 공감할 수 있을 것이다.

물론 인터넷 사용을 금할 경우, 좁은 의미로 볼 때 인터넷 의존자에게는 불안이나 불쾌함보다는 훨씬 강력한 금단증상이 나타날 것이다. 인터넷 사용을 자제한다는 생각만으로도 이들은 완전히 패닉 상태에 빠질 수 있다. 실제로 인터넷 사용을 갑자기 완전히 금하는 경우 인터넷 의존자들은 정서적 위기에 봉착하며, 대부분 여러 형태의 걷잡을 수 없는 감정 변화를 겪는다. 두려움이 엄습하고 처절한 슬픔과 절제하기 힘든 분노에 사로잡히기도 한다. 어떤 이들은 우울증에 가까운 반응을, 어떤 이들은 공격적인 반응을 보인다. 패닉이나 불안은 모든 인터넷 의존자들이 이러한 상황에서 공통적으로 겪는 감정이다. 극심한 두려움은 호흡 증가, 심박 수 증가, 고혈압 및 발한 등의 신체적 증상을 동반하기도 한다. 이러한 증상들은 물질 중독에서 해당 물질을 중단했을 때의 증상과 매우 흡사하다.

이 단계에서 많은 인터넷 의존 환자들은 평소보다 흡연을 늘리거나 과음할 위험도 있다. 흡연이나 음주 외에 자신을 진정시킬 대안이 없어서다.

당사자가 중독 매체에 접근할 수 없어 안정을 잃고 완전히 절망 상태에 빠진 경우는 위험하다. 심지어 극심한 금단증상의 충격 때문에 생명이 위태로워질 수도 있다.

금단 상태에서 급격히 상태가 악화되는 경우는 특수 외래진료소에서 드문 일이 아니다. 예를 들어 금단 상태에서 자살을 시도하려 자동차에 뛰어들었던 나이 어린 인터넷 의존자를 정신과 병동에 수용했던 적도 있었다. 소년이 도로로 뛰어들려고 해 여러 명의 행인이 달려들어 가까스로 막았던 것이다. 그나마 다행인 것은 게임을 끊으려고 아버지와 함께 방의 컴퓨터를 직접 치운 것처럼, 자살 소동 후 자신을 보호하기 위해 입원 치료를 받겠다고 자발적으로 결정했다는 것이다.

또 다른 사례는 본인은 치료를 강력하게 거부했지만 보호자의 결정으로 정신과 병동에 입원한 청년이었다. 청년은 어머니가 인터넷을 못하게 하자 어머니를 해치고 위협했다. 당시 사회정신질환센터의 책임자였던 나는 지방법원에 해당 사건의 소견을 전달해야 했기 때문에, 현장을 직접 방문해 사건의 위험성을 판단해야 했다.

또 하나의 극적인 사례는 양아버지를 공격했다는 이유로 법원의 결정에 따라 청소년 정신과에서 강제로 치료를 받아야 했던 청소년이다. 양아버지는 17세 양아들이 치료를 거부하자 분노하고 절망한 나머지 컴퓨터 케이블을 가위로 절단했고, 이에 화가 난 양아들이 양아버지의 목을 졸랐던 것이다.

특히 남이 인터넷을 못하게 하면 인터넷 의존자들은 자신과 상대에게 위험한 존재가 될 수 있다.* 극단적인 경우에는 치명적인 결과가 발생할 수도 있다. 세계적으로 이목을 끈 다음의 두 사례는 비자발적인 금지 조치가 살인이나 자살로 이어질 수 있음을 보여준다.

미국 오하이오 주에 사는 다니엘은 16살 때 제트스키를 타다가 사고를 당했다. 합병증 때문에 치료가 늦어져 오랫동안 등교하지 못하고 집에 있어야 했던 다니엘은 집에서 몇 시간씩 '헤일로Halo'라는 게임을 했다. 이는 당시 미국에서 선풍적인 인기를 누린 슈팅 게임이었지만, 다니엘의 부모가 종교적인 이유로 금지한 게임이었다. 그럼에도 불구하고 다니엘은 부모 몰래 하루 종일 18시간씩 게임을 했고, 급기야는 더 이상 게임에서 빠져나올 수 없는 중독 상태에까지 이르렀다.

그러던 어느 날 게임을 하고 있던 아들을 발견한 부모는 더 이상 게임을 못하도록 게임기를 압수해버렸다. 그로부터 얼마 지나지 않은 2009년 10월 20일, 다니엘은 부모에게 "엄마 아빠, 제가 깜짝 놀라게 해드릴 테니 눈 좀 감아보세요."라고 말하고는 아버지의 권총으로 부모를 향해 연달아 총을 발사했다. 어머니는 그 자리에서 숨졌고 아버지는 중상을

---

* 인터넷에는 인터넷을 못하게 된 사람들이 자제력을 완전히 잃고 정신없이 화를 내는 모습을 담은 동영상이 가득하다. 인터넷 금단현상에 관한 이러한 동영상은 매우 교훈적이기도 하지만, 도덕적 측면에서 그 효과는 의문이다. 일부 부모는 인터넷 사용을 금지당한 후 컴퓨터를 비롯해 여러 물건들을 닥치는 대로 부수는 자녀의 동영상을 유튜브에 올려놓기도 한다. 그런가 하면 게임을 못하도록 조치를 당한 남편의 상태를 동영상에 담아 올리는 아내도 있다. 이런 상황은 양측 모두에게 교훈이 될 수도 있지만, 다른 한 편으로는 매우 위험한 것이다.

입었다. 17세가 된 청년은 세상의 이목이 집중된 재판에서 종신형을 선고받았다.

13살 소년 시아오는 온라인 롤플레잉 게임에 과도하게 빠지기 전까지는 중국의 텐진 지방에 사는 모범생이었다. 부모는 인터넷 의존 증상을 보이는 아들을 보며 무력감을 느꼈고 어쩔할 바를 몰랐다. 소년의 아버지는 이렇게 말했다. "아내와 저는 아들 걱정을 많이 했습니다. 하지만 인터넷에 관해 아는 바가 없었고 어떻게 아들을 구해야 할지도 몰랐습니다." 한밤중에 자다가 깨보면 자는 줄 알았던 아들이 게임을 하러 PC방에 갔다가 몇 시간 후에야 돌아오곤 했다. 2005년 5월 아버지가 또다시 사라진 아들을 PC방으로 찾아가자 시아오는 게임에 '중독'되었으며 더 이상 자신을 통제할 수 없다고 눈물을 흘리며 고백했다. 그로부터 얼마 후 소년은 24층 건물에서 뛰어내려 삶을 마감했다. 유서에는 천국에서 세 명의 친구들과 함께 계속 게임하고 싶다는 말이 적혀 있었다.

인터넷 의존증이 이처럼 극단적인 결과를 낳은 것이 한두 건은 아니지만, 다행히 아직까지는 이런 일이 흔하지는 않다. 특정 물질에 대한 중독의 경우 금단 상태에서 본인과 타인을 위험하게 할 확률이 인터넷 의존보다 현저히 높다는 점을 감안하면, 위의 사례들을 희귀한 경우라고 볼 순 없다. 지금까지의 사례로 알 수 있듯이 알코올 중독자가 금단현상 때문에 생명이 위험해질 수 있는 것처럼 인터넷 의존도 인터넷 사용을 중단하면 정신적 공황으로 생명이 위험해질 수 있다.

정신적 공황으로 생기는 치명적 남용

인터넷 의존이 심각한 중독 질환이라는 사실은 당사자의 생명을 위협하는 또 다른 합병증을 살펴보면 잘 알 수 있다. 알코올이나 헤로인 같은 물질 중독이 사망을 초래할 수 있는 것처럼 인터넷도 과도하게 사용하면 사망할 수 있다는 사실을 나는 처음에는 믿기 힘들었다. 하지만 이는 분명 사실이다. 심각한 중독 상태의 헤로인 중독자에게 한 방의 헤로인 정맥주사가 치명적으로 죽음을 초래하듯, 심신이 피폐해진 인터넷 의존 환자에게도 컴퓨터 앞에서의 몇 시간이 결정적으로 죽음을 초래할 수 있다. 세계 최초로 인터넷 의존증이 심각한 집단 현상이 된 한국에서는 인터넷 의존증 때문에 생긴 신체적 합병증으로 10명 이상이 사망했다(2장 참조). 누군들 이러한 사실을 쉽사리 납득할 수 있겠는가?

지금까지는 온라인 게임 중독만 컴퓨터 앞을 떠날 수 없을 정도의 중증으로 발전했다. 온라인 게임을 하는 사람들 중에는 생명 유지에 반드시 필요한 신체 활동을 소홀히 하면서까지 게임하다가 쓰러지고 마는 경우가 있다. 이에 비하면 온라인 게임에 심각하게 빠진 이들이 화장실 가는 시간을 아끼려고 컴퓨터 책상 아래 빈 병을 두고 혹은 카테터를 체내에 삽입해 소변을 해결하는 것은 상당히 역겹지만 약과에 불과하다.

인터넷에 정신없이 빠져 먹지도 마시지도 자지도 않으면 생명이 위험해진다. 많은 이들은 잠들지 않고 깨어 있기 위해 커피나 콜라 혹은 에너지 드링크를 마시며, 그중 일부는 각성제나 합성 마약을 복용하기도 한다. 이 같은 방법을 쓰면 때로는 24시간, 심지어는 48시간 이상 계속 깨어 있을 수 있다. 사람들은 청소년 사이에서 계속 증가하는 이런 현상을 '과음'에 빗대어 '과-게임^{Binge-Gaming}'(정신을 잃을 때까지 게임을 하는 행위— 옮긴이)이라고 표현하기도 한다.

한 사례를 들어보자. 2005년 한국에서는 28세 청년이 PC방에서 식음을 전폐하며 잠도 자지 않고 50시간 내내 게임을 하다 그 자리에 쓰러져 사망했다. 이처럼 오랜 시간 컴퓨터 앞에만 앉아 있으면 어느 순간 심혈관계가 작동하지 않을 수 있다.

아직까지는 인터넷 남용과 관련된 사망 사례가 흔한 일이 아니어서 이에 관한 연구 결과는 없지만 우리는 보통 3주 이상 음식물을 섭취하지 않거나, 약 10일 동안 수면을 취하지 않거나, 3일 이상 수분을 섭취하지 않으면 심혈관부전으로 사망한다는 사실을 알고 있다. 음식물과 수분을 섭취하지 않으면서 동시에 잠도 자지 않으면 사망에 이르는 시간은 현저히 단축될 수 있다. 하지만 사망까지의 진행 과정은 개인별로 매우 상이하다.

인터넷 의존으로 사망한 사례들은 대부분 수분 부족으로 발생한 순환 정지에 해당한다. 과도한 카페인 함유 음료의 섭취와 이로 인한 수면 부족은 심장부정맥을 유발하여 생명에 지장을 초래할 수 있다. 이 밖에 운동 부족으로 하지정맥류가 치명적인 폐색전증을 유발하여 사망에 이른 사례도 있다.

인터넷 의존증으로 사망한 사람들의 경우 온라인에서 활동하는 동안 정신적으로는 끊임없이 움직이고 있었던 반면, 육체는 정지 상태에 있었다. 몸이 꼼짝도 하지 않았으니 심장이 활기를 잃었고 그 결과 혈액이 순환되지 않아 결국 죽음에까지 이른 것이다. 눈과 귀, 양손만 컴퓨터와 인터넷에 연결돼 있었고, 몸의 나머지 부분은 단지 거추장스러운 짐 덩어리에 불과했다.

'인간은 육체 없이는 살 수 없다'는 말은 진부하지만 사실이다. 우리의 몸은 정신의 기지국이다. 인터넷에 빠져 육체를 소홀히 다루는 것은 극단적 형태의 도피인 것이다.

아시아 국가의 어느 PC방에서 또다시 누군가가 쓰러지더라도 해당 PC 방의 영업은 계속될 것이다. 그곳에선 컴퓨터 앞에서 잠자는 것이 드문 일이 아니기 때문이다. 이러한 이유가 아니라면, 대만의 PC방에서 과도하게 온라인 롤플레잉 게임에 몰입해 있던 23세 청년이 사망한 후, 무려 9시간 동안을 주위 사람들 중 누구도 알아채지 못한 것을 달리 설명할 길이 없다. 사망한 청년은 인터넷 의존 이외에 심장 질환을 앓고 있었다. 이는 청년의 때 이른 사망에 얼마간 영향을 미쳤을 수도 있지만 전적인 원인이 될 수는 없다. 어쩌면 그에게는 게임이 더 중요했기에 치료에 신경을 쓰지 않았을 수도 있다. 게임으로 밤을 샌 그는 푹신한 의자에 맥없이 늘어져 있었고, 양손은 자판 위에 놓인 채였다. 청년을 발견한 사람들이 팔을 자판에서 떼어놓으려 했지만 이미 사후경직이 일어난 상태였다. 하지만 PC방의 다른 이용객들의 행동은 더 놀라운 것이, 경찰이 들어와 시체를 싣고 나가는 와중에도 많은 이들은 모니터에서 눈을 떼지 않고 게임을 계속했다는 것이다. 그들 또한 사망자와 다를 바 없이 게임에 빠져 있었기 때문에 코앞에서 벌어진 끔찍한 사건조차 눈에 들어오지 않았던 것이다.

생명의 위협과 실제 사망 가능성을 외면하는 것은 중독의 종류와 상관없이 모든 의존자들에게 나타나는 전형적인 특징이다. 니코틴 의존자는 흡연이 장기적으로 초래하는 치명적인 결과를 생각하지 않는다. 우리는 음주 문화를 즐기는 동안 얼마나 많은 이들이 생명을 위협하는 알코올 중독에 빠지게 되는지 간과한다. 현재 인터넷 의존으로 발생한 사망 사건이 얼마나 많은지 단정하기는 힘들다. 지금까지는 이러한 사망 사례가 주로 극동 아시아 국가의 PC방에서 발생했는데, PC방과 인터넷 의존으로 발생한 사망의 연관 관계는 어느 정도 자명하다. 단 인터넷 남용과 관련된 사망의 비공식적 수치는 공식적인 것보다 높을 수 있으며, 이는 유럽도 마찬가지다.

세상에서 분리되다

 40대 초반의 독신 남성이 온라인 롤플레잉 게임 의존으로 병원에 상담을 받으러 왔다. 그는 게임 때문에 손을 쓸 수 없을 정도로 삶이 변해버렸다고 말했다. 국가공인 노인 전문 간호사로 일하던 그는 워낙 불규칙했던 근무 시간 탓에 처음에는 자신이 밤을 새워가며 게임한 사실을 알아차리지 못했다고 한다. 하지만 얼마 지나지 않아 근무시간과 잠자는 시간 외의 모든 시간을 온라인 게임으로 보낸다는 사실을 깨달았다. 이 때문에 가장 먼저 친구 관계가 영향을 받았는데, 실연 후 여자친구를 다시 사귀지 않는 상태였으므로 연애와는 무관했지만 현실에서 점점 커져가는 외로움을 게임을 함께하는 유저들과 자주 접촉하며 달랬다. 현실 세계에서는 어머니와 여동생과만 연락을 지속했다.

날이 갈수록 수면 시간을 줄여가며 게임을 했기 때문에 일하는 동안 집중력이 떨어졌고 부쩍 예민해졌다. 또한 결근이 잦아졌으며 급기야는 고용주와 언쟁을 벌이고 일을 그만두었다. 그 후 몇 년간 집 안에 틀어박혀 게임만 했다. 그 결과 집 밖에 나가서 사람들을 만나야 하는 상황이 오면 우울과 두려움이 밀려왔다. 평소에는 컴퓨터 앞에 앉아서 꼼짝도 하지 않고 건강관리에도 소홀해졌다. 결국 그는 삶에서 중요한 모든 것, 즉 건강, 친구들과의 관계, 직장을 잃어버렸다. 그 무렵부터 삶이 싫어지기 시작했다. 하지만 그가 어렸을 때 자살한 아버지처럼 삶을 끝내고 싶지는 않았다. 마침내 그는 정말로 오랜만에 옳은 결정을 내렸다. 병원에서 치료받기로 마음먹은 것이다. 이는 그에게 새로운 출발을 의미했다. 그때부터 그는 수년간 전문가의 도움을 받으며 삶을 조금씩 되찾아갔다.

이 사례는 인터넷 의존이 얼마나 극단적인 결과를 초래할 수 있는지를 분명히 보여준다. 이 같은 결과는 삶의 세 분야, 즉 자신의 육체, 사회적 관계, 직무수행 능력에 영향을 미친다.*

관리 태만부터 방치까지

어떤 종류의 중독이든 당사자의 몸은 이런저런 형태로 방치되며 손상되기 마련이다. 알코올 중독자는 특히 간이 손상되며, 흡연자는 폐가 손상된다. 인터넷 의존자도 몸이 심각하게 손상될 수 있다.

인터넷 의존자들은 주어진 시간을 대부분 꼼짝없이 한 대 혹은 두세 대의 컴퓨터 앞에 앉아 있다. 예외적인 경우를 제외하면 어떤 운동도 하지 않으며, 심지어는 방이나 집 밖으로 나오지도 않는다. 하루 종일 의자에 앉아 있는 사람은 자세 결함이 생기기 쉬우며, 이 때문에 장기적으로는 척추에 통증이 발생할 수 있다. 또 운동 부족이 장기간 지속되면 근육이 위축될 수도 있다. 이 밖에도 인터넷 의존자는 특히 한밤중에 어두운 실내에서 인터넷을 하기 때문에 빛에 노출될 기회가

---

* 나와 플로리안 레바인Florian Rhebein이 공동으로 수장을 맡은 미디어 의존 전문가협회의 '진단' 실무 그룹은 지금까지의 연구 결과를 토대로 인터넷 및 컴퓨터 의존의 독자적인 진단 기준을 제안했다. 해당 기준의 특징은 중독 행동에 관한 1차적 기준과 부정적 결과를 묘사하는 2차적 기준을 구분하는 것이다. 우리는 이 중 후자, 즉 2차적 기준을 육체적, 사회적, 업무 관련 결과로 세분해놓았다.

적어 비타민 D가 결핍되기 쉬우며, 이로 인해 뼈가 약해질 수 있다. 이런 생활이 장기간 지속되면 운동기관 전체가 복구 불가능할 정도로 손상될 수 있는 것이다.

아직까지 인터넷 의존으로 인해 발생하는 운동 부족의 위험을 입증하는 장기적인 연구 결과는 없지만, 특히 어린이와 청소년에게 치명적인 영향을 주리라는 추측은 타당성이 있다. 한창 성장하는 육체가 온전히 성숙하기 위해서는 몸을 많이 움직이고 감각을 자극함으로써 최대한 다양한 경험을 해야 한다. 성장기 때 몸을 제어하며 주변 세계를 적극 탐구해본 경험이 없는 사람은 성인이 되어서도 당당하고 여유 있는 자세로 삶을 헤쳐 나가기 힘들다.

물론 모든 인터넷 의존자들이 몸을 전혀 움직이지 않는 것은 아니다. 온라인 게임과 사이버 음란물 중독은 육체의 일부를 심하게 혹사하게 된다.

컴퓨터 게임을 하는 사람들은 컴퓨터 게임이 눈과 손의 협응력을 높여준다는 점을 인정받고 싶어 한다. 일정 부분 사실일 수도 있다. 하지만 비판적인 관점에서 말하자면, 우리에게는 컴퓨터 게임으로 훈련할 수 없는 중요한 육체적 기능과 상호작용이 매우 많다는 것이다. 또하나 덧붙이자면 눈과 손의 상호작용이 쉴 새 없이 일어나면 바로 눈과 손에 무리가 간다는 것이다.

특히 성장기 청년의 경우 스크린 미디어의 남용으로 안과 질환의 발병 횟수가 점점 증가하고 있다. 그리고 컴퓨터 게임을 하느라 키보드와 마우스, 조이스틱을 과도하게 사용함으로써 심한 통증을 동반하는 건염이 발생할 수 있다. 사람들은 이를 '닌텐도염'이라 부르기도 한다.

사이버 음란물 중독자의 경우는 이와는 다른 신체 부위를 사용한다.

사이버 음란물 중독자는 수 시간에 걸친 자위행위 때문에 해당 신체 부위에 통증이 유발될 수 있으며, 이로 인해 더 심하면 상해를 입을 수도 있다.

수면은 인간의 생존에 필수적인 또 하나의 기본적 욕구다. 무엇보다 온라인 게임 의존자들은 수면 리듬이 완전히 뒤바뀌어 있거나 수면 리듬 자체가 아예 와해된 경우도 많다.

이런 현상의 주된 원인은 이들이 시간대가 다른 곳에 사는 사람들 혹은 게임 외에 다른 할 일이 없는 사람들과 게임을 하기 때문이다. 이들이 낮에 잠을 자는 또 다른 이유는 다른 사람들은 낮에 학교나 직장에 나간다는 사실을 의식하기 싫어서다. 이 밖에도 잠이 쏟아져 못 견딜 정도가 될 때까지 컴퓨터 앞에 앉아 있느라 시간대와 하루 주기 리듬에 대한 감각을 잃어버린 사람도 있다.

이미 설명한 바와 같이 수면 부족은 극단적인 경우 생명을 위협하는 부작용을 유발할 수 있다. 하지만 일반적인 수면 부족의 경우에는 장기적인 영향을 끼치지는 않는다. 만성적인 수면 부족은 면역체계를 약화시킬 수 있고, 이와 더불어 정신이상 같은 정신 질환을 일으킬 수도 있다. 우리가 신체적·정신적으로 회복하려면 수면 사이클을 '다시 제자리로 되돌려야' 한다.

인터넷 의존자들은 먹는 것과 마시는 것 또한 소홀히 하는 경우가 많다. 몸에 수분이 부족하면 상당히 짧은 시간 내에 위험 상황이 발생할 수 있다. 이들의 영양 불균형은 위급하지는 않지만 때때로 더 위험한 지속적인 손상을 초래하기도 한다. 이 경우 영양결핍 혹은 영양과다 현상이 나타난다.

상담을 받으러 오는 미디어 의존자 중에는 이따금씩 거식증 환자처럼 깡마른 사람들이 있다. 하지만 심각하게 과체중인 사람들도 비슷한 비율로 존재한다. 이런 현상에는 패스트푸드로 끼니를 해결해서 생기는 영양 불균형 외에도 운동 부족도 일조한다. 가족들이 하루 세 끼를 컴퓨터 앞에 가져다주므로 본인이 직접 주방이나 식탁까지 움직일 필요가 없기 때문인 경우도 많다. 또한 이들은 수시로 과자와 초콜릿 등 단 것으로 허기를 채운다.

이러한 식습관이 어릴 때부터 자리 잡으면, 성인이 되어서도 비만이 지속되기 때문에 당뇨병과 고혈압 등 전형적인 질환이 발생할 우려가 있다. 지방중독의 경우 다른 모든 의존 질환과 마찬가지로 다음과 같은 현상이 나타난다. 그릇된 행동 방식이 일찍 고착화할수록 여러 결과를 초래하는 의존 증상이 오래 지속될 가능성은 더 커지며, 경우에 따라서는 일생 동안 지속될 수도 있다. 여기서 확실히 해둘 것은 영양 결핍이든 영양과다든 모든 영양 불균형은 성장기 청소년에게 돌이킬 수 없는 발달 장애를 초래할 수 있다는 점이다. 결국 이는 자기 태만에 대한 방증이다.

특히 혼자 생활하는 인터넷 의존자들은 자신의 몸을 심각할 정도로 방치할 소지가 크다. 이 경우 몸의 모든 필요와 기능이 극도로 침해될 수 있다. 이들은 집 안에서 마치 노숙자처럼 지낸다. 적어도 이 상태까지 오면 인터넷 의존은 삶과 도저히 양립할 수 없다.

사회적 결과: 넌 이제 아웃이야!

가장 심각한 결과부터 먼저 살펴보자. 인터넷에 중독돼 정신을 못 차리면 몸에 치명적인 결과를 초래할 뿐만 아니라, 내게 의지하는 다른 사람의 기본 욕구도 도외시하게 된다. 인터넷 의존 증상을 보이는 부모는 어린 자녀에게 심각한 위험을 초래할 수 있다. 이런 사실을 잘 보여주는 다음 사례는 끔찍하면서도 슬픈 예다.

2011년 미국의 뉴멕시코 연방주에서 3살 난 자녀에게 물도 먹을 것도 주지 않아 사망에 이르게 한 여성이 유죄 판결을 받았다. 법원은 피고가 딸을 방치한 것과 '월드 오브 워크래프트'에 과도하게 빠져 있던 사실 사이에 상관관계가 성립한다는 판결을 내렸다. 미국 연방수사국의 발표에 따르면 그녀는 하루에 15시간까지 온라인 롤플레잉 게임을 했다고 한다.

이처럼 부부 중 한 사람이 자녀를 생명이 위험해질 정도로 방치한 사례 외에, 부부가 함께 컴퓨터 게임에 빠져 있는 경우에도 자녀의 생명과 삶이 위험해질 수 있다.

인터넷 채팅방에서 만나 부부가 된 한국인 남녀가 온라인 롤플레잉 게임 '프리우스Prius'에 함께 빠져들었다. 현실 세계에서 딸까지 둔 두 사람은 현실과 유사하게 만들어놓은 게임 속에서도 부부였고 역시 딸도 있었다. 그런데 어느 순간부터 두 사람은 현실의 딸보다 가상 세계의 딸에게 더 많은 시간을 쏟으며 돌보았다. 2009년 9월, 한국 경찰의 발표에 따르면 이 부부가 PC방에서 12시간 동안 게임을 하고 돌아왔을 때 어린 딸아이가 수분 부족과 영양실조로 쓰러져 있었다고 한다. 아이는 3개월이라는 짧은 삶을 마치고 세상을 떠났다.

이 같은 사례를 인터넷에서 찾아보면 비공식적으로 집계된 유사 사례의 수가 적지 않다. 하지만 여기에서 강조할 것은 이러한 유형은 적어도 지금까지는 예외적 경우에 해당한다는 사실이다. 어쨌든 우리는 정신을 바짝 차려야 한다. 이런 사례들은 피해자의 사망 원인이 중독 현상과 연관돼 있음을 분명히 보여준다. 자녀를 방치해 사망에 이르게 하는 것은 심각한 알코올 의존 혹은 헤로인 의존의 경우에도 발생할 수 있다. 머릿속이 중독 매체 생각으로 가득하다면 사회적으로 책임 있는 삶을 살기가 힘들다. 부모 자식 간의 관계뿐 아니라 가족 관계, 부부 및 친구 관계 등 기타 대인관계도 마찬가지다.

연령대가 상대적으로 낮은 온라인 게임 의존자들의 경우 특히 가족 생활에 등을 돌리고 가족 내에서 할 일을 다하지 않는 경향이 있다. 이로 인해 다른 가족 구성원, 특히 부모와 심하게 다투게 된다. 하지만 부모 입장에서 자녀와 시끄럽게 싸우는 것보다 더 견디기 힘든 것은 서로가 서로를 소 닭 보듯 하는 것이다. 일상에서 부모와 자녀가 함께 하는 일도 없고 식사도 따로 하며 집 안에서 마주쳐도 스쳐 지나가기만 한다면 가족으로서의 삶은 붕괴하고 만다. 이런 상황에까지 이르면 많은 부모들은 마치 유령과 함께 사는 것 같다고 하소연한다.

사이버 음란물에 중독된 남편을 둔 아내 또한 이와 비슷한 기분을 느낀다. 남편이 사이버 음란물 의존 증상을 보인다는 사실을 발견하고 경종을 울리는 것 또한 아내들이다. 이러한 경우 아내들은 대부분 남편에게 배신당했다고 생각하기 때문에 부부 관계 자체에 회의를 느낀다. 하지만 이런 부부 중에는 사이버 음란물 중독이 발각되기 전부터 이미 부부 관계가 심각하게 멀어져 있는 경우가 많다. 이처럼 부부가 멀어진 가장 주된 이유는 사이버 음란물에 중독된 남편이 아내 몰래 사이버 공간에서 자위하려고 컴퓨터 앞에서 보내는 시간을 계속 늘려왔기 때문이다.

가족에게 중독 상태를 은폐하고 끊임없이 거짓말하는 것은 모든 종류의 인터넷 의존자에게 나타나는 공통 증상이다. 이는 인터넷 음란물과 기타 인터넷 음란 사이트 의존자들의 경우 더욱 심한데, 그 이유는 본인이 자신의 행위에 수치심과 죄책감을 느끼고 있어서다. 이러한 맥락에서 볼 때 사이버 음란물 중독은 부부의 신뢰 관계를 이중으로 위험에 빠뜨릴 수 있다. 남편이 사이버 음란물에 중독되기 전까지 혹은 중독 진행 중에도 부부의 성생활이 지속된 경우, 사이버 음란물에 중독된 사실이 발각된 후에는 대부분 성생활이 중단된다. 두 사람의 성생활을 되돌리기에 앞서 일단 두 사람 모두 상처받아 닫혀버린 감정을 직시해야 한다.

하지만 반드시 사이버 음란물 의존이 아니더라도 일단 인터넷에 과도하게 빠져들면 친구 관계와 마찬가지로 부부 관계 또한 영향을 받고 위태로워진다.* 온라인 컴퓨터 게임에서 수많은 유저들과 함께 게임을 하든, 소셜 네트워크상에서 수많은 가상 친구들과 시간을 보내든, 일단 이러한 행위에 과도하게 빠져들면 예전에 중요하게 여겼던 사람들과의 직접적인 만남과 관계에는 분명 소홀해진다. 인터넷 의존자는 사이버 공간 외에 현실 세계에서 만나는 친구가 한 명도 없는 경우가 대부분이다. 친구와의 관계가 단절됨과 동시에 대부분 운동과 다른 레저활동 등 자신이 중요하게 여겼던 취미까지 손에서 놓아버린다. 심한 경우 인터넷 밖에서 이루어지는 모든 것과 단절하기도 한다. 이 경우 가족을 비롯한 주위 사람들은 당사자가 가상 세계에서 낯선 이들과 열정적인 시간을 보내기 위해 친구와 멀어지고 속해 있던 동호회를 떠나는 모습을 지켜볼 수밖에 없다. 인터넷 의존 증상을 보이는 당사자들은 중독에 가까운 자신의 상태를 대수롭지 않은 것으로 왜곡하기 위해 그저 취미로 인터넷을 할 뿐이라고 말한다.

---

* 다수의 연구 결과에 따르면, 다른 중독 질환과 마찬가지로 인터넷 의존자들이 본인의 중독 행동에 관해 가족을 속이는 행위가 인터넷 의존 여부 진단에 중요하다. 중독 행동에 대해 침묵하거나 속이는 행동은 해당 질환의 불가피한 증상이므로 주변 사람들이 이를 일방적으로 비난할 수 없음을 의미하기도 한다.

능력 저하

보통 우리는 스스로를 부양할 능력을 갖추기 위해 학교와 직업교육 기관, 직장에서 능력을 발휘하려 애쓴다. 자기 힘으로 독립적으로 살기 위해서는 맡은 일을 잘 수행해야 하는 것이다. 사회보장제도가 잘 갖춰져 굳이 일하지 않아도 의식주가 보장되는 나라에서도 사람들은 능력을 인정받기 위해 일을 한다. 특히 청년은 부모에게서 독립해 자신의 정체성과 능력을 입증하는 것이 중요하다. 그런데 인터넷 의존 증상을 보이는 사람들은 바로 이 부분에 문제가 생긴다. 인터넷에 중독되는 과정에서 이들 능력이 대폭 저하되거나 완전히 상실되기 때문이다.

10대 학생이 밤중에 컴퓨터 게임을 하면 수면이 부족해 피로와 집중력 부족 증세가 가장 먼저 나타난다. 이로 인해 수업에 흥미를 잃고 더 이상 적극적으로 참여하지 않게 된다. 그 결과 성적이 떨어지고, 얼마 지나지 않아 상급 학년으로 진급하는 데도 지장이 생긴다. 니더작센 주 범죄연구소에서 토마스 뫼슬레^{Thomas Mößle}와 그의 팀이 진행한 종단 연구^{longitudinal study}(같은 주제에 대한 시간 경과에 따른 결과를 연구하기 위해 반복된 관찰을 포함하는 상관관계 연구—옮긴이)에 따르면 스크린 미디어 남용은 특히 남학생의 학업 성적에 부정적인 영향을 미쳤다. 컴퓨터 게임에 심취한 학생의 성적이 떨어졌을 때 인터넷 중독을 의심해 살펴보면, 대부분 심각한 컴퓨터 게임으로 낙제를 해 1년 이상 같은 학년을 반복했다. 따라서 해당 부모와 교사들이 관련 징후를 최대한 조기에 인식해 적절하게 대처하는 것이 중요하다. 자녀들이 학교에 지각하는 횟수가 많아지거나 아예 결석하는 상황에까지 이르면 문제는 매우 심각해진다. 이러한 경우 퇴학 처분을 받을 수 있는데, 이는 컴퓨터 게임에 빠져 사는 많은 학생들에게는 정말로 반가운 일이다. 학교에

갈 필요가 없어지면 집에서 게임할 시간도 많아지고, 경우에 따라서는 하루 종일 게임을 할 수도 있으니 말이다.

직업훈련 과정에 있는 청소년들도 이와 유사하다. 인터넷 의존 증상을 보이는 많은 청소년들은 직업학교를 졸업하기는 하지만 직업훈련 과정에서 요구하는 바를 충족시키지 못하는 경우가 많다. 직업훈련을 받는 동안은 일반적으로 학교에 있을 때보다 할 일이 더 많다. 아침에도 더 일찍 일어나야 하며 하루 종일 일해야 한다. 보통 수습 기간 중에는 열성을 보이고 맡은 일은 책임지고 끝내야 한다. 능력을 입증하고 그것을 위해 다른 것을 희생하지 않으면, 즉 철없는 행동을 계속하는 한 수습을 성공적으로 마칠 수 없다. 수습을 시작하는 순간부터 진지한 삶 역시 시작해야 하는 것이다. 지각이나 결근이 잦고 능력을 발휘하지 못하는 사람은 직업훈련 자리를 금세 잃게 된다. 이는 학교에서 퇴학 처분을 받는 것보다 훨씬 간단하다.

대학생의 경우에는 상대적으로 시간적 여유가 많다. 많은 대학생들이 인터넷 사용량을 조절하기 힘들어하는 것도 바로 이 때문이다. 비록 다수의 대학 과정이 점점 더 중고등학교 수업처럼 진행되는 경향이 있긴 하지만, 학업에 사용할 수 있는 시간을 의미 있게 분배하고 활용하기 위해서는 자발적인 학습 동기와 시간을 잘 이용하겠다는 의지가 필요하다. 대학생 중에는 여러 학기 동안 등록만 해놓고 실제로는 수업에 참석하지 않는 이들도 많다. 바로 이럴 때 인터넷을 과도하게 사용하면 막대한 영향을 받는다. 인터넷상에는 마우스만 몇 번 클릭하면 누릴 수 있는 흥미로운 것들이 무궁무진 펼쳐져 있어 다른 중요한 것들은 자연히 우선순위에서 밀린다. 많은 대학생들이 주어진 자유를 제대로 감당하지 못하고 인터넷에 빠져든다. 특히 대학생이 인터넷에서 헤어 나오지 못하는 경우, 당사자를 제외한 외부 사람들은 이 사실을 모른 채 몇 년을 지날 수 있다. 이처럼 삶이 그릇된 방향으로 흘러가기 시작하면 이를 돌이키기 위해 많은 시간과 전문적인 치료가 필요하다. 특히 인터넷에 빠져 있느라 나이만 먹은 경우에는 상대적으로 어린 사람보다 직업훈련 자리가 훨씬 더 절실히 필요함에도 자리를 구하기 힘들어진다.

하지만 직업 세계에 안착한 사람이라도 인터넷 의존은 업무 능력에 심각한 영향을 미친다. 중년 남성의 경우 컴퓨터 게임이나 사이버 음란물이 인터넷 의존의 원인이다. 일단 컴퓨터 게임이나 사이버 음란물에 빠져들면 그것에서 벗어나기 힘들기 때문에 피로와 집중력 부족에 시달리며 지각과 결근을 하게 된다. 심지어 직장에서 문제를 일으키는 경우도 많다. 다른 사람들 몰래 음란물 사이트를 뒤지다 고용주가 접속 자체를 차단시키면, 자신의 노트북이나 태블릿 PC를 가져와 해당 사이트에 다시 접속한다. 이런 행동 때문에 직장을 잃는 사람도 많다. 혹은 이 같은 상황에 이른 남성들은 아내가 아닌 직장 상사에게 '지금 당장 치료받지 않으면, 더 이상 여기서 일할 수 없습니다'라는 최후통첩을 받는다. 인터넷에 빠진 직원을 쫓아내려고만 하지 않고 함께 책임을 감당하려는 이 같은 상사를 둔 사람은 그나마 운이 좋은 편이다.

인터넷 의존으로 인해 퇴학을 당하든, 직업훈련 자리를 잃든, 대학에서 학업을 중단해야 하든, 직장에서 쫓겨나든, 결과적으로 마음의 상처를 받고 이른바 백수가 되고 나면 그만큼 인터넷에 더 몰두하게 된다. 즉 현실 세계에서의 상실을 위로받고 성공을 체험할 수 있는 유일한 공간인 인터넷에서 빠져나오지 못하는 중독의 전형적인 악순환이 반복되는 것이다.

Chapter 2

게임, 갈망, 섹스
: 인터넷 의존의
여러 유형

게임, 갈망, 섹스

: 인터넷 의존의

여러 유형

인터넷에 중독 위험이 내재돼 있다는 사실은 우리가 디지털 혁명에 실망하게 된 이유 중 하나다. 인터넷 중독 위험은 우리 인간이 수년간 전력으로 추구해온 온라인화에 찬 물을 끼얹고 있다.

하지만 이와 관련해 반가운 소식은 인터넷상에 있는 모든 콘텐츠가 의존 증상을 유발하지는 않는다는 점이다. 인터넷 자체는 많은 이들에게 축복이다. 인터넷이 멋진 발명품이라고 주장하는 사람은 다음과 같이 당당하게 말할 수 있을 것이다. "인터넷을 잘 활용하면 삶이 훨씬 편리해진다"라고. 여러 정보에 쉽게 접근할 수 있다는 점은 청소년, 직업훈련 이수자, 대학생 등 모든 이에게 매우 유용하다. 또한 우리는 인터넷으로 우리의 삶, 특히 개인적인 친분 관계와 직업상의 관계를 그전보다 수월하게 조직하고 관리할 수 있다. 가장 이상적인 방식으로 활용하기만 하면 수많은 정보와 만남을 제공해주는 무한한 디지털 네트워크는 우리를 섬기는 충직한 하인이 되어줄 것이다. 인터넷을 이용해 현실 세계를 보다 잘 이해하고 서로를 진실하게 알아감으로써 보다 편리한 삶을 이룬다는 목표가 최종적으로 달성되는 경우에는, 우리가 인터넷 때문에 자신을 상실할 위험 또한 적어진다. 따라서 지금까지는 사람들의 삶을 다양한 방식으로 편리하게 해주는 인터넷 자체가 사용자에게 일방적으로 의존증을 유발하지는 않는다는 견해가 주를 이루고 있다.

다시 말해 사용자에게 의존증을 유발하는 것은 인터넷 전체가 아니라 특정 방식으로 제공되는 사이트다. 단 이에 대해서는 전문가들 사이에서도 아직까지 논란이 분분하다. 현재로서는 이른바 특수한 유형의 인터넷 의존 이외에 일반적인 인터넷 의존이라는 현상의 존재 여부를 여전히 확실하게 단언할 수 없다. 일반적인 인터넷 의존에 대해서는 2001년 오하이오 대학의 토머스 데이비스Thomas Davis가 확인한 바 있다. 일반적인 인터넷 의존이라는 관점에서 보면 인터넷 의존자들은 전반적으로 인터넷 자체에 의존하며, 그로써 다양한 형태의 온라인 서비스에 의존하게 된다.* 이 중요한 문제는 아직까지 우리가 디지털 혁명의 지극히 초반에 있다는 점 때문에라도 향후 얼마간은 해결되지 않고 남아 있을 수밖에 없다. 일반적인 인터넷 의존에 관한 문제는 여전히 결론이 나지 않았는데, 이 문제는 이 책에서도 계속 다룰 것이다.

지금까지 특수 병동과 상담실을 찾아오는 사람들은 인터넷 중 특수한 유형에 중독된 경우가 대부분이었다. 그렇다고 이들이 인터넷 중 다른 유형의 서비스를 전혀 사용하지 않는다는 뜻은 아니다. 하지만

---

* 최근 들어 킴벌리 영, 마티아스 브란트Matthias Brand, 크리스티안 라이어Christian Laier는 인터넷 의존의 발생과 유지에 관해 신경심리학적·신경생물학적 학설을 토대로 이론모델을 발표한 바 있다. 해당 이론모델은 특수한 유형의 인터넷 의존 및 일반적인 인터넷 의존 현상을 고찰한다.

이들은 특수한 유형으로만 인터넷을 집중적으로 끝없이 사용하기 때문에 그런 유형의 서비스 사용 자체가 목적이 되어버렸고, 따라서 그 외의 다른 모든 아날로그와 디지털 방식의 삶은 완전히 뒤로 밀려나 버렸다. 초반에 잠깐 언급했지만, 지금까지는 인터넷 의존 중 세 가지 유형, 즉 온라인 게임과 사이버 음란물, 소셜 네트워크가 특히 눈에 띄게 대두되고 있다.

| 인터넷 의존의 유형 |

일반적 인터넷 의존

특수한 인터넷 의존

사례별 인터넷 의존

온라인 컴퓨터 게임 의존

소셜 네트워크 의존

사이버 음란물 중독

행동 중독의 디지털 유형

온라인 도박 중독	온라인 쇼핑 중독	온라인 일중독

사이버 공간의 주인공:
온라인 게임

온라인 게임 의존은 지금까지 여러 형태의 인터넷 의존 중 가장 발생률이 높은 유형이며, 처음으로 하나의 병증病症으로 국제적 공인을 받은 유형이기도 하다. 영어로 'Internet Gaming Disorder'라고 불리는 인터넷 게임 의존은 온라인 컴퓨터 게임이 유행하는 곳이라면 전 세계 어디서든 찾아볼 수 있다. 인터넷 게임 의존 환자들의 증상은 전 세계 어디에서도 놀라울 정도로 흡사하다. 따라서 전형적인 케이스를 다음과 같이 묘사할 수 있다.

성년이 된 지 얼마 지나지 않았고 스스로도 전혀 성인이라고 느끼지 않는 청년을 상상해보자. 이 청년은 어렸을 때부터 많은 시간을 컴퓨터 게임에 쏟았다. 처음에는 게임 콘솔로 하다 점점 컴퓨터로 옮겨갔고 결국에는 인터넷 게임을 더 많이 했다. 어려서부터 학업이나 운동에 두각을 나타내지 못해 주목받지도 못했고 선두 그룹에도 속하지 못했지만, 컴퓨터 게임은 잘할 수 있었다. 좁은 의미에서 아웃사이더는 아니었더라도 남들과 잘 어울리지 못했고 심지어 가끔은 굴욕감을 느낀 적도 있었다. 학교에서나 여러 사람이 모인 곳에 가면 자신감이 없어지고 소심해졌다. 하지만 컴퓨터 게임 속에서는 항상 중요한 역할을 하는 사람이었다. 컴퓨터 게임을 할 때는 자부심과 더불어 자신을 힘센 존재로 느꼈고, 게임 속에서는 누구도 그를 따라올 사람이 없었다. 그렇기에 한없이 펼쳐지는 가상 세계 속에서는 그와 함께 용을 처치하고 성을 정복하며 놀아줄 누군가가 항상 곁에 있었다. 이미 학교에 다니던 시절부터 그는 컴퓨터 속에서 하루 종일 영웅 행세를 하고 싶었을 것이다. 물론 친구들 또한 컴퓨터 게임을 가장 좋아했다. 원래 영리한 소년이었기에 컴퓨터 게임을 하면서도 오랫동안 별 무리 없이 성적도 어느 정도로 유지할 수 있었다.

하지만 고등학교를 졸업할 무렵에는 결석 일수가 너무 많아 낙제 위험에 처하게 되었다. 그러고는 대학입학자격시험을 간신히 통과했는데, 점수가 좋지 않아서 원하는 학과에 진학할 수 없었다. 원하는 학과에 자리가 날 때까지 기다리는 시간을 의미 있게 보내기 위해 직업훈련을 받기로 했다. 하루에 여덟 시간씩 규칙적으로 힘들고 지루한 일을 하다 보니 처음에는 적응하기 상당히 힘들었다. 자신이 평가 절하되는 것 같아 하는 일에 대한 거부감은 날이 갈수록 심해졌고, 게임 시간은 점점 더 많아졌다. 일을 마치고 난 후 스트레스를 해소하고 마음을 가다듬기 위해 시작한 게임은 날이 갈수록 플레이 시간이 길어졌다. 그때까지 남아 있던 몇 명의 친구조차 만나지 않았으며, 운동을 손에서 놓은 지는 이미 오래전이었다. 말할 것도 없이 여자친구를 진지하게 사귀려는 마음도 없었다.

결국 그는 기쁠 때나 슬플 때나 최고의 희열을 느끼게 해주는 온라인 롤플레잉 게임에 빠져들었다. 그는 해당 게임에서 유능한 전사 역할을 했다. 게임에 푹 빠져 인터넷에 접속해 있는 시간은 더욱 길어졌고, 밤늦게까지 게임을 할 때도 많았다. 이로 인해 아침에 일어나는 것이 점점 힘들어졌다. 날이 갈수록 지각하는 횟수가 많아졌고, 늦게나마 직업학교나 실습 장소에 가더라도 몹시 피곤하고 집중력은 떨어진 상태였다. 결근 횟수도 점점 잦아졌다. 처음에는 진단서를 제출하고 양해를 구했지만 나중에는 무단으로 결근했다. 결국 그는 직업훈련 과정을 끝마치지 못하고 쫓겨났으며, 이로써 미래에 대한 비전도 상실했다.

온라인 게임 중독 상태에 가까웠던 그는 해고돼 좋은 점도 있다며 실패를 겪은 자신을 온라인 게임으로 위로했다. 이제 원하는 만큼 실컷 게임할 수 있게 되었다고, 랭킹을 더 끌어올릴 수 있게 되었다고 크게 기뻐하면서 말이다. 다른 한편으로는 언젠가 때가 되면 대학입학 준비를 하겠다고 스스로 다짐하기도 했다. 하지만 그 후 몇 달간 그는 하루에 12시간 이상을 컴퓨터 앞에서 보냈다. 그러다 보니 그나마 남은 지인들과도 연락이 끊겼고 친구라고는 온라인 게임 속의 친구들이 전부였다. 부모님과 함께 살긴 했지만 부모님이 잠들거나 일하러 나간 시간에만 일어나 게임을 했기 때문에, 얼굴을 마주할 일도 없었다. 이러한 생활에 최종적으로 종지부를 찍은 것은 바로 부모님이었다. 그의 부모는 구직 센터에 상담 예약을 해놓은 시간에도 나타나지 않고, 대학입학 준비도 하지 않는 아들을 더 이상 방치할 수 없었다. 부모는 아들에게 최후통첩을 했다. 게임 중독 치료를 받지 않으면 집에서 쫓아내겠다고 선언한 것이다. 그는 마지못해 치료를 받으러 상담실을 찾아왔다.

많은 인터넷 의존자들이 이와 비슷한 과정을 거쳐 우리 병원에 상담을 받으러 온다. 대부분 이미 오래전부터 컴퓨터 게임에 빠져 있었고, 성인이 되는 문턱에서도 온라인 게임에서 헤어나지 못한 청년들이다.

이들이 이렇게 된 이유는 대개 현실 세계에서 상처받고 좋지 않은 경험으로 위축되었기 때문이다. 대부분 청소년, 직업훈련생, 대학생 혹은 사회 초년생으로서 소외와 실패를 경험했으며, 자신감과 자존감에 상처를 입은 적이 있다. 하지만 인터넷상에서는 현실과는 달리 용감하고 강력한 주인공 역할을 할 수 있다.

현실 세계의 삶이 힘들어질수록 이들은 더욱 가상 세계에 몰입해 자신을 위로하는 방식으로 중독의 악순환이라는 늪에 빠져 들어간다. 그러다 보면 어느 순간 인터넷이 긍정적인 체험을 할 수 있는 유일한 공간이 되고 만다. 현실 세계의 행동반경이 부모님 집 한편에 있는 작은 방으로 좁혀지면서 게임은 삶의 중심이 되어버린 것이다.

온라인 게임 의존증은 거의 대부분 청소년이나 청년에게 나타나긴 하지만 이론상으로는 누구에게나 발생할 수 있다. 어쨌든 현재 자라나는 세대를 보면 남녀를 막론하고 하루에 여러 시간을 컴퓨터 게임으로 보내는 것이 극히 자연스러운 현상이 된 것 같다. 따라서 온라인 게임 의존이 앞으로 점차 젊은 여성들에게서 나타난다 해도 그다지 놀라운 일은 아니다.

타인에 대한 충족되지 않은 갈망: 소셜 네트워크

당신이 16살 소녀들로 가득 찬 버스에 타고 있다고 상상해보라. 대부분 소녀들은 스마트폰을 들고 끊임없이 문자를 입력하고 있다. 이들은 무선 인터넷과 소셜 네트워크, 인터넷 커뮤니티 사이트, 채팅 사이트를 통해 모두 하나로 연결돼 있다. 가끔씩 이들은 옆 사람에게 스마트폰을 보여주며 다소 상기된 얼굴로 킥킥대기도 하지만, 대부분 아무 말 없이 주위를 의식하지 않은 채 조용히 앉아 있다. 이들이 진정으로 관심 있는 일들은 디지털 세계에서 일어나기 때문이다. 디지털 세계는 옆자리에 앉아 있는 소수의 친구뿐만 아니라 모든 친구들과 끊임없이 접촉하라고 이들을 유혹한다. 차창 밖에서 일어나는 일이나 옆자리의 현실 세계에는 별다른 관심이 없다. 같은 버스에 타고 있는 친구들과 직접 이야기를 나누려는 생각도 시간이 갈수록 적어진다. 옆 친구와 이야기를 나누고 싶은 마음보다 디지털 세계에서 벌어지고 있는 무언가를 놓칠지 모른다는 두려움이 훨씬 큰 것이다.

따지고 보면 이러한 장면 자체가 기이하다. 소녀들이 스마트폰을 뚫어지게 들여다보고 있는 그 순간 이들은 친구와 함께 있지만, 희한하게도 각자 따로 존재한다. 당신이 그들을 향해 "너희들 모두 페이스북-정키 Junkie(본래는 마약 중독자라는 의미로 사용되지만 어떤 활동에 열정적으로 빠져 있는 사람을 가리키기도 하는 말-옮긴이)들이니?"라고 묻는다면 이들은 소리가 나는 쪽은 쳐다보지도 않고 스마트폰에 시선을 고정한 채 "네에에에!"라고 대답할 것이다. 하지만 그렇다고 해서 이들은 정말 병적인 중독이라는 의미에서 인터넷에 '의존'하고 있는 것일까? 이들 모두가 심리치료를 받아야 하는 걸까?

소셜 네트워크 의존은 지금까지 알려진 특수한 인터넷 의존 3가지 중 현재 가장 드물게 나타나는 유형이며, 온라인 게임 중독은 특히 소년과 청년들에게서 나타난다. 여성이 남성에 비해 인터넷에 의존하는 사례가 드문 것은 지금까지 여성이 상대적으로 사람들을 직접 만나는 것을 더 중요하게 생각하기 때문으로 여겨져왔다. 그래서 사회적 교류에 관심이 높고 사회적 능력이 평균을 웃도는 여성적 특성을 인터넷 의존증상을 방지하는 요인으로까지 간주했다. 하지만 페이스북 혹은 **왓츠앱**Whatsapp(인스턴트 메신저의 일종으로 윈도폰 7, 심비안 OS, 블랙베리, 안드로이드, iOS에서 지원된다— 옮긴이) 등의 소셜 네트워크가 엄청난 성공을 거듭하자, 지금까지 여성을 인터넷 의존에서 보호해왔다고 여겼던 요인이 바로 인터넷 의존으로 이끄는 중독 요인이 될 수 있다는 우려가 대두되었다. 독일연방보건부에서 의뢰한 다음의 연구 결과는 이를 뒷받침해준다.

한스-위르겐 룸프를 주축으로 하는 뤼벡의 연구팀은 2012년부터 이어진 연구의 일환으로 전화를 이용해 시민들의 심리 상태를 조사했다. 그 결과 인터넷 의존 진단 기준을 충족시킨 응답자의 3분의 1가량이 인터넷에서 가장 많이 이용하는 분야가 소셜 네트워크로 나타났다. 채팅 사이트와 커뮤니티 사이트, 소셜 네트워크에 의존성을 보이는 이들은 대부분 소녀와 젊은 여성들이었다. 해당 연구의 결과는 많은 연구원들을 놀라게 했는데, 그중에서도 특수 병동에서 인터넷 의존 환자들을 직접 대해 온 연구원들이 더 그러했다.

본래 여성은 남성에 비해 정신 질환의 종류와 상관없이 심리치료를 받는 것에 개방적이며 적극적인데, 지금까지는 소셜 네트워크 의존을 이유로 특수 병동을 찾은 여성들이 극소수였기 때문이다. 연구 결과와 실제 상황 간에 차이가 이토록 큰 것 또한 매우 의문이다. 물론 치료를 받으려면 우선 자신의 증상이 질환에 해당한다는 것을 먼저 인식해야 한다. 어쩌면 소셜 네트워크가 성공 가도를 달린 지 얼마 되지 않아 아직 이에 따른 부작용과 피해를 충분히 인식하지 못했을 수도 있다.

하지만 소셜 네트워크 의존을 다른 관점에서 볼 수도 있다. 넓게 보면 인터넷을 하나의 커다란 소셜 네트워크로 이해할 수 있다. 우리 모두가 인터넷상에서 의사소통한다는 점에서 인터넷에 사회적 차원이 부여되는 것이다. 위키피디아(인터넷 무료 백과사전 서비스—옮긴이)와 같은 정보 포럼 또한 다수의 참여로 유지된다. 그리고 결국에는 온라인 롤플레잉 게임과 조건 만남 사이트 또한 일종의 네트워크와 유사한 성격을 띠고 있다. 이런 점에서 볼 때 인터넷은 단순히 상호작용이 이루어지는 장소에 그치지 않고, 인터넷 그 자체가 하나의 사회인 것이다. 그렇기 때문에 이미 앞에서 제기한 두 질문의 대답은 하나로 귀결될 것이다. '소셜 네트워크 의존이라는 것이 존재하는가?' '일반적인 인터넷 의존이라는 것이 존재하는가?'

향후 우리는 이 두 질문에 '그렇다'라고 대답할 확률이 커 보인다. 이와 관련된 연구에 결정적인 문제 제기를 하기 위해서는, 정확히 아는 바가 없더라도 적어도 깊이 생각해보는 시도는 해야 한다.

　해당 학계 또한 디지털 혁명과 그 영향에 관해서는 미래를 예측하기보다는 항상 뒤를 좇아갈 수밖에 없는 형국이다. 웹 2.0(데이터의 소유자나 독점자 없이 누구나 손쉽게 데이터를 생산하고 인터넷에서 공유할 수 있도록 한 사용자 참여 중심의 인터넷 환경—옮긴이)과 소셜 네트워크의 급속한 성공은 많은 정책적 문제뿐만 아니라 사용자의 심리와 연관된 문제를 야기한다. 이러한 문제들은 이미 명백하게 존재하며 이론적인 접근만으로는 해결할 수 없다. 즉 소셜 네트워크 의존이라는 것이 이제 막 문제를 드러내기 시작했지만 소셜 네트워크 의존증의 치료와 예방에 대해서는 지금부터 집중해야 한다.

　그렇다면 페이스북을 비롯한 소셜 네트워크 의존 현상을 어떻게 이해해야 할까? 인터넷 의존이 세상에서의 도피라면, 소셜 네트워크 중독은 타인과의 직접 만남을 피할 수 있는 수단이라고 가정해볼 수 있다. 하지만 여기에는 분명 모순이 있어 보인다. 소셜 네트워크란 바로 친구나 친지들과 더 활발히 만나는 것을 돕기 위해 생긴 것 아닌가? 또한 친구나 친지와의 만남을 기획하고, 파티에서 찍은 사진과 동영상을 올리기에 가장 적합한 수단이 아니던가?

　인터넷 의존증은 친구나 파트너가 극히 드물거나 아예 없는 사람들에게 나타날 가능성이 높다. 그중에서도 특히 스스로 타인 혹은 사회에서 소외되었다고 느끼며 그 때문에 고독한 사람들이 의존하게 될 위험이 크다. 흔히 이런 사람들은 여러 차례에 걸친 부정적인 경험 때문에 직접적인 사회 접촉을 두려워하기까지 한다. 하지만 대인기피 성향을 지닌 이들도 인터넷 채팅 사이트나 커뮤니티 사이트에서는 직접적인 접촉은 피하면서 소속감을 느낄 수 있는 것이다. 하지만 이러한 가상의 만남이 목적 그 자체가 되어버리면, 인터넷에 전적으로 의존하게 될 위험이 크다. 인터넷에서 아무리 가상으로 만난다 한들 현실에서는 절대 만남이 이루어지지 않는다. 그렇기 때문에 이들은 본래적인 결핍을 메우기 위해 끊임없이 새롭고 더 많은 가상의 만남을 갈구할 수밖에 없다. 이렇게 보면 소셜 네트워크는 이들의 깊은 고독감을 진정으로 달래줄 수 없는 것이다.

인간관계는 말로만 이루어지지 않는다. 파트너 관계뿐만 아니라 친구 관계에서도 우리는 서로의 눈을 바라보며 만지거나 쓰다듬는 등 진심에서 우러난 친밀한 행위가 필요하다. 슬프거나 감동받아 눈물을 흘릴 때 누가 나의 눈물을 닦아주겠는가? 말로 표현할 수 없는 감정에 휩싸일 때, 누가 아무 말 없이 품에 꼭 안아주겠는가? 감정이란 타인과 눈을 맞추고 만지고 서로의 체취를 느낄 정도로 가까이에서 표현하지 않으면 충분히 전달될 수 없다. 바로 이러한 점에서 인터넷은 실제 만남 앞에서 백기를 들 수밖에 없는 것이다.

네트워크상의 많은 친구들과의 얄팍한 관계는 현실 속의 사람들과의 탄탄한 관계를 대신할 수 없다. 따라서 현실이라는 아날로그 세계에서 빠져나와 소셜 네트워크라는 디지털 세계로 몸을 숨기는 사회적 은둔 행위는 매우 위험한 것이다. 타인과의 직접 만남을 피하면 피할수록 자신의 두려움을 극복하기는 점점 더 어려워지기 때문이다. 또한 사이버 공간에서 자신의 리얼라이프를 입증해보일 수 없는 사람은 언젠가는 그 공간에서도 아웃사이더로 전락할 우려가 있다. 이런 경우 소셜 네트워크의 과다한 사용은 중독의 악순환으로 이어질 수 있다. 이에 반해 직접적인 대인관계에 기초한 실제의 삶을 온라인상에서 관리하고 입증할 수 있는 사람들은 좁은 의미에서의 중독에 빠질 우려가 거의 없다.

절대적 희열을 향한 헛된 갈망:
사이버 음란물

전형적인 사이버 음란물 의존자인 그는 안정된 환경에서 정돈된 삶을 사는 40대 초반의 남성이다. 그의 삶은 매우 안정적이고 생활 반경은 극히 한정돼 있어서 자유롭게 숨 쉴 공간이 부족할 수도 있다. 그는 아내와 함께 가정을 이루어 집을 마련했고 좋아하는 일을 한다. 엄밀히 보면 부족한 것이 없다. 엄밀히 보면 삶에 만족하고, 엄밀히 보면 아내를 사랑한다. '엄밀히 보면'이라는 말을 너무 자주 사용해서 어떤 상담치료사라도 그의 이런 버릇에 주목할 수밖에 없다. 이를 뒤집어보면 무언가가 부족하다는 의미다. 그의 삶에는 긴장감이 없다. 다시 말해 그를 흥분시키는 희열이 없다는 것이다.

젊은 시절, 그는 성을 제한적으로 즐겼고 무척 이른 나이에 결혼했다. 이따금씩 그는 너무 일찍 결혼했다고 생각하기도 한다. 아내와의 섹스는 결혼 후 얼마 동안은 만족스러웠지만, 자녀들을 출산한 후에는 횟수가 점점 줄어들었다. 요즘은 부부 관계를 거의 하지 않는다. 아내는 한동안 부부 관계에 아무 관심을 보이지 않았고, 그래서 그는 아내가 자신의 성적 욕구, 특히 성과 관련된 특별한 환상과 생각을 이해하지 못하며 심지어 그것을 거부한다고 느꼈다. 물론 그 역시 아내의 성적 욕구를 인식하고 만족시키는 데 노련한 사람은 아니다. 그는 이 문제를 아내와 이야기하는 것을 힘들어한다. 이 문제에 대해서는 오래전부터 늘 무슨 말을 해야 할지 알 수가 없었다. 몇 차례 아내에게 거부당하고 실망한 후에는 용기도 없어졌다. 성문제와 관련해서는 더 이상 아내를 어떻게 대해야 할지 막막하기만 했다.

그 대신 그는 습관적으로 자위를 했다. 직장 상사나 아내에게 화가 날 때마다 남몰래 외설적인 사진이나 동영상을 보며 자위하는 것으로 긴장을 해소했다. 그중에서도 특히 아내나 다른 어떤 여자와도 해본 적 없는 성적 행위가 나오는 장면을 관심 있게 본다. 결혼 후 여러 번의 유혹에도 불구하고 아내 외의 다른 여자와 잠자리를 한 적은 없으며, 특이한 행위를 시도해보고 싶은 강렬한 욕구도 물리쳤다. 따라서 그는 음란물을 보는 것이 비록 다소 부끄럽기는 해도 바람을 피우거나 비정상적인 성행위를 하는 것보다는 낫다고 생각한다. 주변의 누구도 눈치 채지 못하는 가운데 그는 점점 심각할 정도로 음란물에 빠져 들어갔다. 좀 더 강한 장면, 좀 더 야릇한 체위, 극도의 절정을 점점 더 갈구하게 되었다.

음란물을 볼 때마다 오르가슴을 느끼는 시점을 점점 더 늦추었고, 견디기 힘들 정도에 이르러서야 비로소 사정을 하기에 이르렀다. 이제는 아내가 먼저 부부 관계를 제안해도 아무 반응을 보이지 않게 됐고, 아내와 잠자리를 하지 않을 새로운 구실을 계속 만들어냈다. 이로 인해 아내는 마음의 상처를 입었을 뿐 아니라 남편이 외도하고 있을지도 모른다는 의심이 점점 커져갔다. 결국 아내는 남편이 시간만 나면 서재로 사라지는 이유를 알아내었다. 아내는 사이버 공간에서 자행되는 남편의 일탈 행동에 배신과 모욕을 느꼈고, 마침내 남편과의 모든 육체적 스킨십을 중단하고 모든 종류의 음란물에서 손을 떼라고 요구했다.

하지만 그는 이미 중독된 상태였다. 아내 앞에서는 그러마고 엄숙하게 약속했지만, 아내 몰래 직장에서 최신 동영상을 보기 위해 노트북을 새로 장만했다. 그리고 직장에서 그런 동영상을 몰래 보다가 상사에게 들키고 말았다. 그는 자신의 의존증을 고백했고 상사는 그에게 최후통첩을 했다. 병원에 가서 필요한 치료를 받든지, 그것이 싫으면 직장을 그만두라는 것이었다. 이리하여 그는 타인의 결정에 수치심을 느껴 어쩔 바를 몰라 하며 주치의와 상담했고, 주치의는 그를 해당 질환을 치료하는 특수 외래진료소로 보냈다.

　지금까지 우리 병원을 찾아온 중년 남성들을 살펴보면 대부분 인터넷 섹스 사이트, 그중에서도 음란물 사이트와 연관된 경우가 많다. 이들을 병원에 보내는 사람은 주로 아내 또는 직장 상사들이지만, 일단 이들을 치료해보면 그간 당사자들이 의존 증상 때문에 얼마나 힘들었는지 금세 알 수 있다. 이들은 포르노를 점점 더 많이 보고 싶은, 물리칠 수 없는 충동 때문에 자칫하면 자신이 소중히 여기는 모든 것을 잃을 위험에 처해 있다.

　사이버 음란물 중독의 정도는 지금까지 어떤 성적 욕구가 얼마큼 해소되지 못한 채 남아 있는지와 연관이 있다. 이 경우 대개 진단을 내리기 전에 당사자와 많은 시간 동안 대화해야 한다. 당사자가 본인의 성적 욕구와 환상에 대해 이야기하려면 상담자와 충분한 신뢰가 구축돼야 하기 때문이다. 인터넷 의존자들이 처음부터 마음을 터놓고 이야기하기 힘들어하는 부분은 대부분 현실에서 실행할 수 없는 성적 욕구에 관한 것이다. 사람들이 사이버 음란물에 중독되는 가장 흔한 원인은 당사자가 원하는 성적 행위를 아내나 애인이 함께해주지 않거나 거부해 연인이나 부부 관계에서 성적 욕구가 해소되지 않아서다. 예를 들어 사디즘이나 마조히즘적 행위 혹은 그룹 섹스가 이에 해당한다. 하지만 이러한 이유 외에도 파트너가 감당하기 불가능할 만큼 자주 성행위를 원해 사이버 음란물에 빠지는 사람도 있다.

　문화적 혹은 종교적 이유로 특정한 유형의 성적 행위를 스스로 금하는 것도 이유가 된다. 이 경우 파트너와의 관계에 문제가 있는 것은 아니다. 예를 들어 결혼한 부부 중 한쪽이 동성애 혹은 양성애 성향을 가진 경우 이 같은 문제가 발생할 수 있다.

또 다른 경우는 당사자가 원하는 성적 행위가 타인에게 위험을 초래할 수 있는 것이라서 윤리적으로나 법적으로 수용되지 않는 경우다. 예를 들어 소아성애pedophilia(어린이에게 성욕을 느끼는 성도착증—옮긴이)와 수간증 zoophilia(동물을 대상으로 성욕을 느끼는 성도착증—옮긴이)이 이에 해당한다. 이 경우에는 성적 환상을 음란물로 제작하는 행위 자체가 비도덕적이며 불법적인 행위다. 이처럼 때로는 과거에 '변태'라고 불리던, 이른바 성도착 성향이 개입될 때도 있지만 대부분의 사이버 음란물 의존자들이 소비하는 것은 종래의 보편적인 음란물이다.

사이버 음란물 중독자들은 대부분 성적 취향을 단지 인터넷 속에서만 누림으로써 파트너 관계와 자신, 그리고 제3자에게 어떤 피해도 끼치려고 하지 않는다. 이들은 대체로 한편으로는 자칫 위험할 수도 있는 성욕을 품고 있지만, 다른 한편으로는 파트너에게 상처를 주지 않으려는 마음도 지니고 있다. 또한 파트너와의 관계 자체, 그리고 파트너와의 관계에서 얻는 따스함과 친밀함을 잃고 싶어 하지 않는다. 음란물과 음란 사이트는 이들의 위험한 욕구를 완화해주는 역할을 한다. 하지만 이런 식으로 완화된 열정은 제어하기 힘든 육체적 충동 때문에 또 다른 방향으로 빗나가고 만다. 대안을 모색하려다 헤어나기 힘든 중독에 빠지고 마는 셈이다. 파트너에 이끌려 병원에 온 이들은 통제해줄 파트너가 있다는 사실에 감사해야 한다. 병원의 외래진료소에 치료를 받으러 오는 사이버 음란물 중독자는 대부분 파트너와 함께 사는 사람들이다. 이들 중 혼자 사는 사람의 비율이 낮은 이유는 분명 곁에 수치심을 극복하고 외부의 도움을 받도록 독려하고 압력을 가하는 사람이 없기 때문일 것이다. 한 가지 확실한 사실은 사이버 음란물에 중독된 사람들은 우리가 생각하는 것보다 훨씬 많다는 점이다.

온라인으로 이동해간 중독

오늘날 인터넷 의존은 행동 중독 중 가장 만연한 형태로 간주된다. 지금까지 정신 질환 및 진단 통계 편람DSM-V에 유일하게 기재된 행동 중독은 도박 중독이다. 희열을 약속하는 육체적 행동 방식의 중독인 섹스 중독과 운동 중독은 아직까지는 DSM-V에서 빠져 있다. 이는 돈과 연관된 중독성 행동 방식, 예컨대 병적 쇼핑(쇼핑 중독)과 워커홀리즘(일중독)의 경우에도 마찬가지다. 섹스와 운동, 도박, 쇼핑, 일에 대한 의존은 아직까지 독자적인 정신 질환으로 인정되진 않지만, 사람들이 이러한 행동에 대해서도 의존을 보일 수 있다는 것은 이미 오래전부터 거론되어왔다.

그런데 특히 이른바 '물질과 무관한 의존 질환'이라는 명칭으로 불리는 행동 중독들은 점점 더 사이버 공간으로 이동하는 추세다. 이제 사람들은 인터넷상에서 쇼핑과 일, 도박을 할 수 있으며, 일정한 방식으로 성적 욕구를 충족할 수도 있다. 그것도 심지어 이 모든 것을 원하는 시간대에 언제든지 할 수 있다. 인터넷은 24시간 열려 있는 쇼핑몰이며, 끝없이 펼쳐져 있는 놀이공원이며, 퇴근 시간이 없는 직장이다. 인터넷상의 이 모든 서비스는 누구에게나 언제나 제공된다. 바로 이러한 사실 때문에 중독에 빠질 위험이 몇 배나 커지는 것이다.

여러 형태의 행동 중독의 무대가 아날로그 세계든 디지털 세계든 간에, 행동 중독의 행태와 결과는 물질과 연관된 의존 질환의 중독 행태 및 결과와 거의 동일한 양상을 보인다. 뇌과학 전문가들은 도박 중독과 인터넷 의존의 경우 외부에서 주입되는 중독 물질이 뇌 속의 수용체에 직접 영향을 미치지는 않지만, 알코올 중독과 매우 유사한 작용이 뇌에서 일어난다는 것을 증명한 바 있다.

육체가 개입하는 행동 중독: 섹스 중독과 운동 중독

오늘날 사람들은 알코올과 헤로인이 인간의 뇌 속에서 어떻게 의존 증상을 유발하는지 상당히 잘 안다. 알코올과 헤로인은 육체적·정신적 메커니즘이 함께 작용한다. 이러한 중독 물질은 무엇보다 우리 뇌의 보상 체계를 자극한다. 중독 물질이 뇌의 보상 체계를 자극하면 몸에서 체내합성물질이 분비돼 희열을 느끼게 되는 것이다.

여기에서 도파민과 아드레날린 외에 중요한 역할을 하는 또 다른 물질은 엔도르핀이다. 엔도르핀은 모르핀과 마찬가지로 헤로인과 매우 유사한 특성을 나타낸다. 즉, 우리는 자극적인 상황에서 흥분한 자신을 열광 상태로 몰아넣을 수 있는 체내합성물질을 지니고 있는 것이다. 아드레날린 덕분에 열광 상태에 이르면 높은 효율을 내도록 자신을 채찍질할 수 있다. 도파민이 분비되면 무언가 멋진 보상을 기대해 흥분하고, 행복해하는 순간에는 엔도르핀이 분비돼 몸은 어떠한 통증도 느끼지 못하는 편안한 상태가 된다. 이러한 보상 체계와 그 전달 물질들은 우리의 몸이 긍정적인 방향으로 소진될 때에도 개입한다. 이런 점을 살펴보면 운동이나 섹스가 의존 증상을 유발할 수 있다는 것은 전혀 놀라운 일이 아니다.

앞서 다룬 사이버 음란물 중독은 실제로 하는 섹스 중독과는 구별해야 한다. 사이버 음란물이 아닌 아날로그 섹스에 중독된 사람이 원하는 것은 살아 있는 사람과 하는 진짜 섹스다. 이들 또한 인터넷에서 음란물을 보거나 섹스 파트너를 구할 때도 있겠지만, 섹스 중독자들의 목표는 분명 살아 있는 사람과의 섹스다. 사이버 음란물 중독자들은 모니터 앞에서 자위할 때도 있지만, 이들이 음란물과 음란물 사이트를 과도하게 보는 것은 대부분 실제 성행위를 피하기 위해서다. 이러한 시각에서 볼 때, 온라인 섹스는 상대적으로 사소한 악행이라고 말할 수 있다. 사이버 음란물 중독과 아날로그 섹스 중독 간에는 이 같은 차이가 있다. 따라서 사이버 음란물 중독을 단지 아날로그 섹스 중독이 인터넷 안으로 옮겨온 것으로 생각하기보다는 인터넷 의존의 유형으로 보는 경향이 우세하다. 사이버 음란물 중독자 대부분은 과거에 아날로그 섹스에 중독된 적이 전혀 없다.

지구력 운동을 하는 사람들은 충분한 시간 동안, 즉 적어도 20분 이상 전력을 다해 힘을 소진할 때 분비되는 호르몬이 얼마나 큰 행복감을 주는지 잘 안다. 이러한 신체 단련을 인터넷상에서 하기는 힘들다. 물론 얼마 전부터 개인용 컴퓨터와 게임 콘솔을 인터넷에 연결해 모니터 앞에서 해당 기기와 상호작용하며 운동하게 해주는 인터넷 서비스가 점점 더 많이 개발되고 있기는 하다. 이때 해당 기기는 움직임을 감지하여 이를 모니터에 이런저런 형태로 표시해준다. 러닝머신과 다양한 가정용 운동기구도 개인용 컴퓨터와 인터넷에 연결할 수 있다. 이로써 야외에서 마라톤 경기가 진행되는 동안 집 안의 러닝머신 위에서 함께 뛸 수도 있고, 투르 드 프랑스 경기 내내 실내 사이클 위에서 함께 페달을 밟을 수도 있다. 심지어는 모니터를 이용하여 실제로 현장에서 경기에 참가하는 것처럼 보이게 해주는 기술도 개발되었다. 최근 개발된 프로그램을 이용하면 각자 집에서 운동하는 사람들이 인터넷상에서 함께 모여 운동을 할 수도 있다. 지금까지 사이버 운동에 중독되었다고 알려진 사례는 한 건도 없다. 이는 운동 중독이라는 것 자체가 행동 중독 중에 가장 드물게 발생하기 때문일 것이다.

금전과 관련된 행동 중독: 도박 중독, 쇼핑 중독, 일중독

인터넷상의 행동 중독 중 앞서 살펴본 것보다 발생률이 훨씬 높고 보편적으로 알려진 유형은 도박 중독, 쇼핑 중독, 일중독이다. 이 세 유형의 공통점은 오직 뇌만 중독 행위에 관여하며 넓은 의미에서 금전적 보상과 연관돼 있다는 점이다. 매체학은 금전 또한 일종의 매체로 간주하며, 인터넷 매체에서는 경제적 이익이 중요하다. 따라서 위의 세 가지 유형이 인터넷으로 특히 쉽게 옮겨가며 이로 인해 각자 병적인 정도로까지 성행하는 것은 놀랍지 않다.

'병적인 도박 중독'은 지금까지 유일하게 공인받은 행동 중독이다. DSM-V에서 도박 중독은 처음으로 의존 질환으로 격상되었다. 또한 2013년에야 비로소 해당 편람에 기타 중독 질환들, 즉 중독 물질에 대한 의존과 같은 장에 기재되었다. 전문가들은 이를 매우 놀라운 일로 받아들이고 있는데, 이는 도박 중독에 이어 다른 행동 중독들 또한 엄연한 의존 질환으로 공인될 수 있음을 시사하기 때문이다.

의존 질환에 관한 기타 분류 체계의 개정판에도 이미 이와 유사한 조짐이 보인다. 세계보건기구는 이미 오래전부터 질병 및 심리치료에 관한 국제질병분류 제11차 개정판ICD-11을 준비 중이다. 독일 정신의학·심리요법·신경치료학회DGPPN 산하 협의회인 행동 중독 태스크포스팀은 막강한 영향력이 있는 해당 분류 코드에 도박 의존 외에 물질과 무관한 기타 의존 형태들 또한 기재되도록 전력을 다하고 있다.

도박 중독 연구에 누구보다 지대한 공헌을 한 사람은 영국인 마크 그리피스Mark Griffiths이다. 그는 도박이 인터넷에서 더욱 집중적으로 행해질 수 있으며, 인터넷 도박의 경우 의존성이 더욱 가중될 수 있다는 사실을 조기에 인식했다. 이러한 현상은 모든 형태의 도박에 해당되는

데, 포커 같은 온라인 카드 게임은 인터넷에서 할 때 분명 더욱 자극적이며 중독성도 더 강하다.

실제로 여러 중독상담센터나 전문 외래진료소에는 인터넷 말고는 한 번도 도박해본 적이 없지만 처음 인터넷에서 도박을 해본 후 이에 의존하게 된 환자의 수가 점점 늘고 있다. 다양한 행동 중독은 인터넷으로 무대가 옮겨가면서 항상 시간대의 제약이 없어지는 현상이 나타나는데, 도박도 인터넷에서는 시간대에 관계없이 하루 종일 할 수 있기 때문에 중독의 위험이 특히 더 크다. 하지만 전문가들의 일치된 의견에 따르면 온라인 도박 의존은 인터넷 의존이라기보다는 도박 중독에 해당한다.

쇼핑 중독도 이와 유사하다. 도박 중독과는 달리 쇼핑 중독에 해당하는 사람 중에는 여성이 더 많다. 이것의 특징은 쇼핑 행위 자체가 결정적인 희열을 주는 반면, 쇼핑한 물건은 거의 사용하지 않으며, 심지어 포장도 열어보지 않은 채 방치하는 경우도 많다는 것이다. 쇼핑 중독자들은 물건을 구입하고 시간이 지나면 감당하기 벅찬 물건들을 또다시 사 모았다는 사실에 부끄러워할 때가 많다. 쇼핑 중독의 결과 쓸모없는 물건과 빚만이 잔뜩 쌓여간다.

독일의 저명한 쇼핑 중독 전문가 아스트리드 밀러Astrid Müller가 관찰한 바에 따르면 쇼핑 중독의 무대 또한 점점 인터넷 안으로 이전되고 있다. 지금까지는 물건을 구입하는 상점의 분위기가 의존성 유발에 특별한 역할을 한다고 생각했다. 예를 들면 상점을 둘러보는 동안 우선 카푸치노를 한 잔 대접받고, 물건을 구입한 후 프로세코Prosecco(이탈리아산 스파클링 와인—옮긴이) 한 잔을 대접받는 등의 분위기가 쇼핑을 부추긴다는 것이다.

하지만 최근 들어서는 온라인상의 구매 행위에도 극적인 광경이 연출된다. 예를 들어 대단한 성공을 거두고 있는 인터넷 판매사이트 잘란도Zalando는 신발과 옷이 배송되는 장면을 광란에 가깝게 연출해 광고하기도 한다. 이미 유튜브 같은 동영상 포털 사이트에는 온라인 구매자들이 오랫동안 갖고 싶어 했던 물건의 포장을 여는 동영상이 수천 개 올라와 있다. 이들은 포장을 열고 배송된 옷을 입어보거나 가구를 조립하는 장면 등을 동영상에 담는다. 이처럼 '포장을 여는' 동영상들은 엄청난 조회 수를 기록하고 있다. 동영상으로 온라인 구매자들이 기뻐하는 모습을 보고 있자면 어떻게 온라인 쇼핑에 중독되는지를 이해할 수 있다.

많은 물건을 구입하기 위해서는 일을 열심히 해야 한다. 행동 중독 중 지금까지 가장 논란이 분분한 것은 일중독이다. 일중독 역시 독립적인 질환으로 인정받지는 못했다. 오늘날 많은 사람들이 자신을 일중독자라고 일컫지만, 실제로 이러한 진단을 받는 경우는 극히 드물다. 무엇보다 직업에 관한 한 우리 삶은 디지털 혁명으로 극심한 변화를 겪었기 때문에 일중독 연구는 반드시 계속할 필요가 있다. 의사소통하는 경로가 상당히 단축되고 다양해졌으며, 점점 더 많은 작업 과정이 인터넷에서 이루어지고 있다. 근로자들은 몇 년마다 주기적으로 바뀌는 작업 시스템에 적응해야 하는데, 이는 특히 나이가 많은 직원에게는 어려운 문제일 수 있다.

특히 사람들이 어디에 있든 항상 연락이 가능해졌다. 이런 변화 덕분에 근로 시간과 장소가 유연해진 것은 매우 의미 있는 일이긴 하다. 노트북이나 태블릿 PC, 스마트폰 같은 모바일 기기 덕분에 사람들은 항상 인터넷에 접속할 수 있다. 하지만 이는 결국 우리가 사무실을 항상 손에 들고 다닌다는 의미이기도 하다. 다시 말해 항상 일할 수 있는 상태라면, 일에서 벗어나 휴식을 취할 시간과 공간이 없어진다. 이런 점에서 오늘날 디지털 형태의 일중독 때문에 발생하는 정신 질환이 어느 정도인가의 문제가 제기된다.

이른바 테크노스트레스Techno-Stress, 즉 기술의 발달로 생긴 스트레스는 과로성 우울증의 원인이 되는데, 이는 '번 아웃 신드롬Burn-out-Syndrom'이라고도 알려져 있다. 과도한 업무로 인한 정신 질환을 앓는 사람들의 수가 점점 더 많아진다는 사실에 그리 놀랄 필요는 없다. 인터넷상에서 고착화되고 있는 일중독에 대해서는 앞으로 더 집중해 다룰 텐데, 이 또한 현재로서는 나타난 지 얼마 안 된 극히 초기 단계에 불과하기 때문이다.

기타 행동 중독

삶 전체가 조금씩 인터넷으로 옮겨가면, 기존 정신 질환의 증상 또한 인터넷 안으로 옮겨갈 것이다. 우리가 인터넷상에서 감정과 생각을 표현할 수 있기 때문에, 인터넷에서도 당연히 우울증, 공격성, 두려움, 망상 등이 모습을 드러낸다. 이 경우 인터넷 사용은 내용상 병적인 모습을 띨 수 있으며, 양적으로도 병적인 정도까지 과도해질 수 있다.

디지털 저장 강박 및 거식증 조장 사이트 : 조증躁症(기분이 들떠서 쉽게 흥분하는 상태가 1주일 이상 지속되는 증세―옮긴이) 혹은 강박 장애가 있는 사람들은 이따금씩 지나칠 정도로 오랫동안 인터넷을 사용한다. 조증인 사람, 즉 과도한 행복감에 도취된 사람들은 자제력을 완전히 잃은 채 인터넷으로 며칠 밤낮을 보낼 수도 있다. 강박 장애가 있는 사람들은 특정 행위를 반복하는 것이 의미 없다는 것을 알면서도 이를 반복할 수밖에 없다. 또한 이들은 인터넷에서 특정한 정보나 자료를 끊임없이 찾아 모으고 저장하곤 한다. 이들 중 일부는 '디지털 저장 강박' 증상을 보이기도 한다. 조증 혹은 강박 장애 때문에 인터넷을 과도하게 사용하는 경우를, 우리는 인터넷 의존보다는 기저 질환 증상으로 간주한다. 즉 조증으로 유발된 인터넷 탐닉 혹은 강박적인 자료 수집은 인터넷상에서 극도로 심해질 수 있는 것이다.

이 외의 정신 질환도 인터넷에서 발현될 수 있다. 증상은 새로운 양상으로 진행되기도 하는데, 심지어는 당사자에게 긍정적인 효과가 발생하기도 한다. 특정 질환에 대한 커뮤니티 사이트에서 자신과 같은 질환인 사람들이 어떻게 지내며 병에 어떻게 대처하고 있는지를 들으면 마치 그룹 치료에서와 같은 위로를 받을 수 있고 유익한 정보도 얻을 수 있다. 또한 같은 질환을 앓는 사람끼리 어디에서 어떤 방법으로 전문적인 도움을 받을 수 있는지 등 유익한 정보를 공유할 수도 있다. 하지만 유감스럽게도 일부 커뮤니티 사이트는 해당 질환의 치유법에 대한 정보를 공유하는 대신 질환을 더 키우는 경우도 있다.

이와 관련하여 특히 악명 높은 커뮤니티는 거식증 환자들이 정보를 주고받는 이른바 거식증 조장 사이트다. 거식증 환자들은 가족과 치료사들의 노력에도 불구하고 몰래 굶거나 운동을 하거나 약물을 복용함으로써 체중을 줄이는 방법을 끊임없이 모색한다. 거식증 조장 사이트에서는 주위 사람들을 속일 수 있는 최고의 방법을 주고받는다. 해당 커뮤니티 사이트에서는 심지어 누가 더 몸무게가 적은지 대결하기도 하는데, 이를 위해 도표와 그래프, 사진을 이용해 자기 몸무게의 변화를 엄밀하게 기록해놓는다. 이로써 경우에 따라 죽음으로까지 이어지는 끔찍한 변화 과정을 사이트에서 지켜볼 수도 있다. 이 세상 모든 사람들이 인터넷에 들어가 이를 공공연히 구경할 수 있는 것이다.

자해自害 및 자살 사이트: 자해 사이트에서도 유사한 일이 벌어지고 있다. 예를 들면 경계선 증후군 환자들은 자해 성향이 있는데, 이들은 특히 날카로운 물건을 사용해 자기 몸에 상처를 낸다. 이렇게 행동하는 가장 큰 이유는 긴장감을 줄이고 마음을 편하게 만들기 위해서다. 하지만 때로는 다른 사람들에게 상처를 보여줌으로써 자기 마음의 상처를 알리려고 자해하기도 한다. 경계선 증후군의 주요 원인으로는 유년기나 청소년기에 겪은 육체적 폭행, 성폭행 혹은 방치로 인한 트라우마를 꼽을 수 있다.

경계선 증후군 환자들이 활동하는 자해 사이트로는 '붉은 눈물'이 있다. 이런 사이트에는 대개 글과 그림이 올라오지만, 자해 흔적을 담은 사진도 자주 올라온다. 대부분 인위적으로 특정 모양으로 만들어 낸 상처의 사진들이다. 붉은 피가 흥건히 밴 상처 중에는 심지어 문신처럼 특정한 단어나 모양으로 상처를 낸 것도 있다. 각자가 자해해서 생긴 상처의 모양을 올리고 서로 비교함으로써 이들의 병적인 행동은 한층 강화된다.

우울증이 심한 사람들이 자살 사이트에서 만나 서로 자살을 부추기면 사태는 정말 심각해진다. 일반적으로 자살 사이트에 들어오는 사람들이 원하는 것은 크게 두 가지다. 첫 번째로 삶에 지친 사람들은 자살 사이트에 들어와 자살 방법에 관한 정보를 얻으려 하며, 두 번째로 이들은 함께 자살할 사람을 찾는다. 사람들은 함께 자살할 '자살 파트너'를 진지하게 찾아 나선다. 전 세계적으로 인터넷에서 만나 약속한 후 동반 자살한 사례는 이미 여러 건에 달한다. 심지어 자살 계획을 예고하고 웹캠으로 실시간 중계하는 사람들도 있다. 이런 사례도 이미 여러 건 존재한다(실시간 자살 중계에 관한 자료는 인터넷 www.thelocal. se/20101012/29566에서 찾아볼 수 있다).

인터넷에 올라온 자해와 자살에 관한 이러한 이야기는 너무 끔찍하지만, 그럼에도 다음 사항을 강조하는 것은 중요하다. 현재까지는 인터넷 커뮤니티 사이트 때문에 거식증이나 경계선 증후군 같은 정신 질환의 발병률이 증가한다고 가정할 학술적 근거는 없다. 자해나 자살도 관련 사이트 때문에 발생률이 증가하는 것 같지는 않다. 일반 통계를 토대로 볼 때 이러한 증후군과 증상들이 관련 사이트로 인해 증가하는 추세는 보이지 않는다. 아마도 해당 증후군과 증상인 사람들이 이런 커뮤니티 사이트에서 외부의 지원과 도움을 모색하는 데에도 얼마간 이유가 있을 것이다.

이러한 지원과 도움은 두 가지 경로로 이루어질 수 있다. 한편으로 이러한 사이트에는 대개 전문적인 도움을 줄 수 있는 진료소와 기관들이 링크돼 있다. 다른 한편으로는 정신 질환을 앓고 있는 사람들이 이런 사이트에서 비슷한 처지의 사람들을 만남으로써 처음으로 고충을 이해받고, 자기 존재를 온전히 인정받는 느낌을 받는 것이다. 또한 삶에 아무 애착이 없고 이미 삶을 놓아버린 것이나 다름없는 사람들이 자살 사이트의 심연에서 완전히 새로운 사람들과 교류하면서 결국에는 삶을 다시 시작하는 경우도 있다. 이런 사이트 이용과 관련하여 어떤 환경이 병증에 부정적 영향을 미치는지 연구한 예는 아직 없다. 어떤 이들은 이러한 사이트를 통해 자신을 위협할 정도까지 고통을 키우는가 하면, 어떤 이들은 자신의 고통을 줄이거나 없애고, 삶을 긍정적으로 볼 수 있는 해법을 찾기도 한다.

단 심리 상태가 불안정한 청소년에게는 이런 사이트가 매우 큰 위험이 될 수도 있다. 최악의 경우, 다른 종류의 정신 질환을 앓고 있는 사람들을 이곳에서 만날 수도 있는 것이다. 세상에는 어렸을 때 경험한 부정적인 인간관계 때문에 타인을 제멋대로 조종하고 상처 주는 사람들도 있으니 말이다.

　　사이버 스토킹과 사이버 따돌림: 인터넷상에서 다른 사람을 좇아다니고
심지어 그 사람의 컴퓨터를 해킹하며 위협하는 행위를 '사이버 스토
킹'이라고 한다. 범죄적인 동기가 아니라 개인적인 동기로 이런 행위
를 하는 사람은 대개 인격 장애가 있다. 사이버 스토킹을 당하는 피해
자들은 특히 가해자가 남성이고 피해자가 여성일 때 더욱 큰 위협을
느낀다. 인터넷상의 스토킹이 현실 세계로 이어질 거라는 두려움이 크
며, 최악의 경우 생명의 위협을 느끼기도 한다.

　　사이버 스토킹은 보통 한 명의 가해자와 한 명의 피해자 사이에서
은밀하게 일어나는 반면, '사이버 따돌림cyber mobbing'(사이버 공간에서 특
정인을 집단으로 따돌리고 집요하게 괴롭히는 행위―옮긴이)의 피해자는 다수
의 인터넷 유저들에게 괴롭힘을 받는다. 영어로는 이를 '사이버 불링
cyber bullying'이라고 한다(영어에서 모빙은 독일어에서 사용되는 것만큼 과장된
의미로 쓰이진 않는다).

　　사이버 따돌림의 경우, 특히 소셜 네트워크 같은 온라인상에서 특정
인을 욕하고 조롱하며 멸시하고 비방한다. 특정인의 약점이나 실수를
트집 잡아 온라인에서 공개적으로 비난하는 것이다. 흔히 페이스북,
트위터 혹은 왓츠앱에 글을 올리는 방식인데, 이러한 발언 외에 피해
자를 조롱하고 상처 주며 존엄성을 훼손하는 사진이나 동영상을 네트
워크 전체에 유포하기도 한다.

　　때로는 파티에서 벌어진 부끄러운 장면을 포착한 사진이나 당사자
몰래 찍은 알몸 사진을 올리기도 하며, 혹은 조작됐거나 합성한 사진
을 유포하기도 한다. 요즘은 누구나 소프트웨어 사용법만 조금 알면
쉽게 사진을 조작하고 합성할 수 있다. 예를 들어 사진이나 동영상 편

집 프로그램을 사용하면 음란물에 출연한 사람의 얼굴을 다른 이의 얼굴로 바꿀 수도 있다. 그러면 마치 알몸으로 포즈를 취하거나 포르노에 출연한 것처럼 보일 수도 있는 것이다. 이런 방법을 사적으로 못마땅한 사람 혹은 직장에서 적으로 여기는 사람을 표적으로 사용할 수 있다.

일단 이런 사진이나 동영상이 올라오면 어떤 방법으로도 이를 완전히 삭제하기는 어렵다. 특히 젊은이들은 이런 모욕감을 이겨내기 매우 힘들어해서 한없는 수치심을 견뎌내지 못하고 목숨을 끊은 피해자도 이미 여러 명 존재한다.

이 대목에서 특히 강조할 것은 근본적으로 모든 종류의 병적 행동이 가상공간으로 옮겨갈 수 있다는 점이다. 현실 세계에서 정신 질환을 가진 범죄자는 인터넷도 병적인 방법으로 사용할 것이다. 학교나 직장에서 줄곧 피해자였던 사람은 인터넷상에서도 그럴 확률이 매우 크다. 인터넷에서도 우리는 단지 인간일 뿐이다. 인터넷은 우리의 악함과 연약함이 모습을 드러낼 새로운 공간을 제공하며, 때때로 이러한 약점이 우려할 만한 방향으로 치닫도록 만들기도 한다. 하지만 인터넷의 문제점은 인터넷을 얼마나 많이 사용하는가가 아니라 어떤 방식으로 사용하는가다. 인터넷 의존자들은 대부분 지극히 온순한 성격을 지닌 평범한 사람들이다.

인터넷 의존의 원리

 인터넷 의존 중 가장 흔히 접하는 3가지 유형은 언뜻 보면 매우 다르게 보인다. 온라인 게임 의존과 사이버 음란물 중독, 소셜 네트워크 의존 사이에 서로 무슨 공통점이 있겠나?

디지털 혁명이 계속 진행되면서 인터넷 의존의 유형 또한 계속 다양해질 것이다. 하지만 앞에서 언급한 인터넷 의존의 세 가지 유형을 자세히 살펴보면 유사점이 있다. 이것으로 미루어 인터넷 의존이 공통적인 원리에 따라 진행된다는 결론을 얻는다. 그 공통 원리란 바로 세 유형 모두 현실 세계에서는 실현할 수 없는 특정한 소망, 욕구, 갈망, 목표를 실현하게 해준다는 것이다.

컴퓨터 게임 의존 현상을 보이는 사람들은 대부분 청소년이나 젊은 이들이다. 즉 모든 것을 스스로 결정하는 성인의 삶을 현실 세계에서 실천할 수 없을 뿐만 아니라, 현재 처지로는 사회에서 발붙일 자리조차 못 찾을 거라고 생각하는 이들이다. 사이버 음란물 중독자들은 대개 특정한 성적 행위를 동경하지만, 이것이 도덕이나 법규에 위배돼 기존의 파트너와는 행동으로 옮길 수 없는 사람들이다. 온라인 소셜 네트워크에 의존하는 이들도 일반적으로 사람들과 진정으로 친밀한 관계를 맺는 데 문제가 있으며, 대인관계가 원만하지 않은 사람들이다.

소셜 네트워크는 실제 만남을 대체하고 사이버 음란물은 실제 섹스를 대체하며 컴퓨터 게임에서의 성공은 학교와 직업훈련기관, 직장에서의 인정을 대체한다. 이것들은 일정 기간 동안 당사자에게 만족을 주고, 실제 삶에서 얻지 못하는 것의 빈자리를 메워준다.

하지만 인터넷 의존자들이 현실에서 모든 걸 잃거나 무엇 하나 이루어낸 것이 없다면, 장기적으로 볼 때 가상공간에서 받는 위로는 현실의 부족함을 메워주지 못한다. 일단 중독이라는 쳇바퀴 속에 발을 들여놓으면 더 많이 실망하고 더 많은 것을 잃을 수밖에 없다. 실제 삶은 피폐해지고 성공이나 열정, 행복감은 결여되는 것이다. 인터넷 사용이 시간 제약 없이 한없이 길어지고 목적 그 자체가 되어버리면, 새로운 일자리나 성공적인 남녀관계, 진정한 우정은 점점 멀리 달아난다. 이러한 지경에 이르면 인터넷은 실제 삶에서 잃어버린 것들을 잊을 수 있는 유일한 공간이 되고 만다.

철학자 테오도르 아도르노Theodor Adorno는 '잘못된 삶에는 올바른 삶이 존재하지 않는다'라는 글을 남긴 바 있다. 물론 우리의 새로운 가상공간이자 두 번째 주소지인 인터넷이 근본적으로 잘못됐다는 것은 아니다. 하지만 인터넷이 우리 삶의 공간과 방식을 대체할 수 있다고 약속한다면, 인터넷은 '실제'가 아니라는 측면에서 분명 잘못된 것이다. 우리가 사이버 공간 안에서 살 수 있다는 이른바 허황된 구원의 약속은 실제로 잘못됐다. 인간은 육체 없이는 살 수 없다. 다른 사람들과 함께 일하고, 파트너와 섹스를 하며, 친구에게 문병을 갈 때, 즉 다양한 종류의 인간관계를 맺을 때 우리에게는 항상 육체가 필요하다. 이런 점에서 인터넷에는 올바른 삶이 존재하지 않는다는 말은 사실이다.

인터넷 의존의 핵심을 제대로 이해하기 위해 소셜 네트워크와 온라인 게임 의존을 더 자세히 고찰해볼 필요가 있다. 해당 유형에 의존 현상을 보이는 층은 주로 어린이, 청소년, 젊은이들이다. 즉, 인터넷 속에서 성장했고 그렇기 때문에 디지털 원주민Digital Natives이라 불리는 이들 말이다.

사이버 음란물 중독에 대해서는 잠시 접어두자. 그것은 디지털 원주민이 아닌 디지털 이주민인 중년 남성에게 해당하는 문제다. 이들은 어려서부터 인터넷과 함께 자란 세대가 아니며, 인터넷이 아니더라도 어차피 성적 문제뿐만 아니라 파트너와도 문제가 있었을 사람들이다. 또한 사이버 음란물 중독은 온라인 게임과 소셜 네트워크 의존과는 달리 섹스 중독이라는 아날로그 형태가 이미 존재한다. 결정적으로 음란물은 이미 인간이 생각이란 걸 하기 시작했을 때부터 이 세상에 존재해왔다. 반면 온라인 게임과 소셜 네트워크는 처음부터 인터넷에서 출발했으며, 따라서 사람들이 언뜻 생각하는 것보다는 훨씬 많은 공통점이 있다.

넓은 의미에서 온라인 게임은 소셜 네트워크라고 볼 수 있다. 온라인 게임은 단순히 게임을 통해 경쟁하는 것이 전부가 아니기 때문이다. 온라인 게임 유저들은 일반적으로 팀을 구성하는데, 대개 친구나 동료, 심지어 연인과 함께 팀을 이루어 게임을 한다. 게임을 하는 동안 친밀하게 접촉하고 서로 의무를 이행한다는 점은 의존성을 키우는 데 지대한 영향을 미친다. 게임 유저들은 게임을 하며 많은 의사소통을 한다. 상대방에게 문자를 보내고 채팅을 하거나 마이크와 스피커로 직접 이야기를 나눈다. 컴퓨터에 장착된 카메라로 서로의 얼굴을 볼 수도 있다. 대부분 현실에서 타인과 직접 만나는 일이 거의 없기 때문에, 이들에게는 게임에서 만난 이런 사회적 관계가 매우 중요하다.

이와는 반대로 소셜 네트워크상에는 게임적 요소가 매우 많다. 구체적으로 예를 들면 페이스북 운영자들은 유저 혼자 혹은 다른 페이스북 친구들과 함께할 수 있는 게임 서비스를 제공하는 것이 유저를 끌어 모으는 좋은 수단임을 안다. 또한 소셜 네트워크라는 것 자체를 일종의 사교 게임으로 볼 수도 있다. 자신이 작성한 프로필과 타인의 프로필을 바탕으로 교류하고 상호작용하는 소셜 네트워크에는 게임적 요소가 다분하지만, 이러한 소셜 네트워크상에서의 소통은 삶의 진지함과는 거리가 멀다.

게임 본능과 만남 욕구라는 두 가지 특성은 인터넷에 중독되도록 만드는 결정적 요인일 수 있다. 둘 중 어느 한쪽에 더 비중을 두느냐는 성별에 따라 차이가 있다. 이러한 상관관계를 해석할 때 남녀의 성별 역할에 대한 고정관념을 간과할 수는 없다. 남성은 기술적인 게임과 경기를 선호하고, 여성은 이보다는 의사소통과 관계를 선호하는 경향이 있다. 근본적으로는 남성과 여성 모두 게임적 동기와 사회적 동기가 내재되어 있다. 물론 성별과 무관하게 개인에 따라 큰 차이가 있을 수도 있지만 소셜 네트워크 의존은 주로 여성 유저에게, 온라인 게임 의존은 주로 남성 유저에게 나타난다.

여기서 하나 더, 인터넷에서 제공되는 이 두 서비스는 앞으로 점점 더 서로 유사한 방향으로 진화할 것이다. 이 같은 추세는 어쩌면 이미 시작되었을 수도 있다. 소셜 네트워크에는 점점 더 게임적인 요소가 가미되고 있으며, 온라인 롤플레잉 게임에는 점점 더 소셜 네트워크의 특징이 더해지고 있다. 향후 언젠가는 아바타로 하는 소셜 게임과 계정을 만들어서 하는 소셜 게임이 하나가 될 것이다. 어느 때는 가상의 게임 캐릭터 뒤에 숨어서, 어느 때는 자신이 드러내고 싶은 부분만 공개한 인터넷상의 프로필을 갖고 게임하는 식이다.

예측하건대 언젠가는 유저들이 정체성과 사회적 관계를 마음대로 지정할 수 있는 소셜 롤플레잉 게임이 인터넷 전체를 지배할 것이다. 이런 의미에서 어쩌면 우리는 일반적인 인터넷 의존 현상의 존재를 직접 체험하게 될 수도 있다. 즉 개개인이 특정한 인터넷 서비스에 의존할 뿐만 아니라, 인터넷 자체에 병적으로 의존할 수 있다는 말이다. 혹은 피와 살로 이루어진 사람보다 그 사람의 게임 계정이나 아바타가 더 중요해진다는 맥락에서, 우리 모두가 스스로 인터넷 의존 상태로 몰아갈 수도 있다. 상황이 여기까지 이르면 피와 살로 이루어진 인간의 존재는 모든 컴퓨터가 다운되고 모든 네트워크가 와해되고 나서야 비로소 확실히 드러날 것이다.

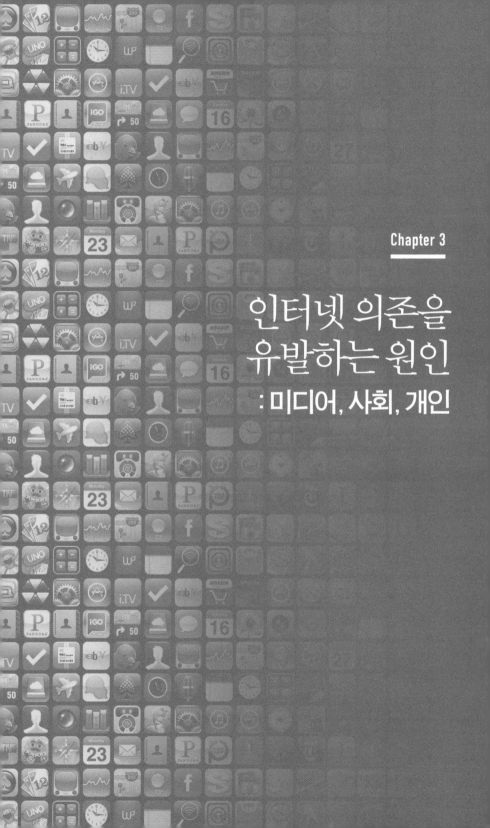

Chapter 3

인터넷 의존을
유발하는 원인
: 미디어, 사회, 개인

인터넷 의존을 유발하는 원인은 다양하다. 이는 다른 모든 중독 질환도 마찬가지다. 그 원인을 고찰하기 위해서는 이른바 중독 삼각형을 살펴보면 도움이 될 것이다. 중독 삼각형에 따르면 세 가지를 살펴야 한다.

첫 번째는 당사자가 정확히 무엇에, 어떤 방식으로 의존 증상을 보이느냐 하는 것이다. 인터넷 의존은 어떤 미디어와 콘텐츠가 중독 현상을 유발하고 촉진시켰는지 알아내는 것이 중요하다. 두 번째는 의존 증상이 형성되는 데 생활환경이 어떤 영향을 미치는가다. 인터넷 의존은 텅 빈 공간에서 생기는 것이 아니라, 부정적인 대인관계의 결과로 형성되는 경우가 대부분이다. 여기에서 대인관계란 가장 친밀한 사람과의 관계일 수도, 혹은 사회 전체를 의미할 수도 있다. 중독치료사와 연구자들이 인터넷 의존증 발생 원인을 찾기 위해 살펴보는 세 번째 요인은 환자가 지니고 있는 심리적·생물학적 위험 요인이다. 이와 관련해 인터넷 의존의 발생 위험성을 높이는 몇 가지 전형적인 성격의 특성, 기존 질환, 신경생물학적 특징과 유전적 특징에 대해서는 이미 연구가 진행되었다.

우리는 일생 동안 실제 세계와 가상 세계에서 다양한 경험을 하며 변화해 나간다. 세 가지 위험 요인은 흔히 서로 맞물려 있으며, 이로 인해 전형적인 중독의 악순환으로 이어질 수 있다. 이런 점에서 인터넷 의존을 유발하는 개인적·사회적·미디어적 위험 요인을 구별하는 것이 그리 쉽지만은 않은 것이다.

중독 매체로서의 미디어?

전자 미디어의 어떤 점이 그토록 매력적이어서 중독까지 가는지에 대해서는 오늘날 전문가들 사이에서도 의견이 대립하고 있다. 디지털 혁명이 진행되는 과정에서 차세대 컴퓨터가 시장에 출시될 때마다 해당 하드웨어, 즉 기기 자체가 사용자들에게 의존 현상을 유발한다는 의심을 받아온 것도 사실이다. 디지털 혁명 초기에는 컴퓨터 중독을 자주 거론했던 것에 반해, 오늘날에는 스마트폰 중독이 좀 더 거론되고 있으니 말이다.

하지만 중독과 관련해 당시 특별히 선풍적 인기를 끈 하드웨어에 집중하는 것은 근시안적인 관점이다. 기존의 국제적 학술 연구에 따르면 온라인 접속 기능이 없는 전자 기기에 대한 의존 현상은 의학적으로 거의 찾아볼 수 없었다. 컴퓨터, 게임 콘솔, 휴대폰에 인터넷 접속 기능이 부가되면서부터 비로소 의존이라는 표현이 쏟아져 나오기 시작했다. 정신 질환 수준의 중독을 처음 유발시킨 것은 하드웨어가 아니라 인터넷인 것이다.

· 사회적 결속
· 게임적 요소
· 성적 자극
· 보상을 통한 자극
· 무제한적 이용
· 아바타와 온라인 계정이
  게이머의 정체성과 동료 게이머들과의 관계에
  결정적 영향을 미치는 게임

미디어적 요인

개인적 요인   **사회적 요인**

· 충동성   · 가족 내 문제
· 지연 행동   · 친구 혹은 파트너와의 문제
· 주의력 결핍   · 소외되어 본 경험
· 우울증   · 직업훈련기관. 학교,
· 두려움   직장에서의 문제
· 자폐증   · 성취에 대한 압박감
· 자존감 결핍   · 미디어 사용에 대한 사회의
· 외로움   무비판적 분위기

인터넷이라는 인공적 공간은 하드웨어를 토대로 하지만 수많은 소프트웨어가 모여 있는 거대한 집합체다. 복잡한 컴퓨터 게임과 소셜 네트워크를 가동시키는 프로그램들은 현재 서로 더없이 치밀하게 연결돼 사실상 어디에서나 동시에 작동하는 것과 다름없다. 실제로 하드웨어는 우리를 단지 디지털 세계로 연결해주는 창문이나 팔의 역할을 할 뿐이다. 하드웨어와 소프트웨어와의 연장선에서 이른바 '웨트웨어 Wetware'(소프트웨어를 만들고 하드웨어를 조작하는 컴퓨터 인간이라는 의미의 미국 속어―옮긴이)라고 의미심장하게 표현되기도 하는 인간은 이런 디지털 세상에서 자신을 상실할 위험에 처해 있다.

하지만 인터넷에 앞서 우선 하드웨어부터 살펴보고 나서 인터넷의 탄생 쪽으로 조금씩 접근해보자. 다음에서 짐작할 수 있듯이 인간은 예부터 새로운 미디어가 등장할 때마다 적대적인 태도를 보여왔다.

책

오늘날에는 상상하기 힘들지만, 일종의 하드웨어에 해당하는 책에 대해서도 상황은 그다지 다르지 않았다. 1789년, 교육학자였던 요아힘 하인리히 캄페Joachim Heinrich Campe는 과도한 독서에 대해 다음과 같은 글을 썼다.

목적 없이 불규칙하게 책을 읽는 행위는 무엇보다 읽는 이를 책과 책 속의 생각 외의 모든 것에 무관심하고 낯선 존재가 되도록 한다. 즉 과도한 독서는 일상적인 사물과 가정의 일상에 대해서도, 그리고 주위에서 일어나는 사소한 일들의 기쁨에 대해서도 관심을 잃도록 만든다. (……) 게다가 가정에서 어머니와 아버지로서 해야 할 다른 모든 일들도 의욕을 잃고 나태해질 때가 많다. (……) 또한 (……) 부자연스러울 정도로 육체를 움직이지 않고 영혼의 힘에 일방적으로 몰두함으로써, 결국 체액이 진해지고 신경이 약해지며 과도하게 예민해짐으로써 가정의 행복이 저 멀리 달아나 버린다.

이는 캄페가 특히 당시에 엄청난 인기를 누리던 통속 소설을 겨냥하여 쓴 글이다. 시대가 바뀌어 오늘날 책을 최상의 매체라 여기는 사람은 없다. 하지만 솔직히 말하자면 대다수 책들은 오늘날에도 교육이나 정신 수양의 역할을 하기보다는 기분 전환이나 오락의 기능을 하고 있다. 이른바 교양을 갖춘 시민 계층이 기정사실화 하고 싶을지라도, 책 자체를 고귀한 존재라고 선언하는 것은 잘못이다.

단 오해가 없도록 덧붙이자면 나는 개인적으로 책을 위대한 발명품이라고 생각한다. 나 자신도 이렇게 책을 쓰고 있지 않은가. 이 책을 읽고 당신이 유용한 정보를 얻기 바라지만, 책을 문화의 총아로 생각해 무조건 찬양하고, 인터넷은 무조건 폄하하는 태도는 바람직하지 않다고 생각한다. 미디어로서의 책은 정신 질환 증상을 동반하는 심각한 의존증을 일으키지는 않지만, 역사를 살펴보면 책이 사람들과 여러 나라, 심지어 대륙 전체에 엄청난 권력을 휘두른 개별적 사례도 분명히 존재한다. 독일에서는 아직까지 누구도 아돌프 히틀러의 저서 《나의 투쟁》을 출판할 엄두를 내지 못하는데, 이는 그 책의 파괴적인 힘을 우려해서다. 덧붙이자면 나는 이를 합당한 처사라고 생각한다. 이렇듯 명백히 부정적인 사례를 살펴보면 공동체가 책 한 권의 부정적인 힘 때문에 얼마나 치명적으로 타락할 수 있는지 잘 알 수 있다.

이와는 매우 다른 성격을 지닌 두 권의 책은 세상에 나온 순간부터 그 영향력을 지금까지 계속 이어왔다. 비록 각각의 책에 인류의 대다수가 복잡한 감정을 지니고 있긴 해도, 아마도 이 책들의 영향력에는 앞으로도 변화가 없을 것이다. 그것은 다름 아닌 성경과 코란이다. 나는 어느 누구의 믿음도 비난하고 싶은 마음이 없다. 하지만 성경과 코란이 지금까지 인간에게 가져다준 것이 치유인지 아니면 고통인지에 대해서는 당사자들이 대답할 의무가 있다고 생각한다. 이 두 책은 예부터 매체가 세계 역사와 인간의 운명에 결정적 영향을 미쳐왔으며, 결국은 인간이 이를 어떻게 활용하는지가 관건이라는 사실을 말해준다. 매체로서의 책 자체는 선하지도 악하지도 않다. 이는 인터넷의 경우도 마찬가지다.

이제 다음에 언급할 특히 의존 증상 유발 위험이 큰 인터넷 사용 유형을 살펴보면 인터넷에 대한 오해가 풀릴 것이다. 즉 인터넷상의 모든 것이 의존 증상을 유발할 위험이 있으며, 인터넷과 관련된 모든 것이 나쁘다거나 심지어 악하다는 것은 전혀 사실이 아니다. 그리고 설사 의존 증상을 유발할 수 있는 부분이 있어도 전체를 싸잡아 비난해선 안 된다. 예를 들어 나는 범죄 소설이나 에로틱 소설과 마찬가지로 슈팅 게임과 사이버 음란물 서비스를 근본적으로 거부하거나 금지할 필요는 없다고 생각한다. 이러한 미디어 콘텐츠의 바람직한 사용은 해당 미디어의 사용 정도, 즉 사용 시간과 소비층의 연령대와 밀접한 관련이 있는 문제다.

물론 인터넷을 어떻게 사용하느냐 하는 문제를 완전히 논외로 할 순 없지만, 여기서 미디어 의존 문제를 거론할 때는 무엇보다 인터넷을 얼마나 사용하느냐를 문제 삼는 것이다. 이제 디지털 미디어로 시선을 돌리기에 앞서 또 하나의 미디어에 관해 이야기하려 한다. 콘텐츠의 질이 낮고 사용량이 많다는 이유로 끊임없이 논란의 대상이 되어온 텔레비전이다.

텔레비전

텔레비전은 여전히 전 세계에서 가장 큰 성공을 거둔 미디어다. 독일어권 국가에서 민영 텔레비전이 승승장구하기 시작한 1980년대와 1990년대에 미디어 학자들은 텔레비전을 유일한 학술 연구 대상으로 여기고 집중적으로 연구했다. 구텐베르크 혁명과 마찬가지로 텔레비전도 세계를 변화시켰다. 어느새 하루에 몇 시간씩 텔레비전을 보는 것이 사람들의 일상이 되었고, 채널수가 많아질수록 시청 시간은 더 길어졌다. 그래서 1990년대에 이르러서는 텔레비전이 의존 증상을 유발하는지 물을 수밖에 없었다.

이에 대해 가장 많은 연구를 한 이들은 미국의 미디어 학자들이다. 1998년 캐나다 매니토바 대학의 로버트 맥일라잇Robert McIlwraith은 스스로 텔레비전 중독이라고 여기는 사람들 집단을 연구했다. 해당 집단은 텔레비전 중독 증상을 보이지 않은 비교 집단에 비해 집중력이 떨어지고 좀 더 산만했다. 이들에게 텔레비전은 남아도는 시간을 보내고, 괴로운 생각과 힘든 감정에서 벗어나게 해주었다. 이 밖의 다수의 연구 결과에 따르면 텔레비전을 과도하게 시청하는 사람들은 운동을 싫어하고 비만이며, 단체 활동을 피하는 경향이 있다.

이 모든 징후는 오늘날 인터넷 의존자들에게서 볼 수 있는 증상들의 약한 형태임을 알 수 있다. 인터넷과 마찬가지로 텔레비전 또한 삶의 부정적인 상황에서 주위를 딴 곳으로 돌려주며, 과도하게 시청하는 경우 이러한 상황이 더욱 악화된다. 이 경우에도 우울함과 두려움이 연관돼 있다.

2010년 유니버시티 컬리지 런던의 마크 해머Mark Hamer 박사의 연구에 따르면, 하루에 2시간 이상 텔레비전을 시청하는 사람은 우울함과 두려움을 느끼는 비율이 평균보다 높다고 한다. 이는 이러한 정신적 고통 때문에 집 안에만 머무르는 사람이 특히 텔레비전을 오래 시청한다는 의미로 해석할 수 있다. 하지만 다른 한편으로 텔레비전을 과도하게 시청하는 사람은 주위 사람들에게서 소외돼 정신적으로 병든다는 의미로도 해석할 수 있다. 따라서 텔레비전의 과도한 시청과 우울증은 상호 의존성이 있으며, 서로 작용을 강화하고 지속시킨다고 볼 수 있다.

하지만 텔레비전 시청의 중독성은 상대적으로 미약하다. 독일 하노버의 미디어 관련 질환 외래진료소에서 우리는 텔레비전 의존증으로 내원한 사람을 한 번도 본 적이 없다. 또한 텔레비전에 의존한다는 생각을 할 만큼 오랫동안 텔레비전을 시청하며 의존 질환의 진단 기준을 충족하는 대상자를 상대로 진행된 연구 또한 전무하다. 그 밖에도 내가 아는 바로는 텔레비전 중독에 대해 지속적으로 전문성을 키워온 외래진료소나 클리닉도 없다. 이 모든 것은 의학적으로 의미 있는 텔레비전 의존 현상 자체가 존재하지 않는다는 견해를 뒷받침해준다. 어쩌면 텔레비전은 우리가 속한 세계와 이 세계를 보는 우리의 시각을 지속적으로 변화시켜왔을 수도 있고, 텔레비전의 압도적인 지배력은 우리에게 '병적으로' 비쳤을 수도 있다. 하지만 일부 산발적으로 나타나는 텔레비전 의존 사례의 경우는 의학적으로 아무 의미가 없는 수준이다.

어차피 텔레비전이라는 미디어가 사라질 순간도 얼마 남지 않았다. 텔레비전은 지금까지 행사해온 영향력을 서서히 잃어가고 있다. 21세기로 넘어오면서 채널수는 더욱 많아졌지만, 이미 오래전부터 채널들 간에는 생존을 위한 싸움이 한창이다. 디지털 원주민 세대는 텔레비전 방송에 점점 더 흥미를 잃어간다. 이들은 더 이상 가만히 앉아 화면을 수동적으로 들여다보지 않고, 미디어에서 펼쳐지는 모든 것과 상호작용하며 능동적으로 참여하려 한다. 오늘날 온라인에서 경험하는 상호작용은 이미 텔레비전에서도 일어나고 있다. 예를 들어 전화로 방송 프로그램에 참여하거나 캐스팅 쇼의 참가자로 직접 출연할 기회가 시청자들에게 점점 더 많이 제공된다. 또한 일반인을 리얼리티 쇼에 참여시키기 위해 방송국이 일반 가정을 찾아오는 경우도 이미 오래전부터 있었다. 적은 비용으로 제작되는 이런 프로그램은 이미 보편적이 된 지 오래다.

최근 들어 점점 더 많은 텔레비전 쇼와 뉴스 프로그램이 인터넷의 도움을 받아 진행된다. 시청자를 위해 진행자들이 카메라 앞에서 태블릿 PC로 트위터에 올라오는 글을 읽어주는 장면은 이제 전혀 낯설지 않다. 이러한 장면을 좀 더 세심히 살펴보면 어쩐지 생소한 느낌이다. 특히 프로그램 제작자들은 이러한 새로운 현상에 곤혹감을 표현하는데, 관계자들의 입장이 충분히 이해가 갈 만한 상황이다. 현재 인터넷은 텔레비전을 삼켜버릴 기세로 영역을 확장하고 있다. 현재 각 가정마다 혹은 각 방마다 자리를 차지하고 있는 텔레비전이 인터넷 접속 기능을 갖춘 스마트 텔레비전으로 교체되는 속도는 점점 빨라지고 있다. 이러한 스마트 텔레비전으로 PC에서만 할 수 있었던 모든 일을 할 수 있으며, 영화나 시리즈물을 감상할 수도 있다. 사람들은 이제 방송국이 정한 시간대가 아니라, 자신이 가장 편한 시간을 골라 마음에 드는 영화나 시리즈물을 자유롭게 시청한다.

시리즈물

시리즈물은 텔레비전이 등장한 초기부터 존재해왔지만, 지금처럼 인기를 누리는 것은 완전히 새로운 현상이다. 이른바 '시리즈의 법칙' (1919년 출간된 호주의 생물학자 파울 캄머러Paul Kammerer의 책 제목. 삶에서 계속 마주치게 되는 반복적인 일에 대한 학설로서, 하나를 보기 시작하면 점점 더 많은 것이 눈에 띈다는 내용—옮긴이)이 현재 다양한 미디어 영역에 효력을 미치고 있다. 시리즈로 제작되는 블록버스터 영화에도, 3편 이상의 장편소설에도, 텔레비전 시리즈물에도 '시리즈의 법칙'이 적용된다. 이 중 텔레비전 시리즈물은 텔레비전만의 특징적 영역이라 할 수 있지만, 이 또한 막을 내릴 때가 도래할 것이다. 이미 오래전부터 전파가 아닌 인터넷으로만 볼 수 있는 시리즈물이 제작되고 있다. 이에 대한 첫 번째이자 가장 좋은 사례는 케빈 스페이시Kevin Spacey가 출연한 〈하우스 오브 카드House of Cards〉다. 근래에 들어와 시리즈물은 이른바 새롭게 발견된 장르 혹은 활기를 되찾은 형식이 되었다. 시리즈물은 저명한 영화감독과 배우들에게 영화에 비해 상대적으로 긴 이야기를 전달할 기회를 제공해준다.

영화감독 데이비드 린치David Lynch는 텔레비전 시리즈물 〈트윈 픽스Twin Peaks〉로 이 분야의 형식을 만들었다. 그 후 라스 폰 트리에Lars von Trier 같은 영화감독 또한 텔레비전 시리즈물 〈킹덤Kingdom〉을 만들어 이러한 흐름에 성공적으로 합류했다. 오늘날에는 〈왕좌의 게임Game of Thrones〉 혹은 〈다운튼 애비Downton Abbey〉와 같이 제작 규모가 크고 에피소드의 편수를 늘린 시리즈물에 어마어마한 자본이 투입되지만, 그렇다고 해서 반드시 예술적으로 가치 있는 작품이 탄생된다는 법은 없다. DVD와 인터넷이 등장하고 나서야 비로소 사람들은 이러한 시리즈물을 성가신 광고나 중단 없이 한꺼번에 몰아서 볼 수 있게 되었다. 이렇게 여러 편의 에피소드를 연속해서 보면 사람들은 그 내용에 더욱 몰입하게 된다. '몰아보기Binge Watching'라는 말과 이렇게 시리즈물에 빠져 있는 사람들을 지칭하는 '시리즈물 정키'라는 용어가 생겨난 것은 이미 한참 전이다. 시리즈물을 과도하게 시청하는 사람들을 보면 다소 당혹스럽긴 하지만, 전문가들은 이에 대해 별다른 우려를 하지는 않는다. 지금까지 미디어 의존 전문 외래진료소에 시리즈물 의존 증상 때문에 찾아온 사람은 거의 전무하기 때문이다.

하지만 상황은 언제든 변할 수 있다. 우리 병원에서 치료받는 인터넷 의존자 중에는 인터넷 사용을 중단하고 나서 특히 시리즈물 시청에 빠지는 사례가 매우 빈번하게 관찰된다. 이들 중에는 시리즈물을 보기 시작하면 시간 가는 줄 모르고 무한정 시청하는 사람들도 있다. 이를 중독 전이 현상(한 가지 중독 습관이 없어지는 대신 다른 매체에 중독되는 현상—옮긴이)이라고 볼 수 있는데, 이런 현상의 위험성에 대해서는 아직까지 알려진 바가 적다. 치료자의 입장에서도 이런 중독 전이 현상에 관한 지식이 미미한 것은 당연하다. 온라인에서 합법적으로 혹은 불법적으로 다운로드 받을 수 있는 우수한 장편 시리즈물은 종류도 다양하며 양도 어마어마하다. 어쩌면 이미 시리즈물 의존자들이 존재하는데 단지 아직까지 우리 앞에 나타나지 않았을 수도 있다. 추측하건대 시리즈물 의존은 향후 주목해야 할 새로운 유형의 인터넷 의존일 수 있다. 하지만 현재 상담치료 중인 인터넷 의존자에게 텔레비전 시청에 관해 물으면, 이들은 흔히 텔레비전을 그냥 틀어 놓는다고만 대답한다. 이들에게 텔레비전이란 일종의 배경 소음으로 전락한 반면, 컴퓨터 모니터 속에서 상호작용하는 온라인 세계의 광란적인 삶은 눈부실 정도로 화려한 것이다.

컴퓨터와 게임 콘솔

인터넷의 등장으로 모든 사물과 사람들이 서로 연결되기 훨씬 전부터, 컴퓨터와 게임 콘솔은 개인적인 용도로 사용되어왔다.

80년대 초반, 어렸던 나와 형은 판매용으로 나온 최초의 비디오 게임기를 소유하고 있다는 사실에 자부심을 느끼고 있었다. 당시 시장에 출시된 비디오 게임기에는 단 하나의 게임만 내장돼 있었는데, 게임기는 일부는 디지털 방식으로, 나머지는 아날로그 방식으로 작동했다. 게임의 명칭은 '퐁Pong'이었으며 당시 독일에서는 '텔레테니스Teletennis'라는 이름으로 유명했다. 게임의 내용은 길고 하얀 두 개의 막대를 움직여 좌우로 움직이는 하얀 작은 동그라미를 가능한 오랫동안 화면 밖으로 나가지 못하게 하는 것이었다. 우리 형제는 그 게임에 매료되었지만, 의존 증상을 보이지는 않았다. 그러기에는 게임이 너무 단순해 시간이 지나자 지루해졌기 때문이다.

12살이 되었을 때, 부모님은 견진성사(가톨릭이나 성공회의 7성사 중 세례성사 다음에 받는 의식―옮긴이) 축하 선물로 컴퓨터를 사주셨다. 컴퓨터를 사주면 아주 유익한 목적으로 사용할 것이고, 미래에는 컴퓨터가 필수품이라고 부모님을 설득한 결과였다. 그런데 돌이켜보면 컴퓨터를 공부하는 데 사용한 적은 별로 없다. 그렇지만 나는 학교에서 컴퓨터 동아리에 가입했고, 베이직Basic이라는 프로그램 언어를 배웠다. 덕분에 컴퓨터가 어떻게 작동하는지 아주 조금은 이해할 수 있게 되었다. 그러나 결국 나는 내 컴퓨터 '코모도어 64(코모도어 인터내셔널이 1982년 8월에 내놓은 8비트 가정용 컴퓨터― 옮긴이)'를 대부분 게임하는 데 사용했다. 가상 핀볼 게임이나 플레이어가 개구리가 돼 혼잡한 도로 위를 건너가야 하는 게임인 '프로거Frogger'를 했다. 당시 내 코모도어의 작업 용량은 이름 그대로 64킬로바이트였다. 오늘날 아이폰의 용량만 하더라도 1기가바이트, 즉 100만 킬로바이트에 달한다. 현재 내가 스마트폰에 의존하는 정도는 과거에 첫 컴퓨터에 의존한 정도보다 훨씬 심하다. 선물을 받고 나서 몇 년이 흐르자 첫 컴퓨터에 대한 관심도 사라져버렸던 것이다.

오늘날의 컴퓨터와 게임 콘솔은 과거보다 속도만 빨라진 것이 아니라 게임 용량도 훨씬 커졌으며, 무엇보다 인터넷으로 모두 네트워크화되어 있다. 미디어 의존 전문 외래진료소에 인터넷 접속이 되지 않는 컴퓨터에 의존 증상을 보이는 환자가 찾아온 적은 거의 없다. 12년 전 하노버 의과대학 부속병원의 경우도 그러했고, 현재 보훔 대학병원 심신의학과 미디어 전문 외래진료소의 경우도 마찬가지다. 먼저 컴퓨터와 게임 콘솔이 인터넷에 접속되어야만 유저들이 해당 디지털 미디어에 의존하게 된다. 여기에는 두 가지 결정적인 이유가 있다.

첫 번째로, 컴퓨터화된 기기는 반드시 인터넷과 연결되어야 사이버 공간으로 입장할 수 있다. 일단 인터넷에 접속해야만 한없이 펼쳐진 스릴 만점의 게임과 음란물을 이용할 수 있는 것이다. 인터넷에 의존하지 않는 사람도 인터넷을 하다 보면 시간이 무척 빨리 지나가며, 시간을 관리하기가 매우 어렵다는 사실을 잘 안다. 일단 인터넷에 들어가면 무언가 새로운 것이 끊임없이 눈에 띄기 때문이다. 반면 인터넷 접속이 안 되는 컴퓨터로 할 수 있는 일은 매우 제한적이다. 이는 컴퓨터로 자신이 의도한 일만 하고 그것에 의존하기를 원하지 않는 사람에게는 무척 반가운 이야기가 아닐 수 없다.

기기가 인터넷에 접속할 수 있어야만 유저들이 미디어에 의존하게 되는 두 번째 원인은 상호작용성이다. 인터넷이라는 명칭도 다름 아닌 이러한 특징과 연관이 있다. 인터넷은 상호작용, 즉 쌍방향으로 진행되는 능동적인 교류를 통해 사람들 간에 관계를 형성하는 기능을 한다. 따지고 보면 인터넷이 탄생한 것도 사람들이 원거리 통신을 필요로 했기 때문이다. 인터넷의 가장 핵심은 무엇보다 수많은 사람들을 서로 연결해주는 것이다.

인간은 관계지향적 동물이며 타인과의 관계에 의존한다. 다시 말해 인간은 좁은 의미로 볼 때 타인에게 의존할 수밖에 없다. 이는 아주 어린아이들이나 아주 나이 든 노인에게만 해당하는 말이 아니다. 사람들이 인터넷에 매료되는 이유 또한 접속하기만 하면 누구든 마우스 클릭 몇 번만으로 다른 사람과 연결되기 때문이다. 친구가 많지 않아도 인터넷으로 누군가 새로운 사람을 찾을 수 있으며, 그 사람은 친구나 연인, 혹은 파트너가 되어줄 수도 있다. 소셜 네트워크, 만남 사이트, 파트너 중개 사이트의 어마어마한 성공이 이를 뒷받침해준다. 하지만 인터넷에서 우리는 실제로 만날 수 있는 누군가를 찾아 한없이 돌아다니다가 끝내 아무도 찾지 못한 채 자신을 잃어버릴 수도 있다.

어디에서나 접속할 수 있고 날마다 성장하는 사이버 공간 때문에 단말 기기, 컴퓨터, 게임 콘솔의 영향력이 줄어들고 있다. 머지않아 모든 기기는 처음부터 컴퓨터화하고 네트워크화한 상태로 출시될 것이다. 자동차와 가전제품들에서는 이미 이러한 현상이 진행되고 있다. 이는 결국 디지털 세계로 들어가는 문이 항상 열려 있음을 의미한다. 하지만 다른 한편으로 이는 인터넷에 접속할 유혹이 도처에 널려 있다는 의미도 되므로 인터넷 사용을 중단하기로 결심한 인터넷 의존자에게는 걸림돌로 작용할 수 있다. 오늘날 이러한 현상에 지대한 영향을 미치는 것은 스마트폰과 태블릿 PC 같은 모바일 기기다.

스마트폰과 기타 모바일 단말기

눈을 크게 뜨고 미디어 의존 현상을 자세히 살펴보면 곧 스마트폰이 가장 강력한 중독 매체라는 결론에 이른다. 어디든 갖고 다닐 수 있는 소형 컴퓨터, 즉 애플의 아이폰이 전 세계 시장을 정복하고 난 후 기존 피처폰들은 시장에서 자취를 감추었다. 조사 결과 이미 2013년에 12세 이상 19세 이하의 독일인 중 72퍼센트가 스마트폰을 갖고 있었다.* 스마트폰 다음으로 등장한 기기는 태블릿 PC다. 이는 원시인들이 사용했던 석판의 디지털 버전으로, 최근에는 다양한 크기의 태블릿 PC가 판매되고 있다.

이러한 모바일 단말기에는 모두 마이크와 스피커, 카메라, 디스플레이가 내장돼 있기 때문에 디지털 미디어가 제공하는 새롭고 멋진 세계를 모두 활용할 수 있다. 이러한 기기로 우리는 언제든지 지구촌 어디에라도 즉시 접근 가능한 것이다. 하지만 이를 뒤집어보면, 문제는 우리가 어느 한곳에도 제대로 존재하지 않는다는 점이다.

이 때문에 매우 불합리한 상황들이 생겨난다. 예전에는 친구를 만나면 맛있는 식사를 하며 서로 이야기를 나누거나 축구 같은 취미 생활을 함께했다. 오늘날에는 이른바 퍼블릭 뷰잉Public Viewing(공공장소에 모여 대형 스크린으로 운동경기 등의 생방송을 함께 시청하는 행위―옮긴이)을 사람들과 함께할 수 있는 최대 행사로 생각한다. 퍼블릭 뷰잉을 위해 마련된 다수의 공공장소에서 축구 경기를 관람하는 사람들은 앞에 펼쳐진 대형 스크린을 동시에 바라보며 아주 특별한 집단적 체험을 한다고 생각한다. 그런데 미디어를 매개로 한 이러한 편협한 만남은 스크린 앞에 앉아서 끊임없이 자판을 두드리는 많은 관중의 스마트폰으로 다시 한 번 다른 이들에게 전송된다.

이들은 이러한 집단 체험을 페이스북이나 왓츠앱, 트위터 등으로 최대한 많은 사람들과 공유해야 한다고 생각한다. 다시 말해서 이들은 지금 이 순간 다른 곳에서 진행되는 퍼블릭 뷰잉은 어떤 모습인지 페

＊　　2013년 청소년, 정보, (멀티)미디어에 관한 짐JIM 연구는 남서부 지역 미디어 교육 연구 협회가 1,200명의 독일어 사용자를 대상으로 표본 추출한 자료를 바탕으로 시행했다. 독일에서 매년 실시하는 해당 설문조사는 일반적으로 청소년의 미디어 사용 추이에 대한 의미 있는 지표로 여겨진다.

이스북 등으로 전달받고 싶어 한다. 이처럼 많은 이들은 미디어를 이용한 체험을 다시 미디어에 공유하는 행위를 아주 특별하고 강렬하게 여길 수도 있다. 하지만 심리학적 관점에서 이런 행동이 사람들 간의 만남에 유익한 것인지는 의심스럽다. 사람들의 눈앞에, 그리고 그들 사이에 끊임없이 끼어드는 수많은 미디어는 사람들을 소외시킬 우려가 있다. 이러한 미디어는 친밀감을 조성하는 것이 아니라 거리감을 유발한다. 예전 같으면 마주보고 앉아 서로의 눈을 바라보며 개인사를 나누었을 상황에 미디어가 끼어들어 서로 멀어지게 하는 것이다.

이 대목에서 사람들은 스마트폰으로 전화도 할 수 있다고 반박할 것이다. 물론 전화는 멀리 떨어져 있는 사람과 매우 집중적인 대화를 나눌 수 있도록 해준다. 하지만 현재 유선 통신망에 가입된 젊은이 수는 점점 감소하는 추세며, 이들이 스마트폰을 통화에 사용하는 비율 또한 점점 줄어들고 있다.

본 대학 컴퓨터학과 교수 알렉산더 마르코베츠[Alexander Markowetz]가 이끄는 연구팀은 스마트폰 사용자의 사용 행동을 분석할 수 있는 앱을 개발했다. 불과 몇 개월 만에 10만 명 이상이 '멘탈[Menthal]'이라는 이 무료 앱을 다운받았다. 사용자들은 앱을 다운받을 때 자신의 스마트폰 사용 행동 자료를 익명으로 수집해 연구하는 데 동의했다. 수집된 자료를 분석해보니 스마트폰을 사용하는 젊은이들은 평균적으로 하루에 120번 이상 스마트폰을 들여다보았으며, 왓츠앱이나 페이스북 등 소셜 네트워크를 사용하는 시간이 가장 길었고, 전화 통화는 물론이고 문자와 이메일은 거의 사용하지 않는다는 결과가 나왔다. 분석 대상인 젊은 스마트폰 사용자들이 전화 통화에 사용한 시간은 평균적으로 하루에 2분이 채 되지 않았다. 최근 들어 사람들은 전화를 성가신 것으로 여기는데, 나 또한 그런 사람들 중 하나라는 생각에 다소 격

정스럽다. 혹시 당신은 여전히 누군가와 전화로 통화하는 것을 좋아하는가?

또한 이 연구 결과는 디지털 혁명이 진행되면서 사람들 간의 직접적인 언어 소통이 점점 줄어들고 있음을 보여준다. 첫 글자만 딴 약어와 기호(이모티콘)는 대세고, 얼굴을 마주보고 하는 대면 대화는 한물간 것이다. 사진과 동영상은 스마트폰 시대에 가장 중요한 소통 도구다. 이를 발달심리학적 관점에서 보면 인간이 문화적으로 퇴보한다는 우려도 가능하다.

인간이 글자로 의사를 전달하기 전까지는 그림 언어라는 것을 사용했다. 이는 석기시대 동굴벽화에도 잘 나타나 있다. 문자의 기원 또한 여러 가지 기호다. 문화 비관론자들은 앞에서 언급한 추세에 대해 기술의 진보가 인간의 퇴보를 초래한다고 우려할 수 있으며, 이러한 우려는 어느 정도 근거 있다.

캐나다의 영향력 있는 미디어학자 마샬 맥루한Marshall McLuhan은 미디어와 관련해 미래의 비전을 그려본 바 있다. 맥루한은 모든 관련 사항을 고려한 결과 자신이 그려본 미래의 비전이 무척 멋지다고 생각했다. 그가 지금 살아 있다면 아마도 많은 변화를 정확히 예측한 것을 자랑스러워했을 것이다. 하지만 그 미래가 여전히 멋있다고 생각할지는 의심스럽다. 《플레이보이》지와의 인터뷰에서 (내가 태어난 해인 1969년까지만 해도 플레이보이는 정말 좋은 글을 게재했다) 그는 미디어를 인간 '영혼의 보조물Prosthesis'이라고 표현했다. 해당 인터뷰는 이 표현 덕분에 매우 유명해졌다.

오늘날 인간과 모바일 기기와의 관계를 살펴보면 맥루한이 무엇을 의미했는지 금방 이해할 수 있을 것이다. 지금 한창 자라나는 세대에게 스마트폰은 몸이나 다름없다. 양쪽 다리를 잃은 사람이 의족 없이는 걸을 수 없는 것처럼, 젊은 세대는 스마트폰 없이 살 수 없다. 이들과 스마트폰과의 관계는 연인까지는 아니더라도 적어도 깊은 애정이 담긴 관계다. 이러한 맥락에서 맥루한은 인간이 언젠가는 기계와 미디어처럼 일종의 기관과 유사한 기능을 하는 존재로 변질될 것이라고 말했는데, 이는 매우 정확한 표현이다. 그의 말은 우리가 시간이 갈수록 기계에 더 의존하게 돼 최후에는 기계의 도움으로 인간이 의사소통하는 것이 아니라, 인간의 도움으로 기계들이 자기들끼리 의사소통하게 될 것이라는 의미다. 멋지고 해묵은 미래의 비전이 아니라 상당히 현실적이며 동시에 두려운 시나리오다.

사이보그

이미 오래전부터 인터넷에서는 사람들끼리의 정보 교환보다 컴퓨터와 프로그램 간의 정보 교환이 더 빈번히 이루어져왔다. 컴퓨터와 프로그램들이 교환하는 주된 정보는 무엇보다 사람들이 날마다 인터넷에 남기는 흔적^{Data track}이며, 컴퓨터와 프로그램이 정보를 교환하는 목적은 경제적·정치적 이유로 사람들의 동향을 파악하고, 사람들을 좀 더 다루기 쉬운 소비자와 시민으로 만들기 위해서다. 하지만 현재 다양한 모바일 기기들은 실제로 이보다 훨씬 깊숙이까지 삶 속에 침투하고 있다. 구글이 안경 렌즈에 장착한 화면으로 여러 기능을 수행할 수 있는 구글 글래스^{Google Glass}을 개발한 것은 이미 오래전이다. 구글 글래스에는 동영상을 찍을 수 있는 카메라까지 탑재돼 있으며 다음 제품도 이미 개발 중이다. 바로 화면과 카메라 기능이 있는 콘택트렌즈다.

머지않아 웨어러블 컴퓨터 혹은 생체이식형 컴퓨터가 현재 스마트폰의 기능을 모두 수행할 것이다. 손목에 부착하거나 시계처럼 착용하는 최신 디지털 기기는 이미 이러한 방향으로 발전해가고 있다. 디지털 만보기가 내장된 시계는 최근에 판매율이 매우 높은 인기 상품이다. 거대기업과 정부는 이런 방식으로 사람들의 뒤를 쫓아다닌다. 컴퓨터 칩을 피부 안쪽에 이식하려는 첫 시도도 이미 실현 단계에 있다. 이로써 우리는 아주 서서히, 하지만 매우 확실하게 절반은 인간이고 절반은 기계인 사이보그, 즉 하이브리드(잡종, 혼합물 등을 의미하는 용어―옮긴이)가 되어간다. 이런 상황이 오더라도 우리는 여전히 우리 몸의 주인일까? 아니면 상상하기 힘들 정도의 의존적인 존재로 전락하게 될까? 혹 자기 의지가 아닌 외부의 의지로 움직이는 기계의 꼭두각시가 되진 않을까?

미디어가 인간 영혼의 보조물이 될 거라는 맥루한의 예측은 적중했으며, 이는 이미 현실이 되고 있다. 즉 우리는 이제 미디어 기기의 인공 보조물이 되어가고 있는 것이다. 항상 몸에 지니고 다니는 스마트폰과 태블릿 PC는 이보다 훨씬 극적인 변화를 예고하는 것에 불과하다. 지금도 이미 무언가를 끊임없이 요구하는 모바일 기기들은 우리를 더욱 강력하게 지배하기 위해 삶을 파고든다. 이런 상황에서 인터넷 의존에 관한 문제는 완전히 새로운 국면에 접어들 수도 있다.

이렇게 불안한 관점에서 상황을 바라보면, 특히 어린아이들과 청소년을 우려하지 않을 수 없다. 이들은 갈수록 스마트폰과 기타 모바일 기기들을 어릴 때부터 더 많이 사용하는데, 신경계의 발달 과정상 이 기기들에 중독될 위험이 성인보다 훨씬 크다. 극소형 컴퓨터들이 이처럼 발전하고 승승장구하는 것은 소셜 네트워크의 급속한 성공과 밀접하게 연관되어 있다. 이 상황에서 등장할 수 있는 것이 바로 소셜 네트워크 의존이다. 우리 병원의 미디어 전문 외래진료소에서는 아직까지 소셜 네트워크 의존 사례가 드물지만, 일부 국제적 연구 논문에는 오래전에 등장한 바 있다. 스마트폰만 있으면 컴퓨터 게임도 할 수 있고 음란물도 볼 수 있다. 이런 점에서 인터넷 의존의 세 가지 유형 모두에게 스마트폰은 본격적인 중독으로 인도하는 이른바 '초기 약물^{Gateway} drug'로 작용할 수 있는 것이다.

디지털 미디어의 차이점

 지금까지 인터넷 의존이 존재한다는 사실을 증명하기 위해 학계가 처음부터 가장 빈번히 사용해온 증거는 온라인 게임 의존 사례로, 이는 앞서 언급한 바와 같이 학계에서 부분적으로 공인받은 상태다. 국제적인 연구 결과를 살펴보면, 인터넷 의존자 중 절반 이상이 온라인 게임에 의존되어 있는 것이 확실하다. 현재 우리는 그 이유를 조금씩 알아가고 있는 중이다. 미디어의 영향을 연구하는 사람들은 의존 증상을 유발하는 게임의 요소와 종류(혹은 게임 장르) 및 의존자에게 의존 증상을 유발하는 원인*을 알아내는 데 집중하고 있다. 이 문제에 접근하기 위해서는 컴퓨터 게임이 다른 오락 매체, 특히 책이나 영화, 텔레비전과 어떤 점이 다른지 알아야 한다.

온라인 게임

온라인 게임이 의존성을 유발하는 첫 번째 원인은 유저가 단순히 수동적으로 게임에 참여하는 것이 아니라 게임 안에서 능동적인 행위

---

* 미디어 의존 전문협회의 전문가협의회는 지금까지의 연구를 토대로 온라인 게임의 의존 요인에 관한 의견서를 작성했다.

자가 된다는 점이다. 온라인 게임의 관건은 게임의 캐릭터가 능동적으로 게임 세상을 헤쳐 나가도록 잘 조종하는 것이다. 온라인 게임을 할 때 유저들은 장편소설을 읽는 독자나 영화를 보는 관객이 주인공에 몰입하는 것보다 훨씬 강력하게 자신의 가상 캐릭터에 몰입한다. 이처럼 게임 캐릭터와 자신을 동일시하는 현상이 강력하고 오랫동안 지속될수록 게임에 의존할 확률이 커지는 것이다.

온라인 게임이 의존성을 유발하는 또 다른 원인은 무엇일까? 정체성을 확립하는 과정에는 심리학적으로 항상 다른 사람과의 만남이 필요하다. 사람들은 타인과 만나면서 자기 정체성과 역할을 확립해 나간다. 게임 유저가 캐릭터와 자신을 동일시하는 정도, 그리고 그에 따라 특정 게임에 의존하는 정도에 결정적인 영향을 미치는 것도 다른 캐릭터들과의 만남이다. 따지고 보면 결국 같은 편이나 적들을 조종하는 이들도 사람인 것이다. 이렇게 컴퓨터 게임은 인터넷 접속이 가능해지고 나서야 비로소 좁은 의미에서 상호작용을 할 수 있게 되었다. 즉 이를 심리학적으로 표현하자면 대인관계를 맺게 된 것이다. 그래서 온라인 게임이 의존성을 유발하게 되는 두 번째 원인은 바로 사람들과의 관계라는 측면이 온라인으로 옮겨간 부분이다.

이제 컴퓨터 게임의 장르와 각 장르의 중독 위험성을 개별적으로 살펴본다. 이 대목에서 강조하려는 것은 두 가지로, 첫 번째는 현재 각 장르마다 가늠하기 힘들 정도로 많은 게임이 존재한다는 점이며, 두 번째는 이러한 게임들을 특정한 장르로 분류하는 것이 점점 더 힘들어진다는 것이다. 다음 글에서는 수많은 게임 분류법 중 어드벤처 게임, 전략 게임, 액션 게임, 시뮬레이션 및 기타 게임으로 나누는 분류법을 따랐다. 지금까지 인터넷 의존에서 가장 중요한 분야는 어드벤처 게임에 속하는 롤플레잉 게임인데, 이 중 가장 대표적인 것이 월드 오브 워크래프트다. 리그 오브 레전드Leaugue of Legends 같은 전략 게임 또한 중독 위험성이 강하다. 액션 게임에는 에고-슈터(1인칭 슈터—옮긴이) 혹은 1인칭 슈팅 게임이 속하는데, 콜 오브 듀티Call of Duty를 예로 들 수 있다. 스포츠 게임이 돈을 걸고 베팅하는 도박의 성격을 띠기 시작한 이래, 스포츠 게임 또한 중독성을 지니게 되었다. 마지막으로 나날이 증가하는 기타 장르에는 캐주얼 게임(자투리 시간을 이용해 간편하게 즐길 수 있는 온라인 게임—옮긴이)과 소셜 게임(PC나 휴대 전화의 SNS로 제공되는 게임의 총칭—옮긴이) 등이 속한다. 점점 더 많은 여학생과 젊은 여성들이 이런 게임에 빠져들고 있는데, 그 의존 위험성은 아직까지 전혀 예측할 수 없으며, 앞으로 계속 주목해야 할 부분이다.

온라인 롤플레잉 게임

컴퓨터 게임 중 가장 강력한 중독 장르는 롤플레잉 게임이다. 온라인 롤플레잉 게임은 20년 전부터 인터넷상에서 엄청난 성공을 거두었는데, 하나 이상의 가상 캐릭터 역할을 하며 혼자서 혹은 여럿이 모험을 해내는 형식이다. 여기서 모험이란 대개 적과의 투쟁을 의미한다. 때로는 적대적인 팀, 즉 하나의 '길드Guild' 혹은 '클랜Clan'에 대항해 싸우기도 하며 때로는 소프트웨어가 자동으로 생성한 적에 맞서 싸우기도 하는데, 이 중 후자의 경우가 더 많다. 예를 들어 한 마리의 용을 죽여야 하는 퀘스트(게임을 원활하게 진행하기 위해 이용자가 수행해야 하는 임무 또는 행동—옮긴이)도 있고, 행성을 정복해야 하는 퀘스트도 있다. 대부분의 게임 세계는 환상적인 특성을 지니고 있다. 예컨대 사이언스 픽션SF 속의 먼 미래 혹은 중세의 분위기가 나는 판타지 세계가 무대가 된다. 롤플레잉 게임의 세계는 대부분 현실 세계와는 거리가 멀다. 그렇다, 바로 이 점을 주목해야 한다. 이처럼 현실 세계와 동떨어진 게임 세계의 성격은 해당 게임의 현실도피적 특성을 시사한다. 이런 점에서 온라인 롤플레잉 게임은 현대의 신화나 동화에 가깝고, 게임의 고풍스러운 분위기는 특별한 매력을 발산한다. 유저들은 전형적인 영웅 캐릭터와 자신을 동일시하고 캐릭터의 역할 수행에 몰입한다. 이러한 영웅 캐릭터가 전형적인 영웅설화와 신화적 전설을 연상시키는 것은 우연한 일이 아니다. 가상의 게임 캐릭터를 '아바타'라고 부르는 것도 다 이유가 있다. 이 단어는 힌두교에서 기원했는데, 본래 산스크리트어로 '신의 화신化身'을 의미했다. 이러한 어원의 유래를 심리학적으로 진지하게 고찰해보면, 단지 게임 유저 자신을 영웅과 동격으로 놓는 데 그치지 않고 심지어는 헤라클레스처럼 반신半神의 존재로 승격시키려는 의도로도 보인다. 이러한 맥락에서 자존감이 낮은 사람에게 롤플레잉 게임은 특히 매력적일 수밖에 없다.

하노버 의과대학 미디어 관련 정신 질환 외래진료 클리닉의 경우 초창기에 상담하러 온 환자 중 절반 이상이 전 세계에서 가장 성공을 거둔 온라인 롤플레잉 게임의 사용자였다. WOW라는 줄임말로도 부르는 월드 오브 워크래프트는 이미 내리막을 걷고 있지만, 모든 온라인 롤플레잉 게임의 어머니라고 불릴 만하다. 월드 오브 워크래프트는 '대규모 다중 사용자 온라인 롤플레잉 게임MMORPG (Massively Multiplayer Online Role Playing Games)'에 속한다. WOW의 가상적 게임 세계는 매번 업데이트될 때마다 점점 확장됐으며, 현재는 무한하다 할 정도로 방대해졌다. 2010년에는 전 세계에서 1,200만 명 이상이 월드 오브 워크래프트를 했다. 2010년 이후 WOW 게임 유저가 감소한 이유는 무엇보다 WOW를 모방한 게임들이 다수 출시되었기 때문이다. WOW와 마찬가지로 인터넷 의존자들이 즐겼던 다수의 유사 게임들이 기존 시장과 신흥 시장의 일부를 점유했다. 그럼에도 2013년

WOW는 전 세계 시장에서 10억 4,100만 달러의 이윤을 달성했다. 이로써 정액제 정책을 취하는 대규모 다중 사용자 온라인 게임 시장 중 36퍼센트를 차지했다. 이는 WOW와 비슷한 다른 게임들, 예컨대 리니지Lineage, 테라 온라인Tera Online, 반지의 제왕 온라인Lord of the Rings Online 및 이브 온라인EVE Online을 훨씬 웃도는 수치다. 우리가 상담치료를 하고 있는 미디어 관련 외래진료소에는 현재에도 WOW 의존 증상을 보이는 환자들이 주기적으로 찾아온다.

월드 오브 워크래프트, 즉 전술의 세계에 들어가기 위해서는 입장료를 내야 한다. WOW는 인터넷에 접속되고 최소한의 저장 공간과 속도를 갖춘 모든 컴퓨터에서 실행할 수 있다. WOW의 기본 프로그램은 10~15유로를 내고 DVD 형태로 구입하거나 간단히 인터넷에서 다운받으면 된다. 게임을 지속적으로 하기 위해서는 이 밖에 매달 약 13유로의 정액 요금을 지불해야 하는데, 그럼 원하는 시간 동안 무제한으로 게임을 즐길 수 있다. WOW 의존자들은 하루에 16시간까지 여러 아바타로 바꾸어가며 게임하기도 한다.

WOW의 배경 음악은 실제 오케스트라가 연주한 자체 제작한 음악이다. 이는 클래식풍의 극적인 음악으로 유저들을 장엄한 분위기 속으로 몰아넣기 위해서다. WOW 게임을 처음 시작하면 우선 몇 가지 과정을 거쳐야 하는데 가장 먼저 자기 아바타를 다루는 법을 배우고, 화려한 애니메이션으로 가득 찬 게임 세계에서 아바타 조종법을 익힌다. 초반에는 모든 것이 누워서 떡 먹기라 할 만큼 쉽다. 초보 유저들은 간단한 퀘스트를 해결하면서 점수를 모은다. 예를 들어 특정한 수만큼의 괴물을 처치하거나 특정 아이템을 모으면 점수를 얻을 수 있다. 이 단계에서는 게임의 보상 체계가 매우 간단하다. 게임을 하는 당사자는 정해진 목표를 달성하면 어떤 상을 받게 될지 정확히 알 수 있다. 게임을 조금만 하다 보면 이내 잘할 수 있을 거라는 확신을 하게 된다. 목표 달성에 대한 보상은 경험치라는 형태로 지급하기도 하는데, 경험치가 높아지면 유저는 아바타를 위한 새로운 장비를 얻을 수 있다. 하지만 경험치 외에 다른 다양한 방식으로 지급하기도 하는데, 예를 들어 아바타의 가치를 올려주는 무기나 능력치를 직접 얻을 수도 있다.

게임의 관건은 유저가 자신의 캐릭터를 게임의 서열 구조에서 점점 더 높이 상승시키는 것이다. 가장 높은 레벨까지 올라 게임하는 것을 두고 이른바 '만렙(한자 찰 만滿과 영어 레벨Level의 합성어로 레벨 시스템이 적용된 캐릭터나 아이템, 스킬 등이 최고 레벨에 다다라 최대치로 성장한 것을 의미—옮긴이)을 찍는다'라고 표현한다. 이처럼 WOW는 유저의 자존심을 자극함으로써 강한 흡인력을 발휘한다. 이는 성공이나 부를 축적해 점점 상위 계층으로 상승하는 사회의 계층 제도 혹은 신분 제도와 비교할 수 있다. 단 WOW를 제작한 블리자드는 끊임없이 새로운 부가적 요소를 추가하고 끊임없이 새로운 레벨을 만들어낸다. 즉 최상위권 유저들이 게임을 멈추지 않도록 끝없이 새로운 자극을 주는 것이다.

이러한 고도의 전략 방침을 사용해 게임 제작사는 일종의 전횡을 휘두른다. 이처럼 끊임없이 새로운 요소가 게임에 추가되고 끊임없이 새로운 레벨이 만들어지면, 최상위권 유저들도 다시 순위가 떨어지고 평범한 존재가 되며 심지어 종속적인 존재가 되기 때문이다. 마치 눈앞에서 아른거리는 소시지를 쫓아다니는 강아지와 같다. 소시지는 강아지 몸뚱이에 고정해놓은 막대기 끝에 매달려 있어 강아지가 아무리 애를 써도 절대로 닿을 수 없다. 일부 온라인 롤플레잉 게임 의존자들이 마치 이런 강아지처럼 게임 제작사에 농락당하는 모습을 지켜보면 섬뜩함마저 든다. 제작사는 이를 염두에 두고 끊임없이 새로운 레벨을 만들어 이들에게 최고 등급의 리그로 진입하라고 부추긴다.

오랫동안 게임하는 유저에게 간접적으로 보상하는 WOW의 시스템은 의존 위험성이라는 관점에서 더욱 문제가 있다. 충분히 오래 게임하는 사람만 최고 레벨로 올라갈 수 있다. 인터넷 의존자들이 몇 년에 걸쳐 일주일에 70시간 이상을 MMORPG에 쏟아붓는 것을 볼 때마다 놀라지 않을 수 없다. 여기에는 단순한 스포츠 정신 이상의 것이 작용한다. 많은 인터넷 의존자들은 마치 생업과 연관된 일을 하듯 게임을 한다. 단 돈을 받으며 일하는 것이 아니라 돈을 지불하며, 무엇보다 소중한 시간을 허비하면서 게임하는 것이다.

이는 해당 게임의 고유한 보상 체계와도 밀접한 연관이 있다. WOW의 보상 체계는 레벨이 올라갈수록 점점 복잡해지는데, 이는 분명 유저 뇌 속의 생물학적 보상 체계를 교묘하게 자극한다. 바로 그 때문에 그토록 많은 사람들과 인터넷 의존자들이 WOW라는 게임을 하는 것이다. 상급 레벨에서는 퀘스트 수행 보상이 더 이상 즉각적으로 이루어지지 않는 등, 보상 체계는 좀 더 복잡해진다. 즉 보상 여부가 운에 좌우되므로 때로는 보상받을 때까지 동일한 퀘스트를 여러 번 수행해야 할 때도 있다. 유저가 열망하는 보상이 무작위로 결정되는 바람에 해당 퀘스트를 수행했어도 보상받지 못할 때가 있는 것이다. 학습 및 행동 심리에 관한 실험에 따르면 이처럼 우연에 의해 불규칙적으로 주어지는 보상 방식은 보상받을 때까지 같은 행동을 끊임없이 반복하도록 만드는 경향이 있다. 이는 오래전부터 학계에 널리 알려진 이론이다. 학습이론에서는 이를 바람직한 행동의 '간헐적인 강화'라고 하는데, 이는 도박의 결정적인 중독 요인이기도 하다. WOW 및 이와 유사한 게임들이 이런 보상 체계를 채택한 배경에는 최대한 많은 유저들을 최대한 오랫동안, 심지어 중독 증상을 보일 때까지 자신들의 게임에 붙들어두려는 이윤 창출과 연관된 목적이 숨어 있다.

게임에서 정말로 좋은 성적을 거두기 위해서는 상위 레벨에서 이른바 길드에 가입해야 한다. 이러한 길드, 즉 가상의 클럽에서 각 게이머들은 특정한 기능을 담당한다. 이는 각 축구팀에서 여러 명의 공격수와 수비수, 한 명의 골키퍼가 활동하는 것과 마찬가지다. 인터넷 의존자들은 대개 성적이 뛰어난 길드의 일원으로 게임을 한다. 프로 운동선수들이 팀의 훈련과 시합을 중요시 여기듯, 이들 또한 자신이 속한 길드를 중요하게 생각한다. 게임 유저들은 대개 길드에서 사귄 가상의 동료, 친구, 심지어 파트너와 무언가를 함께 체험하는 것을 좋아한다. 이른바 길드원, 즉 길드의 구성원들은 다음 길드전을 집중적으로 준비하고 수행하며 분석하기 위해 정해진 시간에 인터넷에서 만난다. 이런 활동에는 여러 시간이 소요될 수도 있다. 길드전을 하기 전, 하는 동안, 그리고 길드전이 끝난 후 길드원들은 서로 엄청난 의사소통을 한다. 예컨대 다른 길드원과 힘을 모아 구불구불한 성곽을 정복해야 하거나 거대한 괴물을 처치해야 할 때, 서로의 의사소통은 매우 중요하다.

이처럼 온라인 롤플레잉 게임들이 팀 단위로 게임하도록 하면서 유저끼리 끊임없이 의사소통하게 된 점에서 소셜 네트워크의 성격이 보인다고 할 수도 있겠다. 게임의 사회적 조직은 구성원들 간에 단결력을 강화하지만, 이는 때때로 거대한 압력으로 작용하기도 한다. 상담치료를 하다 보면 가끔씩 환자들이 특정 시간에는 상담받으러 올 수 없다는 말을 한다. 이유를 물어보면 그 시간에 자신이 속한 길드 모임이 있어서 팀을 배신하고 병원에 올 수는 없다는 얘기였다. 이들은 책임을 다하며 길드에서 제명당할 위험을 감수하지 않으려 한다. 이만큼 공동체 의식이 있다는 것은 어찌 보면 긍정적이다. 하지만 중독 전문 상담치료사의 입장에서는 집단 강제라는 말을 떠올리지 않을 수 없다.

이는 기타 중독 질환에서도 나타나는 '동료집단 압력' 현상과 일맥상통한다.

알코올 중독자, 대마초 흡연자 혹은 헤로인 정키들이 중독에서 정말 벗어나려 한다면 함께 중독된 동료집단의 모든 사람과 이별을 고해야 한다. 중독 환자 곁에 예전의 친구들이 하나도 남아 있지 않은 경우, 이러한 동료집단에서 빠져 나오기란 매우 어렵다. MMORPG 의존자들은 인터넷 밖의 모든 사람과의 관계가 단절되었을 가능성이 매우 높으며, 이들에게 남아 있는 사람은 오직 인터넷상의 친구들뿐이다. 이러한 인터넷상의 친구들이 독일 전역뿐만 아니라 전 세계에 퍼져 있기 때문에, 낮과 밤의 생활리듬이 완전히 뒤바뀐 채 지내야 하는 경우도 있다. 즉 자신이 속한 길드의 동료 유저들이 시간대가 다른 지역에 산다면, 모든 사람이 잠든 시간에 혼자 깨어 길드전을 준비해야 할 때도 있는 것이다. 따라서 WOW 정키들은 일하러 갈 시간은 물론이고, 기존의 친구를 만날 시간조차 전혀 낼 수 없다. 우스꽝스럽게 들릴 수도 있지만 심지어 정규 직장이 없다는 사실을 증명해야 가입이 가능한 길드도 있다. 게임의 관점에서는 정해진 시간에 출근할 필요가 없는 사람이 불참할 확률도 적고 가장 믿을 만하기 때문이다. 이는 현실 세계에서는 보기 드문 기이한 현상이다.

다른 한편, 월드 오브 워크래프트를 직업적으로 하는 사람들도 있다. 이들은 가상공간의 애니메이터animator로서 지극히 강력한 최대의 적, 이른바 최고 보스를 조종하는 블리자드 사의 직원을 지칭하는 것도, 그렇다고 게임으로 생계를 꾸려가는 소수의 프로게이머들을 가리키는 것도 아니다. 여기서 직업적으로 하는 사람이란 개발도상국에서 아무것도 하지 않고 하루 종일 WOW 아바타의 레벨을 올려 불법적인 온라인 경매 사이트에서 돈을 받고 파는 사람들을 가리킨다. 이들이

WOW에서 모아들이는 것은 게임머니인 골드 ^{Gold}이며, 골드를 인터넷 경매 사이트에서 진짜 돈으로 바꾼다는 점에서 이들을 '골드파머 Goldfarmer'라고 부르기도 한다.

중국을 비롯한 일부 나라의 경우, 마피아들이 골드파머들을 노예와 다름없는 환경에서 하루 종일 게임을 시키기도 한다. 이들이 모은 골드와 상위 레벨의 아바타를 높은 가격으로 부유한 나라의 유저들에게 판매하는 것이다. 부유한 유저들은 지루하기 짝이 없는 게임 초반 부분을 건너뛰고 불법 시장에서 프리미엄급 아바타를 구입해 처음부터 최상위 리그에 참여할 수 있다. 블리자드는 오래전부터 이러한 불법적이며 불합리한 거래를 금지하려고 했지만, 아무 성과도 거두지 못했다.

아바타의 잠재적 시장가치, 즉 만약의 경우 자기 아바타를 팔아 돈을 벌 수 있다는 사실은 분명 중독성 유발에 막대한 영향을 미친다. WOW 의존자들이 마치 일하듯 진지하게 게임하는 데는 특히 이러한 금전적 잠재력도 작용한다. 과거에는 최고 레벨의 아바타를 이베이에서 1,000유로 이상을 받고 팔았다. 이는 단순히 게임을 즐기다 보니 생긴 일이라고 말할 상황은 아니다. 이러한 게임도 결국 돈을 중심으로 돌아간다는 것, 이는 온라인 게임이 도박과 유사한 문제점을 지니고 있다는 것을 다시 한 번 시사해준다.

월드 오브 워크래프트의 사례를 보면 유저들이 온라인 롤플레잉 게임에 왜, 어떻게 중독되는지 상당히 잘 이해할 수 있다. 다시 요약해보자. WOW의 유저들은 가상의 영웅 캐릭터에 강력하게 몰입한다. 장편소설이나 영화를 볼 때처럼 일정한 시간 동안만 미디어 속 영웅에 몰입하는 것이 아니라, 여러 시간, 여러 주, 여러 달, 여러 해 동안, 사실상 무한정 해당 캐릭터에 몰입하여 게임하는 것이다.

시공간적 무한성, 현실 세계와 거리가 있는 환상적이며 현실도피적 특성은 유저들에게 무한한 가능성이 펼쳐진 세상 안으로 들어가는 느낌을 준다. 이곳에 있으면 모든 것이 수월하게 이루어지고, 최고 레벨에도 도달할 수 있을 것 같다. 게임에 중독돼 한없는 시간을 게임에 쏟는 유저들은 아바타와 하나가 되어 이른바 반신半神의 경지까지 이르러 현실 세계에서 상처받은 자존감을 보상받는다. 초반에는 단순하게 작용하다 레벨이 올라갈수록 복잡해지는 보상 체계는 머릿속 보상 체계와 연동될 정도로 유저들을 강력하게 현혹한다. '간헐적인 보상'과 배후에서 작용하는 금전적 보상 가능성 또한 해당 게임의 의존성 유발에 중요하다. 최종적으로는 해당 게임의 공동체적 특성, 동료들 간의 압력과 서로에 대한 경쟁심이 유저를 게임에 단단히 묶어두는 요인이다.

미디어 교육 전문가 막델레나 플뢰거- 베르너Magdalena Plöger-Werner의 연구에 따르면 WOW 혹은 메틴2 같은 게임은 유저들 간의 사회적 유대감이 가장 강력한 중독 요인이라고 한다. 이러한 메커니즘은 의존 증상을 유발하는 모든 온라인 롤플레잉 게임에 작용하며, 전략 게임, 슈팅 게임, 스포츠 게임 및 소셜 게임에도 이와 유사한 메커니즘이 작용한다.

전략 게임

전략 게임에서 무엇보다 중요한 것은 능숙한 전술적 움직임이다. 전략 게임 또한 개인이 혹은 팀을 구성해 컴퓨터 아니면 다른 유저들이 조종하는 적에 대항해 싸우고 정복해 나간다.

전략 게임 중 특히 복잡하고 인기 있는 것은 이른바 '멀티 플레이어 온라인 배틀 아레나MOBA (대전액션과 상대방의 건물을 공략하는 게 목적인 공성

전이 결합된 실시간 전략 게임의 부속 장르 ─ 옮긴이)'게임이다. 인터넷 의존자들이 즐기는 게임인 리그 오브 레전드ᴸᴼᴸ도 전략 게임에 속한다. LOL의 단위는 라운드 혹은 판이라 불리며 각 라운드에는 시작과 끝이 있다. LOL은 3명 이상 5명 이하 유저로 이루어진 팀이 상대팀과 맞서 싸우는 것인데, 게임의 목표는 상대팀의 기지를 파괴하는 것이며 상대팀 혹은 컴퓨터가 만들어내는 캐릭터들이 이에 맞서 기지를 방어한다. 이때 각 유저들은 하나의 캐릭터만 조종하는 게 아니라 라운드마다 일련의 캐릭터 중 하나를 선택하여 조종할 수 있다. 바로 이 때문에 유저들이 자신이 조종하는 캐릭터에 몰입하는 정도가 온라인 롤플레잉 게임보다 현저하게 약하다.

리그 오브 레전드는 결제 방식 또한 월드 오브 워크래프트와는 다르다. LOL은 이른바 부분 유료화라는 방식으로 운영되는데, 이는 분명 미래의 결제 방식이라고 볼 수 있다. 부분 유료화는 게임 프로그램을 무료로 다운받거나 게임 서비스 제공 사이트의 서버에 들어가 직접 게임하는 것이다. 처음에는 무료로 시작하지만 캐릭터를 돋보이게 하는 스킨을 갖추기 위해서는 결제를 해야 한다. 즉 처음에는 무료로 유저들을 유혹해놓고 게임에 몰두 혹은 의존하게 만든 후 결국에는 더 뛰어난 장비를 갖춘 캐릭터와 군대로 더 빨리 성공하기 위해 돈을 지불하도록 만든 것이다.

컴퓨터 게임을 하지 않는 사람들은 유저들이 가상의 무기를 구입하고 주문력을 상승시키기 위해 돈을 쓰는 것이 쉽게 이해되지 않을 것이다. 하지만 2012년 7,000만 명에 달했던 전 세계 LOL 유저들의 생각은 달랐다. 2013년 LOL 제작사는 6억 2,400만 달러를 벌었다. LOL은 인터넷 의존 증상을 유발하는 수많은 전략 게임 중 하나에 불과하다. 전략 게임은 모든 게임 장르를 통틀어서 가장 성공적인 장르에 속한다. 이 밖에 도타2, 스타크래프트, 커맨드 앤 컹커^{Command & Conquer} 또한 전략 게임으로 분류된다.

전체적으로 볼 때 컴퓨터 게임 산업이 영화 산업을 포함한 오락 산업의 매출을 따라잡은 지는 이미 오래전이다. 물론 대부분의 게임 유저들이 의존 증상을 보이는 것은 아니다. 술 마시는 사람들이 대부분 알코올 의존자가 아니듯이 말이다. 하지만 합법적인 기호 식품이 매력을 발산하고 경제적 이윤을 창출하더라도, 이들이 결국 중독의 매개물이라는 사실에는 변함이 없다. 컴퓨터 게임 업계를 대변하는 로비스트들은 많은 정치인들과는 달리 이 사실을 오래전부터 분명히 알고 있다. 이들은 컴퓨터 게임을 일종의 전자 스포츠^{e-Sport}로 간주하는 쪽으로 여론을 몰아가려 한다. 특히 전략 게임의 경우 해당 업계가 지원하는 컴퓨터 게임 리그라는 것이 실제로 존재하는데, 이는 특히 아시아 지역에서 매우 높은 인기를 누린다. 이미 일부 컴퓨터 게이머들은 스포츠 영웅으로 추앙받으며 높은 보수를 받고 있다. 단 이들 중 인터넷 의존 증상을 보여 치료받는 사람은 없다.

슈팅 게임

10년 전만 해도 슈터 게임(슈팅 게임이라고도 불림—옮긴이)은 인터넷 의존자들에게 별다른 영향을 미치지 않았다. 아마 당시만 해도 이른바 대부분의 에고 슈터들이 여전히 게임 콘솔이나 PC로 오프라인에서 게임했기 때문일 것이다. 우리 외래진료소를 찾은 환자들이 간혹 언급했던 유일한 슈팅 게임은 이 장르 중 지금까지 가장 큰 인기를 누린 카운터스트라이크^{Counterstrike}(게이머가 테러리스트와 대테러진압팀 둘 중 하나가 되어 게임머니로 다양한 무기를 구입, 적을 물리치는 게임—옮긴이)였다. 인터넷 의존자들이 이를 거론한 이유는 이 게임이 다른 슈팅 게임보다 상대적으로 일찍부터 인터넷 접속이 가능했기 때문이다. 카운터스트라이크는 초기에 몇 대의 컴퓨터를 서로 연결해 오프라인으로 게임을 하다가, 시간이 갈수록 점점 인터넷에서 온라인으로 게임을 실행하는 경우가 많아졌다. 오늘날 슈팅 게임들은 주로 온라인상에서 실행된다. 이 경우 온라인의 다른 유저와 함께 적들에 대항할 수 있다는 장점이 있다. 온라인 슈팅 게임이 많은 인기를 누리는 것은 게임의 소셜 네트워크적 특성이 점점 커지는 데도 분명 기인한다. 이러한 소셜 네트워크 특성은 해당 게임의 의존 위험성에도 영향을 미친다. 인터넷 의존자들의 말에 따르면 주요 슈팅 게임들이 모두 온라인에서 실행된 뒤부터 이들에게 슈팅 게임이 차지하는 비중이 훨씬 커졌다고 한다.

슈팅 게임의 종류는 매우 다양하다. 그중에서 가장 흔한 유형은 1인칭 슈팅 게임이다. 이는 유저가 1인칭 시점에서 플레이하는 방식인데, 유저가 무기를 선택하면 화면 중앙에 그 무기가 나타나고 그것을 적에게 사용하는 게임이다. 여기에서의 관건은 가상의 무기를 다루는 기술적·전술적 익숙함이지만, 가상의 적들을 죽이는 것 또한 중요하다. 가상의 적은 대부분 군인이나 테러리스트지만 때로는 민간인도 포함되어 있다. 게임 제작사들은 대부분 유저에게 전투 장면의 배경 이야기를 전달하려 시도한다. 하지만 이는 분명 전투 장면을 포장하려는 장치에 불과하며, 게임에서 유일하게 중요한 것은 최대한 많은 전투에서 승리를 거두는 것뿐이다.

카운터스트라이크 외에도 온라인에서 실행되는 성공적인 슈팅 게임이 많다. 예컨대 독일에서 제작된 크라이시스Crysis와 특히 미국에서 선풍적인 인기를 누리는 헤일로Halo가 이에 해당하는데, 두 게임 모두 미래 전쟁을 다룬 시뮬레이션 게임이다. 이러한 맥락에서 특히 강조해야 할 것은 콜 오브 듀티 시리즈의 성공이다. 콜 오브 듀티는 전 세계적으로 이미 수십억 달러의 매출을 기록했는데, 핵심 줄거리는 지난 100년 동안의 역사 속 전투를 시뮬레이션하는 것이다. 콜 오브 듀티는 새 버전이 나올 때마다 그래픽이 점점 인상적이고 사실적으로 발전했다. 영화라고 해도 될 만큼 그래픽이 사실적이라, 최신 버전의 게임 속 캐릭터는 마치 실제 사람들처럼 움직인다. 더구나 유명한 배우들이 게임의 등장인물을 연기하는 경우도 점점 잦아지고 있다. 최근에 출시된 버전에는 미국 배우 케빈 스페이시가 등장하는데, 게임이 점점 더 사실적이고 극적이며 노골적으로 연출되기 때문에 흡입력 또한 배가되고 있다. 이 외에 슈팅 게임들이 인터넷에 접속 가능해진 점 또한 유저를 더욱 끌어 모으는 효과를 초래했다. 무엇보다 '독일 내 오락용 소프트웨어 자율 등급 분류 기관USK'의 허용 연령이 18세 이상인 콜 오브 듀티가 14세 이상 17세 미만 청소년들이 두 번째로 좋아하는 컴퓨터 게임이라는 점(2013년 짐JIM 연구 참조)은 매우 걱정스럽다. 이들 중 16 퍼센트는 해당 게임을 직접 한다고 고백했는데, 실제로 게임을 하는 청소년들은 이보다 훨씬 많을 것이다.

하노버 의과대학 부속병원 인근에 있는 국제신경과학연구소INI에서 우리는 폭력 게임을 과도하게 소비한 청년들을 대상으로 연구를 진행한 바 있다. 연구 대상의 전제 조건은 정신 질환을 앓은 적이 없으며 지난 2년간 날마다 적어도 4시간 이상 1인칭 슈팅 게임을 한 사람이었다. 지금까지 발표되지 않은 해당 연구의 다양한 질문 중 하나는 자신이 의존 진단 기준을 충족한다고 생각하느냐는 것이었다. 놀랍게도 피질문자 중 절반에 약간 못 미치는 사람들이 그렇다고 대답했다. 슈팅 게임 또한 온라인에서 실행되면서부터 점점 중독 매체가 되어간다는 우려를 하지 않을 수 없다.

폭력 행사가 거의 전부인 온라인 게임에 의존하게 되면 이에 따른 반작용이 있을 수 있다. 이러한 게임들이 소년과 청년들에게 선풍적 인기를 끄는 현상은 모든 종류의 결투에 대한 이들의 전반적인 관심과 깊은 연관이 있다. 자신이 남보다 낫고 집단에서 최고임을 입증하기 위해 상대편을 때리는 것은 스포츠 시합에서도 찾아볼 수 있는데, 이 경우에는 대개 공격의 정도가 도를 넘지 않는다. 하지만 슈팅 게임에선 유저들이 공격성을 무제한으로 발산하는 경향이 있다. 슈팅 게임이 가장 긍정적으로 작용하는 사례는 유저의 마음속에 내재된 공격성이 게임으로 해소되는 것이고, 가장 부정적으로 작용하는 사례는 전에는 없었던 공격성이 게임을 하면서 생기는 것이다. 뇌가 완전히 형성되지 않은 어린이와 청소년의 경우, 슈팅 게임에 의존하지 않도록 특별히 주의를 기울여야 한다. 현재로서는 슈팅 게임이 유저에게 미치는 결과를 확실히 예측할 수 없다.

스포츠 게임과 도박

현재 많은 스포츠클럽들이 살아남기 위해 애를 쓴다. 예전에 비해 나이 어린 회원들의 수가 대폭 줄었기 때문이다. 반면 스포츠 게임의 인기는 나날이 높아가며 여전히 사람들에게서 좋은 평가를 받고 있다. 일부 스포츠 종목의 경우 필요한 장비를 갖추기 위해서는 적지 않은 비용이 필요한데, 이는 많은 이들에게 감당하기 힘든 부담으로 작용한다. 예를 들어 서핑이나 스키 휴가를 떠나려면 많은 돈이 필요하다. 평범한 가정에서는 테니스 동호회나 골프 동호회에 가입할 비용을 감당하기 힘들다. 그래서 이러한 스포츠 종목의 시뮬레이션 게임은 많은 이들에게 현실에서 하기 힘든 체험을 컴퓨터에서라도 접하게 해주는 좋은 기회다. 나도 이 점에 대해서는 아무 이의가 없다. 이는 해당 미디어의 매우 긍정적인 측면이다. 어떤 이들은 다양한 스포츠 종목을 인터넷에서 맛보고 자신이 어떤 종목에 특별한 관심과 열정을 느끼는 지 깨닫기도 한다. 이는 최종적으로 자신에게 맞는다고 느낀 특정한 종목을 실제로 해보는 계기가 될 수도 있다.

축구는 마음만 먹으면 누구나 할 수 있는 운동이다. 하다못해 풀밭이나 운동장 한편에서도 할 수 있다. 독일처럼 축구에 대한 열정이 높은 나라에서 가장 인기 높은 스포츠 게임이 인터넷 축구 게임인 것은 놀라운 일이 아니다. 현재 많은 축구 동호회의 좋지 않은 상황이 이와 연관 있는지에 대해서는 증명할 길이 없지만, 충분히 개연성은 있어 보인다. 어쨌든 독일축구연맹은 현재의 분위기를 반전시키고자 지역 축구 동호회의 활동을 지원할 채비를 하고 있다. 현재로서는 축구 시뮬레이션 게임이 인터넷 의존자들에게 아무 영향을 미치지 않고 있지만, 다음의 측면을 감안하면 앞으로 변화가 있을 수도 있다고 생각한다.

첫째, 디지털 스포츠 게임 역시 인터넷에서 행해지는 비율이 점차 증가하고 있다. 온라인에서 무수히 많은 유저들과 같은 편 또는 상대 팀이 되어 게임하고 가상의 스포츠클럽을 창단할 수 있다는 점은 온라인 롤플레잉 게임과 매우 흡사하다. 둘째, 온라인 스포츠 게임 서비스 제공 업체들이 의존 위험성을 가중시킬 우려가 있는 계획을 추진 중이다. 그것은 바로 온라인 스포츠 게임에 베팅할 수 있게 하려는 것이다. 그렇다, 당신이 잘못 읽은 것이 아니다. 스포츠 게임의 경기 결과에 베팅하는 사람들이 있다. 이러한 서비스를 제공하는 업체 중 일부는 인터넷 스포츠 베팅을 조장하는 웹사이트와 연계돼 있다. 이러한 사이트의 서버는 당연히 독일처럼 인터넷상의 도박이 금지된 국가가 아닌 다른 나라에 주소를 두고 있으며, 인터넷 베팅으로 벌어들인 돈은 정확히 그곳으로 모인다.

인터넷상에서 행해지며 유저가 돈도 걸 수 있는 복잡한 스포츠 시뮬레이션 게임은 의존성을 유발한다는 점에서 매우 위험한 형태의 조합이다. 독일의 미디어 의존 전문가협회는 독일연방정부 마약문제 담당관 측에 입장 보고서를 전달함으로써 게임 서비스 제공 업체와 베팅사이트 간의 결탁을 투명하게 밝혀내고 척결할 것을 촉구했다. 이는 특히 자라나는 세대에게 중요한데, 자칫하면 최악의 경우 이들에게 인터넷 의존과 도박 중독이 결합된 형태의 행동 중독이 발생할 수도 있기 때문이다. 지금까지는 이러한 흐름에 제동을 거는 어떤 조치도 없는 실정이다. 이런 사태 때문에 다른 어떤 유형보다 가장 쉽고 무해하다고 여겨지는 스포츠 게임의 명성이 악화된 것은 매우 유감스럽다. 해당 정책 담당자들이 이러한 상황에 아무 반응을 보이지 않는 한, 부모는 자녀의 인터넷 스포츠 게임에 특별히 주의를 기울여야 할 것이다. 마음을 놓을 수 없는 경우, 자녀에게 인터넷 스포츠 게임 대신 실제로 운동할 기회를 적극 마련해주거나 스포츠 동호회에 가입시켜주는 것도 바람직한 대안이다.

이쯤에서 좁은 의미의 온라인 도박을 좀 더 설명해본다. 온라인 도박은 독일어권 국가들에서는 본래 불법이다. 지구상에는 온라인 도박이 일절 예외 없이 불법으로 간주되는 국가도 많지만 도박은 인류가 생각을 시작했을 때부터 인간 사회에 존재해왔다. 독일의 경우는 제한된 범위에서 도박을 개인의 권리로 인정하고 있다. 이는 인간이 본래 도박에 대한 태생적 욕구가 있다는 생각에 기반을 둔 것이다. 하지만 중독에 빠져 재산뿐 아니라 이성까지 잃지 않도록 독일의 입법기관은 도박사업 독점권을 슬며시 수중에 넣었는데, 이는 충분히 납득할 만한 일이다. 첫째로는 이처럼 독점권을 장악함으로써 도박이 행해지는 범위를 보다 잘 통제하고 제한할 수 있기 때문이다. 둘째로는 도박으로 흘러나온 돈을 다시 사회에 이익이 되도록 사용할 수 있다. 이러한 조치 덕분에 지금까지 복권 공사와 카지노의 수입이 지자체와 공익 기관의 공공자금으로 사용될 수 있었다. 하지만 최근 들어 여기에 걸림돌이 생겼다. 첫째, 가장 빈번한 도박 중독 유형인 갬블링 머신 생산 업체 중에 이러한 독점 체제에 편입된 업체는 제한적이며, 오늘날 과거 어느 때보다 자유롭게 술집이나 실내 도박장에 갬블링 머신을 설치하고 있다는 점이다. 두 번째 문제는 인터넷에서 행해지는 도박이다. 인터넷 도박은 통제하기가 사실상 불가능하다. 인터넷 도박이 허용되는 나라에 서버를 두고 독일어로 도박 사이트를 만들어서 인터넷에 띄우기 때문이다.

그간 진행된 도박 중독 연구로 밝혀진 바에 따르면, 접근성이 용이하고 베팅 가능한 액수가 크며 자금의 투입에서 배당까지 걸리는 시간이 짧을수록 도박 중독 위험성이 커진다고 한다. 인터넷은 바로 이모든 조건을 완벽히 충족하고 있다. 이제 사람들은 언제 어디에서나인터넷을 사용할 수 있다. 그리고 외국에서 공급되는 인터넷 도박 사이트에 누구나 접속할 수 있어서, 도박에 투입되는 액수와 투입과 배당 사이에 소요되는 시간을 조정하는 것이 사실상 불가능해졌다. 이때문에 점점 더 많은 사람들이 온라인 도박에 중독되어간다.

주식이나 금 또는 돈을 이용한 투기 또한 일종의 도박이다. 자본 거래와 주식 거래는 본래 상당히 추상적인데 인터넷에서 행해지면서 이러한 특성이 더욱 강화된다. 사람들은 극히 짧은 시간에 온라인 거래로 엄청난 금액을 얻거나 잃을 수 있다. 그래서 자본 및 주식 거래와 도박의 유사성을 간과할 수 없는 것이다. 주식 거래에 대한 지식이 없거나 투자 자본이 부족한 사람들은 이 거래에서 맛볼 수 있는 희열을 온라인 경매로 대신할 수 있다. 많은 이들은 인터넷 경매에서 이른바 게임과 유사한 방식으로 물건을 손에 넣을 때 느끼는 환각에 가까운 상태를 잘 안다. 이와 관련해 인터넷 경매에 대한 중독을 일컫는 '이베이 중독Ebayism'이라는 신조어까지 이미 생겨났다.

하지만 오프라인에서와 마찬가지로 인터넷상에서도 중독성이 가장 강하다고 간주되어 온 유형은 좁은 의미의 도박이다. 인터넷에서 제공되는 도박의 형태는 매우 다양하여 라스베이거스를 방불케 한다. 갬블링 머신의 온라인 시뮬레이션 또한 여기에 속하는데, 그중에서도 특히 인기가 많은 것은 유저에게 본인의 전략으로 승률을 높일 수 있다는 생각이 들게 하는 게임들이다. 포커와 블랙잭 같은 카드 게임이 인터넷에서 특히 성공한 이유도 바로 이 때문이다. 다른 형태의 인터넷 의존과 마찬가지로 직접 사람을 만나지 않아도 다른 사람들과 함께 게임할 수 있다는 점 또한 높은 인기의 이유 중 하나로 추측된다. 이제까지 카지노에서만 가능했던 것을 집에 앉아 편안히 할 수 있게 된 것이다. 가상의 룰렛 테이블을 갖춘 온라인 카지노 또한 오래전부터 인터넷상에 존재해왔다. 이 밖에 인터넷 스포츠 베팅도 높은 인기를 누리고 있다. 온라인 스포츠 게임을 비롯하여 온갖 다양한 형태의 승부에 돈을 걸 수 있는 것이다.

캐주얼 게임과 소셜 게임

중독 전문 병동에서 오십대 초반의 여성을 치료해달라는 의뢰를 받은 적이 있다. 알코올 중독 치료를 위해 입원한 여성이었는데, 가장 힘든 금단 증상은 이겨냈지만 정신적 의존 증상이 나타난 것이다. 병동의 관찰자들의 눈에 띈 것은 이 환자가 '보석Jewels'이라는 매우 단순한 게임에 과하게 몰입해 있는 점이었다. 이 게임은 일렬로 늘어선 보석들을 옆으로 밀어 색깔과 모양이 같은 보석 세 개를 맞추면 그것들이 화면에서 사라지는 방식이다. 더 많은 보석을 더 빨리 사라지게 만들수록 높은 점수를 딸 수 있다. 이 게임은 한없이 계속할 수 있는데 성격상 호불호가 확실히 갈린다. 이 게임을 하다 보면 마치 혼자서 오목을 두는 것 같은 기분도 든다. 이 게임은 세계적으로 선풍적인 인기를 끌었으며 지금도 인기가 여전하다. 하지만 이 환자에게 보석 게임은 악몽이나 다름없었는데, 게임에서 벗어나기가 너무나 힘들었기 때문이다. 알코올을 갈망하는 환자의 뇌의 보상 체계에 해당 게임은 알코올을 대체한 역할을 한 것이다. 당시 지극히 단순한 게임에 빠져 있던 그녀의 증세는 컴퓨터 의존 증상에 대한 진단 기준을 충족시켰는데, 이는 흔치 않은 경우였다. 알코올이라는 중독 물질에서 벗어나 게임 의존이라는 행독 중독에 빠진 것으로, 이를테면 늑대를 피하려다가 호랑이를 만난 셈이었다.

핸드폰이나 스마트폰, 태블릿 PC에서 실행되는 단순한 게임을 '캐주얼 게임'이라고 한다. 여기에서 '캐주얼'이란 자유롭게, 대수롭지 않게, 그냥 별 생각 없이 할 수 있다는 의미다. 캐주얼 게임 중 적지 않은 게임이 메모리 게임이나 솔리테어Solitaire 게임 등 단순한 보드 게임 혹은 카드 게임에 기반을 두고 있다. 매우 단순한 형태도 있고 머리를 써야 하는 경우도 있으며 매우 특이한 것도 있고 환상적인 것도 있다. 그런데 이러한 캐주얼 게임은 원래 잠깐 남는 시간을 때우려는 목적으로 만들어진 것이다. 이 유형의 게임에 의존 증상을 보이는 경우는 극히 드문데, 내가 접했던 얼마 되지 않는 의존자들은 대부분 여성이었다.

캐주얼 게임은 흔히 소셜 네트워크 서비스 플랫폼을 기반으로 하는데, 캐주얼 게임보다 다소 정교한 '소셜 게임'도 이와 마찬가지다. 소셜 게임 또한 여성들에게 인기가 많고 스마트폰의 보편화와 함께 막대한 인기를 얻었다. 이름에서 알 수 있듯이 소셜 게임에서 유저들은 다른 유저와 함께 게임을 한다. 예를 들어 함께 가상의 정원을 가꾸거나 농장을 경영하며 갱스터가 되어 다른 유저들과 마피아 조직을 만들어 다른 갱들과 대결하기도 한다. 이러한 소셜 게임에서 헤어 나오지 못하는 주된 이유는, 게임에서 손을 떼면 그동안 함께 돌봐온 동식물들이 제대로 자라지 못한다는 책임감을 느끼기 때문이다. 소셜 게임의 유저들은 게임 속 가상공간에서 해야 할 중요한 일을 놓치지 않기 위해 정기적으로, 즉 하루에도 여러 번 게임에 접속해야 한다. 이러한 가상의 의무를 수행하는 것이 일반인에게는 생소하게 느껴질 수도 있지만, 지금까지 살펴본 바로는 이런 의무들이 분명 중독을 유발하기 때문에 해당 게임의 제작사들은 막대한 돈을 벌었던 것이다. 이런 소셜 게임들은 초기에는 거의 무료나 다름없다. 하지만 일단 게임에 빠져든 유저는 어느 순간에 이르면 특정한 게임 아이템을 현금을 주고 결제할 마음이 생긴다. 예를 들면 가상의 농장을 더 잘 경영하기 위해 동물이나 씨앗을 구입한다. 하지만 지금까지 게임 업체에 가장 큰 이윤을 가져다준 것은 게임 중에 내보낸 광고다. 예를 들어 이 분야를 주도하는 게임 업체 징가Zinga의 경우, 2011년에 적극 활동하는 유저의 수는 2억 4,000만 명에 달했으며 이로써 10억 달러를 초과하는 연매출을 기록했다. 이 게임 업체에서 출시한 농장 시뮬레이션 게임 하나만으로 2013년도 매출은 10억 달러에 달했다.

비록 현재는 캐주얼 게임과 소셜 게임이 인터넷 의존에 미치는 영향이 미미하지만, 이러한 엄청난 숫자를 접하고 나면 그 영향력을 우려하지 않을 수 없다. 특히 많은 부모는 자녀들의 캐주얼 게임을 전혀 우려하지 않는 경향이 있다. 이는 캐주얼 게임이 알록달록하고 단순하며 버튼 몇 개만 누르면 간단히 접속되기 때문에, 언뜻 보면 아무 해도 끼치지 않을 것처럼 보이기 때문이다. 하지만 무분별하게 소비하다 보면 자칫 캐주얼 게임이 게임 중독으로 이끄는 이른바 '초기 약물'로 작용할 수도 있다. 소셜 게임을 주의 깊게 살펴보면 소셜 네트워크와 컴퓨터 게임의 조합이 특별한 의존 위험성을 지니고 있다는 우려를 하게 된다. 소셜 게임의 형태로 제공되는 게임들이 날이 갈수록 점점 복잡해지고 상호작용성이 확대되고 있어 더욱 그러하다. 지금껏 어떻게 하면 소녀와 여성의 마음을 얻을지 고민해온 컴퓨터 게임 업계가 드디어 승리한 것이다. 캐주얼 게임과 소셜 게임의 도약으로 여성 유저들이 온라인 게임 의존이라는 분야에서 사실상 남성의 뒤를 바짝 쫓게 되었다.

사이버 음란물

지구상에는 인류가 자신과 세상을 그림으로 표현하기 시작한 이래 음란물이란 것이 존재해왔다. 인쇄기가 발명되면서부터 에로틱 소설이 시리즈로 발간되었고, 이는 오늘날까지도 인기를 누린다. 지난 수십 년간 조형 예술과 예술 영화에 외설적 요소가 가미되었다. 그리고 많은 매체에도 성적 표현이 모습을 드러냈다. 많은 이들은 이 같은 현상을 안타깝고 역겹고 혹은 비도덕적이라고 여기지만, 이는 인류 역사 내내 계속된 세계적인 현실이다. 우리 입장에서 문제는 음란물의 의존 유발 가능성이다. 적어도 온라인에 진출한 이후부터 음란물에는 분명 의존 위험성이 존재한다. 음란물은 이른바 인터넷이 등장한 초기부터 존재해온 콘텐츠 중 하나다.

상담받으러 찾아온 대부분의 사이버 음란물 의존자들이 주로 사진과 동영상을 제공하는 음란물 사이트에 의존 증상을 보였다는 사실은 주목할 만하다. 이는 디지털 매체가 등장하기 훨씬 전부터 아날로그 형태로 존재한 매우 단순한 형태의 음란물이기 때문이다. 그렇다면 왜 오늘날에야 비로소 이러한 매체에 임상적으로나 역학적으로 의존성을 보이는 것일까? 첫째, 인터넷으로 이러한 사진과 영화를 어디에서나, 그것도 거의 무료로 열람할 수 있게 되었다. 여기에서도 중독물질을 쉽게 구할 수 있는 점이 의존을 유발할 수 있는 중요한 요인으로 작용한다. 둘째, 음란물의 엄청난 양과 다양성은 매우 중요한 중독요인이다. 아마도 이 두 번째 요인이 결정적인 원인일 것이다. 이런 음란물 사이트에 빠져 있는 사람들은 인터넷 어딘가에 좀 더 야한 그림과 좀 더 핫한 동영상이 자기 손길을 기다리고 있을 거라 생각하며 찾아 헤맨다. 셋째, 사이버 음란물의 경우도 다른 유저와의 유대감이 의존성 유발에 영향을 미치는 것으로 추측된다. 유저들은 음란물 사이트에서 사진과 동영상을 서로 평가하고 정보를 교환한다. 욕구가 비슷한 사람들끼리 익명으로 특정한 성적 행위 유형에 대해 이야기를 나눌 수도 있다. 본래 매우 특이한 듯했던 성적 기호나 심리적 압박을 지닌 사람이 자신만이 아니라는 생각을 하게 되는 것도 중요한 역할을 한다.

이 밖에도 전문 병동을 찾아온 환자들을 보면 성을 목적으로 한 온라인 교류가 생각보다 훨씬 영향력이 크다는 것을 알 수 있다. 음란물을 보는 것까지는 파트너에게 뭐라고 변명할 여지가 있다. 하지만 인터넷상의 제3자와 성에 관해 채팅하는 경우는 어떨까? 이러한 대화는 이메일, 소셜 네트워크, 채팅 사이트를 이용하거나 웹캠으로 상대방을 보며 이야기를 나누는 스카이프Skype 같은 프로그램을 사용하는 등 다양한 방식으로 진행된다. 이메일, 소셜 네트워크, 채팅 사이트, 스카이프 순으로 점점 실제적인 섹스와 체감도가 가까워진다. 즉, 두 사람이 스카이프로 이야기를 나누고 웹캠 앞에서 옷을 벗으며 상대방이 보는 앞에서 자위하는 것이다. 이러한 행위자의 파트너는 어떤 기분을 느낄까? 결혼을 했거나 이에 준하는 남녀 관계를 유지하며 사는 대부분의 사람들은 자신의 파트너가 이러한 행위를 할 경우 외도한 것과 마찬가지로 생각할 것이다. 이는 현실 세계에서 두 사람이 실제로 만나 성관계를 맺기 바로 전 단계이기 때문이다.

온라인 섹스 사이트의 큰 매력은 자신과 욕구가 같거나 자기 욕구를 보완해줄 사람들을 한자리에 모아주는 것이다. 이곳에서 사람들은 극히 전형적이고 단순한 성행위 유형과 매우 특수하며 복잡한 유형에 관한 정보를 나눈다. 만약 이런 사이트가 존재하지 않았더라면, 특정한 방식으로 성폭행과 고문을 당하고 살해당한 후 다른 사람에게 잡혀먹기를 바라는 자발적 희생자를 인육을 먹는 사람이 결코 찾아낼 수 없었을 것이다. 2001년, 독일 로텐부르크에서 발생한 식인 사건은 바로 이런 경우에 해당한다. 범인의 말에 따르면 자발적 희생자를 구한다는 글에 그토록 많은 답글이 와서 스스로도 놀랐다고 한다. 결국 그는 자기 상상과 어느 정도 완벽하게 맞아떨어지는 자원자를 찾았다. 이러한 사례가 한 건에 그쳤다면 사람들은 이를 예외적인 경우로 치부했을 것이다. 하지만 2013년 독일과 체코의 국경에 위치한 에르츠게비르게 지역에서도 이와 유사하게 희생자의 자발적인 의사로 발생한 살인 사건이 있었다.

인터넷은 전 세계를 무대로 파트너와 친구 찾기를 가능하게 하므로 어찌 보면 축복이라 할 만큼 최적의 서비스를 제공한다. 하지만 이러한 만남이 섹스와 범죄에 연루된다면 그 만남은 한없이 타락하거나 저급해지고 당사자들에게 의존 증상을 유발할 수 있다. 자신의 성욕을 속속들이 파악하려는 것은 바람직한 일일 수도 있지만 문제가 될 수도 있다. 섹스에 의존되어가는 과정에서 또 한 번의 희열을 위해 섹스 자체가 더 빠르고 더 강하며 더 난잡해지는 경우, 단지 일정한 흥분을 유발하는 특정한 성적 행위가 갑자기 아주 대단하고 중요한 것으로 비추어지고, 성생활 전체에서 점점 더 비중을 차지하게 될 수 있다. 성적으로 만족하고 자신의 성욕에 대해 알아가는 것은 바람직하고 중요한 일이다. 인터넷은 이를 원하는 유저들에게 날개를 달아줄 수도 있지만, 중독이라는 면에서 인터넷은 브레이크 없이 마구 앞으로 달려가게 만들기도 한다.

사이버 음란물 의존 증상의 환자가 미디어 전문 외래진료 클리닉에 찾아왔다. 인터넷에서 음란물을 보는 데 그치지 않고 유료 서비스까지 이용하는 환자였다. 정확히 말하자면 유료 섹스 사이트에서 여성들에게 돈을 지불하고 웹캠 앞에서 특정한 행위를 주문하는 것이다. 엄청난 수익을 거두고 있는 이러한 유료 사이트에서는 개인이나 커플이 매춘에 가까운 일종의 핍쇼Peep Show를 선보인다. 이들은 바로 옆집에 사는 이웃일 수도 있고, 먼 나라의 누군가일 수도 있다. 우리를 찾아온 환자의 문제는 해당 사이트에서 반복적으로 동일한 여성들과 많은 이야기를 나누었다는 것이다. 그중에서도 한 여성이 무척 마음에 들었는데, 그녀에게서 아내보다 자신을 더 잘 이해하고 가치를 인정해준다는 느낌을 받곤 했다. 바로 그것이 문제였다. 아내는 남편이 자신을 점점 소홀히 여기는 느낌을 받았고, 어느 순간 남편의 배신을 알아차렸으며, 남편이 인터넷에 쏟아부은 돈이 네 자릿수에 달한다는 사실도 알게 되었다. 그를 설득해 결국 치료를 받도록 움직인 사람 또한 아내였다.

일부 관련 기술이 좀 더 발전할 경우, 사이버 음란물 중독이라는 주제는 지금보다 훨씬 심도 있게 다루게 될 것이다. 이 문제가 점점 심각해지는 이유를 살펴보자. 첫째, 현실적으로는 불가능한 비정상적인 성행위가 만화 형식으로 담긴 외설적인 컴퓨터 게임이 점점 많이 출시되고 있다. 이러한 컴퓨터 게임은 특히 일부 아시아 국가에서 큰 인기를 누리는 반면, 아직까지 독일에서는 부분적으로 금지돼 있다. 폭력과 성이 절묘하게 조합된 일탈적 성행위가 게임의 주요 내용이기 때문이다. 둘째, 만화 형식 혹은 가상의 음란물이 점점 현실과 유사해져간다. 즉, 유저는 디지털 섹스 게임에서 실제 사람의 모습을 한 다른 게임 캐릭터들과 섹스를 나누는 아바타를 조종한다. 물론 다른 게임 캐릭터들의 뒤에는 다른 유저들이 있다. 사이버 음란물 의존 증상을 유발하는 세 번째 원인은 지금까지 살펴본 요인들과는 성격 자체가 다르며, 인터넷 초창기 시절의 기묘한 상황과 부분적으로 관련되어 있다.

인터넷이 처음 등장했을 때 가장 먼저 나타난 사업이 음란물과 연관된 것이었다. 이 같은 흐름을 따라 업계에서는 초창기부터 상상해왔던 일, 즉 좁은 의미에서의 사이버 섹스 프로젝트를 실행에 옮겼다. 여러 개의 센서와 마사지 기능이 있고 전선을 통해 컴퓨터에 연결되는 전신 의복을 개발하기 시작했다. 이들의 목표는 이 장비를 이용해 멀리 떨어져 있는 사람들이 인터넷상에서 섹스를 하면 마치 실제처럼 느껴지도록 하는 것이었다. 이러한 원초적인 유형의 사이버 음란물은 한동안 자취를 감췄다 최근 다시 개발되고 있다. 인간의 성과 관련한 이러한 기술은 인터넷상의 많은 중독 매체와 마찬가지로 실제 사람들과의 만남을 불필요하게 만드는 데 일조한다. 하지만 추측컨대 이런 장비가 실용화되기 전에 로봇 기술과 바이오 기술이 고도로 발달하여 인간이 안드로이드(겉보기에 말이나 행동이 사람과 거의 구별이 안 되는 로봇을 의미함. 우리말로는 '인간형 로봇'이라고 한다— 옮긴이)와 섹스하게 될지도 모른다. 물론 이런 안드로이드는 어떤 인간보다도 인간의 욕구를 더 정확히 충족시키도록 프로그래밍되어 있을 것이다.

사이버 음란물 중독이 대개 단순한 음란물 소비에서 진행된 데에는 극히 진부한 원인이 있다. 일반적으로 사이버 음란물 중독자는 반복적으로 자위행위를 한다. 하지만 이를 위해서는 적어도 한 손이 자유로워야 한다. 반면 복잡한 형태의 사이버 음란물은 당사자가 직접 프로그램의 세부 과정을 조종해야 하므로 대체로 양손을 모두 사용해야 한다. 몸 전체를 집어넣고 가동하는 장비가 아닌 이상, 성의 기술화는 인간의 몸이 지닌 한계에 부딪힌다. 섹스 산업 측에서 향후 얼마나 복잡한 장비를 개발해낼지는 생각하고 싶지도 않다.

정신과 의사인 나는 직업상의 필요로 다소 관음증적 행동을 해야 하거나 해도 될 때가 있다. 이처럼 타인의 행동을 엿보면서 인간의 정신이 얼마나 다양한지, 혹은 얼마나 저급해질 수 있는지 깨달을 때마다 놀라기 일쑤다. 성이라는 주제와 관련해서도 마찬가지다. 하지만 때로는 내가 소화해내지 못하고 한계에 부딪히는 상황도 있다. 상담을 하다 보면 환자에게서 인터넷에서 보았거나 관음증적으로 훔쳐본 성행위에 대해 들을 때가 있다. 내 수치심과 인내심을 뛰어넘는 이야기를 들을 때면 사람들이 과도한 정보에 노출되어 있다는 생각이 든다. 그런 경우 때때로 환자들의 이야기를 중단시킨다. 이들의 관음증은 경우에 따라서는 노출증으로 변하기 때문이다.

요약하자면 사이버 음란물 중독은 근본적으로 두 가지 방향으로 진행된다. 이 흐름 때문에 사이버 음란물은 유저에게 중독성을 유발하며 고착화되는데, 이 흐름은 동시에 나타나기도 한다. 첫째, 많은 섹스 중독자들은 인터넷에서 욕구를 충족함으로써 실제 성을 거부한다. 이들은 가상공간에서 일탈적인 성행위를 체험하거나 혹은 파트너와 함께 실행하기 힘든 유형을 단지 상상하는 것에 그치기도 한다. 둘째, 음란물 중독 때문에 성행위는 점점 더 비정상적인 방향으로 흘러갈 수 있다. 이로 인해 인간의 충동 중 매우 예외적인 부분을 부각시키고 이것에 작위적으로 의미를 부여하려는 경향을 보인다. 구체적으로 설명하자면 사이버 음란물 중독자들은 항상 좀 더 과격하고 외설적인 음란물을 찾아다닌다. 점점 더 강렬한 성적 희열을 갈구하거나 하드코어 (변태적인 성행위 등을 내용으로 하는 포르노 영화나 비디오물 — 옮긴이) 음란물에 더 이상 아무 자극도 느끼지 못하기 때문이다. 이처럼 성적 자극에 무뎌지면 예전에는 생각지도 않았을 쪽에 발을 들여놓기도 한다.

프로이트에 따르면 모든 인간에게는 선천적으로 '다형 도착적 polymorph-pervers' 특성이 있다고 한다. 이는 인간들이 모든 유형의 성적 행위에 '타고난 재능이 있다'라고 말할 수 있을 정도로, 어떤 성적 행위도 수용할 수 있다는 의미다. 심리성적 발달(프로이드가 제시한 인간의 다섯 단계의 발달 과정 — 옮긴이)이 건강하게 이루어지면 사람들은 다소 광범위하긴 하지만 문화와 도덕의 경계 내에 있는 성을 선호한다. 그러나 사이버 음란물 중독자는 절대적인 희열을 끊임없이 추구하는 과정에서 불가피하게 문화와 도덕의 경계를 넘어버린다. 이 중 어떤 이들은 '변태'라고 불렸던 성도착증Paraphilia에 속하는 행위에 집착하기도 하며, 법적 경계를 넘어서는 경우도 드물지 않다. 때로는 법적 처분을 받고 나서야 비로소 도움을 요청하고 치료를 받으러 오기도 한다. 이 경우 치료에서 중요한 점은 당사자의 진정한 성적 욕구를 파악해내는 것이다. 어떤 욕구가 충족되지 않았고 어디에 특별히 초점을 맞추어야 하는가? 이 중 어떤 부분이 정서적으로 충족되지 않은 소망을 보상하는 역할을 하는가? 이런 문제를 알아내는 것이 심리치료의 지극히 고유한 기능이다.

소셜 네트워크

'나는 트위터를 한다. 고로 나는 존재한다' 혹은 '나는 페이스북을 하지 않으면 존재한다는 기분이 들지 않는다'와 같은 문장들은 소셜 네트워크 의존에 대한 질문에 분명한 대답을 해준다. 소셜 네트워크 의존은 지금까지 알려져 있는 인터넷 의존의 세 가지 특수한 유형 중 현재로서는 가장 논란이 분분하고 가장 드물게 나타나는 유형이다. 독일어권에서의 소셜 네트워크는 쉴러Schüler(2007년 독일어권 국가의 학생들을 대상으로 서비스를 시작한 소셜 네트워크─옮긴이)와 슈투디Studi-VZ(2005년 독일어권 국가의 대학생들을 대상으로 서비스를 시작한 소셜 네트워크─옮긴이)로 시작하여 현재 페이스북과 왓츠앱으로 전성기를 구가하고 있다. 하지만 소셜 네트워크가 이처럼 선풍적인 인기를 누림에 따라 이러한 유형의 인터넷 의존을 머지않아 한층 집중적으로 살펴보아야 할지도 모른다는 생각이 든다. 사회가 새로운 중독 위험성을 인지하고 이에 적절한 반응을 보이려면 항상 얼마간의 시간이 필요하다. 컴퓨터 게임과 음란물은 소셜 네트워크보다 역사가 훨씬 길다. 컴퓨터 게임은 디지털 혁명이 본격적으로 시작되기 전부터 이미 많은 인기를 누렸으며, 인터넷이 초창기에 상업적으로 성공을 거둔 배후에는 포르노 산업이 있었다. 이런 점에서 어쩌면 우리는 이 두 유형의 의존 위험성을 이미 오랫동안 집중적으로 의식해왔을 수도 있다. 따라서 우리는 온라인 게임 중독자와 섹스 중독자의 양산에 대해서는 소셜 네트워크보다 좀 더 대비가 잘되어 있다. 하지만 이제는 소셜 네트워크의 중독 위험성을 반드시 주시해야 한다.

그런데 이것의 어떤 특성들이 의존 위험성에 영향을 미치는가? 지금까지는 이 분야에 관한 연구 결과가 없다. 따라서 이 질문에 대해 구체적으로 대답하기 위해서는 학문적으로 도출된 가설에 의지할 수밖에 없다. 싱가포르의 학자 하이펑 쉬^{Haifeng Xu}와 버나드 탄^{Bernard Tan}은 지금까지의 연구를 바탕으로 '소셜 네트워크 중독'이라는 흥미로운 유형을 만들었다. 소셜 네트워크에 접속하는 가장 큰 이유가 스트레스와 부정적인 기분을 해소하고 외로움을 이겨내기 위해서인 경우, 정상적인 사용에 머물지 않고 병적인 사용으로 넘어갈 확률이 커진다. 즉 소셜 네트워크가 이러한 세 가지 기능을 수행하는 경우, 소셜 네트워크에 의존하게 될 위험성이 존재한다.

소셜 네트워크는 스트레스 해소에 두 가지 방식으로 유리하게 작용할 수 있다. 첫 번째는 소셜 네트워크에서 사람들은 부정적인 감정을 내려놓고 긍정적인 감정을 만들어낼 수 있다. 소셜 네트워크에 접속해 자신과 비슷한 사람과 함께 달갑잖은 상사와 직장 동료를 마음껏 험담할 수 있다. 또한 소셜 네트워크에서는 항상 내 입장을 이해해주는 누군가를 찾을 수 있다. 자신이 아무리 잘못되고 과격해도 항상 편을 들어주는 사람, 내가 현재 잔뜩 화나 있다는 것을 알아주고 긍정적인 반응을 해줄 사람 말이다. 소셜 네트워크에서 스트레스를 해소하는 또 다른 방법은 때로는 앞의 경우처럼 함께 험담하며 맞장구를 쳐주는 커뮤니티가 아니라 반대로 분위기가 대체로 긍정적이고 따뜻한 커뮤니티를 찾는 것이다. 즉, 내 시선을 다른 곳으로 돌려주고 희망을 불어넣어주는 사람들이 있는 커뮤니티, 부정적인 생각은 배제하고 서로에게 힘이 되어주는 말만 해주어서 마음 놓고 접속할 수 있는 커뮤니티를 찾아야 한다. 스트레스를 어떤 방식으로 해소하느냐에 따라 커뮤니티 중 하나를 선택할 수 있다. 이런 커뮤니티에서 나는 마치 물을 만난 물고기 같은 기분을 느끼며 몰입 상태에 이르기도 한다. 이렇게 커뮤니티 활동을 하며 스트레스를 해소하는 것은 도가 지나치지 않는 한 바람직하다. 하지만 이런 방식의 스트레스 해소가 주객이 전도되면 본래 스트레스의 원인이었던 현실의 문제들은 해소되지 않고 좀 더 심각해져간다.

즉 우리는 마음을 긍정적인 방향으로 전환하기 위해 소셜 네트워크를 이용할 수 있다. 하지만 그것이 기분을 좋게 해줄 수 있는 정도는 매우 미미하며 효과 또한 지속적이지 않다. 소셜 네트워크는 뇌의 보상 체계를 다양한 방식으로 반복해서 잠깐씩 건드려줄 뿐이다. 네트워크상에 새로운 소식이 뜨고 새로운 '친구'가 등록되며 긍정적인 답글이 달리고 '좋아요' 버튼이 눌려질 때마다 잠깐 기분이 좋아져 오랫동안 페이스북에 머물게 된다. 기분 나쁜 일이 있으면 바로 스마트폰을 이용해 소셜 네트워크로 들어가 따뜻한 위로를 받을 수 있다. 특히 직장이나 가정에서의 일상이 불만일 때, 많은 이들은 무언가 긍정적인 체험을 하기 위한 일종의 전위 행동displacement behavior(상반된 두 충동이 백중세인 상태에서 나타나는 제3의 행동—옮긴이)으로 잠시 혹은 아주 오랜 시간을 소셜 네트워크에서 보낸다. 하지만 이런 일이 반복될수록 바로 지금 현실에서 진정한 보람을 느끼게 해줄 일을 성취할 확률은 점점 더 적어진다.

사람들은 소셜 네트워크가 외로움을 줄여주는 데 도움이 된다는 말을 쉽게 믿는다. 물론 외로움을 덜 느끼게 해주는 요소가 있지만 소셜 네트워크의 도움으로 외로움을 극복할 수 있는지의 여부는 별개의 문제다. 실제 삶에서 혼자 지내는 시간이 많은 사람도 소셜 네트워크에서는 상대적으로 쉽게 다른 사람들과 만날 수 있으며, 잠재적 친구와 파트너를 선택할 수 있는 여지도 매우 크다.

2014년 기준으로 전 세계에서 페이스북을 이용하는 유저는 13억 명이 넘는다. 사람 사귀기를 어려워하거나 대인관계가 불안정하고 서툰 사람이라도, 페이스북에 접속하면 항상 나만의 특별한 생각과 관심을 공유할 수 있는 사람들을 찾을 수 있다. 하지만 만남의 성격이 특별할수록 인터넷상의 '친구들'을 실제 주기적으로 만날 확률은 더 낮다. 대부분 사는 곳이 저마다 다르기 때문이다. 오히려 디지털 커뮤니티에서 시간을 보내느라 정작 고독한 현실을 극복하는 것은 소홀히 한다면, 현실의 자아는 전보다 더욱 외로운 시간을 홀로 (컴퓨터 앞에서) 보내게 되며, 이로 인해 인터넷 사용 시간은 점점 더 늘어갈 것이다. 가상의 친구와 파트너들은 시간이 갈수록 현실 세계의 인간관계를 해치며 멀어지게 한다. 소셜 네트워크에 의존하는 것은 결국 타인에 대한 갈망과 현실의 인간관계를 두려워하는 마음 간의 비겁한 타협이다.

스트레스가 밀려오고 우울해지며 고독을 느낄 때마다 소셜 네트워크에 접속하는 것은 문제 있는 행동이다. 소셜 네트워크에서 시간을 보내느라 이런 감정을 일으킨 문제를 그냥 방치하면 어려움은 점점 커져가고 중독이라는 전형적인 악순환이 발생할 것이다. 물론 소셜 네트워크 의존뿐만 아니라 다른 유형의 인터넷 의존에도 인터넷 외의 다른 사회적 환경이 요인으로 작용한다.

사회적 위험 요인

주변 사람들과 함께하는 온갖 경험은 우리에게 지속적인 영향을 미친다. 나이가 어릴수록 사회적 요인이 정신 건강에 미치는 영향은 크다. 따라서 태어나자마자 접하는 첫 환경인 가족, 유치원과 학교, 직업훈련기관과 대학에서 겪은 일들, 처음으로 친구와 애인을 사귀면서 겪는 경험들은 성격 형성에 지속적으로 영향을 미친다. 또한 성인으로서 생활하고 일하는 사회의 문화적·정치적 조건들 또한 우리가 이 세상에서 편안하게 살 수 있는지의 여부에 영향을 미친다. 누군가 현실 세계에서 벗어나 디지털 세계로 숨어들어 그곳에서 행복을 찾고자 한다면, 그 원인은 지금 언급한 삶의 여러 단계에서 겪은 부정적인 경험 때문일 것이다.

가족이라는 환경

미디어 전문 외래진료 클리닉에 상담을 신청하는 사람 중에는 아들이나 딸이 인터넷 의존이 아닐까 우려하는 부모가 많다. 이들의 우려는 대부분 합당하다. 자발적으로 치료받도록 설득하기란 쉽지 않아서 이들의 걱정은 나날이 커져만 간다. 때로는 더 이상 무엇을 어떻게 해야 할지 몰라 완전히 좌절하기도 한다. 이들은 자녀 스스로 조치를 취하도록 하려면 자신들이 무엇을 어떻게 해야 하는지 조언을 구한다. 이런 부모에게 우리가 가장 지양할 것은 바로 비난하는 것이다. 자녀에게 의존 증상이 발생했다는 사실만으로도 이들은 이미 너무나 괴로운 상태다. 이런 점에서 인터넷 의존의 발생 요인을 가족 전체에서 찾을 때에는 무척 주의를 기울여야 한다. 이에 관해 진행된 연구 또한 극히 소수에 불과하다.

지난 수년간 특히 한국, 대만, 중국 등 아시아의 연구팀들이 인터넷 의존의 다양한 측면에 관해 새로운 연구 결과를 내놓았다. 물론 이들 국가와 독일 사이에는 문화적 차이가 있으므로 해당 연구 결과를 직접 적용할 수는 없다. 예를 들어 시우킨 황Xiuqin Huang을 주축으로 하는 중국의 연구팀은 인터넷 의존의 위험 요인으로 작용하는 부모의 양육 방식을 연구했다. 200명이 넘는 인터넷 의존자를 대상으로 한 연구인데, 중국인 부모는 대개 자녀교육에 과도하게 개입하지만, 상대적으로 정서적 따스함을 주는 데는 소홀하며, 심지어 자녀를 거부하는 태도를 보이기도 한다. 개별 연구 결과를 해석할 때는 매우 신중해야겠지만 이 연구는 중국의 인터넷 의존자들이 대체로 부모의 교육열은 매우 높았던 반면, 정서적으로 온전히 돌봄을 받는다는 느낌은 부족했음을 시사한다. 여기서 근본적으로 문제가 되는 것은 어린 시절의 애착 관계다. 청소년이 인터넷으로 도피하는 잠재적인 이유 두 가지를 생각해보면 첫째, 이들은 인터넷으로 들어감으로써 과도한 요구를 하는 부모의 양육방식에서 벗어나려 한다. 둘째, 이들은 부모에게서 받지 못한 긍정적인 정서적 체험을 인터넷 안에서 보상받고자 한다. 이러한 관계가 인터넷 의존 자녀가 있는 모든 가정에 해당하지는 않지만, 이러한 행동 유형은 많은 인터넷 의존자들에게 해당한다. 나이 어린 인터넷 의존자들은 흔히 인터넷 안으로 들어가 어른들의 세계(직업교육이든, 직장이든 파트너 관계든)가 자신에게 기대하는 바에서 벗어나려 한다. 또한 이들은 현실에서 충족시키지 못한 정서적 욕구 혹은 성적 욕구를 인터넷에서 보상받고자 한다. 물론 이는 인터넷 의존의 발생 원인을 상당히 단순화하는 것이다. 이런 점에서 향후 관련 분야 연구의 중요성은 아무리 강조해도 지나치지 않다. 특히 자녀가 인터넷에 의존하지 않도록 부모가 예방 차원에서 할 수 있는 일에 관한 연구는 더욱 중요하다.

어떤 형태로든 부모를 비난하고 낙인찍는 행위는 삼가야 한다. 앞에서 언급한 부모 자식 간의 일련의 상황은 설사 부모가 자녀의 인터넷 의존에 영향을 미쳤다 하더라도 아무도 의식하지 못한 채 진행된 것이다. 모든 부모는 자녀를 사랑하며 자녀에게 도움이 되는 것이라면 무엇이든 기꺼이 한다. 하지만 아무리 훌륭한 부모라 해도 역시 인간에 불과하며, 따라서 한계가 있고 과오를 범한다. 부모들이 범하는 이러한 과오는 흔히 자신이 어린 시절 부모에게서 체험한 것과 연관되어 있다. 지금 부모인 사람들도 부모의 품을 떠나 건강하고 독립적인 인격체가 되어가는 과정에서 실수하며 성장해온 것인데, 이를 단순히 탓하기만 하는 것은 아무 도움이 안 된다. 우리는 외래진료 클리닉을 찾아오는 부모를 보면 다행스러운 마음이 든다. 지금 처한 상황에서 자녀와 가족을 위해 무언가를 하고자 애쓰는 이들이기 때문이다. 중요한 것은 바로 그것이다. 우리가 더 우려하는 쪽은 인터넷을 과도하게 사용하는 자녀를 보면서도 아무 문제의식이 없어 누구 하나 적절한 시기에 제동을 걸지 않는 가족이다.

지금까지 이야기해온 것을 전부 방향을 바꿔 이렇게 긍정적으로 표현할 수도 있다. 인간은 세상에 태어나면 가족이 필요하다. 육체와 정신을 따뜻하게 해주고, 보호받고 있다는 느낌을 주며, 있는 그대로 받아들여주는 가족이 필요하다. 가족이 이러한 역할을 해주지 못하면 세상에 적응하는 데 어려움을 겪게 된다. 이 경우 현실 세계를 줄곧 회의적으로 바라보고 이를 대체할 다른 세계를 갈구하며, 사이버 공간이 바로 내가 찾던 세계라 생각하는 것은 전혀 이상한 일이 아니다.

학교 및 직업교육기관

우리는 성장 과정에서 가장 먼저 어린이집이나 유치원에서, 좀 더 자라면 학교, 직업교육기관, 대학교에서 가족 외의 사람들과 부딪히게 된다. 그곳에서 때로는 가정에서와 동일한 경험을, 때로는 전혀 겪어보지 못했던 일도 경험한다. 삶의 출발점인 가정에서 이미 이런저런 어려움을 경험한 아이들은 앞서 언급한 여러 교육기관에서도 어려움을 겪는 경향이 있다. 또한 어렸을 때 부모가 과잉보호해서 응석받이로 자란 아이는 또래나 교사들과 관계가 원만하지 않은 어려운 상황일 때, 대처할 준비가 충분하지 않을 수 있다. 또 어떤 경험을 했는지와 관계없이, 유치원이나 학교에서 부정적인 경험을 하게 되면 아이들은 가족 외의 세계가 자신에게 우호적이지 않다 여기고 그 세계에서 등을 돌리고 싶어 한다.

인터넷 의존자들은 과거에 또래 집단에게 소외당한 적이 있다는 이야기를 자주 한다.* 모든 사람들은 이 세상에 자신을 위한 자리가 있기를 바라며, 이 세상에 소속되기를 바란다. 아이들은 유치원에서 다른 아이들과 어울려 놀고 싶어 하며, 학생들은 쉬는 시간에 아이들과 축구를 하고 싶어 하고, 체육 시간에 팀을 정할 때 다른 아이보다 자신이 먼저 선택되길 바란다. 그리고 같은 반 친구 모임에서 제외될까 걱정할 필요 없이 함께 어울리고 싶어 한다. 또래 아이들과 지내다 보면 때로는 사소한 이유로 집단에서 소외되기도 한다. 이러한 일에 부모는 대부분 아무 영향력도 행사할 수 없다. 어른들이 그렇듯 아이들도 때로는 상당히 잔인해질 수 있다.

때론 어린 시절을 벗어나 어른이 되는 과정에서도 소외를 경험한다. 또래 집단의 잔인한 행동에 반복적으로 피해자가 되는 사람은 직업교육과정이나 대학생활에서도 동일한 일을 겪을 가능성이 있다. 이 시기의 소외는 이전보다 좀 더 은밀히 자행되지만 그 고통은 덜하지

---

* 이 대목에서 내가 '모빙Mobbing'이란 단어를 의식적으로 사용하지 않는 이유는 이 단어가 독일어권에서는 일반적으로 가해자와 피해자의 역할을 과도하게 강조하고 병리화하는 경향이 있어서다. 내 관점에선, 일반 정신 질환자와 특수한 인터넷 의존자들의 경우 자칫하면 자신을 과도하게 피해자로 동일시할 우려가 있다. 이는 환자의 자율성을 강화시키려는 치료 목표에도 유익하지 않다. 이와는 별개로 영어권에서는 동일한 현상을 '불링bullying'이라고 표현하므로 '모빙'이란 단어는 여러 모로 적합하지 않다.

않다. 끊임없이 놀림받거나 굴욕당하는 것도 견디기 힘들지만 모든 사람에게 투명인간 취급을 당하는 것도 똑같이 상처가 된다. 주변 사람에게 무시를 당하는 것은 사회에서 겪는 일 중 가장 견디기 힘들기 때문이다.

타인에게서 능력을 인정받지 못하고 누구에게도 입증할 수 없다면, 이는 특히 청소년과 갓 성인이 된 이들에게는 특히 상처가 된다. 부모의 품을 떠나 독립해서 세상에서 자기 자리를 잡으려고 도약하는 시기에 끝없이 실패가 반복된다면, 완전한 성인이 되고자 하는 마음 자체를 잃어버릴 수 있다. 인터넷은 이러한 상황에 처한 사람에게 세상에서 등 돌릴 수 있는 매혹적인 대안을 제시한다. 인터넷 의존자들은 당당하게 걸어 나가 자신의 감정과 육체의 힘, 능력을 증명하는 대신 세상을 등져버린다. 적잖은 인터넷 의존자들은 진정으로 사회에 속하고 싶은 관심 자체를 완전히 잃어버린다. 이런 사람들은 타인에게 무시당했던 경험을 되갚으려 한다. 또한 적지 않은 이들이 자신이 속한 공동체를 깎아내린다. 이들은 이렇게 말한다. "어른들이 만들고 가꾸어온 세상에는 참여하지 않을 거야! 그런 곳에는 속하고 싶지 않아."

친구 및 남녀 관계

남들에게 이해받지 못하고 거절당했다고 느끼는 사람은 사회적 관계를 회피한다. 실망할 것을 두려워하여 점점 더 사람들에게 다가갈 엄두를 내지 못하는 것이다. 특히 외로움으로 힘들어하는 젊은이들은 인터넷에 의존하게 될 위험이 크다.

상담을 받으러 찾아온 인터넷 의존자 중 많은 이들은 현실 세계에서 만날 친구가 한 명도 없었다. 지속적인 연애 관계를 유지한 적이 전무한 경우도 드물지 않다. 이런 경우, 외로움이 인터넷 의존을 야기했는지 혹은 그 반대인지, 문제의 원인을 알아내기란 간단하지 않다. 일반적으로 이 두 요소는 서로를 강화한다. 다시 말해 다른 사람과의 관계에서 부정적인 경험을 한 사람은 가상공간에서 사람들을 만나기 위해 인터넷으로 들어가며, 결국은 인터넷에 의존하게 돼 그간 남아 있던 친구와 애인까지도 잃고 만다. 게임과 소셜 네트워크상의 친구든, 채팅 사이트와 데이트 포털 사이트상의 연인이든, 가상공간에서의 만남은 인터넷 의존자들에게는 빈약한 공동체적 삶을 보충해준다. 특히 페이스북이 인기를 누리는 과정에서 친구라는 단어가 과도하게 사용되었는데, 이러한 현상은 언어 사용과 감정에도 영향을 미쳤다. 친구라는 단어의 남용은 인터넷 의존자들 스스로에게도 친구가 있다는 생각을 하게 만든다(JIM-연구 결과에 따르면 2013년 독일의 청소년들은 평균적으로 온라인 커뮤니티에 290명의 '친구들'이 있었다). 현실 세계를 기준으로 하면, 인터넷 의존자들은 인터넷상에서 수백 명과 연락하며 시간을 보내기 때문에 현실의 외로움은 점점 더 커진다. 가상의 관계와 의사소통하는 것 또한 과도하다. 아무리 몇 번 클릭에 온라인상의 친구나 연인과 연락할 수 있다 해도, 우리는 영원히 누군가를 찾아 헤매며 최종적으로는 혼자 덩그러니 남아 있게 된다.

곁에 아무도 없이 혼자 지내는 것이 인터넷에 의존하게 되는 가장 큰 위험 요인이다. 인간은 교류하며 사는 존재다. 따라서 장기적으로 우리는 타인과 감정적·육체적 교류를 하지 않고는 살아갈 수 없다. 만일 인터넷상의 만남이 현실로 이어지고 사람들도 이를 목표로 한다면 인터넷은 하나의 축복일 수 있다. 하지만 인터넷에서의 타인을 향한 헛된 갈구가 중독으로 이어진다면, 인터넷은 저주가 될 뿐이다. 사람들을 이웃으로부터 자꾸만 소외시키기 때문이다.

사회

 인터넷 의존 현상이 가장 강력하게 나타나고 최초로 전염병처럼 퍼져 나간 나라는 미국이 아니라 바로 한국이다. 현재 한국에는 인터넷 의존 의심 환자에게 필요한 지원을 하는 임상기관이 100여 곳이 넘는다. 인터넷 의존이 국가 차원의 문제가 된 것이다. 한국은 디지털 혁명이 본격적으로 시작되기 전부터 시대의 흐름을 조기에 읽고 최신 정보기술(IT) 분야에 역점을 두어왔다. 따라서 국가 차원에서 국민에게 인터넷 확장과 설치에 필요한 보조금 지원을 의미 있는 것으로 여겼다. 이때 인터넷 사용자의 연령에도 아무 제한을 두지 않았다. 당시만 해도 이런 정책이 인터넷 의존이라는 엄청난 파장을 불러올 것이라고 예측한 사람은 아무도 없었다.

 한 사회에서 담배나 도박 같은 중독 매체에 얼마나 쉽게 접근할 수 있느냐는 그 사회의 해당 중독 질환의 발생률에 영향을 미친다. 간단히 말해 담배 자판기와 자동 도박기가 많이 설치돼 있을수록, 그리고 그러한 기기에 청소년들의 접근이 용이할수록 더 많은 사람들이 니코틴과 도박에 의존하게 된다. 한국에서의 인터넷 접근성과 인터넷 의존의 상관관계도 이와 유사하다고 할 수 있다. 즉 물밀듯이 밀려오는 디지털 혁명에 당국이 어떻게 대처하는지, 이 문제에 대해 당국이 단호하게 선을 긋고 이를 경제적 이익과는 별개로 관철할 용의가 있는지의 여부가 인터넷 의존 문제 해결에 중요한 역할을 한다. 담배와 도박 산업의 공격적인 로비 활동을 떠올려보면 이것이 결코 쉬운 과제가 아님을 알 수 있다.

 한국의 상황을 살펴보면 앞서 언급한 요인 외에 또 다른 사회적 측면이 눈에 띄는데, 이 또한 한국에서 인터넷 의존 현상, 그중에서도 특히 온라인 롤플레잉 게임 중독 현상이 특별히 심하게 나타난 것에 영항을 미친 것 같다. 한국은 생산성을 최대로 끌어올리는 것을 중요하게 생각한다. 이는 IT 분야에만 국한되지 않는다. 한국인들은 이미 학창 시절부터 성적에 어마어마한 압박을 받는다. 어린아이와 청소년들의 '성취'에 대해 부모, 학교, 사회가 요구하는 바가 매우 높다. 하지만 유년기를 장차 사회에서 성공하기 위한 준비 기간으로 여기고 어른들이 정한 효율적이며 지적인 기대치에 맞추는 것을 가장 중요하게 생각한다면, 이 시기의 아이들은 건강한 성인으로 성장하기 위해 필요한 가벼운 놀이적 요소를 누릴 수 없다. 이런 상황에서 국가와 기업이 생산성을 키우려고 주력했던 부분, 즉 사이버 공간에서 아이들이 놀이적 요소를 보충하려 드는 것은 전혀 이상한 일이 아니다. 이 같은 맥락에서 수천 명의 한국 성인들이 게임에 빠져 있는 현상은 실적에 대한 압박감을 상쇄하려는 무의식적인 반란으로 이해할 수도 있다. 성취와 소비만으로 살아갈 수 있는 사회는 이 세상 어디에도 없다.

이 밖에도 근로와 생산성을 최고의 덕목으로 여기고 칭송하는 민족들이 있다. 독일어권 국가에서도 초등학생에게 가하는 압박은 상당히 크다. 웬만큼 괜찮은 직업을 얻으려면 어쨌든 인문계 고등학교에 진학해야 한다는 생각을 아이들의 머릿속에 은연중에 불어넣는다. 학교 수업은 점점 더 늦은 오후까지 확대되어가며, 점점 더 많은 학생들이 낙제를 피하기 위해서가 아니라 더 좋은 점수를 얻기 위해 과외 수업을 받는다. 이는 더 이상 예외적인 경우가 아니라 거의 일상적인 것이 되어버렸다. 어른들이 자라나는 세대에게 지나친 성과를 요구하면 이들은 어른 사회에 발을 내딛는 것 자체를 싫어하게 될 것이다.

개인적 위험 요인

인터넷 의존을 유발하는 개인적인 요인들은 앞에서 언급한 사회적 요인의 영향을 많이 받지만, 유전적인 요인의 영향도 받는다. 이 문제를 최초로 연구한 곳은 본 대학교의 연구팀이다.* 하지만 인간의 존재와 행위의 배후에는 당연히 유전자보다 훨씬 복잡한 상관관계가 얽혀 있다. 인간은 단순히 유전자의 조합도, 환경의 산물도 아니다. 인간의 정신 활동에는 여러 요인이 영향을 미치고 변화를 일으키는데, 이러한 요인에 대해서는 지금까지 밝혀진 바가 많지 않다. 인터넷 의존 연구가 시작된 지는 15년도 채 되지 않아 그 부분에서는 더욱 그렇다. 인터넷 의존이라는 현상의 복잡성과 그 발생 조건의 개별성을 감안할 때, 인터넷 의존을 유발하는 요인의 형성 과정은 별개로 하고 그 특징을 우선 고찰하는 것이 의미 있을 것이다.

충동성

특정한 충동을 이겨내는 것이 얼마나 어려운 일인지는 누구나 잘 안다. 중독 매체뿐만 아니라 좁은 의미에서 의존성을 유발하지 않는 기호 식품도 마찬가지다. 예를 들어 감자칩을 넣어둔 찬장을 그냥 지나치기도 때로는 쉽지 않다. 슈퍼마켓 계산대 앞에 진열된 초콜릿을 결국 장바구니에 넣으며, 마음먹고 책을 읽겠다고 소파에 앉아 잠시 리모컨을 손에 들었다가 책은 한 장도 못 읽고 텔레비전만 몇 시간을

---

* 마르틴 로이터Martin Reuter와 크리스티안 몬탁Christian Montag을 주축으로 한 본 대학교 연구팀은 인터넷 의존자에게서 유전적 변이를 발견하였다. 해당 유전적 변이는 (니코틴 중독) 등 기타 중독 질환에도 영향을 미친다.

보기도 한다. 무언가를 잠깐 검색하려고 인터넷에 접속했다 마우스를 계속 클릭하기도 한다. 우리는 단순히 기분 전환을 위해 혹은 머릿속 골칫거리에서 벗어나기 위해 이런 충동에 굴복해버린다. 이러한 전위 행동은 많은 것들, 예를 들어 다이어트 계획이나 1일 작업량 등을 망쳐버릴 수 있다. 중독 증상을 가진 사람들이 충동을 제어하지 못하면 이보다 훨씬 심각한 일들이 벌어진다.

충동을 제대로 조절하지 못하는 사람에게는 중독 질환이 발생할 위험이 근본적으로 더 높다. 이는 인터넷 의존의 경우에도 마찬가지다. 우리가 진행한 연구에 따르면 인터넷 의존자들은 건강한 비교집단에 비해 충동성이 현저히 높은 것으로 나타났다. 이들의 충동성은 인터넷 관련 분야에만 국한되지 않고 생활 전반에서 나타났다. 의존 질환을 앓는 사람들은 욕구를 즉시 충족하지 않고 미루는 것을 힘들어한다. 마음을 흥분시키는 보상이든, 마음을 편안하게 만들어주는 보상이든, 어떤 보상이 이루어질 때까지 진득하게 기다리지를 못한다. 충동적인 사람은 무엇보다도 자신이 갈망하는 것을 지금 당장 최대한 많이 얻길 원한다.

잠깐 동안은 충족감을 주지만 장기적으로 볼 때 당사자에게 해를 끼치는 기호 식품과 중독 매체가 항시 눈앞에 있으면 이를 떨쳐버리기가 특히 어렵다. 금주 중인 알코올 중독자라면 집이나 직장에서는 알코올을 멀리할 수 있다. 반면 인터넷 의존의 경우는 이보다 힘든 상황이 펼쳐진다. 집에 있든 어딜 가든, 인터넷에 접속할 수 있는 기기가 항상 코앞에서 끊임없이 치명적인 유혹을 보내기 때문이다. 예를 들어 온라인 게임 중독자는 새로운 컴퓨터 게임이 출시되었다는 텔레비전 광고만 봐도 마음이 흔들린다. 중독된 '물질'을 사러 편의점까지 갈 필요도 없이 집에서 컴퓨터만 켜면 당장이라도 시작할 수 있는데 이를 참으려니 더욱 힘들 수밖에 없다.

이러한 결정적 자극이 인터넷 의존자들의 충동 조절에 미치는 강력한 영향력에 관해서는 이미 집중적인 연구가 이루어지고 있다. 다수 연구팀이 독자적으로 실험한 결과, 인터넷 의존자들을 인터넷에 노출시키면 이들 뇌의 유사한 부분이 활성한다는 것을 알 수 있었다. 이는 알코올 중독자에게 알코올 음료 사진을 보여줄 때 나타나는 반응과 같았다. 바로 이런 신경생물학적 연구 덕분에 오늘날 세계 각국에서 인터넷 의존을 중독 질환으로 이해하고 인정하는 전문가들의 수가 점점 늘고 있다.

지연 행동

충동성이 강한 사람들은 흔히 욕구의 충족 시기를 미루는 것을 힘들어한다. 이들은 그때그때 기분에 따라 행동하며 그다지 바람직하지 않은 행위를 충동적으로 행한다. 수고스럽고 까다로운 과제를 일관성 있게 수행할 때는 과제가 완전히 끝날 때까지 욕구를 미루고 보상이 없어도 수행을 계속하는 능력이 매우 중요하다. 해야 할 일을 자꾸 미루고 엉뚱한 행동을 하는 것을 사람들은 '농땡이'라고 하는데, 심리학자들은 '지연 행동'(중요하지만 불편한 행위를 미루는 경향—옮긴이)이라는 용어를 사용한다. 이는 분명 독자적인 병증은 아니지만 확연히 드러나는 큰 문제를 야기할 수 있는 인간적인 약점이다.

숙제나 석사논문, 혹은 소득세 신고 등 골치 아픈 일을 해야 하는 순간, 갑자기 평소에는 관심 없던 청소나 다림질이 하고 싶어진 적이 누구나 한 번쯤 있을 것이다. 이러한 행동을 전위 행동이라고 한다.

인터넷 서핑은 전위 행동이 되기에 최적의 요건을 갖추고 있다. 무언가를 잠깐 검색하려고 인터넷에 들어갔다가 몇 시간이고 여러 사이트를 돌아다니는 경우가 부지기수다. 지연 행동 경향이 있는 사람들은 정해진 시간 내에 주어진 과제를 주도적·조직적으로 수행해야 할 때 특히 어려움을 겪는다. 학업과 관련해 많은 자유 선택권이 주어져 있고 오랫동안 기다려야 가시적 성과가 나오는 대학생들의 상황이 이에 해당한다. 한 과목을 수강하기 시작한 지 몇 달 후에야 과제를 제출하고 시험을 보는 대학생들은 좋은 점수나 합격이라는 보상을 위해 더 많은 인내력을 발휘해야 한다. 이때 손쉽게 욕구를 충족할 수 있는 인터넷은 치명적인 방해거리가 된다. 이런 점에서 충동성과 지연 행동은 동전의 양면이며, 이로써 인터넷 의존 증상을 유발하는 공동의 위험 요인이 될 수 있다.

주의력 결핍

지난 수년간 수많은 아이와 청소년들이 주의력 결핍 장애ADD (Attention Deficit Disorder) 진단을 받았다. 이 질환은 오랫동안 한 가지에 집중하지 못하며, 짧은 시간 동안 반복적으로 여러 가지에 관심이 옮겨 다니는 경향이 있다. 특히 아이들의 경우 대부분 신체적 과잉 행동, 즉 주위 사람에게 방해가 될 수 있는 소란스러운 행동이 동반된다. 사람들은 이를 주의력 결핍 과잉 행동 장애ADHD (Attention Deficit Hyperactivity Disorder)라고 부른다.

전문가에 따라서는 해당 질환은 이미 오래전부터 존재해왔는데 단지 오늘날에 와서 분명히 인식된 거라고 생각하는 이들도 있지만, 수십 년 전부터 사용 연령이 점점 낮아지는 여러 형태의 전자 기기 등 환경적 요인이 발병 원인임을 입증해주는 증거도 많다. 이와 관련해 아직까지 신뢰할 만한 학문적 증거는 존재하지 않지만, 분명한 발병 원인이 있을 거라는 추측이 타당성을 얻고 있다. 점점 더 빨라지는 디지털 미디어들, 특히 컴퓨터 게임은 급속도로 사용자의 초점을 이동시 킴으로써 나이 어린 유저들의 집중력을 빨아들인다. 이러한 상황을 감 안하면 책을 읽거나 수업을 듣는 동안의 집중력 저하는 충분히 납득 이 된다. 점점 더 오랜 시간을 마치 최면에 걸린 토끼처럼 텔레비전 앞 에서 보낸다면, 그 외 장소에서의 자연스러운 운동 욕구가 과잉행동으 로 나타나는 것은 당연하다.

주로 아이와 청소년을 대상으로 한 여러 연구를 보면 ADHD와 인 터넷 의존 현상은 눈에 띄게 동시에 나타났다. 이 두 가지 현상은 대개 상호간 영향을 미치며 서로를 강화시키는 작용을 한다고 여겨진다. 지 금까지는 주의력 결핍과 과잉 행동이 인터넷 의존 증상을 유발할 수 있는 주요 위험 요인으로 간주되고 있다. 따라서 이에 해당하는 청소 년들에게는 전자 기기의 사용에 있어 특별한 주의를 기울여야 한다.

인터넷 의존증을 지닌 성인 ADHD 환자들과 상담하다 보면 이들이 짧게라도 집중력을 발휘하는 일은 인터넷 공간의 특성과 매우 비슷한 일임을 알 수 있다. 컴퓨터 미디어, 특히 온라인 게임의 빠른 속도감은 이들의 기호와 맞아 떨어진다. 주의력 결핍 과잉 행동 장애가 있는 사 람들은 인터넷에서는 마치 무한한 자유를 얻은 듯한 기분일 것이다. 현실 세계에서 힘들게 했던 불안과 조바심은 인터넷에서는 아무 문제 가 되지 않으며, 다른 유저들과 상호작용을 하면서 오히려 빛을 발하 기까지 한다. 하지만 장기적으로 볼 때 사이버 공간에서의 활동이 불 안을 줄여줄 수는 없으며, 육체적 활동을 대체해줄 수도 없다. 따라서 디지털 세상을 벗어나면 적어도 나이 어린 ADHD 환자들은 사람들의 눈에 거슬릴 수밖에 없다. 이들은 자신이 주위 사람에게 방해가 되며 거부당하는 존재라는 아픈 경험을 되풀이하게 된다. 따라서 ADHD 환 자들이 특히 인터넷에 의존하게 될 위험은 다분하다. 하노버 의과대학에서 진행한 두 건의 연구 덕분에 우리는 이 두 그룹 간에 상당한 교집합이 존재한다는 사실을 확인했다.

상당히 오래전부터 유년기와 청년기의 ADHD 환자들 치료에는 효과적이라고 알려진 컴퓨터 게임을 활용해왔는데, 앞의 사실을 감안하면 이는 상당히 모순적인 행동이다. 해당 컴퓨터 게임의 목적은 나이 어린 ADHD 환자들의 집중력을 증진시키는 것이다. 컴퓨터 게임을 할 때 무언가가 이들의 집중력을 분산시키려 반복해서 개입하지만 그럼에도 불구하고 주어진 과제에 집중하게 하는 식으로 말이다. 게임 내용은 매우 지루해서 어린 환자들이 해당 게임에 의존할 위험은 거의 없지만, 내가 비판하는 것은 다른 방법으로도 적합한 치료를 할 수 있는데 굳이 이렇게 컴퓨터 게임을 활용해 치료하려는 지점이다. 현실 세계에서는 온몸과 감각을 동원해 치료하기 때문에 컴퓨터 게임을 이용한 치료보다 과잉행동 문제에 더 잘 접근할 수 있다는 장점이 있다. 단 컴퓨터 게임을 이용한 치료는 아이 혼자 게임하도록 놓아둘 수 있는 반면, 몸과 감각을 활용하는 치료는 치료사나 교사가 개입해야 한다. 여러 연구 결과를 살펴보면 심리치료의 성공을 위해서는 전문치료사가 개입해 환자와 원만한 관계를 유지하는 것이 무엇보다 중요하다. 하지만 이를 위해서는 시간과 돈이 들어간다. 이에 비해 컴퓨터 게임을 활용하면 비용이 적게 드는 장점이 있다. 이는 아이를 양육할 때나 심리치료를 할 때나 마찬가지다.

어쩌면 주의력 결핍 장애는 우리가 생각지 못한 원인으로 발생하는지도 모른다. 어쩌면 이 아이들은 기능과 효율을 최우선시하는 교육관을 지닌 어른들 세상에서 차분히 집중하기 힘든 것일 수도 있다. 이런 시각으로 보면 아이들이 컴퓨터 게임을 과도하게 하는 것 정도는 상대적으로 건강한 형태의 반란이라 여겨진다.

우울증

사람들은 슬픈 마음이 들 때 세상에서 멀어지고 움츠러드는 경향이 있다. 그럴 때는 고통을 감당할 수 있는 친숙한 환경이 필요하다. 우울증은 단순히 슬픔이 고조된 상태가 아니다. 슬픔과 비애를 잘 견디지 못하는 사람은 감정을 밀어내려 애쓴다. 하지만 오랫동안 자기감정을 떨쳐버리려 애쓰다 보면 어느 순간에는 더 이상 아무 감정도 느끼지 못하게 되는데, 슬픔을 느끼지 못하면 기쁨도 느낄 수 없다. 실제로 우울증 환자 중에는 아무 감정도 못 느끼는 이들이 많다. 우울함은 내적 공허함에 대한 좌절감의 표출이다.

우울증인 사람들은 인터넷에 의존할 위험이 특히 높다. 이들은 언뜻 생각하기에 긍정적인 경험이 용이해 보이는 가상 세계로 몸을 숨긴다. 누군가를 잠깐 가볍게 만나고 순식간에 섹스를 해치우며 단순한 희열을 보장해주는 게임이 가능한 곳으로 숨어 들어가는 것이다. 우울증에 시달리는 사람은 대개 자존감이 낮다. 따라서 이들은 인터넷이 약속해주는 보상을 찾아 나선다. 하지만 일단 온라인 밖으로 나오면 가혹한 현실과 맞닥뜨린다. 그 순간 이들은 현실에서 자신의 일상이 얼마나 망가졌는지 알게 되고 내적 공허함의 심연으로 침체해 들어간다. 심지어 삶의 의욕까지 잃어버린다 해도 이상할 것이 없다. 이런 상황에 처한 이들에게 삶은 아무 의미도 없어 보일 수 있다. 충분히 사랑받을 만하고 많은 것을 이루었으며 현재 이루어내고 있음에도 불구하고, 최악의 경우 자신을 아무 가치가 없는 존재라고 느끼기도 한다. 우울증과 인터넷 의존 증세를 보이는 이들의 문제는 자신의 기대치와 현실 간의 괴리를 견디지 못하는 것이다.

이들 중에는 충족시키기 어려운 완벽주의에 시달리는 경우도 많다. 이들에게는 눈부신 성공만 있을 뿐 그 외의 대안은 존재하지 않는다.

성공의 정도를 조금 낮추는 것도 용납되지 않는다. 때로는 단 한 번의 작은 실패를 하느니 차라리 그 일 전체를 중단하는 쪽을 선택하기도 한다. 우울한 상태의 인터넷 의존자들은 흔히 자신과 자기 성과를 과도하게 기대한다. 다소 과격하게 표현하자면, 이들 중 다수는 완전한 실패보다 평균적인 성공에 만족하는 것을 더 힘들어한다. 뛰어난 재능과 지성을 갖춘 사람들이 미디어 전문 외래진료 클리닉을 찾아오는 이유도 바로 이 때문이다. 이들은 자기 능력을 자신과 세상에게 입증할 길을 찾지 못했기 때문에, 의기소침한 채 인터넷으로 도피해간 것이다. 특히 젊은이들은 자신과 자신의 능력을 세상에서 성공적으로 입증할 수 없는 경우, 모든 일을 회피하는 경향이 있다. 다시 말해 또 실망하느니 차라리 더 이상 아무것도 하지 않겠다는 심산이다. 이럴 때이들은 인터넷에서, 컴퓨터 게임에서 주인공 역할을 하며 안전한 성공을 이루려고 한다.

불안감

많은 사람들은 불안 때문에 힘들어한다. 지나치게 좁거나 넓은 공간에 있을 때 불안해하며, 동물이나 다른 사람들을 두려워하기도 한다. 두려운 마음이 들면 어딘가로 숨어버리려는 경향이 있다. 최악의 경우 두려움에 질려 안전한 장소에서 숨죽인 채 한 발짝도 움직이지 않으려 한다. 그중에서도 최선의 것은 안전하다고 느끼는 자기 집에 머무는 것이다. 몸은 집 안에 머물면서도 인터넷을 이용해 공동체적 삶에 참여하거나 가상 세계에 몰두하다 보면 아무 데도 가지 않고 집 안에서만 지내는 것이 점점 더 좋아진다. 필요한 것이 모두 갖춰진 집에서 지내는 것이 한없이 편한 것이다. 인터넷에서는 아무 두려움 없이 모든 만남과 행위를 우리 마음대로 조정할 수 있다. 인터넷에서는 두려움을 불러일으키는 것이 사물이든 사람이든, 마우스만 한 번 클릭하면 화면에서 사라져버린다. 인터넷 안에 있으면 자신이 모든 것을 통제할 수 있다는 생각이 들 수밖에 없다.

두려움을 느끼는 사람들이 인터넷에 의존할 위험이 특히 큰 이유가 바로 이 때문이다. 가장 큰 문제는 중독으로 이어질 위험성은 차치하더라도 두려운 상황에 직면하기를 피할수록 두려움은 점점 더 커져간다는 점이다. 집에 틀어박혀 인터넷에 접속해 있는 시간이 길어질수록 이런 현실도피적 전술에 점점 더 익숙해져간다. 그러다 보면 어느 순간부터는 현관문을 나설 엄두가 안 나는 것이다. 이처럼 두려움은 중독의 악순환에 결정적인 역할을 한다. 그러다 어느 날 두려움을 의식하지 않고 지낼 수 있는 유일한 공간이 인터넷이 되면, 디지털의 덫 안에 갇히고 만다.

동반 질환

인터넷 의존만 단독으로 나타나는 경우는 극히 드물다. 주의력 결핍 과잉 행동 장애, 불안 장애, 우울증은 인터넷 의존의 동반 질환과 2차 질환의 형태로 발생할 뿐만 아니라, 때때로 인터넷 의존보다 먼저 나타나기도 한다. 특히 젊은 사람이 이 같은 정신 질환을 앓고 있으면 디지털 미디어에 의존하게 될 위험이 크다.

인격 장애를 앓는 경우에는 디지털 미디어에 의존할 위험이 더욱 높다. 고질적이지는 않지만 심각한 정신 질환인 인격 장애는 유아기부터 시작될 수 있으며 인격 장애가 있으면 성격의 일부가 비정상적인 양상을 보인다. 인격 장애 환자들은 눈에 띄는 성격적 특성 때문에 주위 사람과 빈번하게 갈등을 겪는데, 이것이 그들이 겪는 가장 힘든 고충 중 하나다. 임상 심리학자 안드리야 부키체비치Andrija Vukicevic의 연구에 따르면 우리가 진단한 인터넷 의존자 중 3분의 1 정도가 인격 장애를 앓고 있었는데, 여기에서도 우울함과 두려움 때문에 생긴 자신감 결여가 가장 빈번하게 나타났다. 해당 연구는 아직까지 발표되지 않은 상태다. 우울증을 동반한 인격 장애를 가진 사람들은 흔히 자신을 둘러싼 모든 것에 항상 실망한다. 그리고 자신감이 결여된 사람들은 주변의 모든 것을 두려워한다. 이 두 가지 경우에 해당하는 이들은 대부분, 때로는 다른 시각으로 세상을 볼 수 있고 살면서 한 번쯤은 다른 경험과 다른 역할을 할 수 있다는 생각을 전혀 하지 못한다. 이들이 현실보다 모든 것이 훨씬 수월하고 덜 위험해 보이는 사이버 공간으로 숨고 싶어 하는 것은 충분히 납득할 만한 일이다. 이들의 마음속에 있는 우울과 불안함은 단순한 우울증이나 불안 장애 환자들보다 훨씬 깊숙이 자리 잡고 있다. 후자의 경우에는 향정신성 의약품이나 심리치료로 쉽게 치료할 수 있는 반면, 인격 장애는 대개 여러 해에 걸쳐 장기적으로 치료해야 한다. 이는 근본적으로 인터넷 의존에 동반되는 다른 모든 인격 장애의 경우에서도 마찬가지다. 하지만 보통은 심리치료를 시작하기에 앞서 이러한 인격 장애에 동반되는 중독 질환에 우선적으로 접근해야 한다. 바로 이 점 때문에 치료 과정 전체가 상당히 복잡해질 수 있다.

이 밖에도 인터넷 의존의 자양분이 될 또 다른 질환이 있는데, 흔하지는 않지만 발생 빈도가 점점 높아지고 있다. 해당 질환은 다름 아닌 아스퍼거 증후군Asperger syndrome이다. 자폐증의 일종인 아스퍼거 증후군은 선천적 질병이며 치료가 어려운데, 유전적 영향으로 발생한 것으로 보이기 때문이다. 경미한 자폐증에 해당하는 아스퍼거 증후군 사람들에게선 두 가지 특징이 보인다. 첫째, 이들은 흔히 수학에 매우 특별한 관심과 능력이 있다. 둘째, 이들은 대체로 사람들과의 만남을 힘들어하며 두려워한다. 타인의 표정과 감정을 제대로 해석하지 못하기 때문이다. 이 두 가지 사실을 감안하면 아스퍼거 증후군인 사람들에게 인터넷이 왜 그토록 매력적인지 이해할 수 있다. 이들은 인터넷에서 자기 관심과 딱 맞아떨어지는 분야에 몰두할 수 있다. 또한 인터넷에서는 타인의 직접적인 반응에 무방비 상태로 노출되지 않고 만남의 빈도를 조정하고 통제할 수 있다. 해당 질환은 발병률이 상당히 낮은데, 내 생각으로는 의사들이 ADHD처럼 너무 쉽게 진단을 내리는 경향이 있다. 나는 병원에서 인터넷 의존 관련 상담 시간에 해당 질환 환자를 몇 번 만난 적이 있다. 자신이 어떤 질환을 앓고 있는지 모르는 채 난생처음 정신 질환 치료를 받으러 왔다는 이들과 이야기를 나누다가 아스퍼거 증후군이 의심돼 전문의에게 진료를 의뢰해보면 자폐증으로 확진을 받는 경우가 많다.

하지만 때때로 내 의심 소견이 잘못된 경우도 있었다. 그것은 아마도 젊은 인터넷 의존자 중 다수가 자폐증의 특징을 보이는 것 때문일 것이다. 이들이 그런 특징을 보이는 이유는 몇 년간 고립된 사이버 공간에서 지내면서 특히 컴퓨터 게임 등의 특수한 관심 분야에만 몰두하느라 실제 사람들과의 직접적인 교류를 유지하고 형성하는 법을 제대로 배우지 못했거나 잊어버렸기 때문이다. 이러한 경우엔 자폐증 진단을 내릴 수 없다. 자폐증은 선천적으로 발생한다고 정의하기 때문이다. 따라서 이와 같은 경우 '유사자폐증Pseudoautism'이라 부르기도 한다. 많은 인터넷 의존자들은 내게 현실적인 교류는 너무 복잡하고 힘들며 두렵다고 말한다. 이들은 자폐증이 아님에도 불구하고 자폐증 환자처럼 보인다. 그럴 때마다 나는 소스라치게 놀란다. 수년에 걸친 인터넷 의존이 이처럼 아스퍼거 증후군과 유사한 심각한 증상을 유발할 수 있다면 이는 분명 상당히 우려스러운 일이다.

결론적으로 인터넷 의존은 우울증, 사회적 교류에 대한 두려움, ADHD와 자폐증 증상에 선행하거나 이러한 증상에 이어 나타난다. 이러한 증상들은 심지어 동시에 진행되거나 상호간에 증상을 강화할 때도 많다. 이럴 때는 의사나 심리치료사가 여러 증상 간의 상관관계를 파악해 개별적인 치료 계획을 세워야 한다.

Chapter 4

중독에서
벗어나는 길
: 치료

중독에서

벗어나는 길

: 치료

당신이 살고 있는 세계를 컴퓨터 시뮬레이션이라고 상상해보라. 당신이 온전한 현실이라고 여겼던 세계가 사실은 기계가 만들어낸 프로그램이 었다고. 당신은 지금까지의 삶이 단지 컴퓨터로 현실 세계와 유사하게 만든 인공의 세계에서 일정 역할을 수행한 것에 불과하다는 사실을 확인 하고는 가슴 아파한다. 당신의 뇌는 컴퓨터와 직접 연결되어 컴퓨터가 전송하는 데이터 외에는 아무것도 인식하지 못한다. 그곳에서 만나는 어느 누구도 실제 인간이 아니다. 당신이 만나는 모든 사람은 아바타, 즉 컴퓨터가 조종하는 게임 캐릭터에 불과하다. 이들은 모두 다른 사람이나 컴퓨터 프로그램이 통제한다.

당신은 이 모든 것을 지금껏 살아오는 내내 알지도, 의식하지도 못했 다. 당신의 의식과 자유의지는 결정적인 시점에서 제한을 당했다. 당신 은 일정한 정도까지는 생각하고 느낄 수 있지만 자신의 육체와 직접 접촉하지 않고서는 완전한 의식 상태에 이를 수 없다. 사이버 공간의 완전한 가상 세계에서 산다는 것은 결국 자유롭지도, 독립적이지도 못하다는 의미다.

이런 시나리오는 SF 영화 〈매트릭스^{Matrix}〉(1999)에서 따온 것이다. 영화 속 주인공 네오는 자신이 거짓 세계에 살고 있다는 사실을 알고 가슴 아파한다. 네오는 자신과 다른 사람들을 매트릭스 안의 노예 상태에서 구출해내기 위해 컴퓨터 프로그램이라는 감옥에서 빠져나오는 힘겨운 길을 나선다. 주인공의 초반 상황은 인터넷에 극심하게 의존하는 사람들의 상황을 매우 잘 묘사하고 있다. 이들 또한 현실 세계에서 자신과 자신의 가능성을 완전히 의식하지 못한 채, 대부분의 시간을 가상 세계 속에서 보내고 있다.

매트릭스에서 빠져나오는 길은 네오에게도 고통스럽고 긴 여정이다. 그에게 두 가지 선택이 주어졌을 때, 그는 온전한 의식을 지닌 인간이 되어 구체적인 현실을 직시하겠다는 선택을 한다. 비현실적 존재로 사이버 공간에서 지내온 악몽에서 깨어나면서 그는 자신의 육체가 인공 자궁 속에서 영양수액을 맞으며 지금까지 유지되어왔다는 사실을 깨닫는다. 마치 태아의 몸이 탯줄에 연결된 것처럼 그의 육체는 여러 기계에 연결되어 있었다. 그 기계들이 그의 몸에서 에너지를 빨아내는 동안, 뇌에 직접 연결된 케이블은 머릿속에 들어 있던 자료와 시각적 이미지들을 지금까지 살고 있었다고 여겼던 가상 세계로 전송하고 있었던 것이다. 극심한 고통을 감내하며 몸에 연결된 데이터 전송 케이블을 떼어내자 네오는 창백한 얼굴에 탈진한 상태로 깨어난다. 그러고 나서 이 세상을 기계들이 지배하고 있다는 사실을 눈으로 확인한다. 기계가 인간에게서 벗어나 독립적인 존재가 되어 모든 인간을 노예로 만들어버린 것이다. 기계들이 충전에 필요한 에너지를 인간의 몸에서 빨아내는 동안, 인간의 정신은 가상 세계로 전송되었다.

영화는 기계가 멋진 세상을 만들어준다는 허황된 약속에 넘어갈 때, 인간은 아무 의지가 없는 꼭두각시로 전락할 수 있음을 잘 보여준다. 인터넷 의존자라면 "만약 누군가가 나를 영양수액 속에 집어넣고 마음껏 컴퓨터 게임을 하게 놔둔다면 더 이상 바랄 게 없겠다"라고 말할지도 모르겠다. 때때로 나는 환자들과 함께 매트릭스 시나리오를 머릿속으로 재현해보고 두 세계 중 어디에서 살고 싶은지를 묻는다.

"이제부터 살아 있는 동안 계속 최고 사양의 컴퓨터와 최고 속도의 인터넷, 최신 소프트웨어와 컴퓨터 게임을 사용하도록 보장해준다고 상상해보십시오. 하지만 사이버 공간에서 아무런 제약 없이 살려면 창문도 없는 밀폐 공간에 갇혀 있어야 합니다. 컴퓨터 책상 옆에는 침대와 러닝머신이 놓여 있어서 컴퓨터를 하는 시간 외에는 잠을 자거나 운동을 할 수 있습니다. 식사 때가 되면 잠겨 있는 문틈으로 음식을 제공받을 것입니다. 이런 조건에서 다시는 햇빛도, 살아 있는 사람도 보지 못한 채 죽을 때까지 그 방을 떠나지 않을 각오가 되어 있나요? 지금 이 자리에서 최종 결정을 내릴 수 있겠습니까?"

외래진료 클리닉에서 치료받는 환자 중 얼마나 많은 사람들이 이 질문에 "그렇게 하겠다"라고 답했는지를 알려주면 사람들은 정말 놀랄 것이다. 인터넷의 덫에서 해방되고자 갈망하지 않는다면 이들은 현실 세계로 돌아오지 않을 것이다. 하지만 최선의 경우 이들은 영화 속의 네오처럼 현실로 돌아오기 위해 길을 나설 것이다.

이제 우리는 인터넷 의존이 발생하는 과정과 이를 진단하는 법, 그 결과에 대해 상당히 많은 것을 알게 되었다. 하지만 아직까지도 인터넷 의존 환자들을 치료할 때 토대로 삼을 만한 학문적 연구 결과는 전무하다고 할 수 있다.

치료 과정에 적용해볼 수 있는 임상 연구를 계획하고 실행하며 평가하는 데에는 보통 몇 년이 걸린다. 이러한 연구를 조직하고 허가받기 위해서는 오랜 시간이 걸릴뿐더러 연구하는 병증이 폭넓게 인정받고 있어야 한다. 현재에도 여전히 인터넷 의존이 전문가협회, 정책 수립자, 비용 담당자 사이에서 완전히 인정받은 상태가 아니기 때문에, 해당 치료법에 대한 신빙성 있는 연구 결과가 나오려면 좀 더 기다려야 할 것이다.

우리가 활용할 수 있는 소수의 학문적 데이터 외에 일반적인 정신 질환과 좁은 의미의 중독 질환 치료에 관한 지식과 경험을 참고할 수 있다. 인터넷 의존과 비교 가능한 알코올 의존이나 도박 의존의 치료 과정에 대해서는 많은 실험과 연구가 이루어진 상태이며, 이는 인터넷 의존의 동반 질환인 우울증, 불안 장애, ADHD의 경우도 마찬가지다. 따라서 우리가 인터넷 의존을 치료할 때도 이러한 중요한 지식과 경험을 적용시켜볼 수 있다. 이런 점을 바탕으로 나는 2003년 하노버 의대 부속병원 외래진료 클리닉에 처음으로 인터넷 의존 환자들이 왔을 때, '행동하면서 배운다 learning by doing'라는 마음으로 최초의 치료를 감행했다. 몇 년 동안에 걸쳐 치료했던 첫 인터넷 의존 환자는 나와 함께 매우 다양한 치료 과정을 밟아 나갔다. 고백하자면 내가 시도한 치료가 항상 성공한 것은 아니었고, 그런 과정을 거치면서 많은 것을 스스로 배워 나가야 했다.

미스터 엠

 미스터 엠도 많은 인터넷 의존자처럼 처음에는 자기 의지와는 상관없이 타인의 권유로 상담을 받으러 왔다. 일자리 센터에서 그를 담당한 직원이 신문에서 우리 병원의 외래진료 클리닉에 관해 읽고 진단과 치료를 받도록 요청한 것이었다. 그러지 않으면 실업수당을 깎겠다는 담당자의 엄포에 어쩔 수 없이 상담을 받으러 온 것이다. 경험상 이런 이유로 온 사람들은 자발적으로 치료를 시작한 것이 아니어서 예후가 그다지 밝지는 않지만 때로는 시간이 지나면서 바뀌기도 한다.

미스터 엠은 처음 내원할 당시 약 2년 동안 하루에 8시간에서 12시간까지 온라인 롤플레잉 게임 월드 오브 워크래프트를 해온 상태였다. 이미 아주 어렸을 때부터 컴퓨터 게임에 과도한 시간을 보내 학교 성적도 늘 부진했다고 한다. 그는 상담 시간에 과거를 되돌아보면서 "살면서 단한 번도 목표를 정해본 적이 없다"고 말했다. "컴퓨터 게임은 항상 목표를 제시해줬습니다. 적어도 컴퓨터 게임을 할 때면 무언가를 성취하는 기분이 들었지요." 그는 이렇게 덧붙였다. 미스터 엠은 학업에 대한 의욕을 느끼지 못한 채 단지 의무감으로 학교를 다녔다. 그의 지능은 평균치보다 현저하게 높았지만, 그는 대학입학자격시험을 칠 자격을 얻는 정도의 최소한의 노력만 했다. 병역 대체 근무를 마친 뒤 두 곳의 대학을 다녔는데, 정의감이 투철했던 그는 법학과에 들어갔지만 학업을 끝까지 마치지 못했다. 그러고 나서 컴퓨터에 관한 남다른 관심을 활용하고자 컴퓨터공학과에 입학했다. 학업을 계속하려던 두 차례 시도가 모두 실패한 것은 그가 컴퓨터 게임에서 손을 떼지 못해서였다. 결국 그는 학업을 포기하고 2년간 공항 수화물 센터에서 여행객들의 짐을 컨베이어 벨트 위에 올리고 내리는 일을 하며 생활비를 벌었다. 이 일을 함으로써 규칙적인 생활을 하게 되었지만, 머리 쓰는 걸 좋아하는 그로서는 만족스러운 일은 아니었다. 주로 저녁과 밤에 일했기 때문에 다른 사람들과 만나기도 쉽지 않았다. 이때까지도 친구라고는 온라인에서 게임을 함께하는 유저들뿐이었다. 2년 후 고용주는 계약 기간을 연장해줄 수 없다며 그를 해고했다. 계약직이던 그는 정규직이 못 되고 실직하고 말았는데, 이는 그가 생각하는 정의에 위배되는 일이었다. 이로써 그는 대학에서의 두 차례 실패 후, 처음 경험한 직업 세계에서도 좌절을 겪었다. 그때부터 그는 이른바 '하르츠 4'라고 부르는 2급 실업수당으로 생활하며 자신만의 세계로 들어갔다. 마침 월드 오브 워크래프트의 독일어 버전이 출시되면서 2년이 넘도록 바깥세상과 담을 쌓았다. 처음 상담을 받으러 왔을 때 그는 2년 이상의 삶을 게임 세계에서 보낸 상태였다.

그는 대부분의 시간을 가상 세계에서 지냈지만 실제로는 부모님 집의 지하실 방에서 기거했다. 이미 30대 초반이었고 부모에게도 불만이 많았지만 단 한 번도 집을 떠나 독립한 적이 없었다. 식사 시간이 되면 여전히 부모와 함께 식사를 했다. 부모는 아들에게 해야 할 일(일하러 가기)과 하지 말아야 할 일(컴퓨터 게임하기)에 대해 말하기를 이미 오래전에 포기한 상태였다.

특히 아버지는 아들의 과도한 미디어 사용에 관해 별로 할 말이 없었다. 그에 따르면 아버지는 항상 텔레비전 앞에 앉아 있었고 그 외에는 별다른 취미가 없었다고 한다. 이러한 이유로 부자간에 이따금씩 역할이 바뀌는 다소 우스꽝스러운 상황도 생겼다. 미스터 엠이 가끔 부모님 방으로 올라가 "어휴, 아버지. 멍청하게 텔레비전 화면 들여다보는 것 말고는 할 일이 없으세요?"라고 약 올렸다는 것이다.

치료 과정에서 이야기를 나누다 알게 된 것인데, 미스터 엠이 자신의 집안을 마땅치 않게 생각한 데는 이유가 있었다. 그는 4형제 중 장남이었는데, 그의 집안은 기독교의 이단 종파를 신봉하고 있었다. 그의 부모는 이단이 분명했던 교회 일에 매우 적극적으로 참여했고, 그가 어렸을 때는 해당 교회의 지역 모임에서 중요한 직책을 맡기까지 했다. 독자적으로 생각할 나이가 되면서부터 그는 부모가 속했던 이단 종파에 반감이 생겼다. 이러한 이유로 미스터 엠은 학교에서도 스스로 이방인이라고 느껴 친구를 거의 사귀지 못했다. 흥미로운 사실은 그가 가정이나 이단 집단, 학교에서 해왔던 이방인 역할은 인터넷 게임에서도 계속돼 게임 길드의 회원들과 잦은 갈등을 겪었다는 것이다.

미스터 엠은 자기 의사에 반하여 이단 종파의 의식에 참여할 때마다 극도의 혐오와 수치심을 느꼈다. 그는 여덟 살 때 받은 세례식을 특히 인상 깊게 묘사했다. 그의 말에 따르면 해당 이단 종파는 여덟 살 이전의 아이들은 아무 죄가 없는 것으로 간주한다. 이런 견해가 매우 흥미로운 이유는 심리학적 관점에서 볼 때 평균적으로 여덟 살부터 아이들이 현실과 가상을 분명히 구분할 수 있기 때문이다. 그 종파가 인간이 완전한 인식 능력을 갖추는 연령(이른바 인간이 이성적으로 계몽되기 시작하는 심리학적 연령)을 여덟 살로 보고 이때부터 죄를 주장하며 세례를 거행하는 것은 일찍부터 추종자들을 손아귀에 넣고 마음대로 휘두르기 위한 것으로 볼 수 있다. 따라서 평균보다 일찍 정신적으로 성숙했던 미스터 엠은 온몸을 물속에 담그는 세례식을 자신에 대한 폭력으로 간주했다. 세례를 받는 동안 그는 기회만 생긴다면 당장 여기서 탈출하겠노라 마음속으로 맹세했고 열여덟 살이 되던 해 이를 실행에 옮겼다.

그는 십 년이라는 세월을 가족을 향해 보이지 않는 저항을 하며 보냈는데, 부모가 싫어하던 컴퓨터 게임은 좋은 은신처가 되어주었다. 컴퓨터 게임의 세계에서 그는 현실의 좁고 편협한 환경보다 훨씬 자주적이며 전투적인 모습을 드러냈다. 당시 상황을 살펴보면 한 가지가 눈에 띄는

데, 그것은 부모 또한 신앙생활에서 내면의 충만함을 얻은 것 같진 않았다는 점이다. 그보다는 공동체의 엄격한 규율과 규칙적인 생활이 침체된 가정에 버팀목이자 안내자 역할을 한 것처럼 보였다. 하지만 컴퓨터 게임을 과하게 함으로써 반란을 일으키고 독립적인 존재가 되려던 그의 계획은 무위로 돌아갔다. 컴퓨터 게임에 몰입하면서부터는 게임이 목표를 지정하는 주체였고 그는 또다시 종속적인 존재가 되었기 때문이다. 마침내 미스터 엠은 인터넷 의존과 우울증 증상을 보이는 상태로 상담을 받으러 찾아왔다.

그는 킴벌리 영이 제시한 인터넷 의존 진단 기준의 모든 항목에 해당했으며, 한&예루살렘 인터넷 중독 등급(A. Hahn과 M. Jerusalem이 1999년 8,851명의 인터넷 유저를 대상으로 공동 연구한 결과를 토대로 작성한 등급 - 옮긴이)에서도 매우 높은 등급을 받았다. 상담을 받으러 왔을 때 그는 통제력을 완전히 상실한 상태였으며, 급기야는 게임 시간을 제한하고 정상적인 생활 리듬을 찾으려는 노력을 포기한 상태였다. 간혹 인터넷에 접속하지 않고 있을 때조차 방금 전 게임을 떠올리거나 어서 빨리 게임해야겠다는 생각만 했다. 그는 가족과 일자리 센터 담당자를 제외하고는 아무도 만나지 않았으며 그나마 그 시간마저 최소한으로 줄였다. 이제 그에게는 새로운 직업훈련 자리나 일자리를 구할 일말의 가능성도 없었고, 새로운 친구나 애인을 사귈 기회도 없었다. 어차피 애인이라곤 이제까지 한 번도 사귀어본 적이 없기 때문에 그와는 거리가 먼 얘기였다. 어두운 지하실 방에서 지내다 보니 평소에도 기분이 가라앉아 있었지만, 어쩌다 인터넷에 접속할 수 없을 때면 더욱 침체되었다. 이럴 때면 여지없이 우울증 증세가 나타났다.

치료를 시작하면서 그는 인터넷에서 조금씩 손을 뗄 수 있게 되었는데, 진행하다 보니 이미 오래전부터 우울증이 있었다는 사실이 점점 확실해졌다. 단지 인터넷 의존 증상이 더 눈에 띠어 우울증 증상은 오랫동안 드러나지 않았던 것이다. 그의 기분은 완전히 가라앉은 상태에서 도무지 좋아지지 않았다. 무얼 봐도 소리 내어 웃기는 고사하고 잠깐의 미소도 짓지 않았다. 기뻐할 줄을 몰랐기에 무언가를 해보고자 하는 의욕도 없었다. 현실 세계와 조금이라도 관계가 있는 모든 것에 관심이 없었다. 수면 리듬은 뒤바뀌어 정오나 오후가 되어서야 비로소 하루를 시작했는데, 특히 그 시간에는 전반적으로 기분이 가라앉아 무얼 해보려는 의욕 자체가 없었다. 인생을 바라보는 기본 태도는 확연히 비관적이었다. 편집적인 경향은 없었지만 사회와 인간에 대한 불신이 심했다. 이미 오래전부터 삶에 대한 피로감에 저항해왔다는 이야기를 들었을 때는 내 마음도 짠했다. 하지만 그는 지금껏 자살을 시도한 적은 없으며, 앞으로도 그건 변함없을 거라고 단언했다. 그는 그저 인간으로 태어나 산다는 것이 아무런 가치도 없는 일이라고 느꼈고, 자신의 특별한 삶조차 무가치한 것으로 느꼈다. 사이버 공간에서 대안적인 삶의 형태를 찾아다닌 것도 바로 이러한 생각 때문이었다.

  하노버 의과대학 인터넷 의존 전문 상담은 내가 조교수로 있을 때, 정신의학과 외래진료 클리닉 차원에서 개설한 것이다. 그때 나는 정신의학 및 심리치료 전문의 자격을 취득한 상태였다. 미스터 엠의 치료를 시작하면서 우선적으로 중점을 둔 부분은 인터넷 의존이 그의 삶과 심리에 미친 가장 치명적인 결과를 줄이는 것이었다. 치료를 시작한 시점부터 한 명의 사회복지사가 그를 지속적으로 관리했다. 사회복지사의 도움으로 기초생활보장 수급을 신청해 수입이 생기도록 했다. 당시 상황으로 볼 때 그가 다시 직업을 구하게 되기까지는 오랜 시간이 필요하리라는 것을 알았던 것이다. 구직 노력을 평가하는 노동청은 그에게 얼마간의 자유를 허용하였다(나는 이따금씩 노동청이 그에게 지나치게 많은 자유를 준다고 생각했다). 사회보장제도 혜택을 받도록 조치한 것 외에도 나는 그를 정신의학적 방법으로, 즉 심리 상담을 진행하고 향정신성 의약품을 사용해 치료했다. 극심한 우울증 치료를 위해 항우울제 복용을 권유했고, 그 결과 침체된 기분이 어느 정도 개선되고 정상화되었다. 그로부터 몇 년 후 나는 또 다른 항우울제를 추가 처방했는데 이 또한 그의 상태를 호전시켰다. 하지만 나는 약물치료가 아닌 심리치료가 핵심임을 분명히 주지했으며, 이를 환자에게 직접 알려주는 것 또한 중요하다고 생각했다. 나는 그를 외래진료 클리닉에서 인터넷 의존자를 위해 새로 조직하는 치료 집단에 포함시킬 계획을 세웠다.

이 무렵 나는 집단 분석에 관한 교육과정을 이수했다. 원래 심리분석가가 되고 싶었지만, 전문의 재교육을 받는 동안 심층심리학(정신분석의 견지에서 무의식으로 의식을 설명하려는 심리학-옮긴이)을 바탕으로 하는 심리치료 전문의 과정만 이수했다. 심리분석가 과정은 오랜 시간이 걸려 학술 활동과 병행하기 힘들었기 때문이다. 이러한 상황에서 집단 분석을 해보라는 제안은 좋은 절충안으로 다가왔다. 하지만 집단 분석은 인터넷 의존 증상이 급성으로 진행된 사람에게는 별다른 의미가 없다. 유감스럽게도 이 사실을 나와 환자들은 약 6개월간 집단 분석 치료를 시도해보고 나서야 깨달았다.

집단 분석을 시작하기 전에 나는 전문가들에게 상세한 조언과 지도를 받았지만, 집단치료는 얼마 지나지 않아 잘못된 시도로 드러났다. 내가 처음 집단 분석을 시작한 집단 중 미스터 엠을 비롯한 여섯 명의 환자들은 모두 당시 많은 사람들처럼 월드 오브 워크래프트에 의존하고 있었다. 집단 분석에서는 보통 치료사가 개입을 극도로 자제하고 환자들이 집중적으로 상호작용하도록 놔둔다. 내가 참여한 집단도 처음에는 그렇게 시작했지만 개입하지 않고 놔두었더니 시간이 지나자 더 이상 그대로 보고만 있을 수 없는 상태가 되어버렸다. 집단 분석을 위해 한자리에 모인 환자들은 만나기만 하면 머리를 맞대고 게임의 세계로 순간이동을 했기 때문이다. 나는 해당 게임을 잘 알고 있었지만, 환자들이 게임에 대해 나누는 이야기를 들어보면 이들이 완전히 다른 세상에 살고 있는 것만 같았다. 이들과 함께 있으면 때때로 마치 전혀 다른 언어와 문화를 지닌 낯선 민족 사이에 앉아 있는 것처럼 느껴졌다. 나를 제외시키고 자신들끼리 뭉치는 것을 은연중에 즐기는 것같이 보였다. 부모들 또한 그들 곁에서 나와 똑같은 기분을 자주 느꼈을 것이다. 나는 이 집단을 정기적으로 감독했지만 치료에 적용시키고 집단의 동질성을 흩뜨려놓을 방안을 마련하기 힘들었다. 치료가 실패로 돌아간 것은 부족한 내 경험과 부적절한 치료 과정뿐만 아니라 해당 집단의 인원에도 원인이 있었다. 중독 환자들을 대상으로 집단 분석을 할 때는 누군가가 결석하거나 증상이 재발할 수 있어서 일부가 늘 함께하지 못할 때도 있고 심지어 완전히 해체될 수도 있다. 이 여섯 명의 젊은 환자들에게 책임감을 느꼈기에 나는 이들이 다른 입원치료 혹은 외래치료를 받을 수 있도록 도왔다. 이들 중 일부에게는 직접 개별치료를 해주기도 했다. 이들 중 가장 성실하게 모임에 참여했던 미스터 엠도 내게 개별치료를 받았다.

계속해서 그를 외래진료하고 싶었지만, 그보다 심도 있는 치료를 받도록 연결해야 한다는 생각이 들었다. 우울증의 심각성과 변하지 않는 사회적 상황을 감안하여, 입원해서 집중적인 심리치료를 받을 것을 권했다. 나는 심층심리학을 지향하며 인격 장애와 유사한 정신 질환을 전문으로 하는 병원을 추천했다. 해당 병원은 인터넷 의존 전문병원이 아니었으므로 이제 입원할 미스터 엠이 인터넷 사용을 완전히 중단하도록 준비시키는 것이 더욱 중요했다.

미스터 엠은 해당 병원에 입원한 동안 인터넷 사용 시간을 매우 잘 절제했다. 나중에 들어보니 처음 얼마 동안은 인터넷 없이 시간을 보내는 것이 힘들었다고 한다. 특히 아무 할 일 없이 혼자 있을 때가 견디기 어려웠다고 했다. 하지만 다른 사람들과 함께 온화한 분위기에서 함께 지내며 이야기를 나누는 것 자체가 그에게는 확연히 좋은 영향을 미쳤다. 처음 입원할 당시에는 집단치료 시간에 내내 침묵을 지키다 가끔씩 공격적인 발언만 했다고 한다. 그러던 어느 날 치료에 참여한 환자 중 한 명이 그에게 말하길, 원래 아주 좋은 사람 같아 보이는데 괜히 삐뚤어진 말로 분위기를 방해하지 말고 그냥 협조적으로 참여하여 함께하는 시간을 잘 활용하는 것이 좋지 않겠냐고 했다는 것이다. 그 일을 계기로 그는 그때부터 집단에서, 그리고 병동에서 편안한 마음으로 지냈다고 한다. 마음을 달리 먹으니 그곳에서의 치료 또한 자신에게 도움이 된다고 느껴졌다면서 말이다. 그는 함께 입원해 있던 남자 환자 한 명, 여자 환자 한 명과 친해졌다. 심지어 여자 환자와는 연인으로까지 발전했는데 이는 그의 자존감에 긍정적인 영향을 미쳤다. 운동치료 또한 상태를 호전시켰는데, 특히 무술 수련 시간이 많은 도움이 되었다. 일반적으로 인터넷 의존 환자들을 치료할 때 사회적·육체적 자극은 치료에 큰 도움이 된다.

미스터 엠은 석 달 동안 입원해서 심리치료를 받은 후, 다시 외래치료를 받으러 내게 왔다. 나는 그가 입원치료를 마치고 나오면 좁은 의미에서의 외래 개별심리치료를 진행하겠다고 약속한 바 있었다. 퇴원 당시 우울증 증세는 실제로 확연히 개선돼 있었고, 그는 입원 병동에서 지내는 동안 컴퓨터 게임 완전 중단이라는 목표를 달성했다. 이제 중요한 것은 치료 결과를 유지하면서 일상생활로 돌아오도록 돕는 것이었다. 다시 말해 컴퓨터 게임 중단 상태를 유지하는 것만이 능사가 아니었던 것이다. 이를 유지하기 위해서는 그의 일상을 다시 현실적인 삶으로 채우는 것이 가장 시급했다. 관건은 인터넷과 부모, 주변 사람에게서 독립하는 것이었다. 그는 실제로 자신만의 거처를 찾아 이사했으며 요리를 배웠고 정상적인 생활 리듬에 따라 살게 되었다. 인터넷에서 영화와 시리즈물을 다운받아 시청하거나 정치 기사를 검색하고 댓글을 달며 의견을 나누느라 여전히 오랫동안 인터넷에 접속해 있지만, WOW를 비롯한 온라인 게임에서는 완전히 손을 뗐다.

일상에서 새로 관계를 맺고 이를 유지하는 것은 그로서는 매우 힘든 일이었다. 입원해 있는 동안 새로 사귄 친구 두 명은 미스터 엠과 멀리 떨어진 곳에 살았지만, 그는 이들과 우정을 계속 유지하려 애썼다. 이 밖에도 퇴원하고 나면 병원에서 익힌 무술을 바탕으로 아이키도Aikido(1942년 공식적으로 우에시바 모리헤이 옹이 창시한 일본의 대표적인 현대 무술-옮긴이) 동호회에 들어가 계속 수련하겠다고 마음을 먹었다. 나는 그가 목표를 이루도록 돕기 위해 처음으로 행동치료를 실시했다. 이 치료의 목적은 그의 행동을 변화시키고 필요에 따라 새로운 행동을 할 여지를 열어주는 것이었다. 그는 타인에게 거부당하는 것을 극도로 두려워했기 때문에 사회적 두려움을 극복하는 것이 중요했다. 이미 학창 시절에 여러 번 겪었던, 거절이 그에게는 얼마나 큰 상처인지 잘 알았기 때문이다. 그는 병원에서 사귄 친구들에게 실망하지는 않을까, 아이키도 동호회 사람들이 자신을 받아들여주지 않을까 불안해했다. 때때로 내 눈에는 치료 결과를 유지하고자 무진 애를 쓰는 그의 모습이 무모한 싸움을하는 것같이 보이기도 했다. 어쩌면 나는 그가 그때까지 이루어낸 많은 것을 과소평가했는지도 모른다. 따지고 보면 그는 많은 것을 해냈다. 부모의 집에서 이사를 나오고 독립을 했으며 의존 현상을 보이던 게임에서 손 뗀 것만으로도 이미 대단한 성과였다.

그는 다음 목표를 향해 계속 용감하게 싸워 나갔다. 그를 담당했던 사회복지사는 그가 하노버 의과대학 홍보실에서 실습할 수 있도록 주선했다. 해당 실습 자리는 하노버 의과대학이 작업치료(각종의 작업 활동을 매개로 장애 경감과 적응력의 증강을 도모함과 아울러 환자의 자립성을 높이는 것을 목적으로 함 – 옮긴이) 차원에서 제공한 것으로 대학의 직원 수가 8,000명에 달했기에 홍보실의 기능은 매우 중요했다. 그는 매일 아침 홍보실에서 간부들이 읽을 언론 기사 요약본을 작성했다. 홍보실장에 따르면 그는 맡은 일을 매우 잘했다고 한다.

하지만 실습 기간이 끝날 때쯤 상태가 나빠졌는데, 내 생각으로는 두 가지 이유가 있었다. 첫째, 실습을 성공적으로 수행했음도 불구하고 직장을 구하기가 쉽지 않았다. 하노버 의과대학이 미스터 엠에게 제공할 수 있었던 유일한 일은 이른바 '1유로 일자리'라 부르는 저임금직이었다. 사회에 매우 비판적이던 그는 이를 도저히 수용할 수 없는 착취라고 느꼈을 것인데, 이러한 그의 마음은 충분히 공감할 만하다. 둘째, 실습 기간이 끝날 무렵 그는 병원 소식지에 WOW에 관한 기사를 작성하라는 지시를 받았다. 이를 위해 그는 몇 달간 쳐다보지도 않았던 게임을 조사하고 생각해야 했다. 이 과정에서 그는 게임의 맛에 다시 빠져들어 게임을 해야 한다는 중독성 압박에 시달리다가 결국 중독 증상이 재발했다.

하지만 그는 지금껏 이루어온 모든 것이 수포로 돌아가지 않도록 재발 증상을 일정한 수준으로 제한하려 최선을 다했다. 그때부터 심리치료 시간에 나와 함께 컴퓨터 게임 시간을 통제하는 법을 연습했다. 즉, 더 이상 게임에서 완전히 손을 떼는 것이 목표가 아니라, 정해놓은 시간 동안만 게임하는 것이 목표가 됐다. 직업 구하기가 힘들 거라는 생각이 들자 그의 일상에 다시 빈 공간이 생겨났다. 본래는 현실적인 삶으로 채워야 할 공간이었지만 그것이 불가능하게 느껴지자 가상의 삶으로라도 채울 수밖에 없었던 것이다. 나는 그의 심정을 충분히 이해할 수 있었다. 그리고 이 시점에서는 치료할 때 그의 행동을 평가하기보다는 그의 결정을 존중하는 것이 중요하다고 생각했다.

이 무렵에는 치료의 한계와 가능성을 확인하기 위해 치료 과정을 총괄하는 것이 특별히 중요해 보였다. 만일 미스터 엠에게 컴퓨터 게임을 완전히 금지시키고 치료 목표를 구직으로 설정하고 이를 요구했다면, 아마도 나는 환자를 잃었을 것이다. 만약 그랬다면 나를 무엇보다 어른들 세계의 대변자 혹은 그토록 나쁜 경험을 안겨준 성과주의 사회의 대변자로 여겼을 것이다. 그리고 아무도 자신의 심적 고통을 이해해주지 않고 누구 하나 자신을 받아들여주지 않는다고 느꼈을 것이다.

그는 간간이 정치적 주제에 관해 이야기하고 싶어 했지만, 나는 처음에는 치료 차원에서 정치적 주제는 완전히 배제했다. 그런데 시간이 지날수록 치료에 도움이 되는 협력 관계(혹은 동맹 관계)를 맺기 위해서는 그 주제를 대화에 개입시키는 것이 좋겠다는 생각이 들었다. 그와 정치적 주제로 대화하면서 그의 생각도 많이 알게 되었다. 예를 들어 현실 사회에 그토록 반감을 품고 있는 그 흥미롭고 개인적인 이유도 알게 되었다. 나는 정치적 토론을 할 때 이른바 '완충지대'의 역할, 즉 이 사회를 옹호하지도 매도하지도 않는 중도적인 역할을 했다. 이로써 그가 현실 세계에서 파고들 만한 새로운 틈새와 여지를 탐색하고 이를 자신의 것으로 만들 수 있도록 도왔다.

그가 나를 더 이상 현실 세계의 대변자로 인식하지 않게 되자, 우리는 그의 세계에 대해, 그를 옥죄던 침울함뿐 아니라 이단을 믿고 있는 가족에 대해 이제까지와는 다른 방식으로 이야기할 수 있었다. 나는 미스터 엠이 가족과 이단 집단에서의 탈출 해법을 찾는 과정에서 인터넷이라는 잘못된 선택을 했고 그 결과 인터넷 의존에 이르렀다는 결론을 내렸다. 하루의 대부분을 인터넷이라는 대안 세계에서 보내긴 했지만, 그는 결국 서른 살이 넘도록 부모의 집 한편의 좁은 공간에서 살고 있었다. 열

여덟 살 때 이단 종파에서 탈퇴했지만 그의 내면에는 이에 대한 반항심이 뚜렷하게 남아 있었고 그것이 게임 중독으로 이어졌다. 태어나 처음 경험한 공동체였던 이단 종파에 대한 심한 거부감은 독일 사회뿐만 아니라 인간 사회 전체에 대한 거부감으로 이어졌다. 하지만 이단 종파를 비롯한 현실 세계를 거부하던 그가 사이비 종교 색채를 느낄 수 있는 중세를 배경으로 한 가상적 공동체, 즉 WOW를 선택한 것은 비겁한 타협에 불과하다. 그가 몰입했던 게임 WOW의 내용 중에는 자신이 비난했고 과거에 부모가 속해 있던 기독교 이단 종파와 일맥상통하는 부분이 상당하다. 특히 그는 이단 종파를 수상쩍은 구원의 약속과 허황된 영적 요소를 들먹이며 돈을 뜯어내려고 연약한 인간에게 복종을 강요하는 의심스러운 돈벌이 집단이라고 여겼다.

WOW 유저 중 대다수는 의존 증상을 보이지 않지만, 해당 게임의 제작사는 유저들을 정서상으로나 시간상 최대한 오랫동안 게임에 묶어두고자 한다. 제작사는 유저들에게 가상 세계 최고의 영웅이 될 수 있다는 약속을 하고 신화적인 분위기를 풍기는 부가적 요소를 끊임없이 만들어냄으로써 게임을 떠나지 못하도록 한다. 유저들을 이용해 최대한 많은 돈을 벌어들이기 위해 중독의 위험까지 용인하는 것이다. 미스터 엠에게 그가 악에서 벗어나기 위해 다른 악을 손에 쥔 것이라고 설명하기란 쉽지 않았다. 자신을 옭아매는 속박에 대항하기 위해 무진 애를 쓴 결과 또다른 속박으로 들어갔다는 사실은 누구에게나 가슴 아픈 일임에 틀림없었으니까.

치료에 유용한 협력 관계를 유지하기 위해서는 약 1년간은 새로운 목표를 설정하지 않는 편이 나을 것 같았다. 상담자와 환자가 이렇게 치료 관계를 맺고 유지하는 것은 쉽지 않지만 치료에 매우 유용하다. 미스터 엠은 이 관계가 유지되는 동안 새로운 도약을 하는 것처럼 보였다. 그는 내가 운영 책임을 맡은 낮병원day hospital(정신과 낮병원은 낮 동안에만 병원이 제공하는 프로그램에 참여하는 곳으로 일상생활 유지 및 대인관계, 사회 적응의 어려움을 겪는 환자 등을 대상으로 함 - 옮긴이)에서 제공하는 입원과 외래의 중간 형태 치료에 관심을 보였다.

이 무렵 우리는 재활이라는 목표에 초점을 맞추고 낮병원에서의 치료를 고려했다. 낮병원에 다니는 것은 마치 일주일에 5일 동안 아침부터 저녁까지 직장에 나가는 것과 마찬가지인데, 단지 일하러 가는 대신 자신에게 적합한 프로그램에 참여함으로써 훈련을 받는다는 차이점이 있다. 그는 낮병원에 다니면서 일상의 리듬에 익숙해져갔다. 주말이 되면 주중에 배우고 익힌 것을 집에서 실천해봄으로써 일상적인 능력을 시험하고 검토해볼 수도 있었다.

낮병원에서 석 달 정도 치료를 받으면 직업 재활 과정에 참여해야 한다. 미스터 엠은 이러한 직업교육 프로그램에 참여했지만, 이는 실제로 구직 활동에 도움이 되지는 않았다. 미스터 엠은 여기서도 집단치료 과정이 많은 도움이 된다고 느꼈으며, 치료에 함께 참여한 환자와 치료사들에게 매우 배려 깊고 든든한 사람이라는 평가를 받았다. 그는 치료를 받는 동안 여자 환자 한 명과 친해졌다. 관계가 오랫동안 지속되지는 않았지만 두 사람은 예전에 입원해서 심리치료를 받는 동안 가까워졌던 여성과 함께했던 것보다 훨씬 깊이 있는 시간을 보냈다. 그 동안 다양한 치료 과정을 거친 그는 입원치료를 받을 때보다 내면적으로 훨씬 성숙했고 타인에게 개방적이며 친밀한 태도를 지니게 되었다. 나는 이런 그의 모습에 매우 기뻤다. 그리고 치료와 관련하여 새로운 아이디어가 떠올랐는데 그것은 바로 낮병원에서의 치료를 마친 후 외래 집단치료의 형태로 심리치료를 이어나가는 것이었다. 단, 그와 동일한 질환을 앓고 있는 집단이 아닌, 저마다 다른 질환이 있는 사람들이 참여하는 집단치료에서 상호작용하며 심리치료를 지속하자는 생각이었다. 다양한 특성을 지닌 사람들과 상호작용하는 과정에서 그가 우울증으로 생긴 은둔적 태도와 타인에 대한 두려움을 좀 더 극복할 수 있지 않을까 하는 마음에서 든 생각이었다.

이런 아이디어를 생각한 데에는 하노버 대학병원을 떠나게 돼 그 동안 치료해온 환자들과 헤어져야 했던 상황도 영향을 미쳤다. 당시 나는 미스터 엠과 먼 길을 걸어왔다는 기분이 들었다. 또한 정신의학과 외래진료 클리닉의 새로운 집단에서 새로운 상담의와 함께 치료를 지속하는 것이 그에게도 좋은 일이라고 생각했다. 나는 이 시점에서 미스터 엠과 일단락을 짓는 것이 그에게 도움이 되기를 바랐다. 돌이켜보면 그가 정신의학과 외래진료 클리닉에서 처음 치료받기 시작한 것도 집단치료를 통해서였다.

하노버 대학병원을 떠난 지 1년 반 후, 나는 외래진료 클리닉에서 미스터 엠의 치료를 맡았던 동료의 전화를 받았다. 노동청에서 미스터 엠에게 구직활동을 하라고 압박을 가한 뒤부터 그의 우울증이 재발했다는 것이었다. 내게 전화한 것은 그가 내게 치료받은 시기와 관련된 증명서가 필요해서였다. 나는 기꺼이 필요한 증명서를 발급해주었다. 그 후 전화를 걸어 미스터 엠에게서 직접 들어보니 내가 병원을 떠난 후 그는 외래진료 클리닉에 남긴 했지만 참여하기로 했던 집단치료에는 참석하지 않았다고 했다. 해당 치료에는 별다른 의욕이 없으며 현재는 우울증 증세가 다시 심해졌고 삶에 대한 의욕도 없어졌다고 말했다. 나는 그의 동의 아래 치료사와 향후 치료 방향을 다시 상의했다. 그러고 나서 그와 함께 과거에 그가 이루어낸 모든 성과를 되짚어보고, 인터넷 의존과 우울증이 재발한 것은 치료 과정의 일부임을 다시 한 번 상기시켜주었다.

당시 나는 상황 개선을 위해 계속해서 주위의 도움을 받으면, 그가 결어온 길을 계속 나아갈 수 있을 것으로 확신했고, 지금도 그렇게 믿는다. 다른 모든 중독 질환과 마찬가지로 인터넷 의존을 지속적으로 개선하기 위해서는 치료 과정에서 이루어낸 모든 것이 모여 하나의 커다란 전체를 이루어야 한다. 그런데 때로는 이를 위해 필요한 모자이크 조각 하나가 부족할 때가 있다.

하노버에 있었을 때나 지금이나 내가 미스터 엠을 위해 좀 더 많은 것을 할 수 있었으면 좋았을 거라고 생각한다. 다소 이상하게 들릴 수 있겠지만 나는 그에게서, 그리고 그를 치료하면서 인터넷 의존에 관한 많은 것을 배웠다. 그와 함께 쌓아온 많은 지식이 그의 치료에 좀 더 도움이 되면 좋겠다. 그는 내가 해당 병증의 복잡성과 그 치료법의 복잡성을 설명하기 위해 그와의 이야기를 책에 싣는 것을 기꺼이 허락해주었다. 이와 관련해 다시 한 번 감사의 마음을 전하고 싶다. 그의 이야기 속에는 인터넷 의존 치료에 관한 모든 치료법적 단초가 여러 방식으로 녹아 있다.

일반적인 원리 및 목표

인터넷 의존은 소리 없이 조용히 찾아오지만 조용히 물러가지는 않는다. 클리닉을 찾아오는 거의 모든 사람들은 인터넷 의존 진단 기준을 충족시키며 특별한 치료가 필요하다. 간혹 걱정이 지나친 부모들이 미성년 자녀를 클리닉에 데려와 진단해보면 좁은 의미의 인터넷 의존이 아닌, 인터넷 남용에 해당할 때도 있다. 이런 경우 우리는 당사자와 부모에게 인터넷 의존이 대개 어떤 위험을 초래하는지, 어떻게 하면 인터넷에 의존하지 않도록 자신을 보호할 수 있는지를 설명한다. 또한 지금은 사춘기 때문에 위기가 온 것이라는 이야기도 해준다. 성인이 되는 힘든 과정을 앞두고 불안해하는 자녀가 마음의 빈 공간을 과도한 미디어 소비로 채우려는 현상이라고 말이다. 또한 때때로 이런 현상을 필요 이상으로 병적 상태로 간주하면 상태가 더 나빠질 수 있다는 경고도 한다. 환자가 아닌 사람은 치료하지 않는 것이 당연하다. 갓 성년이 된 사람이 자신의 육체적·정신적 능력을 선보이고 입증하기 위해 세상에 첫발을 내디디면 과다한 인터넷 소비 문제는 저절로 해결될 때가 많다.

하지만 일단 병적인 인터넷 의존 증상이 발생하면 이는 저절로 사라지지 않는다. 이는 경험으로도 알 수 있지만, 싱가포르의 청소년 3,000명을 대상으로 컴퓨터 게임 의존에 대해 진행한 최초의 종단 연구에서도 알 수 있다. 해당 연구를 주도한 사람은 오래전부터 디지털 미디어가 자라나는 세대에 미치는 영향을 집중 연구해온 더글라스 젠틸Douglas Gentile이다. 우리는 아이오와 대학 심리학과에 재직중인 젠틸 교수를 독일 인터넷 의존 전문가협회 이름으로 개최한 심포지엄의 강연자로 초청한 바 있다. 강연이 끝난 후, 저녁식사 자리에서 그는 자신도 온라인 게임을 무척 좋아한다고 말했다. 그는 전반적인 디지털 미디어와 컴퓨터 게임이라는 특별한 유형의 잠재적 위험뿐만 아니라 이들의 가능성에도 관심을 두고 있었다. 이와 같은 객관적인 시각을 고려할 때 그의 뛰어난 연구는 더욱 설득력 있게 다가온다. 그가 대만의 학자들과 2년에 걸쳐 공동 진행한 연구에 따르면, 청소년의 컴퓨터 게임 의존 현상은 단순히 기존 정신 질환들의 결과 혹은 증상으로 생기는 것이 아니었다. 청소년의 컴퓨터 게임 의존증이 독자적 병증이라는 사실은 2년의 연구 기간 동안 해당 증상이 보인 지속성에서도 확실히 알 수 있다. 일단 의존 현상이 발생하고 나면 대개 치료를 위한 개입 없이는 사라지지 않는다.

또한 인터넷과 컴퓨터 게임 의존 사실을 인식하지 못한 채 아무 치료도 않고 방치하는 기간이 길어질수록, 치료는 그만큼 힘들어지고 기간도 길어진다. 인터넷에서 몇 년간 길을 잃고 방황했다면, 현실의 삶으로 돌아오는 길을 찾는 데는 흔히 몇 개월이 아니라 몇 년이 걸리기도 한다. 하지만 어떤 경우에도 치료가 불가능할 만큼 늦은 때란 없다. 다만 환자의 사기를 불필요하게 저하시키지 않고 최대한 구체적이며 장기적인 치료 전망을 알려주기 위해서는 치료를 시작하는 순간부터 핵심 치료 원칙을 합의하고 현실적인 목표를 설정하는 것이 중요하다.

■ 치료 목표

디지털 미디어 사용 중단 진행하기
• 자신을 바꾸고자 하는 동기 유발하기
• 자신의 의존증을 설명할 개별적 모델 만들기
• 의존증을 유발한 인터넷 사용 유형을 완전히 중단하기
• 대안: 인터넷 사용을 통제할 수 있는 방안 숙고하기
• 중독 매체에 대한 욕구와 금단현상 대처법 습득하기
• 재발 방지를 위한 개별적인 예방조치 취하기
• 중독 전이 현상 방지하기
• 위기 상황과 재발에 관한 비상대책 수립하기

대안적 활동 모색하기
• 주거 상황과 재정 지원 등의 사회적 상황을 파악하고 개선하기
• 새로운 사회적 환경 조성하기
• 본래 지녔던 관심, 능력, 재능을 되돌아보기

- 과거의 대인관계와 취미 되살리기
- 규칙적으로 운동하기
- 건강한 식습관과 수면 습관 등 생활리듬과 의식 정착시키기
- 중단한 학업, 직업교육 혹은 직업활동 재개하기
- 현실의 삶과 연관된 자존감과 자신감 개선하기

치료 목표 설정

현대사회에서 인터넷 없이 사는 것이 가능할까? 인터넷 의존 치료라는 주제로 강연이나 워크숍을 진행할 때면 심리치료를 하는 의사와 심리학자들에게서 이런 질문을 자주 받는다. 물론 사람들은 인터넷 없이 생존할 수 있다. 다시 말해 굳이 인터넷을 해야 할 필요가 없다면 인터넷 없이도 살 수 있다. 하지만 독일에서 공동체적 삶에 참여하려 한다면 컴퓨터와 인터넷을 완전히 배제하고 살기는 힘들다. 오늘날 디지털 기기를 사용할 최소한의 준비와 능력을 갖추지 않으면 어떤 직업에서도 버텨내기 힘들다. 사적인 삶에서도 인터넷 없이는 무엇 하나 할 수가 없다. 예를 들어 이메일을 이용한 의사소통과 온라인 뱅킹만 해도 그렇다. 이제 인터넷이 없는 일상은 더 이상 생각할 수 없는 것이 되어버렸다. 지금까지 나열한 예는 의존성을 유발하는 인터넷 유형이 아니다. 이런 점에서 생활에서 인터넷 사용을 완전히 배제할 필요는 없다.

인터넷 의존을 치료할 때는 그에 앞서 의심 환자가 인터넷 중 어떤 유형에 의존 증상을 보이는지 정확한 진단을 내려야 한다. 지금까지 경험한 바로는 다양한 유형의 인터넷 의존을 유발하는 세 가지 영역,

즉 온라인 게임, 소셜 네트워크, 사이버 음란물 중 하나에 해당할 확률이 가장 크다. 온라인 게임 유저라고 인터넷에서 항상 게임만 하는 것은 아니며 때로는 외설적인 동영상을 보기도 한다. 소셜 네트워크에 의존하는 여성도 가끔씩 컴퓨터 게임을 할 수 있다. 사이버 음란물 중독자 또한 친구들과 이야기를 나누기 위해 소셜 네트워크에 접속하기도 한다. 하지만 일반적으로 이처럼 간간이 사용하는 기타 인터넷 유형들은 시간적인 면에서 이들의 의존 증상에 별다른 영향을 미치지 않는다.

인터넷 사용 중단

우리는 치료에 앞서 환자에게 의존을 유발하는 인터넷 사용 유형을 차차 줄여가기보다는 단번에 완전히 중단하는 것이 바람직하다는 사실을 분명히 설명한다. 이는 우리가 모든 학문적 지식과 임상 결과를 토대로 내린 결론이다. 이러한 방침이 다수의 인터넷 의존자들로선 치료 초기에는 상상조차 하기 힘든 것임을 잘 알고 있다. 하지만 치료를 맡은 측에서 이처럼 강력한 메시지를 명확히 전달하는 것은 매우 중요하다. 사이버 음란물 중독자들은 처음부터 이러한 목표를 잘 받아들이는데, 가장 큰 이유는 아슬아슬하게 유지되고 있는 부부 관계를 깨뜨리고 싶지 않아서다. 반면 온라인 게임 중독자들에게는 컴퓨터 게임에서 완전히 손을 떼거나 온라인 게임만이라도 중단하는 것은 상상할 수 없는 일이다.

궁극적으로는 인터넷 의존 환자들을 치료할 때도 다른 중독 질환과 동일하게 대처해야 한다. 즉 환자의 의존 증상이 심할수록, 그리고 1일 중독 매체 사용량이 많을수록 가차없이 단호하게 중독 매체 사용을 중단하도록 해야 한다. 때로는 힘겨운 치료 과정을 거치고 나서야 비로소 인터넷을 완전히 중단할 필요성을 깨닫는 환자도 많다.

최근 9명의 인터넷 의존 환자들과 새로운 집단치료를 시작했을 때, 처음에는 이들 중 누구도 인터넷 사용을 완전히 중단할 마음이 없었다. 하지만 치료가 시작된 지 얼마 지나지 않아 이들은 대부분 인터넷 사용을 통제하는 것이 얼마나 힘든지를 깨달았고, 따라서 차라리 인터넷을 완전히 중단하겠다고 결심했다. 집단치료를 시작한 지 6개월 후 9명의 중 4명이 완전 중단이라는 목표를 달성했고, 2명은 약간 불안정하긴 하지만 사용 중단 상태를 유지했다. 유감스럽게도 1명은 몇 개월 못 가 치료를 그만두었는데, 당시 우리는 몰랐지만 예전에 앓았던 알코올 의존증이 재발했기 때문이었다. 그리고 2명은 인터넷 사용을 스스로 통제하는 데 성공했다.

인터넷 사용 통제

인터넷 사용 시간을 스스로 통제하는 방법은 완전한 중단이 힘들 때 대안적인 치료 목표로 충분히 고려할 만하다. 이 경우 먼저 사용 시간을 정해놓고 당사자가 그 시간 안에서만 인터넷을 하도록 한다. 예를 들어 하루 컴퓨터 게임 시간을 한 시간 혹은 두 시간으로 최소화하는 것을 목표로 설정하고, 치료를 받으면서 이러한 목표에 단계적으로 가까워지도록 하는 것이다.

수년간 하루에 열 시간 이상 게임을 해온 온라인 롤플레잉 게임 의존자에게 갑자기 게임을 한 시간만 하라는 것은 상당히 비현실적인 처사다. 상위 레벨의 유저라면 복잡한 게임 한 판을 마치는 데 흔히 두 시간 이상이 걸리기도 하기 때문이다. 특히 직장이나 학교에 가지 않아 하루 종일 시간이 남아도는 유저들에게는 1일 게임 시간을 정해놓는 것이 합리적이다. 처음에는 하루에 8시간 정도로 시작해 점점 줄여

나갈 수 있으며, 직업을 구할 가능성이 있는 환자라면 하루에 4시간 정도로 정하고 시작한다. 하지만 중장기적인 치료의 최종 목표는 하루 한 시간 내지 두 시간을 초과하지 않는 것이다. 이 외에 환자들이 좀 더 자유롭게 시간을 활용하고 스스로 책임감을 고취시키기 위해 1주일 단위로 시간을 조절할 수도 있다. 즉, 치료가 상당히 진행된 환자에게는 1주일에 7시간~14시간을 나누어 쓰도록 허용하는 것이다. 이런 방식이라면 저녁 때 일을 마치고 운동하는 날에는 게임을 하지 않고 비오는 주말에는 좀 더 오랫동안 할 수 있다는 장점도 있다.

인터넷 사용 시간을 스스로 통제한다는 것은 듣기엔 매우 좋은 말이지만 여기에는 대단한 절제가 필요하다. 이는 의존 매체를 완전히 중단하는 것보다 더 많은 절제가 필요하다. 사용 시간을 통제할 때는 타인의 도움을 받기보다 스스로 정직하게 시간을 준수하는 것이 가장 좋다. 다만 치료가 초기 단계일 때는 사용 시간 조절에 외부의 도움을 받는 것이 바람직할 수 있다. 가족들은 이미 몇 달 혹은 몇 년 전부터 인터넷 의존 증상을 보이는 식구를 나무라고 통제해야 한다는 압박에 시달렸기 때문에 다시 악역을 맡기 힘들어한다. 그럼에도 불구하고 치료 초반에는 당사자의 요청으로 가족들이 인터넷 사용 시간을 통제해줄 때가 많다.

특히 사이버 음란물에 중독된 남성은 흔히 파트너에게 감시자 역할을 기꺼이 맡긴다. 그 이유는 이들이 파트너의 신뢰를 되찾고 싶어 하기 때문이다. 기간이 짧든 길든, 모든 인터넷 의존자가 사용 시간 통제를 직접 주도하는 것이 중요하다. 만일 파트너나 부모가 통제권을 완전히 가져버리면 이들은 상대가 고마워하지도 않는 힘든 일을 떠맡은 격일 뿐 아니라 이런 상황은 결국 당사자가 극복해야 할 의존증을 타인에게 전가한 꼴이 되어버린다.

외부적 통제

인터넷 사용을 외부에서 통제하기 위한 해법으로 다름 아닌 디지털 기술이 사용된다는 사실은 매우 흥미롭다. 인터넷 소비를 제한하는 데 도움을 주는 질과 양을 측정하는 시스템은 이미 오래전부터 존재해왔다. 인터넷 소비를 질적으로 제한하기 위해서는 특정 컴퓨터로는 게임과 소셜 네트워크 혹은 음란물에 접속하지 못하도록 막아주는 필터 소프트웨어를 사용하면 된다. 많은 부모와 회사들은 자녀와 직원의 오용을 막기 위해 이미 오래전부터 이런 필터 소프트웨어를 사용해왔는데, 시간이 갈수록 점점 더 정교해지고 있다. 이런 필터 소프트웨어는 인터넷 사용을 완전히 중단하려 할 때 유용하다. 인터넷 사용을 양적으로, 즉 시간상 제한을 둘 때는 타이머를 사용할 수 있다. 이러한 타이머는 소프트웨어 형식으로 해당 기기(컴퓨터, 태블릿 PC, 스마트폰)에 설치하거나, 각 가정의 W-LAN-네트워크를 이용해 중앙에서 원격 조정할 수도 있다. 이런 방식으로 1일 혹은 1주 단위로 인터넷 최대 사용 시간을 정할 수 있다.

최근 들어서는 양적·질적 요소를 결합시켜놓은 시스템도 출시되었다. 스마트폰에 이런 시스템을 설치하면 인터넷 중 어떤 유형(게임이나 음란물 등)을 차단할지, 그리고 하루 혹은 일주일에 얼마나 사용할지 정확히 정해둘 수 있다.

물론 인터넷 의존자들은 대개 디지털 기술에 매우 노련하므로 이러한 통제 메커니즘을 우회해 무력화시킬 방법을 어렵지 않게 찾아낸다. 이런 메커니즘의 목적은 외부의 통제를 이용해 인터넷 의존자에게 인터넷 사용을 부분적으로 혹은 전면적으로 불가능하게 만드는 것이라기보다, 중독 매체에 접근하는 길을 어렵게 만듦으로써 유혹을 줄이려는 것이다. 마우스만 몇 번 클릭하면 중독 매체에 손쉽게 접근할 수 있는 경우와 보안 소프트웨어를 우선 제거해야만 접근할 수 있는 경우는 엄연한 차이가 있다. 알코올 중독자와 가족이 제일 먼저 할 일도 집 안에 있는 모든 알코올음료를 치워버리는 것이다. 중독 매체에 접근하기 어려울수록 의도치 않은 재발 위험도 낮아진다. 하지만 장기적으로는 외부의 통제에서 당사자의 내적 통제로 옮겨가는 것이 매우 중요하다. 다시 말해 당사자가 적극 치료에 참여함으로써 중독 매체가 코앞에 있더라도 자신을 통제하고 보호할 수 있는 정신력을 키우는 것이다.

대안 활동 모색 : 드디어 오프라인으로

인터넷을 대체할 대안을 마련하지 않고 의존자에게 인터넷 사용 중단을 시도하면 반드시 실패할 수밖에 없다. 이는 다른 모든 중독의 경우에도 마찬가지다. 알코올 중독자가 더 이상 술집에 가지 않겠다고 마음먹는다면, 금단현상을 이겨내기 위해 알코올을 대신할 바람직한 대안을 생각해야 한다. 인터넷 의존과는 달리 알코올이나 니코틴, 코카인, 기타 마약 등은 사람들이 이를 소비하면서도 다른 활동을 할 수 있다. 일부 사람들에게는 심지어 이런 물질을 소비하는 행위가 개인적인 삶과 직업의 일부이기도 하다. 반면 깨어 있는 동안 대부분 집 안의 데스크톱 컴퓨터 앞에 앉아 온라인에서 시간을 보내는 인터넷 의존자들은 친구를 만나는 등의 개인적인 삶 자체가 없으며, 경제적 독립을 가능하게 해주는 직장도 없다. 소셜 네트워크를 제외한 기타 유형의 인터넷 의존자들은 다른 일을 병행할 수 없다. 결국 인터넷 의존은 오프라인에서의 개인적·직업적 삶과 공존할 수 없기에 그들의 삶이 일반 궤도에서 그토록 극심하게 벗어나 있는 것이다. 자신의 몸과 사회적 삶, 학교나 직장에서의 성취를 소홀히 하는 현상은 인터넷 의존이 초래한 전형적인 부정적 결과다. 따라서 인터넷 의존 치료 과정에서 대안 활동을 모색할 때 초점을 맞출 부분도 바로 이 세 가지, 즉 당사자의 몸과 사회적 삶, 학업 및 직업적 성취여야 한다.

만일 과거의 긍정적인 행동 양식을 되살릴 수 있다면 치료는 근본적으로 훨씬 용이하게 진행될 수 있다. 예를 들어 과거에 학교나 직업 훈련기관, 대학 혹은 직장에서 성공했던 경험, 친구들이나 파트너와의 긍정적인 경험, 혹은 자신의 몸을 움직이고 사용하는 것이 얼마나 편안한 일인지 느껴본 경험이 있다면, 앞서 이야기한 대안 활동을 모색하기는 한결 수월할 것이다. 반면, 지금까지 대부분의 세월을 인터넷만 하며 보냈고, 당사자 시각에서 긍정적인 경험 역시 대부분 인터넷에서 한 경우라면 대안 활동은 훨씬 찾기 어렵다. 하지만 이 경우에도 인터넷의 덫에 빠져 있는 이를 건져낼 해법은 분명 존재한다. 단 일단 빠져 나온 사람에게는 새로운 활동이 필요하다. 그렇지 않고 인터넷으로 가득 차 있던 삶을 텅 빈 채로 놔둔다면 위험해진다.

몸 안으로: 신체치료를 이용한 방식

때때로 성장이 완전히 이루어지기 전에 인터넷에 의존하게 된 이들을 보면 몸의 온전한 주인이 못 된 듯한 느낌을 받는다. 이들은 자기 몸의 운동기관과 감각기관을 컴퓨터 사용에 필요한 만큼만 능숙하게 다룬다. 따라서 특히 유년기와 청소년기 환자들을 치료할 때는 육체 혹은 감각기관과 연관된 모든 교육학적 접근 방식과 치료법이 매우 중요한 역할을 한다. 엄밀히 말하자면 다음의 접근 방식은 모든 연령 집단의 치료에 유용하다.

우선 신체치료를 이용한 접근방식에서 가장 기본은 몸을 단련하는 것이다. 다양한 종목의 운동은 몸을 단련하는 데 각기 상이한 영향을 미친다. 따라서 치료에 도움이 되려면 어떤 종목의 운동이 개인적으로 가장 적합한지 운동치료사의 조언을 받아 신중히 판단해야 한다. 환자가 과거에 이미 해본 적이 있는 익숙한 종목을 다시 시도해보는 것도 바람직하다. 중요한 것은 빠른 시간 안에 운동이 즐겁고 유익하다고 느끼며 잘할 수 있겠다는 자신감을 경험하는 것이다. 축구나 농구, 배구 같은 팀 운동이 경쟁이 아닌 화목한 분위기에서 진행되면 당사자에게 좋은 경험을 제공해줄 수 있다. 수영이나 달리기, 사이클링같이 지구력이 필요한 운동을 20분 이상 집중적으로 하면 행복 호르몬이 분비돼 우울증 치료에 매우 효과적이다. 기계체조와 체조, 댄스는 특히 균형 감각과 미세한 운동 기능을 키워주기 때문에 몸에 대한 통제력을 배양하는 데 도움이 된다. 유도나 아이키도, 가라테 같은 무술은 자기 몸을 제어하는 훈련이자, 자신이나 타인에게 해를 가하지 않으면서 공격성을 표출할 수 있도록 도와준다. 웨이트 트레이닝은 일반적으로 공격성을 드러내지 않고 축적시키므로 반드시 지구력 훈련과 결합된 형태로, 가능한 한 가정용 운동기구의 모니터 앞에서가 아니라 자연 속에서 할 것을 권한다. 특히 당사자가 자존감을 높이기 위해 근육을 키울 때는 더욱 그러하다. 탁 트인 야외에서 아무런 음악도 없이 운동을 하면 모든 운동은 인터넷 의존을 치료하는 데 도움이 된다. 이렇게 자연에서 운동을 해야 제대로 효과가 발휘되며 당사자도 이를 몸으로 느낄 수 있다. 때로는 이보다 좀 더 강력한 방법이 필요할 때도 있다. 중독 매체를 소비하지 않고도 희열을 체험할 수 있도록 암벽등반이나 행글라이딩 같은 익스트림 스포츠를 하게 하면 환자는 강력한 감정 체험을 할 수 있다. 여기에는 환자가 자신의 몸 뿐만 아니라 대자연 또한 새롭게 체험한다는 중요한 의미가 있다.

운동은 신체감각과 자존감을 높이기 위한 첫걸음이 될 수 있다. 운동과는 동떨어진 삶을 산 인터넷 의존 환자들이 운동을 하려면 우유부단함과 무력감을 이겨내야 하며, 자기 몸을 남 앞에 드러낸다는 부끄러움을 극복해야 한다. 많은 인터넷 의존 환자들이 자신의 몸을 부끄러워하기 때문에 치료 과정에서 때때로 몸 관리법을 직설적으로 이야기하기란 쉽지 않다. 인터넷 의존 환자 중에는 제대로 씻지도 않고 자신의 외모가 어떤지 전혀 의식하지 못하는 이들도 많다. 타인을 만날 일도 거의 없어서 타인의 시선 때문이라도 몸을 단정히 가꾸어야겠다고 생각할 계기도 없다. 하지만 이 문제에 조심스러운 피드백을 주고 변화를 모색하도록 돕지 않는 것은 치료사로서의 의무를 저버리는 것이다.

인터넷 의존 환자들은 몸의 위생뿐만 아니라 영양섭취도 소홀히 하는 경향이 있다. 이들은 대부분 지나치게 많이 먹거나 지나치게 적게 먹으며, 식단 자체도 극히 불균형하다. 일부 치료 프로그램에서는 패스트푸드와 감자칩, 단 것으로 끼니를 때우는 의존 환자에게 제대로 된 식품 섭취법을 가르치기 위해 요리와 베이킹 교실을 열기도 한다. 심지어 채소와 허브 텃밭을 제공함으로써 식물의 한살이와 먹이사슬을 직접 체험하도록 하는 치료 기관도 있다. 말 그대로 환자들이 땅과 하나가 되는 체험을 하도록 돕는 것이다. 이 밖에 주기적으로 자기 방을 직접 정리하고 청소해야 한다는 규정을 두어 삶의 기본을 가르치는 기관도 있다. 이 또한 환자들이 자신이 처한 상황을 정확하게 파악하고 검소함을 배우며 특히 머릿속을 정리하는 데 도움이 된다.

여기에서 이야기하려는 이른바 '창의적 활동치료'는 인터넷 의존 환자들의 치료 개념 중 또 다른 주요 요소이지만, 언뜻 봐서는 신체치료와는 전혀 무관하게 보일 수 있다. 하지만 창의적 활동치료 또한 신체치료에 속한다. 이러한 치료는 인터넷에 빠져 있는 동안 방치된 감각기관과 미세한 운동기능을 키우는 데 효과가 있기 때문이다. 음악치료와 미술치료는 환자들이 특별한 지식 없이도 소리를 내고, 색칠을하며, 그림을 그리거나 다른 예술적 방식으로 자신을 표현할 수 있는 '예술치료'다. 경우에 따라 타인과 함께 양손을 사용하여 소리를 내고 그림을 그리거나 눈과 귀로 피드백을 받음으로써 신체적인 경험도 한다. 이런 신체적 경험은 환자들에게 그들의 행위가 만들어낸 산물보다 중요하다. 그들이 예술적 행위로 만들어낸 산물이 어떤 의미를 지니는지는 개인적인 역사와 치료 과정을 토대로 해석해볼 수 있다. 작업치료는 창의적 활동치료보다 좀 더 현실적이지만 마찬가지로 의미 있는 치료법이다. 인터넷 의존자들에게는 극히 단순한 수작업도 생생한 현실 세계로 향하는 길에서 처음으로 맛보는 성공적인 체험이 될 수 있다. 일정한 시간 동안, 예를 들어 나무토막과 조각용 칼이라는 도구만 갖고 집중하는 작업은 인터넷 의존 치료에 도움을 줄 수 있다. 이처럼 여러 활동을 하다 보면 새로운 취미가 생기기도 하고, 잊고 있던 오래된 취미가 되살아나기도 한다.

이와 같이 소통을 통한 심리치료에만 국한하지 않고 환자의 몸과 감각기관까지 활용하는 치료 프로그램은 병원 외 다른 기관들도 제공하고 있다. 이러한 치료 프로그램의 참여 비용을 건강보험공단에서 받는 것이 쉽지는 않지만, 원칙적으로는 외래진료 환자 모두 의사의 처방을 받아 비용을 청구할 수 있다. 심신의학적 치료 개념을 총체적으로 실현하기 위해서는 치료 수단을 언어와 화학약품에만 국한하지 않고 새로운 발상을 실험해보는 것이 바람직하다. 언어를 수단으로 하는 심리치료와 향정신성 의약품은 인간의 신체 중 단지 한 부분, 즉 뇌에만 초점을 맞춘다. 심신의학적 치료 프로그램의 틀에서 인터넷 의존자들의 신체를 집중적으로 치료에 개입시키는 것은 지금껏 잠재력을 발휘할 기회를 갖지 못한 채 가장 소홀한 대접을 받아온 당사자의 몸을 존중한다는 의미다. 우리는 몸을 이용해 실제적인 현실 세계를 가장 구체적으로 감지할 수 있다. 그러므로 몸에 시선을 주고 잠재력을 발휘할 기회를 주어야 한다.

인간관계 안으로 : 사회적 치료를 이용한 방식

환자들의 신체 상황이 개선되면 최상의 경우에는 자존감 또한 좋아지며, 자존감이 개선되면 좀 더 자신 있게 타인에게 다가갈 수 있다. 하지만 여기까지 이르기 위해서는 대부분 오랜 과정을 거쳐야 한다. 인터넷 의존 환자는 흔히 사회적인 두려움이 있기 때문에 단지 자존감을 개선하는 것만으로는 많은 것을 기대할 수 없다. 치료 시간에는 타인과 인터넷 환자와의 접촉을 방해하는 요인에 관해 직설적으로 이야기를 나누고 이를 극복하도록 도와야 한다. 이들은 슈퍼마켓에서 마주치는 낯선 사람, 연락이 끊겼던 친구, 잠재적인 파트너 등을 만나기 힘들어한다.

환자 중에는 타인과 만나거나 공공장소에서 낯선 이와 접촉하거나, 군중 앞에 모습을 드러내기를 두려워하는 사람들이 적지 않다. 오랫동안 집 밖에 나가지 않아 타인과 어울리는 법을 잊은 것인지, 아니면 원래부터 타인에게 특별한 두려움을 갖고 있어서 집 안에만 틀어박혀 인터넷으로 숨어 들어간 것인지를 알아내는 것은 그리 간단하지 않다. 하지만 치료를 위해 우선적으로 중요한 것은 이러한 인과관계의 문제가 아니라, 어떻게 하면 현 상태에서 다시 빠져 나오느냐 하는 것이다. 즉 행동치료의 개입으로 이러한 두려움에 접근하는 것이 실질적으로 중요하다는 말이다.

두려움을 극복하기 위해 가장 먼저 할 일은 단순히 버스나 지하철을 타보고 상점이나 백화점에 들어가보는 것이다. 그러고 나서 극장이나 연극공연장, 콘서트장 등 좀 더 복잡한 상황에 발을 들여놓는 것이다. 두려움 극복 훈련을 세심하게 계획적으로 진행하면 아무리 두려운 상황에 처해도 이로 인해 목숨을 잃지는 않으며, 극심한 두려움이 들었어도 결국은 타인과 만난 경험을 기초로 다시 현실에 발을 들여놓을 수 있다. 비정상적인 두려움에 시달리던 환자들은 이런 극복 과정을 거쳐야만 지속적인 대인관계를 유지할 발판을 마련하게 된다.

친구 관계는 인간이 영위하는 다양한 관계 중 가장 오랫동안 지속되는 가장 친밀한 인간관계다. 친구 관계는 연인 관계보다 더 오랫동안 지속되며, 부모나 자녀들과 함께 사는 시간보다 더 오랫동안 유지된다. 우리는 무언가 나쁜 일이 생겼거나, 부모님이나 사랑하는 이들이 어떤 방식으로든 곁을 떠날 때 친구들에게 위로를 받는다. 우정의 가치는 측정할 수 없을 만큼 값지다. 특히 친구의 숫자가 부각되는 소셜 네트워크로 인해 진정한 친구의 이상理想이 퇴색된 디지털 시대에는 더욱 그러하다.

인터넷 의존자는 흔히 또래 친구들이 없는 상태로 오랜 시간을 보낸 후, 외래진료 클리닉에 입원해 집단치료를 받는 자리에서야 비로소 또래 집단을 접하게 된다. 이러한 또래 집단과의 자리에서 이들은 그토록 오랫동안 갈망했던 이해와 연대감을 경험한다. 때로는 집단치료 동료들 간에 애틋한 우정이 생겨나기도 하지만 대부분 거주지가 멀리 떨어져 있어서 진정한 우정으로 이어지는 일은 흔치 않다. 따라서 우리는 치료의 일환으로 우정이라는 주제에 대해 환자들이 직접 이야기를 나누도록 한다. 이들은 어떻게 하면 멀어진 친구와 다시 가까워지고 새로운 친구를 사귈 수 있는지 함께 고민한다. 하지만 이는 결코 간단한 일이 아니다. 환자들은 흔히 예전에 친했던 친구와 다시 가까워질 기회가 없을까봐 불안해하고, 새로운 친구가 자신을 마음에 들어 하지 않고 아무 관심도 보이지 않을까 걱정한다. 이러한 경우 누군가에게 직접 말을 걸어야 할 필요 없이 자연스럽게 우회적인 방식으로 새로운 사람을 사귀는 것도 도움이 될 것이다. 예를 들어 다양한 동호회에서 사람들과 함께 취미활동을 시작하거나 운동을 시도해보는 것도 좋은 방법이다. 다른 사람들과 함께 몸을 움직이면서 무언가를 하다 보면 사람을 만나는 것이 덜 두려울 수도 있다. 설사 두려움이 한꺼번에 없어지지는 않더라도 적어도 두려움을 극복하는 계기는 될 것이다.

인터넷 의존 환자가 파트너를 찾는 일은 친구를 사귀는 것보다 훨씬 어렵다. 하지만 친구를 사귀고 우정을 경험함으로써 일단 극심한 고독감이 극복된 상태라면 파트너를 찾는 일 또한 해낼 수 있다. 오랫동안 사람과 접촉하지 못한 의존 환자의 과도한 욕구를 잠재적 파트너가 전부 감당해야 한다면 큰 부담을 느낄 것이다. 인터넷 의존자들이 술집이나 클럽에서 파트너를 직접 찾기란 힘들뿐 아니라 별다른 소득도 없다. 하지만 젊은 환자들에게 육체적 접근과 스킨십, 성에 대한 욕구는 중요한 부분이므로 치료의 틀 안에서 터놓고 이야기를 나누어야 한다. 그래야만 이 문제와 관련된 이들의 뿌리 깊은 두려움이 수면 위로 떠오르고 치료를 통해 극복해나갈 수 있다.

여러 사람이 모여 있는 집단에서 사랑과 성에 관해 이야기하는 것은 쉽지 않다. 하지만 최대한 상대방을 존중하는 가운데 조심스럽게 대화를 나누다 보면 마음이 개운해질 수 있다. 특히 특이하다고 할 성적 욕구에 관해서는 더욱이 그러하다. 하지만 사랑과 성에 관한 문제를 이야기하기 위해서는 개별적인 대화나 장기적인 개별치료가 필요할 때도 있다.

인터넷 의존 환자들은 파트너 관계와 성이라는 주제와 관해 인터넷 의존 유형에 따라 각기 판이한 문제를 안고 있다. 사이버 음란물 의존자는 파트너와 관계를 유지해가는 것이 문제인 반면, 온라인 게임과 소셜 네트워크 의존자는 이성의 접근을 허용하지 않거나 허용할 수 없기 때문에 파트너와 성적 관계를 맺기 위한 전제 자체가 성립되지 않는다는 것이 문제다.

이러한 맥락에서 인터넷상에서 점점 더 많은 친구들, 성적인 만남, 파트너 관계를 쌓아나간다는 것이 인터넷 의존 환자에게 어떤 의미인지 결코 가볍게 여겨서는 안 된다. 사이버 음란물과 소셜 네트워크 의존자들이 누군가를 부단히 찾고 있음에도 불구하고 아무도 못 찾는 데는 인터넷상의 관계가 얼마간 영향을 미친다. 반면 치료를 받기 전까지 소셜 네트워크와 만남 사이트에 무관심하고 심지어 계정조차 없었던 온라인 게임 의존 환자의 경우에는 이러한 인터넷상의 만남에 발을 들여놓는 것이 문제 해결에 도움이 될 수도 있다.

처음에는 입원치료를 받은 후, 입원과 통원치료를 병행하다 최종적으로 외래진료 클리닉에서 집단치료를 받았던 환자가 있었다. 이 환자는 입원 치료를 받는 동안 오랫동안 연락이 끊겼던 친구들과 다시 연락을 시도했다. 같은 치료팀이었던 우리는 이러한 목적으로 환자가 소셜 네트워크에 접속하는 것을 허용해야 하는지 의논했다. 팀 내에서 의견이 갈렸지만, 결국 제한된 범위에서 소셜 네트워크 사용을 허용한다는 쪽으로 결론이 났다. 실제로 그의 소셜 네트워크 활동은 집에 돌아가 오랫동안 만나지 못했던 또래 그룹에 다시 합류하는 길을 마련해주었다. 중독 전이 현상에 대한 우리의 우려는 이 환자의 경우 쓸데없는 기우였다. 중요한 것은 그가 다시 옛 친구들과 함께 운동하고 축구 경기도 보러 가며 여러 활동을 한다는 것이다.

서로를 의지하며 타인을 직접 만나 정신적·육체적 교류를 하지 않으면 병이 들 수밖에 없다. 우리가 행복해지기 위해서는 곁에 있어줄 사람이 필요하다. 인터넷 의존 환자들이 치료를 받는 동안은 치료사와 동료 환자들이 이들의 곁을 지켜준다. 치료가 끝나면 친구와 파트너가 곁에 있어주는 것이 가장 좋다. 이는 다른 어떤 것보다 중요한 문제다.

독립성 갖추기: 학교, 직업훈련, 학업 및 직업

인터넷 의존 환자를 치료할 때는 초기에 소소한 성공을 체험하도록 하는 것이 중요하지만, 한편으로는 이를 위해 무리한 부담을 주는 것은 좋지 않다. 성취에 대한 주변의 기대와 현실의 간극이 이들을 인터넷에 의존하게 만든 요인 중 하나이기 때문이다. 이들이 중고등학교나 대학을 그만두거나 직업훈련 자리 혹은 직장을 잃는 경우, 인터넷 의존이 원인인지 아니면 결과인지 그 인과관계를 파악하는 것은 그리 간단하지 않다. 이들은 능력을 증명할 수 있는 학교라는 곳에서 멀어지고, 독립성을 갖는 가장 좋은 길인 직장을 잃었을 때 극심한 상처를 입고는, 이러한 상처를 인터넷상에서 성취를 이루는 임시변통으로 달랜다. 인터넷 의존 환자들은 비록 겉으로는 내색하지 않지만, 분명 언젠가 다시 혼자 힘으로 먹고살 길을 찾길 원하며 이에 관한 압박도 느낀다. 따라서 치료사들이 이런 압박을 가중할 필요는 없다.

내 경험에 따르면 환자들에게 어떤 목표를 제시해주는 것보다는 이들 자신이 목표를 세우고 성취하도록 돕는 것이 중요하다. 많은 이들은 지금까지 부모와 사회가 정해준 목표를 이루려다 자신과 맞지 않아 결국 실패한 경험이 있기 때문이다. 상처 입은 우울한 마음으로 인터넷으로 숨어들었던 사람이 다시 현실 세계로 나오기까지는 오랜 시간이 걸리는 험난한 일이며, 이들이 짧은 시간에 무언가를 성취하는 것 또한 쉽지 않다. 따라서 이런 상황의 환자를 치료할 때는 매우 조심스럽게 접근해야 한다. 심리치료사가 공공연하게 성취에 대한 압력을 가하면 오히려 역효과가 날 수 있다. 이런 경우 환자는 자신을 압박하는 심리치료사를 지나친 요구를 하고 씻을 수 없는 상처를 준 부모와 교사, 교수, 상사 같은 사람으로 치부할 수도 있다.

환자의 눈에 심리치료사가 자신을 능력 있는 시민으로 만들고 싶어하는 사회의 대변자로 비쳐지면, 어려운 상황에 처한 환자의 마음에 가까이 다가가 도움을 줄 기회를 얻지 못한다. 이런 점에서 볼 때 환자에게 경제적 능력을 길러주는 것이 심리치료의 궁극적인 목표가 될 수는 없다. 당장 일하러 가야 한다는 압박을 가하지 않고 주어진 시간을 어떻게 사용할지 생각해보라고 하면, 이들은 자신의 자율성을 인정하고 존중해준다고 느낀다.

아날로그 세계에서 새 삶을 시작하려 할 때는 일반적으로 먼저 자기 자신과 일상의 자잘한 일들을 돌보고 난 후 그 다음에 타인과의 만남을 재개하는 편이 바람직하다. 그 방법에 관해서는 이미 앞에서 이야기한 바 있다. 우선 일상적인 상황이 개선되면 좀 더 가치 있는 사람으로 느껴지고 자신감도 높아지므로, 학교나 직장에서도 성공적으로 새출발을 할 수 있게 된다.

새로운 출발을 알리는 신호탄은 당사자가 직접 울리는 것이 가장 좋다. 새출발 시점은 흔히 당사자가 교육과 직업이라는 일상에서 빠져나온 지 얼마나 오래되었는지에 따라 달라진다. 물론 아무 성과 없이 보낸 시간이 길수록 새로운 기회를 얻기가 좀 더 어려운 것은 사실이다. 전망을 조심스럽게 탐색하고 구체적인 계획을 세우기 위해서는 사회복지사를 개입시킬 필요가 있다. 사회복지사는 학교와 고용주에게 구체적으로 질문하고 논의할 때 큰 도움을 준다. 또한 자신이 담당하고 있는 사람의 의무와 권리를 정확히 인지하고, 많은 관련 지식과 경험을 토대로 심리치료사는 줄 수도 없고 주어서도 안 되는 구체적인 도움을 준다. 성취와 자율성이라는 문제에 대해, 심리치료사는 환자의 태도를 개선하기 위해 노력한다면, 사회복지사는 구체적인 목표를 이루도록 돕는다. 인터넷 의존 환자들이 사회에 재편입하기 위해서는 어떤 일을 할 수 있는지도 알아둘 필요가 있다.

인터넷에 의존하는 아동과 청소년들이 학교에 다니기 힘든 이유는 자신의 능력을 보여줄 수 없을 뿐만 아니라 사회적으로도 적응이 힘들기 때문이기도 하다. 이는 학교를 그만둔 환자들이 다시 학교에 다니려고 할 때도 고려해야 할 문제다.

흔히 수개월 이상 학교를 쉬다가 다시 나가려면 두 가지 문제에 직면한다. 하나는 같은 학년을 다시 다녀야 하는 것이고, 다른 하나는 그 때문에 얼마 남지 않은 친구들과 함께 생활할 수 없다는 점이다. 하지만 어찌 보면 같은 학년을 다시 다니는 것이 더 편할 수도 있다. 새로운 동급생들과 함께 새롭게 사회생활을 시작할 수 있기 때문이다. 학업을 재개할 때는 시간적 공백을 이용해 당사자와 부모, 혹은 당사자가 신뢰하는 교사와 함께 여러 방안을 열어놓고 모색해보는 것도 바람직하다.

어쩌면 다른 형태의 학교로 전학하는 것이 낫지 않을까? 혹은 기숙학교나 청소년지원센터에서 운영하는 생활관 같은, 급격한 변화가 필요하지는 않을까? 예전에 다니던 학교에서 새출발하기 전에 잠깐 휴지기를 두고 1년간 외국에서 학교를 다니는 것은 어떨까? 이러한 상황에서는 부모도 다시 한 번 객관적으로 살펴보면서 그간 당연하다고 여겨온 모든 생각을 돌아보는 것이 중요하다. 이처럼 부모 스스로가 자신을 돌아보고 잘못된 점을 찾으려 노력하는 태도를 보이면 자녀 역시 그들의 실수와 불완전한 생각을 바람직한 방향으로 개선하는 데 도움이 된다.

17세에서 20세 사이의 청소년은 직업훈련을 받을 때 보통 성인으로 간주되며 자신에게 책임을 져야 한다. 인생의 몇 년을 인터넷에서 보내고 그 동안 아무 발전도 이루지 못한 인터넷 의존 환자 중에는 정신연령이 18세에도 못 미치는 이도 많다. 인터넷에 빠져 있다가 직업훈련을 받으려는 청소년은 지원센터에서 집중적인 심리사회적 지원을 받을 수 있다. 예를 들어 관리자가 상주하는 기관에서 또래와 함께 생활하며 직업훈련을 받고, 이 기간을 심리적으로나 정신적으로 성숙할 기회로 삼을 수도 있다. 때로는 일 년 정도 시간을 두고 사회적·직업적으로 필요한 준비를 하는 것도 의미 있는 일이다. 때로는 어른이 된다는 무거운 과제를 받아들이고 달성하기에 앞서 좀 더 많은 시간이 필요한 사람들도 있다. 생물학적으로 인간은 다른 동물에 비해 성장 속도가 느리다. 오늘날 우리 사회에서는 이 같은 현상이 점점 첨예화되고 있다.

직업훈련은 일반적으로 이론과 실질적인 부분이 하나로 묶여 있고 정확한 시스템에 따라 진행되며 사회생활에 든든한 토대가 되어주므로, 조금 늦게 무언가를 이루어보려는 사람들이 선택해볼 수 있는 좋은 해법이다. 나는 직업훈련을 실시하는 사업장에서 상사들이 실습생을 위해 많은 노력을 기울이는 것을 보았다. 그중에는 인터넷 의존 치료를 받으면 계속 실습할 수 있게 해주겠다고 설득해 실습생을 병원에 데려온 상사들도 있다. 밤중에 인터넷에 파묻혀 피로가 누적된 채 실습 시간에 늦는다거나 수시로 결근한 실습생들이다. 나는 이들을 직접 데려와 치료받게 한 후 다시 실습 기회를 주는 상사를 몇 번이나 보았다. 비록 타인의 주도로 이루어진 것이지만, 그럼에도 환자들은 눈앞에 주어진 목표를 보고 치료를 허용한 것이다.

직업학교 과정을 이수하다 말았거나, 대학입학자격시험 합격 후 학업을 제대로 마치지 못한 사람들은 직업훈련을 받는 것이 가장 좋은 해법일 수 있다. 직업훈련 이수는 매우 가치 있는 일이다. 낙제를 되풀이하거나 대학을 제대로 못 마친 것은 어린 당사자에게 큰 상처가 될 수 있으며, 어느 순간부터는 직업훈련 시장에 진출하기도 힘들 수 있다. 우선 직업훈련을 마친 다음 대학입학자격시험을 보거나 대학 과정을 이수하는 것도 충분히 가능한 일이다. 여기서 이야기하고 싶은 것은 직업훈련 자체는 매우 가치 있으며 주위 사람도 이러한 가치를 인정해주어야 한다는 것이다. 모든 학생이 대학입학자격시험을 치르고 대학에서 공부할 수 있는 것은 아니다. 만일 사회와 부모가 지나치게 높은 잣대를 세워놓고 대학과 관련 없는 모든 것의 가치를 낮게 평가한다면, 수많은 청소년들이 자신에게 실망한 채 현실에서 물러나 다른 방식으로 성공하고 가치를 인정받는 가상공간으로 숨어드는 것도 이상하지 않다.

대학 과정은 대다수 인터넷 의존 환자들에게 매우 커다란 도전이다. 대학은 본래 중고등학교와는 질적으로 달라서 수준 높게 진행되므로 인터넷 의존 환자들은 학업을 소화해내기가 더 어렵다. 특히 학생에게 많은 재량권이 주어지는 학과의 경우, 인터넷에 빠져들면 주변의 누구도 모른 채 오랜 시간이 지날 수 있다. 이렇게 인터넷에 의존한 상태로 몇 달, 혹은 몇 년이 지나고 나면 과연 그 공부가 내게 맞는 것인지, 대학을 다니는 것이 잘하는 일인지 다시 한 번 생각해보게 된다. 어떤 환자들은 치료 후 학업을 재개해 성공적으로 졸업하기도 한다. 하지만 때로는 전문 상담을 받아 학업의 방향을 바꾸는 편이 나은 이들도 있다. 어떤 이들에게는 전문대학에 들어가거나 복수 전공을 하여 시간표가 정해져 있는 학업을 이수하는 것도 대안이다. 혹은 비는 시간 없이 오전부터 오후까지 일해야 하는 직업훈련을 먼저 이수하는 것도 바람직하다. 이런 상황에서는 이처럼 실질적인 생각을 하는 것이 중요하다. 하지만 이럴 때는 자신이 정말로 관심을 갖고 좋아하는 것이 무엇인지, 오래전부터 하고 싶었던 것이 무엇인지를 가장 중요시해야 한다. 인터넷 의존 환자들은 진정 어떤 직업을 꿈꾸는지, 어떤 재능이 있는지 아무도 모른 채 묻혀버리고 마는 경우가 적지 않다.

상담을 받으러 오는 인터넷 의존 환자들은 대부분 확실한 일자리가 없다. 그 이유는 이들이 아직 직업훈련을 끝까지 마치지 않아서인데, 적어도 온라인 게임에 빠져 있는 대다수 젊은 남성 환자들이 이런 실정이다.

사이버 음란물에 중독된 중년 남성들의 상황은 좀 다르다. 이들은 대개 직업적으로는 제대로 정착해 있으며, 사이버 음란물에 중독된 것은 개인적인 이유 때문이다. 하지만 의존 정도가 심한 경우에는 때때로 개인 소유의 기기를 직장에 가져와 인터넷에 접속해 음란물을 보고 성적 일탈을 시도하다 일자리를 잃기도 한다. 상담을 받으러 온 환자 중에는 상사의 지시로 온 이들도 여럿이 있었다. 부하직원이 사이버 음란물에 중독된 사실을 알고 일정 부분 이해는 하지만 엄격한 대응을 보인 상사 덕에 처음으로 병원 문을 두드린 것이다. 대기업에서는 이 같은 일이 발생하면 중독 문제 담당자들이 결정적인 역할을 한다. 이들은 각성을 촉구하기도 하며, 상담이나 치료기관을 찾을 때 구체적인 도움을 주기도 한다.

이들이 가장 먼저 접촉하게 되는 곳은 흔히 중독문제상담센터인데, 이는 공익기관에서 운영하며 중독에 관한 모든 문제를 포괄적으로 다룬다. 이곳에서는 우선 당사자를 상담한 후 필요에 따라 전문 외래진료 클리닉과 전문 클리닉에 진료를 의뢰하지만, 경우에 따라서는 곧장 심신의학 재활 클리닉에서의 치료를 권고하거나 이를 직접 의뢰하기도 한다. 단 이때 항상 유의해야 할 것은 이러한 재활 클리닉에 행동중독치료 전문가가 있는지, 각 질환별로 특수치료 프로그램이 있는지 확인해야 한다는 점이다. 이 외에도 중독문제상담센터는 특히 당사자가 실직 후 새 일자리나 재교육 자리를 찾아야 할 때, 직업 현장으로의 복귀와 관련해서도 구체적인 도움을 줄 수 있다. 끝으로 하나 덧붙이자면 지금까지 이야기한 모든 사항은 모든 유형의 인터넷 의존에 해당한다.

위기관리:
금단현상, 중독 전이 현상 및 재발

모든 치료에는 부작용이 나타나는데, 이는 의약품뿐만 아니라 심리치료에도 해당한다. 중독 질환의 치료는 주로 심리치료 영역에 속한다. 행동 중독은 상태가 심하면 향정신성 의약품도 사용할 수 있지만, 그렇지 않으면 대개 심리치료를 받게 한다. 치료의 위험성과 관련해 히포크라테스 선서에도 '프리뭄 논 노체레 Primum non nocere('무엇보다도 해를 입히지 말라'는 뜻의 라틴어 — 옮긴이)'라는 말이 있듯이 의학 윤리의 최우선 원칙은 치료하는 동안 환자에게 아무런 해도 발생하지 않는 것이다. 인터넷 의존을 치료할 때도 위험을 완전히 배제하기란 불가능하므로 몇 가지 근본적인 위험에 유의하는 것이 중요하다. 중독 물질 소비를 중단할 때는 특히 그러하다.

금단치료

우리는 특별히 좋아하는 장편소설, 영화 혹은 텔레비전 시리즈물이 영원히 계속되길 바란다. 이런 소설을 읽거나 영화나 시리즈물을 볼 때 우리는 자신과 동일시할 수 있는 인물에게 특별한 애정을 느낀다. 우리는 일상에서 직접 할 수 없는 일들을 극 중 인물이 대신 해주기를 무의식중에 열망하는 것이다.

가상 세계에서 당신이 좋아하는 인물이 되어 그 인물을 직접 조종한다고 상상해보라. 이 가상의 세계는 한없이 넓고 이 인물의 이야기는 소설이나 영화처럼 처음도 끝도 없다. 당신은 그곳에서 마주치는 다른 인물들과 함께 끝없이 새로운 체험을 할 수 있다. 그리고 앞으로 몇 년간 하루도 빠짐없이 깨어 있는 대부분의 시간을 디지털 가상 세상에서 당신을 대리하는 이 인물을 조종한다고 상상해보라. 그러면 이제 컴퓨터 게임에 의존하는 인터넷 의존 환자에게 지금 당장 게임을 중단하는 것이 어떤 의미인지 잘 이해할 수 있을 것이다. 게임을 그만두고 정든 아바타를 영원히 삭제한다는 것은 이들에게 정체성을 상실하는 것과 같다. 다수의 게임 유저들은 계정을 삭제하는 순간 마치 몸의 일부를 떼어내는 것 같은 기분을 느낀다. 심지어 어떤 이들은 이를 '디지털 자살'이라 묘사하기까지 한다.

따라서 이른바 '콜드 터키'Cold Turkey(아무 준비 없이 중독 매체 소비를 급작스럽게 완전히 중단하는 것—옮긴이)'의 위험성은 반드시 경고해야 한다. 심리치료를 받지 않는 상태에서 중독 매체 소비를 급작스럽게 중단하는 것은 매우 위험하다. 전 세계에서 발생하고 있는 극단적인 사례에서 볼 수 있듯이 최악의 경우에는 우울증과 공격성이 심해져서 자살하거나 살인을 저지르기도 한다. 단순히 컴퓨터 전원 플러그를 뽑거나 온라인 계정을 삭제하는 행위는 당사자는 물론 가족에게도 바람직한 선택이 아니다. 이 외에도 상황이 위험하게 치달아 환자를 정신병원에 강제 입원시켜야 하는 사태가 발생할 수도 있다. 이는 소아나 청소년에게도 발생할 수 있는 일이다.

2014년 8월, 함부르크 석간지는 15살짜리 아들이 7시간 동안 쉬지 않고 컴퓨터 게임을 하자 소년의 어머니가 인터넷을 차단해버린 사건을 전했다. 그 후 어머니는 극도로 분노한 아들을 피해 어린 자녀와 함께 다른 방에 피신해 있다가 경찰에 신고했다. 출동한 경찰은 현관문을 부수고 집안으로 들어가 소년을 강제로 소아청소년 정신 질환 및 심리치료 클리닉으로 후송했다. 소년은 타인을 위협했다는 법원의 판결에 따라 본인 의지와 상관없이 치료를 받게 되었다.

중독 매체 사용을 중단하려면 신중히 준비해야 한다. 이는 자발적으로 중독에서 빠져나오겠다고 결심한 성인 인터넷 의존자에게도 해당한다. 일반적으로 오프라인에서 보내는 시간을 조금씩 늘려가면서 환자의 상태가 어떤지, 대안으로 생각한 활동이 기분 전환에 도움이 되는지 살펴보는 것이 바람직하다. 이렇게 하면 환자가 정서적으로 극심하게 불안 상태에 빠지는 것을 미리 알아차릴 수 있다.

중독 매체 소비를 중단하면 우울증과 공격성 외에 공황 및 불안 상태, 불면증이 나타날 수 있다. 이 경우 단기적으로 자율신경을 안정시키고 수면 리듬을 편안하게 유도하는 향정신성 의약품을 복용하는 것도 증상 개선에 많은 도움이 된다. 단 매체 의존이 약물 의존으로 전이되지 않게 하려면 가능한 한 중독 위험이 있는 의약품의 복용은 삼가야 한다. 의약품 복용보다 더 바람직한 것은 긴장완화 요법을 사용하는 것인데, 이는 불안 장애 혹은 외상후 스트레스 장애 환자를 치료할 때도 사용하는 방법이다. 금단현상에 동반되는 긴장감을 완화하기 위한 사전 계획을 세울 때는 환자의 체력을 강화하고 긴장완화 요법을 적절히 병행하는 것이 중요하다. 또한 가능한 한 환자를 혼자 두지 않는 것이 바람직한데, 이는 환자를 감시하기 위해서가 아니라 중독 매체를 갈망하며 중압감을 느낄 때 곁에서 힘이 되어주기 위해서다. 이런 이유로 일부 환자에게는 입원치료가 중독 매체 소비 중단이라는 과감한 조치를 이행하기 위한 가장 안전하고 최선인 수단일 수 있다.

재발 관리

나는 외래진료 클리닉에 다니던 중년 남성 환자가 입원치료를 받도록 애쓴 적이 있다. 여러 번의 실패 끝에 드디어 온라인 롤플레잉 게임에서 손을 떼는 데 성공한 환자였다. 그는 외래진료 클리닉의 집단치료 시간에 자신이 어느 정도로 삶에 의욕이 없는지 이야기했다. 그의 상태는 너무 심각해서 우리는 응급조치 차원에서 정신과 병동에 입원시키는 방안까지 고려했다. 다행히도 그는 심리치료 병동에 입원했고 여러 환자와 함께 치료를 받으면서 불과 몇 주 만에 병세가 눈에 띄게 호전되었다.

이 환자는 입원치료를 받고 나서 낮병원의 치료까지 마친 후 외래진료 클리닉에서 인터넷 의존 환자들과 계속 외래치료를 받았다. 하지만 일자리도 없는 상태에서 집으로 돌아가 거의 접촉 없이 혼자 지내는 것을 무척 힘들어했다. 몇 달도 되지 않아 그는 한 차례 재발을 겪었다. 그는 집단치료에 나오지 않았고 연락도 되지 않았다.

재발은 치료 과정의 일부라고 할 정도로 자주 발생한다. 자신이 치료한 환자가 재발했을 때 제대로 치료하지 못하는 의사는 중독 의학에서 손을 떼는 것이 낫다. 환자가 재발했을 때 의사들이 가장 우려하는 것은 중독 매체의 남용이다. 중독 매체 소비를 중단한 환자들이 '이번에는 제대로'라는 신념으로 예전보다 매체에 더 집착하는 현상을 우려하는 것이다. 언뜻 보면 환자들이 상황을 즐기는 것 같아 보이지만, 실상 이는 재발에 대한 수치심과 체념에서 나온 행동이다. 이쯤 되면 인터넷 의존 환자들은 이른바 러시안룰렛 게임을 할 수도 있다. 즉 쓰러질 때까지 온라인 게임을 하는 것이다. 극단적인 경우에는 목숨을 잃을 수도 있는데 아시아 지역의 PC방에서는 이미 온라인 게임을 하다 사망하는 끔찍한 일이 여러 차례 발생했다.

이런 위험성을 감안할 때 치료라는 틀에서 재발을 방지하는 것뿐만 아니라 재발 시 대처방안에 대해서도 환자에게 최대한 이른 시기에 상세히 설명해주는 것이 중요하다. 이때 의존 증상의 재발은 유감이지만 드문 일이 아니라는 것을 알려주는 것이 중요하다. 그리고 재발 자체는 부끄러운 일이 아니지만, 이런 상황에 처했을 때 즉시 주위의 도움을 요청하지 않는 것은 잘못이라는 점 또한 분명히 인지시켜야 한다. 도움을 빨리 받을수록 재발 후 짧은 시간 내에 다시 중독 매체를 중단할 수 있는 가능성이 커지기 때문이다. 중요한 것은 재발로 발생한 피해의 확산을 막고, 인터넷 접속 시간을 최대한 빨리 다시 제한하는 것이다. 인터넷 의존이 당사자의 감정과 생각, 행동을 장악하는 시간이 짧을수록 치료에 다시 발을 들여놓기가 쉬워진다.

나는 연락이 끊긴 환자에게 계속 전화를 걸었지만 헛수고였다. 너무나 걱정돼 사회정신의학(정신 장애의 예방, 치료, 사회복귀 등과 관련된 사회적 요인을 연구하는 정신의학의 전문 영역―옮긴이)센터에 연락해 그의 집에 가서 상태를 살펴달라고 요청해야 할지를 고민했다. 마침내 몇 주 만에 그가 연락을 해왔다. 그는 의존 증상이 재발한 것이 너무 힘들고 부끄러워 아무도 만나고 싶지 않았다면서 몇 번이나 사과를 했다. 그가 다시 집단치료를 받으러 오기 전 나는 그와 만나 이야기를 나누었다. 그는 그간 무척 재미있는 새로운 온라인 롤플레잉 게임을 시작했다고 말했다. 월드 오브 워크래프트에 이어 새로운 디지털 고향을 찾아 나선 것이었다. 그의 말에 따르면 퇴원 후 집에서 혼자 지내다 보니 고독감을 이겨내기 힘들었고, 그 때문에 우울증도 다시 심해졌다고 한다. 새로운 게임을 시작하자 처음에는 마음이 한결 편해졌다면서 말이다. 인터넷이라는 마약의 피상적인 효과가 나타난 것이다. 그 후 그는 다시 예전처럼 한순간도 쉬지 않고 게임을 했고, 치료 기간 동안 힘겹게 이루어놓은 모든 것을 손에서 놓아버렸다.

나로서는 다시 집단치료에 참여하도록 설득하는 것과 이번처럼 갑자기 병원에 나오지 않을 때 연락을 취할 수 있는 방법을 분명히 약속해두는 것, 집단치료를 담당하는 입장에서 내가 얼마나 무력감을 느꼈는지 그에게 알려주는 것이 중요했다. 물론 이런 말을 하면서 중독 증상의 재발에 관해서는 어떠한 비난도 하지 않았다. 나와 이야기를 나눈 후 그는 다시 규칙적으로 집단치료를 받으러 나왔다. 집단의 다른 환자들 또한 그의 입장에 공감하며 아무 비난도 하지 않고 반갑게 맞아주었다. 동료 환자들은 약점을 나무라는 대신 그의 장점, 즉 모든 장애물에도 불구하고 치료를 계속하기로 마음먹은 것을 칭찬했다.

집단치료를 재개해보니 그가 그간 치료 과정에서 경험하고 습득한 것들을 잊지 않았음을 확실히 알 수 있었다. 따라서 모든 것을 다시 처음부터 시작할 필요가 없었고, 중독 증상에 맞서기 위해 실행할 방안도 매우 많았다. 따라서 그와 동료 환자들, 이들을 치료하는 나까지 모두 치료를 낙관할 수 있었다. 그는 치료를 계속하겠다고 결심하긴 했지만, 인터넷 사용을 완전히 중단하겠다는 결정까지는 내리지 못했다.

인터넷 사용을 완전히 중단하는 것이 특히 힘들었던 이유는 그에게 주의력 결핍 과잉 행동 장애 증상이 있었기 때문이다. 성인 ADHD 환자는 의존 질환을 동반하는 경우가 많다. 그 역시 오래전 도박 중독을 극복한 경험이 있었는데, 그 후 인터넷 의존으로 전이된 것이었다. 이번에는 WOW 때처럼 무리하게 진행하지 않고 우선 이 새로운 게임의 소비를 스스로 통제해보기로 했다. 의존 게임의 종류가 바뀌긴 했지만 치료 규칙에는 변함이 없었다. 몇 주 후 그는 해당 게임의 소비를 완전히 중단한다는 목표를 달성했고, 지금까지 이를 유지하고 있다.

중독 증상이 다른 분야로 전이될 위험은 중독 질환자 치료에 있어 또 다른 난제다. 그렇기 때문에 극심한 상태의 의존 질환 치료에는 심지어 대체약물을 사용하기도 하는데, 예를 들면 심한 헤로인 중독자에게 실제로 메타돈(1937년 독일에서 개발된 진통제. 화학적으로는 헤로인이나 모르핀과 다르지만 약효가 거의 유사하기 때문에 아편 중독 환자들이 약물 중독에서 벗어나도록 유지하는 데 쓰이는 마약성 진통제다— 옮긴이)을 처방하기도 한다. 알코올 중독 등 중독 물질에 의존하는 환자들이 입원한 병동에서는 담배를 피우지 않는 환자들을 거의 찾아볼 수 없는데, 금단현상이 나타날 때에는 흡연율이 더욱 높아진다. 그리고 금연 중에는 흔히 평상시보다 음식물 섭취량이 훨씬 많아지지만, 중독 물질 중단 후 나타나는 전형적인 체중 증가는 신진대사의 경로가 바뀌었기 때문이고 음식은 중독 물질이 아니므로 이 경우는 중독 전이 현상이라고 볼 수 없다. 나는 일부 환자들이 특정 물질 중독과 행동 중독을 오가며 의존 증상을 나타내는 경우도 본 적이 있다. 인터넷을 중단하자 과거에 중독 증상을 보였던 알코올에 의존하게 된 사례도 세 건이 있었다. 또한 인터넷 의존에서 병적인 도박으로 중독이 전이된 사례도 보았다.

따라서 금단 기간 중에는 다른 매체로 중독이 전이되지 않도록 유의하고 정신적으로 대비하는 것도 중요하다. 특히 전반적으로 중독에 대한 소인素因이 강한 사람들은 특별히 주의한다. 무엇보다 ADHD와 충동성 조절 장애 증상이 있는 사람들이 이에 속한다. 충동성 조절 능력을 정상화하기 위해서는 의약품을 복용하는 것도 바람직하다.

성인 ADHD 환자의 중독 위험은 질환에 특화된 심리치료 후 메틸페니데이트가 함유된 약품이나 유사 약제를 복용함으로써 감소시킬 수 있다. 해당 약제들은 이른바 암페타민(마약 필로폰으로 잘 알려진 메스암페타민의 주성분. 인간의 정신 활동을 지배하는 전두연합령이 있는 대뇌 피질을 각성시켜 사고력, 기억력, 집중력을 순식간에 고조시키는 약리 작용이 있음— 옮긴이)이라는 잠재적인 중독 물질과 연관이 있지만, 해당 약제를 사용하는 이유도 바로 그러한 특성 때문이다. 적어도 중독 물질에 의존하는 환자에게는 그 처방이 도움이 된다는 것이 증명된 바 있다. 충동성 조절 장애의 경우 극히 드물게는 이른바 흥분을 진정시켜주는 약제를 사용하여 중독 매체에 대한 압박감을 줄여줄 수도 있다. 단 해당 약제의 부작용을 감안하여 신중하게 처방해야 한다.

약물 투여보다 더 좋은 것은 중독 증상을 유발하지 않고 다른 방식으로 희열을 느끼게 하거나 긴장을 완화시켜주는 대안적 행동 방식이다. 중장기적으로 볼 때 심리치료가 가장 효과적인 이유도 바로 이 때문이다. 심리치료의 틀 안에서 환자의 마음과 행동을 변화시키면 아무런 중독 전이 현상 없이 안정된 상태를 지속할 수 있다.

단 이런 모든 과정에서 인터넷에 의존하지 않는 삶은 아무 재미가 없는 삶이라는 인상을 주어선 안 된다. 치료 초기부터 환자가 자신의 욕구와 인터넷 바깥세상의 매력을 새롭게 발견할 수 있는 틀을 제공하는 것이 중요하다. 최선은 환자들이 단지 인터넷이 차지했던 자리를 메워줄 무언가를 찾는 것이 아니라 자신만의 진정한 대안을 찾아내는 것이다.

이런 과정에서는 실로 과감한 마음가짐을 지니고 매사에 접근해야 한다. '위험을 감수하지 않으면 재미도 얻을 수 없다'는 말은 친구나 파트너와 신나게 지내고 흥미로운 직업에 도전하며 활동적인 취미활동과 운동, 섹스를 할 때에도 적용된다. 지금까지 인터넷 의존 환자가 치료 과정에서 운동이나 섹스에 중독되었다는 말은 들은 적도, 본 적도 없다.

1차적 도움

사람들이 의학적인 도움이 필요할 때 가장 먼저 돌아보는 곳은 어디일까? 어디를 제일 먼저 방문할까? 물론 인터넷이다. 인터넷 의존에 관한 정보를 구할 때도 마찬가지여서, 당사자뿐만 아니라 가족도 바로 인터넷에서 조언과 도움을 구한다. 현재 독일어권에는 인터넷 의존이라는 병증에 관한 정보와 치료법을 알려주는 유용한 인터넷 포럼들이 많이 활동하고 있다. 2008년 슈베린에서 귄터 마추어Günter Mazur가 책임을 맡아 개설한 미디어 의존 전문가협회의 홈페이지*는 이러한 유용한 웹사이트 중 하나다. 이 협회는 무엇보다도 미디어 의존이 독자적인 병증으로 공인받아 당사자와 가족들이 좀 더 나은 치료와 상담 서비스를 제공받도록 애쓰고 있다. 또한 현장에서 직접 환자들과 접촉하며 심리치료를 실시하는 의사와 심리학자, 사회복지사, 교사들로 구성된 단체다. 따라서 해당 협회의 웹사이트는 인터넷 의존자를 지원하는 것으로 알려진 모든 기관과 개인병원의 정보 제공을 목적으로 하고 있다. 웹사이트의 지도를 보면 자신의 거주지 인근에서 인터넷 의존과 관련하여 전문적인 도움을 받을 수 있는지를 바로 알 수 있다.

처음 접촉하는 대상자

아직까지는 독일 전역에 인터넷 의존자들을 위한 포괄적인 사회심

---

* 2008년 11월 17일 슈베린에서 나는 귄터 마추어와 미디어 의존 전문가협회를 공동 창설했고 2010년부터 2012년까지 회장직을 맡았다. 해당 협회는 인터넷 의존의 치료와 예방을 지원하는 활동을 하고 있다. 홈페이지 참조: www.fv-medienabhaengigkeit.de

리 지원서비스가 정착되지 못했다. 따라서 인터넷 의존 환자들이 도움을 요청할 때 가장 먼저 만나는 사람은 인터넷 의존 전문가가 아니다. 이 단계에서 가장 중요한 것은 우선 당사자 혹은 가족 중 누군가가 인터넷의 과도한 사용이 의존증에 해당하는지 질문해보고 외부 도움을 위한 첫 걸음을 내딛는 것이다.

이때 가장 먼저 접촉하게 되는 사람은 흔히 소아과 의사 혹은 주치의인데, 이들이 인터넷 의존이라는 병증을 이미 어느 정도 알고 있다면 치료에 매우 유리하다. 이들은 대체로 당사자와 가족을 잘 알고 있어서 인터넷 의존 전문 클리닉이나 전문상담센터에서의 치료가 필요하다고, 조심스럽지만 단호하게 전달할 수 있다. 이처럼 인터넷 의존 환자들을 전문적으로 치료받게 하려면 여러 차례의 설득 작업이 필요할 때가 많다.

정신 질환을 전공한 의사를 찾아가면 소아과 의사나 주치의보다 좀 더 전문적인 도움을 받을 수 있다. 심신의학과 심리치료 혹은 정신의학과 심리치료 분야에서 전문의 과정을 밟은 의사들은 행동 중독과 행동 중독이 동반하는 전형적인 정신 질환에 관한 기본 지식이 있다. 따라서 특히 우울증이나 불안 장애, ADHD 같은 심각한 동반 질환이 있다면 필요에 따라서는 약물치료를 해야 하므로 두 분야를 전공한 전문의에게 진료를 의뢰하는 것이 바람직하다. 인터넷 의존으로 외래 치료를 받거나 집단치료를 받는 환자들이 정신과 전문의를 정기적으로 찾아가는 이유도 바로 이 때문이다.

의존 질환에 동반되는 정신 질환의 상태가 심각하고(사람들은 이를 '공존 질환' 혹은 '복합 정신 질환'이라 부르기도 한다) 전문의의 진료 클리닉에 당장 예약하기 힘들 경우 정신의학 및 심신의학과에 있는 외래진료 클리닉에서 먼저 치료를 받는 것도 환자에게 사회심리적 지원을 해줄 수 있는 매우 바람직한 방법이다. 이러한 외래진료 클리닉은 해당 지역이나 도시에 거주하며 정신적 문제가 있음에도 신속히 도움받지 못하는 사람들을 예약 없이도 진료해줄 의무가 있다. 또한 사전에 예약하지 않은 의존 질환자들을 위한 별도의 상담시간을 마련한 곳도 많다. 단 현재로서는 이러한 외래진료 클리닉에 인터넷 의존에 특화된 전문가가 있는 경우는 그리 흔치 않다.

인터넷 의존 전문가들은 중독상담센터와 미디어 의존 전문 외래진료 클리닉에서 찾아보기가 좀 더 쉬운데, 이들이 하는 일에 대해서는 뒷부분에서 좀 더 자세히 소개한다. 미리 강조하자면 인터넷 의존 환자에게 가장 신속하게 전문적인 도움을 줄 수 있는 곳은 바로 이러한 미디어 의존 전문 외래진료 클리닉이다. 어려움에 처할 때 가까운 곳에서 즉시 전문가의 도움을 받는 것은 무척 중요한 사안이지만, 소아과 의사와 주치의, 심리치료를 하는 심리학자와 의사, 정신의학 및 심신의학과 외래진료 클리닉의 전문의들이 인터넷 의존이라는 주제를 먼 미래의 일로 여기지 않고 지금 이 자리에 닥친 것으로 인식하는 것 또한 중요하다. 미디어 의존 전문가협회의 많은 회원들은 회의와 재교육, 심화 교육 프로그램을 통해 정기적으로 워크숍을 연다. 이는 인터넷 의존 치료에 대한 정보를 제공하기 위해서이기도 하지만, 동료들의 참여를 유도하기 위해서이기도 하다. 우리에게 필요한 것은 이미 완벽한 지식을 갖춘 전문가가 아니라, 인터넷 의존이라는 새로운 질환 치료에 발을 들여놓을 마음의 준비가 된 누군가이다. 이 모든 이들에게 기대하는 것은 도움을 구하기 위해 찾아온 인터넷 의존 환자들이 제대로 치료받을 곳을 찾을 때까지는 치료에 대한 책임을 맡아달라는 것이다. 도움을 구하는 이의 손을 뿌리쳐서는 안 된다. 상황이 위급할 때에는 더욱 그러하다.

위급상황

하노버 의과대학의 사회정신의학센터 및 정신의학과 외래진료 클리닉 소장으로, 그리고 정신의학과 응급실 책임자로 재직하는 동안 나는 인터넷 의존과 관련된 응급상황을 여러 차례 경험했다. 예를 들어 인터넷 금단 과정에 있던 중 자살을 시도한 환자를 위험상황이라 판단해 입원시킨 적도 있었고, 사회정신의학센터의 일원으로 직접 나서 미성년 인터넷 의존자를 보호자의 동의를 받아 정신과 폐쇄병동에 입원시킨 적도 있었다. 이런 조치를 취한 이유는 해당 환자가 인터넷 사용을 금지당한 후 집에서 난동을 부리며 가족들을 심각하게 위협했기 때문이다.

이 같은 상황이 닥쳤을 때 치료받을 용의가 있는 당사자와 가족은 여러 선택을 할 수 있지만, 사람의 목숨이 달린 위급상황에서는 112에 전화해 구조를 요청하는 것이 유일한 도움일 수 있다! 정신 질환과 관련한 응급상황도 우선은 응급의학과 의사의 치료 영역이다. 누군가 실제로 자살을 시도하거나 폭력을 행사해 위험이 지속되면 경찰을 부르는 것이 바람직하다. 이 경우 당직근무 중인 정신과 의사가 현장에 파견되기도 하는데, 상황이 좋지 않을 때는 환자의 상태를 본 의사가 현장에서 환자를 입원시킬 수 있다. 사회정신의학센터의 근무시간 외에 응급상황이 발생할 때는 최소한 이 같은 방식으로 상황을 수습한다.

독일의 모든 지역과 시, 군에는 해당 지역을 담당하는 사회정신의학센터가 있다. 이런 센터는 주중 근무시간에는 정신 질환 관련 응급상황이 발생할 경우 담당자를 현장에 파견한다. 응급상황에서는 일반적으로 사회복지사 한 명과 경험이 많은 정신과 의사 한 명을 현장에 파견하는데, 소아와 청소년을 위한 사회정신의학센터의 활동 또한 이와 동일한 절차로 진행된다.

환자가 환자 자신과 타인에게 실제로 위협이 될 거라고 판단되는 경우에는 강제 입원을 위한 법적 근거를 검토한다. 당사자에게 정신 질환이 있어서 거주지 결정권과 치료에 관한 권리가 법적 보호자(과거의 후견인)에게 있는 경우, 보호자는 환자가 스스로 위해를 가할 수 있는 위급상황일 때 의사 소견을 근거로 강제 입원시킬 수 있다. 단 이러한 조치는 관할 지방법원에 즉시 알려야 한다(성인 후견법의 법적 해석은 각 연방 주마다 상이하다). 타인에게 위협이 되지만 법적 보호자가 없는 경우에는 특정한 조건 하에서 정신 질환 환자법에 따라 강제치료 조치를 취할 수도 있다. 최근 들어 해당 법 조항은 환자의 자유권에 유리한 방향으로 해석되지만, 현재까지 각 연방 주별로 다르게 적용되고 있다. 논란의 여지가 있는 경우에는 관할 지방법원 혹은 사회정신의학센터 측에서 방책을 고지할 수 있다. 사회정신의학센터는 위급한 상황이 아니더라도 당사자와 가족이 심리사회적 지원 시스템에 도움을 청할 때에는 이들에게 대화 상대가 되어준다.

환자가 스스로 혹은 가족의 도움을 받아 안전하게 병원을 찾아갈 정도의 위급상황일 때는 인근의 정신의학 및 심리치료 병원에 전화해서 당사자의 주거지역 관할 병원인지 물어보는 것도 바람직하다. 이른바 지역 관할 의무가 있는 모든 병원에는 위급상황에 처한 인터넷 의존 환자들이 치료받을 수 있는 응급 외래진료 클리닉이 24시간 개방돼 있다. 이곳에서 상담받고 필요한 경우 약을 복용함으로써 최악의 고비를 넘기면 향후 받게 될 전문적인 입원치료, 입원과 통원을 병행하는 치료 혹은 외래치료에 대해 자세한 설명을 듣게 된다.

대부분은 이렇게 응급치료가 필요할 만큼 위급상황까지는 가지 않지만, 이런 치료 기관이 있다는 사실을 알아두면 도움이 된다. 일반적으로 인터넷 의존의 진단과 치료는 계획에 따라 단계적으로 진행되며,

그 방법이 가장 바람직하다. 현재 인터넷 의존을 이처럼 체계적으로 치료하는 전문 기관이 상당수 존재하지만 수요를 감당하기에는 아직 턱없이 부족한 상태다.

전문 치료법 및 치료 기관

인터넷 의존 치료는 심리치료의 영역이다. 내 생각에 디지털 세계와 인터넷 의존 치료법에 관심 있는 모든 심리치료사들은 원칙적으로 인터넷 의존을 치료하기에 적합한 사람들이다. 인터넷 의존 환자들의 치료란, 다른 문화권에서 자란 사람들을 치료하는 것과 비교할 수 있다. 다른 나라에서 이민 온 이들의 문화적 배경을 알고 싶은 호의 자체가 없다면 심리치료사의 임무를 제대로 수행할 수 없다. 하지만 환자를 잘 치료하기 위해 환자의 가족이 나고 자란 나라에 직접 가볼 필요까진 없다. 또한 인터넷 의존자들의 상황을 공감하기 위해 디지털 기기를 뛰어날 정도로 다룰 필요도 없다. 평소에 하지 않던 컴퓨터 게임이나 사이버 음란물, 소셜 네트워크를 의도적으로 할 필요 또한 없다. 이는 중독 환자를 치료하는 전문가가 마약 중독자의 마음을 이해하려고 엑스터시(암페타민류 화학물질로 만든 대표적인 환각성 신종 마약─옮긴이)를 복용하고 헤로인 주사를 맞을 필요가 없는 것과 마찬가지다.

인터넷 의존 치료에 대한 전문 교육을 받지 않았더라도 더 많은 임상 심리학자와 의사들이 인터넷 의존 환자 치료에 응해야 한다. 점점 늘어나고 있는 환자들에 비해 전문가의 숫자가 절대적으로 부족하기 때문이다. 유감스럽게도 현재 상황으로는 인터넷 의존 환자가 직접 찾아갈 만한 거리에 상담이나 치료를 해줄 누군가가 있는 것만으로도 기뻐해야 할 실정이다. 환자가 심리치료를 받을 수 있는 장소를 찾는 것 자체가 매우 힘든 상황인 것이다.

이번 장에서는 전문적인 치료 방법을 정확히 설명하려 한다. 이 과정에서 다양한 방식으로 새로운 상담 및 치료법을 개발하고 정착시켰으며 모범적인 본보기를 보인 치료 기관들을 소개할 것이다. 특히 실효를 거둔 치료에 관한 경험적 가치와 연구 활동도 다룰 것이다. 하지만 이러한 선정에는 나의 임상적·학술적 배경이 관련되어 있기에 다분히 주관적이다. 여기에서 언급하지는 않았지만 인터넷 의존 환자들을 위해 훌륭한 치료 프로그램을 제공하는 기관도 많다. 이렇게 구체적인 사례를 언급하는 이유는 치료법에 대한 사전지식은 없지만 관심을 가진 독자들에게 지금까지 좋은 결과를 낸 전문적인 치료 방법들을 알려주고 싶어서다.

중독상담센터

중독상담센터는 어려움에 빠진 인터넷 의존자와 그 가족들이 처음으로 도움을 요청하는 기관이다. 인구가 밀집된 대도시의 일부 중독상담센터는 이미 오래전부터 인터넷 의존이라는 신종 중독 질환에 관심을 두고 적극 대처해왔다. 특히 뤼네부르크에 위치한 '미디어 및 온라인중독재단'과 베를린에 있는 카리타스 재단의 '로스트 인 스페이스', '쾰른 마약문제지원센터'는 상담 및 집단 프로그램을 제공할 뿐만 아니라 오래전부터 관련 분야의 연구 활동을 지원하고 대규모 예방 캠페인을 벌여 일반인을 대상으로 교육 활동을 해왔다. 또한 위의 기관들은 다른 중독상담센터들을 위한 재교육 프로그램을 제공함으로써 자체적인 지식과 노하우를 확대 재생산하는 역할도 수행했다. 특히 소아 및 청소년 전문 중독상담센터들은 여건상 이런 재교육 프로그램이 절실하게 필요하므로 이를 적극적으로 활용하고 있다.

인터넷 의존 환자 중 십중팔구는 중독상담센터에서 상담받기 때문에 센터는 대부분 프로그램 소개 책자에 인터넷 의존자들을 위한 프로그램을 강조해 명시해놓는다. 중독상담센터는 대부분 별도의 재정적 지원이나 인적 지원 없이 환자들을 대상으로 상담하지만 이러한 활동은 간과되는 경우가 많아 다수의 중독상담센터 관계자들은 자신들이 방치되어 있다고 생각한다. 중독상담센터는 지자체나 공익기관, 교회에 소속되어 있으며 공적 재원으로 운영된다. 나날이 증가하는 상담 수요를 감안할 때 센터의 여건을 개선하고, 특히 인터넷 의존 환자를 대상으로 하는 상담자들의 활동에 좀 더 관심을 기울이고 가치를 인정해주는 것이 매우 중요하다. 이는 중독상담센터가 일반 시민을 대상으로 광범위한 활동을 펼치기 위해서도 반드시 필요한 일이다.

중독상담센터가 제공하는 프로그램은 매우 다양하지만, 모든 센터가 모든 종류의 프로그램을 제공할 수는 없다. 특히 일반 시민의 접근성을 높이기 위해서는 비예약자를 위한 별도의 상담 프로그램을 운영하여 상담의 문턱을 낮추는 것이 중요하다. 중독 환자들이 문득 삶에서 무언가를 바꾸고 싶어져도 그 생각은 흔히 오랫동안 지속되지 않는다. 따라서 적어도 일주일에 한 번 이상 인터넷 의존 환자들이 사전예약 없이 상담받으러 들를 수 있는 시간을 마련해놓을 필요가 있다.

이 경우 예약 없이 들른 인터넷 의존 환자는 처음으로 전문가와 대화를 나누면서 자신이 실제로 중독 상태인지를 파악하게 돼 장기적인 상담과 치료를 받는 좋은 계기가 될 수 있다. 또한 많은 이들에게 상담을 해준 뒤 정기적인 개별상담을 권유하기도 한다. 일주일에 한 번씩 비슷한 상황의 사람들이 모여 이야기 나누는 자리를 마련하는 센터들도 있다. 중독상담센터의 운영은 심리학자와 의사들이 맡는 경우도 있지만 대부분 사회교육 전문가들이 맡는다. 사회교육 전문가들은 인터넷 의존 환자에게 직장으로의 복귀와 관련하여 도움을 줄 수도 있고, 환자가 입원치료를 받고자 할 때 병원비가 문제가 되면 당사자와 함께 연금보험 신청 절차를 밟아줄 수도 있다. 이런 사회복지와 관련한 일을 할 때는 일반적으로 가족을 개입시켜 함께 처리한다. 당사자가 최종적으로 외부의 도움을 받을 준비가 전혀 안 되었으면 가족을 대상으로 상담하기도 한다.

전문 외래진료 클리닉

보훔의 루르대학 LWL대학병원의 심신의학 및 심리치료학과 미디어 전문 외래진료 클리닉에서는 인터넷 의존 환자 때문에 힘들어하는 가족을 대상으로 상담 프로그램을 제공한다. 이 밖에도 보훔에 소재한 성요셉병원의 소아청소년 정신의학과, 심신의학 및 심리치료학과와 협력하여 인터넷에 의존하는 자녀를 둔 부모를 위해 '부모와의 모임'을 열어 가족에게 필요한 정보도 제공하고 있다. 하지만 가능한 한 인터넷에 의존하는 당사자들이 직접 병원에 와서 우리를 만날 기회를 마련하려고 최선을 다한다.

인터넷 의존과 그 동반 질환을 면밀히 진단하기 위해서는 두 차례의 상세한 상담이 필요하다. 이때 우리는 앞에서 언급했던 진단 기준뿐만 아니라 학술적으로 검증받은 설문지를 사용하여 환자의 상태를 진단한다. 이러한 설문지를 사용하면 그 결과를 토대로 적합한 치료법을 결정할 수 있으므로 환자에게 유익하다.

우리는 서면 동의 아래 이러한 설문 결과를 연구 자료로 사용하고 있다. 우리는 의학이나 심리학을 전공한 동료 및 박사과정 학생들과 협력하여 지금까지 많은 연구를 해왔고, 그 결과를 많은 사람들이 공유할 수 있도록 학술지에 게재하고 있다. 해당 연구 내용을 강의와 세미나에서 의과대학 학생들에게 전해주면 이들은 관심을 보이며 귀를 기울인다. 이는 미래의 의사들이 인터넷 의존이라는 분야에 일찍부터 관심을 둘 수 있는 계기가 되어줄 것이다.

지금까지 전문 외래진료 클리닉들은 보훔의 우리 병원처럼 원칙적으로 학문과 강의를 병행할 의무가 있는 대학병원의 산하기관으로 주로 설치되었다. 2003년 내가 하노버 의과대학에 개설한 미디어 전문 외래진료 클리닉은 독일어권 지역에 설치된 최초의 전문 외래진료 클리닉이다. 나는 보훔에 미디어 외래진료 클리닉을 개설하기 위해 10년간 소장으로 재직했던 하노버 클리닉을 떠났고, 해당 클리닉은 현재 남아 있는 동료들이 운영하고 있다('미디어 외래진료 클리닉'이라는 명칭에는 심리치료와 관련한 디지털 기술의 활용 가능성을 연구하고자 하는 우리의 의도 또한 반영돼 있다). 그간 다수의 대학병원에 인터넷 의존 환자들을 위한 외래진료 클리닉이 개설되었다. 예를 들어 튀빙겐 대학병원의 심리의학 및 심리치료학과, 만하임 대학병원의 정신건강 중앙연구소에 인터넷 의존 환자들을 위한 외래진료 클리닉이 개설되었으며, 빈 대학과의 협력 아래 오스트리아의 안톤프록쉐연구소^{Anton-Proksch-Institut}에도 인터넷 의존 전문 외래진료 클리닉이 개설되었다(안톤프록쉐연구소의 임상 학술적 연구에 관한 정보는 www.api.or.at에서 찾아볼 수 있다).

특히 일찍부터 전반적인 행동 중독과 인터넷 의존이라는 특별한 유형을 연구한 사람은 자비네 그뤼써-시노폴리^{Sabine Grüsser-Sinopoli}다. 임상심리학과 교수인 자비네는 일찍부터 베를린 샤리테 의과대학병원의 의학심리학과에서 인터넷 의존에 대한 임상 연구를 했다. 내가 알기로는 인터넷 의존자의 뇌와 알코올 의존자의 뇌에서 유사한 현상이 발생한다는 것을 전기생리학적 방법으로 증명한 최초의 연구가 진행된 곳이며 나 역시 단기 연구 협력 차원에서 인터넷 의존에 관한 첫 연구를 위해 몇 명의 환자를 검진한 곳이기도 하다.

또한 나는 이곳에서 클라우스 뷜프링Klaus Wölfling을 처음 만났다. 클라우스 뷜프링은 자비네 그뤼써-시노폴리와 함께 마인츠의 요하네스 구텐베르크 대학에서 심신의학 및 심리치료학과에 게임 중독 전문 외래진료 클리닉을 설립했다. 해당 클리닉에서는 주로 도박과 컴퓨터 게임 의존 환자들을 치료했지만, 모든 유형의 인터넷 의존 환자들도 치료하기 시작했다. 자비네가 젊은 나이에 사망한 후 클라우스는 그녀의 이름을 따서 개설한 '그뤼써-시노폴리-외래진료 클리닉'을 이끌며 연구와 치료 활동을 지속했다. 이때부터 클라우스 뷜프링은 독일어권에서 가장 규모가 큰 인터넷 의존 전문 외래진료 클리닉의 소장을 역임하면서 해당 분야에 관한 임상 연구에서도 주도적인 역할을 하고 있다. 클라우스 뷜프링은 연구팀과 함께 인터넷 의존 환자들의 집단 심리치료를 위한 특별한 프로그램도 개발했다. 우리 병원도 이 프로그램을 사용하고 있다. 현재 다수의 병원에서 공동으로 진행되는 대규모 연구의 틀 안에서 해당 프로그램의 효과를 검토 중인데, 긍정적인 첫 연구 결과가 나와 있는 상태다.

외래 집단심리치료

현재 인터넷 의존 환자가 선택할 수 있는 치료법이 있다면, 바로 인터넷 의존자들을 위해 개발된 매뉴얼에 따라 진행되는 집단행동치료일 것이다.

유감스럽게도 이 분야에 대한 국제적인 연구 현황은 아직 활성화되어 있지 않다. 아시아와 미국에서도 이러한 치료 매뉴얼에 따라 인터넷 의존 환자 집단을 대상으로 행동치료를 진행하고 있는데, 이들 지역에서 사용하는 매뉴얼도 별다른 차이 없이 대체로 유사한 편이다. 이러한 치료법의 지속적인 효과를 입증해주는 광범위한 자료가 나오기까지는 좀 더 많은 시간이 걸릴 듯하다. 행동치료는 적어도 인터넷 소비를 줄이고 금단하는 단계까지는 효과가 있을 것이다. 이는 특정 중독 물질에 대한 의존 질환과 기타 행동 중독의 경우에도 마찬가지다.

클라우스 뷜프링과 동료들이 개발한 치료 매뉴얼에 따르면 8명의 환자들이 15차례 모여 집단치료를 받게 된다. 치료에 앞서 환자들은 전반적인 범위와 목표를 내용으로 하는 치료 조건에 서면으로 합의한다. 그리고 모든 환자에게는 집단치료와는 별개로 2주마다 한 번씩 개별상담 시간이 주어지는데, 이때 환자들은 집단치료 시간에 하기 힘든 이야기를 한다. 이러한 개별상담 시간은 가족을 치료에 개입시키기에 좋은 기회이기도 하다. 하지만 집단치료의 핵심은 100분 동안 진행되는 집단 모임이다. 15차례 진행되는 모임은 매번 전반부와 후반부, 둘로 나뉜다.

매번 모임마다 전반부에는 인터넷 사용을 얼마나 줄일지와 대안적 활동은 무엇일지를 이야기한다. 매주 모임에서 환자들은 인터넷 사용 시간을 얼마나 줄이려는지, 평소 인터넷을 하던 시간에 무엇을 할 생각인지 최대한 구체적으로 계획한다. 여기에서 유의할 점은 인터넷을 대체할 일을 계획할 때 어차피 해야 하는 일이나 의무에 국한하지 않고, 당사자에게 즐거움을 주고 인터넷 생각이 안 나게끔 기분 전환되는 일을 계획해야 한다는 것이다. 이같이 좋아하는 일을 대안으로 계획하는 것은 치료 초기에 특히 중요하다. 매번 모임의 전반부에는 우선 각자의 목표와 대안을 이야기한 후, 지난주에 계획했던 목표와 대안 활동을 얼마큼 성취했는지 이야기한다. 내 경험상 환자들은 이러한 일종의 의식을 매우 진지하게 생각하고 솔직하게 행동한다. 목표를 달성한 사람에게는 집단의 동료들이 칭찬해주며, 그러지 못한 사람은 이해를 해주고 어떻게 하면 다음번에는 더 잘할 수 있을지를 함께 고민한다. 구성원 중 한 사람이 금단 상태에서 삶 자체에 대해 회의를 느끼고 충동적인 생각을 하거나 극심한 재발 증상으로 힘들어할 때는, 그를 위해 많은 시간을 할애하고 공감해주는 것이 중요하다. 이는 다른 무엇보다 가장 우선시해야 할 부분이다. 이런 상황이 발생하면 100분 동안 진행되는 모임의 전반부를 필요에 따라 좀 더 연장할 수 있다.

모임의 후반부에는 치료 매뉴얼에 있는 자료를 활용한다. 각 모임에는 한 가지 주제가 정해져 있으며, 환자들은 주제에 관한 자료를 읽고 관련된 연습을 한다. 진행 방식은 매번 동일한데, 일반적인 정보와 연습법을 개인의 상황에 따라 각자 적용하는 것이다. 즉 자료에 나와 있는 정보와 연습법을 바탕으로 환자들이 자신의 병적 행동방식을 인식하고 의식적으로 행동을 바꾸려 시도하는 것이다.

처음 몇 번은 해당 중독 질환의 증상과 발생 조건, 질환을 유발하는 세 가지 요인, 중독의 악순환 등을 다룬다. 환자들은 이런 방식으로 자기 질환에 관한 전반적인 지식을 지속적으로 얻게 된다. 그러고 나서 주제와 관련한 다양한 연습을 하면서 당사자에게 중독 행동이 초래하는 손해와 이익, 중독을 중단할 경우 초래되는 손해와 이익을 찬찬히 생각해보도록 하여 행동 개선의 동기를 강화시킨다.

집단 모임이 본격적으로 중반기에 진입하면 환자들의 생각과 행동을 구체적으로 변화시키는 데 초점을 맞춘다. 이 시기에는 다음의 질문을 중심으로 이야기가 진행된다. 중독 매체를 소비하고 싶은 욕구를 참기 힘든 위급상황이 오면 어떻게 대처해야 하나? 나의 일상과 주변을 어떻게 가꾸면 (중독 매체) 소비에 대한 욕구가 줄어들까? 어떻게 하면 재발을 막을 수 있나? 의존 증상이 재발하면 어떻게 대처해야 하나? 어떻게 하면 중독 전이 현상을 방지할 수 있을까?

모임에서 환자들이 인터넷 사용과 관련해 개인적으로 어떤 일들을 겪어왔는지, 어떤 콘텐츠를 접하고 나서 인터넷에 의존하게 되었는지를 이야기하는 날에는 특히 인상적인 이야기를 많이 듣게 된다.

이 중 인터넷 사용과 개인사를 연관 지어 이야기하는 날에는 연도가 표시된 꺾은선 그래프를 활용한다. 즉 환자들은 자신이 어느 시기에 얼마나 오랫동안 인터넷에 접속해 있었는지, 그동안 삶에 얼마큼 만족했는지를 그래프에 표시해본다. 이 과정에서 환자들은 과도한 인터넷 사용과 삶에 대한 불만이 얼마나 깊은 상관관계에 있는지, 자신의 인생 중 얼마나 많은 시간을 인터넷으로 잃어버렸는지를 확인하고 몹시 놀란다.

의존 매체에 노출된 계기를 털어놓는 날에는 게임과 아바타 등이 담긴 사진이나 동영상을 가져와서 자신이 좋아한 게임과 아바타의 어떤 점이 그토록 매력적이었는지, 왜 이런 게임과 아바타에서 손을 떼게 되었는지, 지금 이런 사진과 동영상을 보니 어떤 기분이 드는지 등을 이야기한다. 이런 이야기를 듣다 보면 그들이 얼마나 많이 발전했는지 확인하게 돼 보람을 느끼지만, 다른 한편으로 동료의 이야기를 넋 놓고 듣는 다른 환자들의 표정을 보면 새삼스럽게 깜짝 놀란다.

이 두 가지 주제를 이야기하는 날, 치료사는 매우 신중하게 대처해야 한다. 이 주제에서는 환자들이 이따금씩 매우 감정적으로 행동할 때가 있는데, 이를 잘 주시하다 당황하지 말고 담담히 반응할 수 있어야 한다. 집단치료가 끝나기 전 몇 번은 집단 구성원들이 원하는 주제로 진행되는데, 환자들은 치료가 끝나가는 것을 두려워하며 이에 관한 이야기를 나누기도 한다. 마지막 모임에서는 그간 치료 과정에서 다룬 가장 중요한 주제를 되짚어보고 서로 작별 인사를 나눈다.

내가 경험한 바로는 집단치료가 끝날 무렵엔 환자들의 향후 치료 계획을 항상 미리 세워둘 필요가 있다. 여러 해에 걸쳐 진행된 중독 증상은 상대적으로 짧은 기간 동안 매뉴얼에 따라 진행된 치료로는 완전히 극복되지 않는다. 환자들은 대부분 계속 치료받아야 하는데, 그 이유는 이들이 중독 매체에서 손을 떼고 난 후에야 비로소 자신이 안고 있던 여러 가지 복잡하고 부정적인 감정을 제대로 인식할 수 있기 때문이다. 흔히 의존증 뒤에 감춰진 우울증과 두려움 등의 감정은 집단치료 이후에 이어지는 심리치료, 예를 들어 장기적인 개별심리치료를 받으며 개선할 수 있다. 매뉴얼에 따라 진행되는 집단행동치료는 개별치료를 위한 초석이 되며, 환자의 종합적인 치료 계획에서 핵심적인 역할을 한다. 이렇게 종합적인 치료 계획을 세울 때는 각 환자에 따라 개별적으로 수립해야 한다.

나는 심층심리학에 기반을 둔 심리치료와 집단 분석에 관한 교육을 받았기에, 처음으로 행동치료적 접근 방식으로 집단치료를 진행했을 때는 다소 익숙하지 않았다. 그래서 집단치료를 시행한 초기에는 행동치료에 관한 전문지식을 갖춘 심리치료사와 함께 치료를 진행하면서 많은 것을 배웠다. 이 과정에서 나는 집단행동치료 방식에 확신을 갖게 되었다. 단 예전이나 지금이나 확신하는 것은, 인터넷 의존자가 중독 전이 현상 없이 금단 상태를 유지하기 위해서는 의존증을 유발한 개별 조건과 동반 질환을 장기적으로 관리하고 치료해야 한다는 점이다.

외래 개별심리치료

개별심리치료 또한 인터넷 의존 치료에 일정한 도움을 준다. 매뉴얼에 따른 집단치료처럼 인터넷 소비를 중단하거나 통제하는 것이 우선일 때는 개별적인 인지행동치료나 행동치료 또한 분명 유용한 치료법이다.

행동치료사 아네테 테스케Annette Teske는 이런 방법으로 좋은 결과를 내고 있다. 개별치료의 장점은 무엇보다 처음부터 환자의 개별적인 요구에 집중할 수 있으며, 동반 질환에 대해서도 이른 시기에 행동치료를 시작할 수 있다는 점이다. 특히 불안 장애와 ADHD는 본래 행동치료 영역에 속하기 때문에 이러한 질환이 인터넷 의존과 동반되는 경우에는 개별치료가 더욱 유리하게 작용한다.

베를린의 심리치료사 발렌티나 알베르티니Valentina Albertini는 심층심리학에 기반을 둔 심리치료와 심리분석적 치료를 인터넷 의존 환자에게 실시해 좋은 성과를 거두었는데, 특히 여성 환자들에게 결과가 좋았다. 발렌티나는 해당 질환의 정신역학(의식적 혹은 무의식적으로 사람의 행동을 자극하는 인지적·감정적 정신 과정—옮긴이)을 기록하고 이를 종합적인 맥락에서 이해함으로써 질환을 전반적으로 파악한다. 이처럼 질환의 전체 맥락을 파악하고 있으면 장기적인 안목으로 환자를 치료하는 데 도움이 된다.

내 경우에는 사전에 중독치료에 관한 전문지식 없이 심층심리학에 기반을 둔 개별치료를 실시한 결과가 그다지 긍정적이지 못했다. 하지만 이미 기타 정신 질환을 앓고 있고 이 때문에 인터넷 소비 중단이라는 목표를 달성하려는 의지가 미약한 환자에게는 심층심리학에 기반을 둔 개별치료를 시도해보는 것도 의미 있을 수 있다.

취리히에 있는 소모사 시범생활관(극심한 사춘기를 겪는 청소년들을 기숙

시키며 정신과 치료와 사회교육을 병행함으로써 만성적인 정신 질환으로의 진행을 방지하는 기관—옮긴이) 소아청소년 정신과 전문의이자 심리치료사로 활동하는 올리버 빌케-헨취Oliver Bilke-Hentsch와 빈에 있는 지그문트 프로이트 사립대학에서 심리치료를 연구하는 크리스티아네 아이헨베르크Christiane Eichenberg 또한 인터넷 의존 현상을 심층심리학적 혹은 정신역학적으로 이해한다. 심층심리학적 접근법은 특정한 결과와 목표에 집착하지 않기 때문에 환자가 치료에 발을 들여놓기 수월할 수 있다. 이는 중독치료의 관점만 엄격하게 고집하며 환자의 치료를 거부하는 것보다 바람직하다. 이처럼 일단 치료에 발을 들여놓으면 많은 이들이 외래 집단치료든 입원치료든 인터넷 의존에 관한 전문적인 치료를 받겠다는 결심을 하게 된다.

소아청소년의 입원치료

심층심리학적 접근법은 미성년 환자 치료에 중요한 역할을 하는데, 이는 외래심리치료와 입원심리치료 둘 다에 적용된다. 함부르크-에펜도르프 대학병원의 소아청소년 중독문제센터는 심층심리학적 접근법을 선호한다. 이 센터의 책임자인 라이너 토마지우스Rainer Thomasius는 케이 우베 피터슨Kay Uwe Petersen과 함께 일찍부터 인터넷 의존의 위험성을 연구해왔다. 소아와 청소년 환자들은 교육적인 조치 외에 가족 간의 내적인 갈등이 해결돼도 행동을 변화시킬 수 있다. 단 어린 환자를 치료할 때는 교육적인 측면과 심층심리학을 함께 고려하여 적용하기 때문에 어떤 문제 행동에 대한 이해와 해법이 행동치료에 근거한 것인지, 정신역학에 토대를 둔 것인지를 분명히 구분하기가 힘들다.

무엇보다 발달심리와 관련하여, 즉 인터넷 의존 등 병적 행동의 발생 과정과 관련하여 동일한 현상을 두고 다른 관점이 존재할 수 있지만, 그렇다고 해서 인터넷 의존이라는 현상 자체가 달라지지는 않는다. 이런 의미에서 앞의 두 가지 심리치료적 접근 방식은 결코 상반된 것이 아니다.

소아와 청소년의 입원치료 사례로 최초이자 지금까지 가장 설득력 있는 사례는 하노버에 소재한 아우프 데어 불트 소아청소년 종합병원이다. 크리스토프 묄러Christoph Möller는 소아청소년 정신의학 및 심리치료를 위한 병원에 중독 질환을 앓고 있는 소아, 청소년, 21세 이하 청년을 위한 병동인 '틴 스피릿 아일랜드Teen Spirit Island'를 개설했다.

이 병동은 인터넷과 컴퓨터에 의존하는 미성년 환자들만 따로 입원치료를 받도록 설치된 최초의 병동으로 중요한 선구자적 역할을 했다. 해당 병동에 입원하기 위해서는 먼저 외래진료 클리닉의 비예약자를 위한 상담시간을 이용하여 먼저 상담을 받아야 한다. 입원 조건은 소아청소년 환자들이 중독 매체 사용을 중단하겠다고 마음먹고 자발적으로 치료를 받으러 오는 것이다. 치료의 핵심은 심층심리학에 기반을 둔 집단치료를 받으면서 환자들이 같은 또래와 토론하며 상호작용하는 것이다.

어린 환자들을 인터넷에 의존하게 만든 대인관계에서의 문제점들은 치료를 위해 모인 공동체, 즉 병동에서 공동생활을 하면서도 나타나며 소수의 집단에서 치료를 받을 때도 드러난다. 따라서 환자들과 씨름하며 치료하는 과정에서 당사자의 어떤 대인관계 유형이 문제가 있는지를 인식하고 이를 변화시킬 수 있는 것이다. 어린 환자들은 이런 과정을 거치면서 자신에게 무엇이 부족하여 이를 보충하려 인터넷을 과도하게 사용했는지 이해하게 된다. 또한 환자와 개별상담하면서 필요에 따라 환자의 부모와 형제들을 치료에 개입시키기도 한다.

다른 모든 유형의 인터넷 의존 치료와 마찬가지로, 소아와 청소년 환자들의 입원치료에서도 중독 매체를 대체할 대안 활동을 마련하는 것이 중요하다. '틴 스피릿 아일랜드'는 이런 면에서 더없이 이상적인 곳이다. 이곳에는 어린 환자들이 프로젝트 그룹을 만들어 직접 가꿀 수 있는 정원도 있다. 또한 운동장과 암벽등반 연습용 인공벽 등이 있어 여러 가지 운동을 할 수 있으며, 환자들이 단체로 외부 운동기관으로 가서 다양한 운동을 할 기회도 있다. 이 밖에 미술치료와 작업치료를 받는 동안 몸을 사용하여 신체감각을 키우기도 한다. 어린 환자들은 이런 활동으로 비언어적으로 자신을 표현하는데, 이는 치료 과정을 한층 풍부하게 해준다. 또한 이들은 치료를 받으면서 무언가 눈에 보이는 새로운 것을 만들어내는 것으로 자기 능력을 직접 체험한다. 요리 당번이 되어 식사를 준비하는 과정도 당사자들에게 치료 효과가 있다.

이곳에서 중요시하는 것은 어린 환자들이 일상의 사소한 행동을 의식적으로 하게 함으로써 자신의 존재를 몸으로 직접 느껴보고, 타인과 함께하는 삶 또한 느끼는 것이다. 이를 위해 '틴 스피릿 아일랜드'에서는 어린 환자들이 가사일을 직접 하도록 한다. 이곳에서 지내는 동안 자기 방을 정돈해야 할 뿐만 아니라 깨끗이 유지해야 한다. 즉 자기 방을 직접 쓸고 닦아야 하는데, 이런 일상적인 일들이 대다수 어린 환자들에게는 극히 생소하며 쉽지 않은 과제다. 이곳은 심리치료 외에 교육적인 측면도 중요시한다. 환자들이 정서적으로 성숙해지고 일상생활을 잘 영위할 수 있도록 교육한다. 이를 위해 병원의 부속학교에서 정식 교재로 수업을 받을 뿐 아니라 컴퓨터와 인터넷을 절제하며 의미 있게 사용하는 법도 배운다.

어린 환자들은 대부분 입원치료가 끝나면 집으로 돌아가지 않고 청소년지원센터에서 지원하는 생활관 혹은 관리자가 상주하는 기숙사에서 지내면서 학업을 마치거나 직업교육을 이수해 성인이 될 준비를 하는데, 청소년지원센터에서 지원하는 여러 기숙 시설들이 이러한 역할을 한다.

2014년 도르트문트는 청소년지원센터에서 지원하는 기숙 시설 '옥실리움 리로디드Auxilium reloaded'를 설립했다. 여기서는 25세 이하의 인터넷 의존자들이 함께 거주하며 치료를 받는다. 나는 이 나이대의 인터넷 의존자들을 위해 이처럼 많은 시간과 재원을 투자하는 기관이 앞으로 더 많아지기를 기대한다. 우리 병원의 외래진료 클리닉 환자 중에는 25살이 훨씬 넘었음에도 심리사회적 발달 상태는 여전히 십대에 머물러 있는 이들이 있다. 이들이 몇 년 동안을 사이버 공간에서 허비하는 바람에 심리사회적 발달이 멈춰버렸기 때문이다. 하지만 수년 전부터 이런 환자들을 위해 전문적인 입원치료를 시행하는 클리닉들이 생겨나고 있다.

성인을 위한 입원치료

킴벌리 영은 최근 브래드퍼드 메디컬 센터(BRMC)에서 인터넷 의존자를 위한 입원치료 프로그램을 실시하고 있다. 이 프로그램은 자발적인 치료 의지가 있는 환자를 대상으로 해당 병원의 정신의학과 폐쇄병동에서 단 10일간 진행되며, 미국 병원에서 흔히 볼 수 있는 전형적인 집중프로그램을 중심으로 운영된다. 환자들은 매일 한 차례 이상 개별상담을 받고, 7~9번 정도 집단치료 모임에 참여한다. 처음 며칠 동안은 이른바 '디지털 디톡시피케이션Digital Detoxification', 즉 인터넷 사용을 전면적으로 중단한다. 두 번째 치료 단계에는 디지털 세상에 복귀한다는 차원에서 인터넷 사용을 재개한다. 단 해당 환자에게 의존 증상을 유발한 콘텐츠의 사용은 금한다. 킴벌리 영과 다양한 전문가들이 진행하는 이 프로그램은 비용이 많이 들지만, 현재 미국에서 인터넷 의존 환자들을 위해 운영되는 유일한 입원치료 프로그램이다.

독일어권 국가에서 인터넷 의존자를 위해 최초로 입원치료를 실시한 것은 성인 환자를 위한 심리치료 전문 클리닉이었다. 인터넷 의존 전문 치료에 선구자적 역할을 한 클리닉 중 하나는 자를란트 주에 있는 뮌슈비스 심신의학, 심리치료 및 중독의학센터. 이 클리닉은 병원장 모니카 포겔게장Monika Vogelgesang과 과장 페트라 슐러Petra Schuhler의 통솔 하에 이미 10년 전부터 인터넷을 병적으로 사용하는 성인들을 치료해왔다. 이 클리닉이 중독 질환을 보는 시각은 대다수 독일 및 국제 치료 기관들과는 다소 차이가 있지만, 치료법은 심층심리학적 접근과 행동치료적 접근이 조화롭게 통합된 좋은 사례다.

심층심리학적 접근법은 환자의 기저 질환인 우울증, 불안 장애, 인격 장애 등을 치료하는 데 활용되며, 행동치료적 접근법은 인터넷 남용을 각 증상에 따라 치료하는 데 집중적으로 활용된다.

질환의 발생 원인과 관련한 치료법은 다양한 상호작용이 이루어지는 집단심리치료에서 활용된다. 집단심리치료에서 가장 중요한 것은 신체 인지 능력과 감정 조절 능력을 개선하고 의사소통 능력을 향상시키는 것이다. 이 모든 것은 무엇보다도 병동 및 집단 내 동료 환자와 치료사들이 실제로 만나 토론하며 정서적으로 중요한 경험을 함으로써 이루어진다. 6주 내지 12주 동안 진행하는 입원심리치료를 성공적으로 마치면 환자의 정체성이 한층 성숙하게 발달하여 중장기적으로 인터넷의 병적 사용이 재발하지 않도록 절제할 힘을 얻는다.

행동치료적 접근법에 근거한 증상 맞춤형 치료법은 동일한 질환을 가진 집단에서 적용되는데, 이러한 집단치료는 기타 다양한 중독 질환의 치료법을 토대로 진행된다. 이러한 치료를 시작할 때 환자는 병원 측과 치료계약서에 서명하는데, 이런 치료계약서로 컴퓨터와 인터넷 사용에 관한 합의가 이루어진다. 개인별로 금지 규칙을 정하고 장기적으로 재발을 방지하기 위해 흔히 치료의 초기 단계에 이른바 '신호등 모델'을 활용하기도 한다. 신호등 모델이란 각 환자별로 다양한 인터넷 콘텐츠를 빨간색, 노란색, 초록색으로 분류하는 것이다.

치료 시작 단계에서 상황에 따라 빨간색으로 구분하는 컴퓨터 게임, 소셜 네트워크 혹은 사이버 음란물 콘텐츠는 이용이 완전히 금지된다. 명백히 중독 매체는 아니지만 중독을 유발할 가능성이 있는 콘텐츠는 노란색이다. 예를 들어 사용자가 접속할 때마다 게임과 음란물 광고에 노출되는 인터넷 사이트나 텔레비전 프로그램이 이에 해당한다. 사용자에게 아무 위험도 유발하지 않는 모든 인터넷 콘텐츠와 미디어 형식은 초록색으로 분류한다. 예를 들어 위키피디아 등의 정보 전달 사이트 혹은 전자책이 이에 해당한다.

치료 계획을 수립했으면 환자들은 게임 계정과 아바타와 (아직까지 작별하지 않았다면) 작별을 준비한다. 환자들은 주말에 자기 집에서 게임 계정과 아바타의 삭제 의식을 치름으로써 자제력을 시험해보는 계기로 삼는다. 그들이 병적으로 의존하며 자신과 동일시했던 인터넷 콘텐츠, 특히 가상의 게임 캐릭터와 작별하는 것은 매우 중요한 부분이다. 당사자가 중독 매체에 접속할 가능성을 차단하고, 새로운 정체성을 확립하여 새 삶을 살겠다는 의지를 확인하는 데 반드시 필요한 과정이기 때문이다. 또한 당사자가 현실 세계에서 새로운 경험을 할 수 있는 경로를 개척하는 것은 처음부터 입원치료에 포함된 정규 과정으로, 이는 새 삶을 시작하기 위해 반드시 필요한 과정이다.

집을 떠나 입원해서 심리치료를 받는 것이 적절했는지의 여부는 퇴원하고 나서야 비로소 드러난다. 그런 의미에서 퇴원 후 상황을 세심하게 준비할 필요가 있다. 가장 바람직한 것은 집단치료나 개별치료 등 후속 심리치료의 길을 터놓는 것에 그치지 않고, 치료 기관과 안정적인 협력 관계를 조성해놓는 것이다. 이 밖에 당사자에게 필요한 사회치료(환자가 스스로 문제를 해결할 수 있게 하는 여러 가지 심리적·사회적 원조 활동—옮긴이)적 지원 조치들을 선별해둠으로써 퇴원 후 환자가 적막한 상황에 방치되지 않게 하는 것도 중요하다. 입원심리치료를 받고 돌아온 인터넷 의존 환자에게는 현실에서 비전을 품고 새출발할 수 있는 토대가 필요하다.

입원심리치료, 낮병원에서의 심리치료, 외래심리치료의 병행

환자들의 마음을 계속 건강하게 유지하는 길은 여러 가지다. 앞서 지적한 바와 같이 아직까지 인터넷 의존 치료에 학문적으로 입증된 해법이나 유일한 최고의 해법은 없으며, 다양한 치료법이 발전 중이자 시범 단계에 있다.

나는 하노버 의과대학에서 정신과 의사로서 인터넷에 의존하는 환자들에게 외래 정신 질환 치료와 심리치료를 시작했다. 정확히 말하자면 개별 환자 대상의 심리치료와 집단심리치료 두 가지를 모두 시행했다. 또한 보훔 대학병원의 심신의학 및 심리치료학과 미디어 전문 외래진료 클리닉에서는 클라우스 뵐프링의 매뉴얼에 따라 행동치료가 중심인 집단치료를 시작했다. 루르 지역뿐 아니라 쾰른이나 뒤셀도르프 등 주변 대도시와 베르기셰스 란트와 뮌스터란트 등의 군(郡)에 거주하는 환자들까지 해당 치료에 참가했다. 주말에 진행되는 집단치료에 참여하기 위해 두 시간 이상 차를 타고 오는 환자도 적지 않다. 그들의 거주지 주변에는 인터넷 의존 치료를 전문적으로 실시하는 기관이 없어서다.

본래 클라우스의 매뉴얼에 따른 집단치료는 15회에 걸쳐 진행하지만 우리는 진행 방식을 다소 수정했다. 즉 집단치료 매뉴얼을 따르지만 상황상 집단 구성원들이 좀 더 대화할 필요가 있는 특별한 경우에는 진행 횟수를 늘리는 것이다. 해당 치료에 필요한 사전 절차를 이행한 환자들은 8명으로 구성된 집단에 언제든 참여할 수 있는데, 이를 이른바 슬로우 오픈 모델Slow-open-Modell이라고 부를 수 있다. 이 집단치료는 모임 참석 횟수를 50회 혹은 치료 기간을 1년 이하로 제한한다.

따라서 동일한 치료 프로그램을 여러 번 반복하는 환자도 많다. 이렇게 하면 치료 효과가 지속될 뿐만 아니라, 집단에서 때로는 경험이 풍부한 사람이 돼 자신감을 얻고, 무엇보다 효과가 입증된 지식을 타인에게 전수할 기회가 생기는 바람직한 측면도 있다. 개별상담은 환자나 가족이 원할 때 하며, 물론 집단치료의 시작과 끝에도 새로운 치료 과정 준비와 관련하여 개별상담을 한다. 이렇게 진행 과정에 변화를 준 이유는 환자들 대부분이 15회로 끝나는 집단치료는 너무 짧다고 했고, 치료를 담당할 인적자원이 부족하여 2주 간격의 개별상담을 실천하기 힘들었기 때문이다. 하지만 이 같은 변화를 이행한 결정적인 의미와 목적은 입원 환자들도 집단치료에 참석할 수 있도록 하기 위해서였다.

1년 전, 우리는 외래 집단치료에 참가할 수 있고 참가 의지가 있는 환자들도 일정한 조건에 부합하면 이들에게 입원치료를 병행하기 시작했다. 이를 위해서는 우선 거주지가 가까워야 하며, 그 밖에도 인터넷 의존증 외에 기타 정신 질환이 하나 이상 있다는 기준을 충족해야 한다. 인터넷 의존 외에 아무 정신 질환이 없는 환자는 심신의학 및 심리치료를 위한 응급클리닉에 입원할 명분이 없다. '인터넷 의존'이라는 진단만으로 입원치료를 받을 경우 건강보험공단에서 이의를 제기할 수도 있었다. 이런 점을 감안해도 인터넷 의존이 독자적 병증으로 인정받도록 계속 애써야 하는 이유가 다시 한 번 분명해진다.

앞의 조건에 해당하는 환자는 언제든 입원 가능하며, 때로는 집단치료를 시작한 후에도 입원할 수 있다. 당연히 기본 조건은 환자들이 의존하는 인터넷 매체의 사용을 완전히 중단하려 노력하고, 병동에서 지내는 동안은 인터넷 사용을 완전히 중단하는 것이다. 이와 관련된 규정이 담긴 치료계약서가 별도로 존재한다.

이런 과정을 거쳐 입원하고 나면 환자들은 심리치료병동에서 일반 치료를 받는 프로그램에 참가한다. 이곳에서는 무엇보다 인터넷 의존의 동반 증상으로 우울증, 불안 장애, 인격 장애 등 정신 질환을 앓는 환자들이 치료를 받는다. 이 외에도 환자들은 외래진료 클리닉에서 내가 이끄는 인터넷 의존 집단치료에 참여한다. 입원치료를 마치면 낮병원으로 옮겨 병원이 아닌 자기 집에서 밤 시간과 주말을 보내면서 스스로 금단 상태의 안정성을 시험해보는 것도 매우 의미 있는 일이다.

가장 이상적인 것은 4주 내지 6주 동안 입원치료를 받은 뒤, 2주 내지 4주 동안 입원과 통원치료를 병행하거나 낮병원에 다니면서 계속 치료를 받는 것이다. 그 다음 집으로 돌아가 외래진료 클리닉에서 계속 치료를 받는 것이 가장 좋다. 환자들은 이 모든 시간 동안 우리가 제공하는 인터넷 의존자를 위한 집단치료에 지속적으로 참여한다. 거주지와 가까운 곳에서, 즉 자신의 생활 반경에서 이처럼 치료를 지속하는 것은 매우 바람직한 치료 모델이다.

내 꿈은 우리 병원 내에 인터넷 의존 환자들을 위한 낮병원을 건립하는 것이다. 나는 삶의 터전과 가장 근접한 곳에서 마치 입원치료를 받듯 집중치료를 받을 수 있는 상황이 가장 효과적이라고 생각한다. 어찌 보면 심리치료 클리닉 또한 현실 세계와 동떨어져 있는 일종의 가상 세계라고 할 수 있다. 심리치료 클리닉에서는 주변이 항상 깨끗하게 정리되어 있고, 누군가가 대신 요리를 해주며 보살펴주고 치료팀과 동료 환자들이 선의로 대해준다. 집에서 지낼 때 겪게 되는 문제들과 멀리 떨어져 이런 곳에서 시간을 보내며 여러 경험을 하면 자신의 삶을 예전과는 다른 시선으로 볼 수 있고 새로운 생각을 하는 데 도움도 된다. 하지만 다른 한편으로 인터넷 의존 환자에게는 이러한 경험이 매우 생소해서 현실적인 변화를 이끌어내기 힘들 수도 있다. 즉 이 경험이 현실을 바꿀 정도의 잠재력으로 작용하기에는 사회적·경제적·감정적으로 빈약한 자신의 삶과 너무 거리가 있다고 느낄 수 있는 것이다. 따라서 환자의 사회적 상황을 장기적으로 개선하기 위해 무엇이 필요한지, 사전에 상세하게 분석할 필요가 있다.

낮병원에서 심리치료를 받는 것의 장점은 환자들이 수양과 자기관리를 하기 위해 처음부터 자립심과 책임감을 갖고 마치 직장에 나가듯 날마다 치료를 받으러 나오는 것이다. 환자들은 낮병원에서 얻은 지식과 그곳에서 세웠던 계획이 현실적으로 자기 삶과 부합되는지를 저녁 시간과 주말 동안 집에서 혼자 반복적으로 검토해본다. 심리치료사와 사회복지사의 도움을 받아 학교와 직장 등 현장에서 새로운 사람들과 만남으로써 삶에서 무언가를 구체적으로 변화시킬 수도 있다. 또한 특별한 성공이나 실패를 경험했을 때, 낮병원의 치료 모임 구성원들에게 칭찬이나 위로를 받을 수도 있다.

낮병원에서 치료받는 것은 환자들이 낮 동안 중독 매체 사용을 완전히 자제하고 이에 대한 자신감을 얻는 데도 매우 유용하다. 또 금단 상태를 유지할 수 있도록 집 안의 환경을 유리하게 가꾸고 지속하는 것도 중요하다. 낮병원에서 치료를 받는 또 다른 장점은 장기간 지속적으로 치료할 수 있다는 것이다. 서서히 성숙해가는 미성년 환자들에게 이 부분은 큰 도움이 될 수 있다.

가족과 파트너를 위한 상담과 치료

인간의 정신적 위기와 질환에 관한 체계론(개인이 속한 체계는 각 개인을 합한 전체보다 더 큰 의미를 지닌다고 보는 이론―옮긴이)적 접근법은 고통의 원인과 해법을 개인이 속한 체계system에서 찾으려 한다. 부부나 연인, 가족, 여러 유형의 크고 작은 공동체 등이 이러한 체계에 속한다. 구성원 중 한 명이 당면한 문제의 핵심으로 간주될 때, 체계는 조직의 내부를 변화시킴으로써 문제의 구성원을 위해 무언가를 할 수 있다. 근본적으로는 공동체 전체가 병들었지만 겉으로는 구성원 한 명만이 병든 것처럼 보일 때, 이 사람을 이른바 '증상 보유자'라고 표현하기도 한다. 체계론적인 접근법은 체계를 병들게 만든 원인 제공자를 찾기보다는 해법을 모색하는 데 집중한다. 해법 중심의 접근법에서 가장 중요시하는 것은 모든 구성원이 해당 체계의 상황을 개선하는 데 책임의식을 갖게 하여 최종적으로 구성원 모두가 편안한 마음으로 원만하게 생활하도록 하는 것이다.

이러한 체계론적 접근법은 인터넷 의존 치료에 있어서 매우 중요한 접근법이다. 이미 앞서 알아본 것처럼, 가족 혹은 파트너와의 갈등과 직장에서의 갈등은 인터넷 의존 발생에 주요 원인이자 그 결과가 되기도 한다. 어쨌든 한 사람이 인터넷에 의존하게 되면 부모와 파트너, 형제, 친구들은 제각기 다른 형태로 함께 괴로움을 감당한다. 이들 중에는 자신과 가까운 이가 이러한 상태에 이른 데 대해 책임감을 느끼는 바람직한 경우도 있다. 앤서니 매카튼Anthony McCarten의 소설《지극히 평범한 영웅들》에는 컴퓨터 게임 의존 증상을 보이는 아들의 모습에 당황스러워하는 부모의 반응이 매우 사실적으로 묘사되어 있다.

사랑스러운 아들? 그는 더 이상 여기에 없다. 레나테와 짐은 여전히 기억 속에 남아 있는 아들의 옛 모습을 떠올려본다. 하지만 시간은 흘러 그들이 기억하는 아들의 모습은 어디에도 없고, 이제 그들 곁에는 핏기 없는 자폐아 같은 얼굴로 양쪽 어깨를 축 늘어뜨린 좀비의 모습을 한 아들만이 남아 있다. 그 좀비는 바깥세상과 접촉할 때 단지 '네' 혹은 '그래요' 혹은 '잠깐만요'라는 말밖에 할 줄 모른다.

인터넷에 의존하는 당사자가 자신의 질환이나 치료에 아무 생각이 없을 때 가족의 개입은 특히 중요하다. 성인인 당사자가 진단 자체를 거부하는 식으로 권리를 행사하면 치료는 더욱 어려워진다. 하지만 흔히 이들의 일상은 가족과 밀접하게 연관되어 있기 때문에, 가족이 무언가 변화의 계기를 포착하여 당사자가 스스로 움직이도록 만들 기회는 얼마든지 있다. 예를 들어 당사자가 지켜야 할 새로운 경계선을 설정한다든가, 지금까지 한 번도 보여주지 않았던 애정과 관심을 쏟아 당사자의 생각을 바꿀 수도 있다.

인터넷 의존 환자들을 체계론적으로 상담하고 치료하는 데 가장 큰 공헌을 한 사람은 데틀레프 숄츠Detlev Scholz와 프란츠 아이덴벤츠Franz Eidenbenz다. 심리학자인 프란츠 아이덴벤츠는 취리히에 있는 게임 중독 및 기타 행동 중독 센터를 이끌고 있다. 그가 개발한 체계론적 치료 방법은 킴벌리 영이 쓴 인터넷 의존치료에 관한 첫 세계적인 핸드북에서 한 장章을 차지하며 비중 있게 다루어졌다.* 프란츠가 환자의 가족과 함께 환자의 상황에 맞게 고안해낸 해법들은 인터넷 의존과 그로 인해 나타난 문제의 심각성에도 불구하고 매우 재치 있고 유쾌하다.**

인터넷에 의존하는 아들을 둔 부부가 상담을 받으러 찾아왔다. 이미 오래전에 성년이 된 아들은 여전히 부모의 집에서 살고 있었지만, 상담받으러 가자는 부모의 제안을 거부했다. 노련한 여성치료사 덕분에 부부는 체계론에 입각한 중재가 이루어진 첫 상담에서 스스로 결정적인 해결법을 찾아냈고, 두 번째 상담에는 아들을 데리고 나타났다. 그 후부터는 부모가 아닌 아들이 치료의 중심이 되어 여러 해 동안 치료를 받았다.

이 밖에도 젊은 부부 한 쌍을 대상으로 했던 부부치료가 또렷이 기억난다. 아내와 남편 모두 정신 질환을 앓고 있었고, 남편에게는 인터넷 의존증까지 있었다. 노련한 여성치료사와 함께 진행한 치료는 나로선 매우 중요했다. 부부가 이혼할 경우 많은 어려움을 겪을 어린 두 자녀가 마음에 걸렸기 때문이다.

---

* 나와 대화를 나누던 킴벌리 영은 지금까지 자신이 미국에서 체계적 프로그램으로 치료해온 환자들이 14,000달러의 치료비를 자비로 감당할 수 있는 성인에 국한되었다는 사실을 안타까워했다. 미국의 엄청난 치료비를 감안하면 열흘간 입원치료를 받는 해당 프로그램의 비용은 그다지 높은 액수는 아니다. 지금까지도 미국의 의료보험기관은 이러한 비용을 지불할 의사가 없다. 그 이유는 인터넷 의존증이 여전히 독자적인 병증으로 인정되고 있지 않기 때문이다. 킴벌리 영은 그것을 이끌어내기 위해 계속 노력 중이다.

** 프란츠 아이덴벤츠가 이끄는 취리히 소재 게임 중독 및 기타 행동 중독 센터에 관한 정보는 www.spielsucht.radix.ch에서 검색할 수 있다.

내가 하노버의 클리닉에서 함께 일했던 사회복지사 중에는 체계론적인 상담과 치료법을 교육받은 사람들이 있었다. 이들과 함께 가족과 부부들을 상담하면서 나는 많은 것을 배웠다. 체계론적 상담은 팀이라는 체계를 갖춰 진행하는 것이 좋은데, 남성치료사와 여성치료사가 한 팀을 구성하는 것이 가장 이상적이다. 그래야 상담에 참여하는 모든 이들을 가장 공정하게 대할 수 있고, 중요한 것을 간과할 소지가 줄어든다.

우리가 직접 체계론적 치료를 실시할 수 있었던 사례는 극히 드물었다. 하지만 우리는 하노버에서나 보훔에서나, 여러 가족과 부부에게 체계론적 접근법을 활용하는 치료사들을 연결했다. 이들은 대개 개업해서 개인 상담실을 갖고 있는데, 인생 상담과 가족 상담, 교육 상담을 함께 진행하는 경우도 많다. 따라서 이미 심리치료를 시작해 자립을 위해 노력하는 중이지만 가족이나 파트너가 아직 힘들어하는 경우, 이런 상담실을 찾아가보는 것은 큰 도움이 될 수 있다.

실제로 상담에서 가장 자주 접하는 사례는 부부관계가 와해될 위험에 처한 사이버 음란물 중독 환자들이다. 음란물과 기타 음란 사이트에 대한 의존은 일반적으로 아내의 신뢰를 무참히 깨버린다. 이 경우에도 우리는 남녀치료사가 한 팀을 이루어 보통 한두 차례의 상담을 진행한다. 이런 상황인 부부와 이야기를 나누다 보면 그동안 아내들이 쌓아둔 분노가 얼마나 폭발적인지, 남편이 음란물에 의존하기 전부터 부부 간에 어떤 갈등이 잠재돼 있었는지를 알게 돼 매번 놀란다. 하지만 다른 한편으로 자신들의 관계를 회복시켜줄 해법을 위해 끈기 있게 노력하는 모습에 다시 한 번 놀라곤 한다.

이런 상황에 처한 부부의 상담에서 가장 중요한 것은 사이버 음란물 의존이라는 병증의 전형적인 증상과 결과를 양측 모두가 이해하는 것이다. 단 아내는 적어도 남편에게서 앞으로 사이버 음란물과는 정말로 결별하겠지만 부부관계는 끝낼 수 없다는 분명한 다짐을 듣기를 원한다. 다시 말해 대부분의 아내들은 부부치료를 받겠다고 마음먹기 전에 먼저 남편이 치료받기를 요구하는 것이다. 하지만 때로는 너무나 괴로워 스스로 상담을 받으러 가는 아내도 있다. 어쨌든 기혼 환자의 경우에는 부부가 함께 치료받도록 동기를 부여하는 것이 과제라고 생각한다.

당사자와 가족의 자구행위

인터넷 의존과 관련된 자구행위에서도 가족이 관여하는 부분이 크다. 이에 관한 역학적 연구가 행해진 바는 없지만, 지금까지의 현상을 보면 병증을 인식하고 적극적인 치료 의지를 지닌 인터넷 의존자의 수는 다른 질환에 비해 상대적으로 적어 보인다. 집계에서 빠진 수치를 감안하면 이 같은 현상은 더욱 두드러질 것이다. 다른 많은 외래진료 클리닉과 마찬가지로 내가 재직 중인 보훔 대학병원 미디어 전문 외래진료 클리닉에 환자 가족들이 진료를 신청하는 건수는 당사자들이 신청하는 건수와 같거나 그 이상이다. 그중 대부분은 성인이 된 자녀의 진료를 대신 신청하거나 가족이 직접 상담을 받으려 하는 경우다. 이렇게 상담을 예약하는 순간에도 이들은 자녀가 진료를 받으러 올지 여부조차 알지 못한다.

이런 상황은 자조 운동과 관련하여 좀 더 분명하게 나타난다. 지금까지는 환자들이 직접 만든 자조 모임보다 그 가족들이 만든 모임이 훨씬 많다. 많은 모임은 인터넷 의존과 관련 있는 모든 이들에게 개방되어 있는데, 이곳에 나타나는 인터넷 의존 환자들은 대부분 부모의 요구로 어쩔 수 없이, 가족의 손에 이끌려 온 이들이다.

우리는 집단치료가 끝난 후 자조 모임을 결성하도록 줄곧 유도해왔으며 이를 위해 병원에서 장소를 제공하겠다는 제의도 했다. 하지만 지금까지 한 번도 실현된 적이 없다. 추측하기론 환자들 대부분이 일상생활을 새로 시작해서 학교나 직장에서 보내는 시간이 많아 모임을 위해 먼 길을 오기도, 서로 시간을 맞추기도 힘들어서일 것이다. 이런 시각에서 보자면 자조 모임이 형성되지 않는 것은 환자들이 치료 후 일상생활을 성공적으로 해내고 있다는 것으로 해석할 수도 있다. 또한 많은 환자들이 집단치료를 마친 후 개별적으로 심리치료를 계속 진행한다.

모든 중독 질환의 사례를 살펴보면 특히 치료를 마친 후 처음 몇 달이나 몇 년 안에 재발될 위험이 크다. 그런데 '익명의 알코올중독자' 모임 혹은 병적 도박 중독 등 기타 행동 중독 자조 모임에 참여하면 재발률이 낮아지며 장기적인 예후도 대폭 개선된다.

이러한 자조 모임은 행동치료를 바탕으로 한 집단치료 모임과 유사한 방식으로 진행된다. 즉, 구성원들이 한자리에 모이면 우선 지난주에 중독 매체를 사용하지는 않았는지, 다른 일상생활은 어땠는지 등의 이야기를 나눈다. 모임의 후반부에서는 대부분 주어진 주제에 관해 혹은 자유롭게 서로 이야기를 나눈다. 미디어 의존 전문가협회는 환자들의 자조 모임을 지원하며 이를 위한 방안도 강구하지만, 이를 실행하기 위해서는 중독상담센터와 병원 등 관련 기관 측에 보조금을 지급할 수 있는 재정적 자원 또한 필요하다. 홍보 활동과 장소를 위한 자금과, 초기에는 자조 모임을 도울 인력에게 지급할 인건비도 필요하다. 초기에는 인건비를 지원받는다 하더라도 모임의 성격상 어느 시점부터는 이러한 인건비를 당사자들이 직접 감당해야 한다.

인터넷 의존자들을 위한 자조 운동에 누구보다 적극적으로 참여한 사람은 히르테 부부다. 성년이 지난 이들의 아들은 약 8년간 월드오브 워크래프트에 빠져 있다가 주변 도움과 본인의 노력 덕분에 의존에서 벗어날 수 있었다. 크리스토프 히르테와 그의 아내는 독일에서 인터넷 의존자와 가족을 위한 자조 운동의 선구자다. 이들은 이미 몇 해 전에 인터넷 의존이라는 힘든 상황에서 벗어나고자 '능동적으로 미디어 중독에 맞서기'라는 이름의 단체를 설립했다. 이 단체는 무엇보다 자조 운동의 활성화를 위한 커뮤니티를 만들고 이로써 인터넷 의존 관련 정책에 대해 당사자들의 대변자 역할을 하고 있다.

웹사이트 www.rollenspielsucht.de에서는 인터넷 의존 당사자와 가족들을 위한 자조 모임의 지역별 위치 등 다양한 정보를 얻을 수 있으며, 각자가 만든 자조 모임을 알릴 수도 있다.* 여기에는 인터넷에 의존하는 자녀를 둔 부모들의 진심 어린 체험담이 다수 실려 있는데, 흥미로운 것은 반대로 부모가 인터넷에 의존하여 힘들어하는 자녀들의 글도 있다는 점이다. 또한 온라인 게임과 기타 의존증을 유발하는 인터넷 콘텐츠가 사람들을 얼마나 힘들게 만드는지 생생하게 알려주는 수많은 글이 올라와 있으며, 이들을 위한 전문적인 지원이 턱없이 부족하여 더욱 힘들다는 내용도 보인다.

여러 나라에서 인터넷 의존에 관한 자조 운동을, 특히 인터넷에 의존하는 남편을 둔 아내들이 주도했다는 점은 무척 흥미롭다. 이와 관련하여 아내들이 개설한 최초의 자조 웹사이트는 널리 알려져 있다. 자신을 '월드 오브 워크래프트 때문에 과부가 된 여자들Widows of World of Warcraft'이라 부르는 이들은 남편을 롤플레잉 게임에 뺏긴 여성들이다. 이 밖에도 '게이머 과부Gamerwidow'라는 개념이 들어간 일련의 유사 커뮤니티가 인터넷에 개설되어 있다. '컴퓨터 과부Computerwidow'라는 용어는 심지어 인터넷 백과사전 위키피디아에 정식으로 등재되기까지 했다. 사이버 음란물에 의존하는 남편을 둔 아내를 위한, 유사한 자조 커뮤니티도 인터넷에 개설돼 있다.

주변에 당사자나 가족이 직접 찾아갈 수 있는 자조 모임이 없거나 이를 설립할 수 없는 경우, 온라인 자조 모임은 매우 유용할 수 있다.

---

* 이 사이트에는 크리스토프 히르테의 웹사이트와 그가 설립한 '능동적으로 미디어 중독에 맞서기'에서 조언을 구하는 이들을 위한 네트워크의 웹사이트 정보가 게재돼 있다.

인터넷 의존의 경우엔 아직까지 직접 참여할 수 있는 자조 모임을 찾기 힘든데, 해당 질환이 아직까지 널리 알려져 있지 않은 데다 당사자들의 개선 의지도 미약하고, 지역 내에 환자들의 수가 적어서일 수 있다. 하지만 인터넷 의존의 경우 자조 모임이라는 틀 안에서 유사한 처지의 사람들과 직접 만나면 인터넷상에서 익명으로 채팅하거나 정보를 교환하는 것과는 완전히 다른 차원의 경험을 할 수 있다. 따라서 인터넷 의존 자조 모임에 대한 지원은 반드시 이루어져야 한다.

미래의 치료

가까운 미래에는 인터넷 의존 환자들을 왜 인터넷상에서 직접 치료하지 않느냐는 질문이 제기될 것이다. 이는 지금까지는 금기시되어 온 부분이다. 인터넷을 인터넷 의존의 치료 수단으로 사용하면 당사자들을 결국 컴퓨터에 묶어두는 것이니 결국 현실 세계로의 건강한 생활을 유도하지 못할 것이라는 주장이 우세했다. 알코올 중독자를 술집에서 맥주를 마시며 치료하지는 않는 것과 같은 논거였다.

하지만 지금까지 알려진 바에 따르면 인터넷 콘텐츠 중 의존증을 유발하는 것은 단지 일부에 국한된다. 이런 점을 감안하면 인터넷 의존은 알코올 중독과는 다소 차이가 있다. 적어도 상담과 치료를 목적으로 하는 인터넷 포럼이 인터넷 의존증을 유발하지는 않을 것이다. 또한 지금까지의 상황을 보면 기타 여러 중독 질환을 가진 사람들이 인터넷상의 전문적인 도움을 받아 치료된 확실한 사례도 이미 몇 건이 있다. 무엇보다 인터넷 의존 환자에게 흔히 발생하는 동반 질환들을 온라인 심리치료를 이용해 성공적으로 치료한 바 있다.

이는 이미 여러 건의 연구로 입증되었다. 단 환자와 치료사 간의 관계가 밀접할수록 인터넷을 이용한 심리치료의 효과가 좋다는 사실이 중요하다. 즉 인터넷상에서 환자와 치료사가 친밀한 소통을 이룰수록 치료 효과가 높다는 말이다. 온라인 화상 통화나 스카이프를 사용한 심리치료는 채팅이나 이메일 혹은 문자메시지를 이용한 치료보다 효과가 좋다는 결과가 나왔다. 후자의 경우 환자와 치료사가 실시간 접촉하는 것이 아니라 시간차가 있어 치료 효과에 한계가 있는 것으로 짐작된다.

이에 비해 자동화된 심리치료 프로세스, 즉 심리치료사가 아닌 이른바 봇Bot(로봇의 준말로 사용자나 다른 프로그램 또는 사람의 행동을 흉내내는 대리자로 동작하는 프로그램―옮긴이)이라 부르는 컴퓨터 프로그램이 진행하는 심리치료는 효과가 좋지 않다. 내 생각에 이러한 프로그램은 '심리치료'라 불릴 자격조차 없다. 이런 기계화된 프로세스는 한마디로 비인간적이며, 인터넷 의존자들을 이런 기계화된 프로세스로 치료한다는 것 자체가 이치에 어긋난다. 중국에서 처음으로 이렇게 완전히 기계화된 심리치료를 시도한 바 있는데 결과는 매우 보잘것없었다.

심리치료의 성공이 프로세스의 유형, 즉 행동치료적 프로세스인지 혹은 심층심리학적 프로세스인지에 상관없이 환자와 치료사 간의 치료적 관계에 달려 있다는 사실은 여러 연구에서 수차례 입증되었다. 나 역시 특히 인터넷 의존의 경우, 환자와 치료사가 정기적으로 만나 진행하는 심리치료가 가장 바람직한 수단이라고 확신한다.

한편으로 나는 인터넷을 이용한 치료가 특정한 사례에서는 분명 의미가 있을 수 있다고 생각한다. 첫 번째, 당사자가 대도시에서 멀리 떨어진 곳에서 살거나 신체적인 이유로 집 밖으로 나가기가 힘들어 치료를 받을 수 없는 경우다. 두 번째로는 정신 질환의 정도가 심각하거나 자신의 질환과 치료에 관한 생각이 확실히 정리되지 않아 외래진료 클리닉에 치료를 받으러 오지 않는 경우다. 이러한 경우에는 이들이 하루 대부분을 보내는 곳, 바로 인터넷에서 이들을 만나는 것도 방법이 될 수 있다.

헤로인 의존 환자들을 치료할 때 이들의 열악한 환경으로 직접 찾아가 사회적 · 의학적으로 도움을 주려는 시도는 일찍부터 행해졌다. 이른바 '스트리트워크 Streetwork'라 부르는 이러한 활동은 오늘날에도 이어지고 있다. 보훔에 위치한 루르대학 병원 소속인 우리는 '스트리트워킹'의 틀 안에서 인터넷 의존자를 인터넷상에서 만나고자 시범 프로젝트를 계획하고 있다. 온라인 포털 사이트에서 인터넷 의존자와 가족들이 익명으로 자가 테스트를 실시해 인터넷 의존 여부를 확인하도록 하는 것이다. 우리는 이 사이트에서 자가 테스트를 실시한 사람들에게 우리 연구에 참여하지 않겠냐는 제의를 한다. 참여에 동의한 참가자들은 확실한 진단을 위해 치료사와 웹캠으로 면담하며 긍정적인 자극이 되는 이야기를 나눈다. 우리는 이와 같이 치료의 문턱을 낮춰 환자들에게 한 걸음 다가감으로써 그들이 직접 병원에 방문해 치료받도록 동기를 부여할 뿐 아니라 구체적인 상담치료도 하려 한다. 이 같은 프로젝트로 인터넷 의존자들이 현실 세계에서 심리치료를 받을 여건을 조성하고 이들이 현실 세계에 발을 내디딜 수 있는 교량이 되고 싶다.

가까운 미래에 우리는 인터넷 의존자들을 위한 좀 더 전문적인 치료 환경이 필요해질 것이다. 전문 외래진료 클리닉과 상담센터, 청소년 및 성인을 위한 입원 시설도 확충해야 한다. 현재로는 인터넷 의존 환자들만 전문 관리하는 낮병원이 없다. 외래치료와 입원치료의 장점을 하나로 통합하는 낮병원은 향후 인터넷 의존 환자의 치료에 중요한 역할을 할 것이다. 하지만 이 같은 시범 프로젝트를 출범시키기 위해서는 많은 의사와 치료사가 필요하며, 정책 결정자들과 의료보험공단의 강력한 지원 또한 필요하다.

  인터넷 의존 환자들을 수년간 방치했다가 치료하려면 막대한 비용
이 든다. 보다 바람직한 것은 환자 수가 증가하는 현재의 추세를 저지
할 조치를 취하는 것이다.

Chapter 5

우리는 조치를
취할 수 있다
: 예방

전자 기기를 무비판적으로 사용하는 정도가 위험 수위를 넘어서고 있다. 끊임없이 늘어나는 인터넷 의존 현상에 제동을 걸기 위해 지금 당장 조치를 취하지 않으면, 자라나는 세대의 미래는 말 그대로 위험에 처할 것이다. 우리의 자녀 세대는 현재 병원에 치료를 받으러 오는 인터넷 의존 환자들보다 훨씬 긴 시간 동안 더 집중적으로 디지털 미디어를 사용하며 자라고 있기 때문이다.

2013년에 실시된 청소년, 정보, 멀티미디어에 관한 공신력 있는 연구 짐-스터디^{JIM-Studie}는 매우 인상적인 결과를 발표했다(JIM은 Jugend청소년, Information정보, Multimedia멀티미디어의 약자― 옮긴이). 이에 따르면 12세 이상 19세 이하의 남녀 청소년 각 86퍼센트와 91퍼센트가 자신이 원할 때마다 인터넷에 접속할 수 있는 디지털 기기를 소유하고 있다. 스마트폰을 보유한 비율은 남녀 모두 각각 72퍼센트다. 이들이 여가시간에 사용하는 가장 중요한 유형의 미디어는 인터넷과 핸드폰이다. 2006년 주중 1일 평균 99분이던 인터넷 사용 시간이 2013년에는 179분, 즉 3시간으로 늘어났다. 이는 하루의 8분의 1에 해당한다. 이를 12세부터 19세까지, 즉 8년을 기준으로 환산해보면 이들은 평균 1년이라는 시간을 인터넷에서 보낸 셈이다.

이러한 수치를 감안하면 인터넷에 의존하는 소아와 청소년들의 수가 점점 늘어나는 것은 놀랄 일이 아니다. 또한 어린이집이나 유치원에서부터 태블릿 PC로 인터넷에 접속하여 시간을 보내는 아이들이 미래에 인터넷 의존자가 될 확률은 더욱 크다. 어느 누구도 자신은 경고를 받은 적이 없다고 발뺌할 수 없다. 따라서 지금 이 순간이 바로 이러한 세태에 맞서 무언가 조치를 취해야 할 시기인 것이다.

좋은 소식은 우리 자녀들이 인터넷에서 길을 잃고 헤매다 세상에서 모습을 감춰버리지 않도록 어른들이 할 수 있는 일이 많다는 점이다. 가장 먼저 자녀의 미디어 사용 습관을 형성하고 제한해야 할 사람은 부모다. 그리고 교사들이 자라나는 세대의 미디어 사용 교육에 두 번째로 중요한 역할을 담당한다. 세 번째로는 사회 전체와 정책 기관들이 주어진 책임을 이행함으로써 자라나는 세대가 건강한 방법으로 여가를 보낼 여건을 조성하고, 미디어 사용과 관련하여 의미 있는 한계선을 정해야 한다. 최종적으로 미디어 환경을 책임 있게 가꾸기 위해서는 모든 성인의 협조와 노력이 필요하다. 이는 가장 먼저 우리 자신을 위한 것이고, 나아가 다른 공동체 구성원들을 위한 것이기도 하다. 이것이 개인의 일상과 직장생활에 모두 적용되는 이유는, 인터넷 의존은 연령을 막론하고 누구에게나 해당될 수 있는 문제이기 때문이다.

이제 개별적인 책임 분야에 관해 자세히 살펴보기 전에 우선 한 가지 낭설을 반박하고자 한다. 이는 바로 디지털 혁명이 기성세대와 자라나는 세대를 완전히 갈라놓았으며, 이 때문에 결국 현재 대다수의 기성세대는 이미 디지털 기술의 발전과 단절되었으므로 이러한 조류에 아무런 영향력도 행사하지 못하며 그 어떤 책임도 없다는 주장이다. 냉소적이고 숙명론적일 뿐만 아니라, 지나치게 단순화된 그릇된 태도다. 현 시점에서 가장 중요한 것은 디지털 혁명을 급작스럽게 중단하는 것이 아니라, 각자가 책임감을 느끼며 바람직한 방향으로 조정해나가는 것이다. 이것을 다시 한 번 강조하고자 한다.

낭설 : 디지털 원주민과 이주민 간에 다툼이 벌어진다

오늘날 소아와 청소년은 상당히 많은 시간을 가상 세계에서 지내며 자란다. 이들을 이른바 '디지털 원주민'이라 부르기도 하는데, 영화 매트릭스의 네오처럼 디지털 세계에서 태어나고 자란 이들이다. 현대 사회에서는 아이들이 아주 어렸을 때부터 컴퓨터를 접하게 하는 것이 바람직하다고 여기는 부모가 점점 많아진다. 이들은 자녀들이 미래의 디지털 세계의 추세를 따라가지 못할까봐 염려한다. 디지털 세계는 더 이상 먼 미래의 일이 아닌, 지금 우리가 살고 있는 바로 이 세계다.

하지만 부모 세대는 자신이 단지 '디지털 이주민'에 불과하다고 여긴다. 소위 스스로 디지털 선구자라 착각하는 사람들의 견해에 따르면, 오늘날 성인들은 대부분 새로운 디지털 문화에 이제 막 적응해야 하는 이방인들이다. 이들의 주장은 인터넷 환경에 자연스럽게 동화되지 못한 사람은 마치 낯선 나라에 온 난민처럼 불안을 느낀다는 것이다. 이러한 불안과 두려움을 지닌 사람들은 두 가지 방식으로 행동할 수 있다. 한편으로는 문화적 정체성을 잃어버릴 수 있다는 불안 때문에 새로운 것에 자신을 걸어 잠그고 차단한다. 다른 한편에서는 시대의 조류에 속하지 못하고 혼자 소외될 수 있다는 불안 때문에 모든 것을 아무 비판 없이 받아들이고 동참한다. 이러한 양 극단은 개인과 사회가 건강하게 발전하는 데 도움이 되지 않는다. 디지털 혁명이 사람들에게 유발하는 두려움도 마찬가지다.

단 현시점에는 디지털 세계의 수용을 꺼리는 성인들이 있긴 하지만 그 수가 그다지 많지는 않다. 내가 보기에는 디지털 세계를 거부하는 사람보다는 디지털 트렌드를 무비판적으로 수용하는 사람들이 훨씬 많다. 이들이 이러한 태도를 취하는 이유는 적어도 자신의 자녀들만은 발전된 디지털 문명의 모든 혜택을 누리길 바라기 때문이다. 즉, 자녀들은 자신처럼 시대의 조류를 놓치지 않았으면 하는 것이다. 이들은 최대한 이른 나이에 최신 전자 기기를 사주는 것이 자녀들에게 눈부신 미래를 보장해주는 것이라고 여긴다. 자녀들은 처음부터 모든 것이 갖춰진 상태에서 출발해 무엇 하나 놓치지 않고 시대의 주류에 속해야 한다고 생각한다.

디지털 원주민은 미래의 사람들이라 불리지만 디지털 이주민은 시대에 뒤처진 사람으로 낙인찍힌다. 하지만 실상은 이와 반대가 아닐까? 물론 아이들은 우리의 미래다. 하지만 이들을 어렸을 때부터 디지털 세계에 맡겨버리는 것이 사실은 불확실한 미래로 내모는 것은 아닐까? 우리가 자라는 세대를 가상 세계에 방치해버리고 그곳에서 모든 것을 스스로 알아서 하라고 놔둔다면, 아마도 이들은 현실에서 살아가기 위해 필요한 자기결정 능력을 갖춘 성인으로 성숙해가지 못할 것이다.

아날로그 세계와 디지털 세계, 두 세계에서 생존할 능력을 갖춘 이들은 어쩌면 하나의 문화만 경험한 원어민이라기보다는 다양한 문화가 공존하는 세계에 사는 이주민이 아닐까? 자신의 정체성을 잃지 않으면서 새로운 환경을 받아들일 수 있는 사람은 원주민이라기보다는 이주민이 아닐까? 이주민들은 새로운 자연적·문화적 환경에 잘 적응할 수도 있다. 문화 정체성을 포기하기 않은 채 새로운 언어와 관습을 받아들일 때 이와 결부된 것들까지 추가로 배우기도 한다. 이주민이 자신의 여건을 이상적으로 가꾸어간다면 이런 장점들이 있을 수 있다. 이들의 자녀 또한 두 문화에 적응하고 편안히 생활할 수 있게 된다.

이런 점에서 볼 때 30살이 넘은 성인들은 디지털 이주민이라 불리더라도 기분 나빠하기보다는 오히려 영광으로 생각해야 한다. 우리는 아직 현실 세계의 삶과 가상 세계의 삶 중 하나를 선택할 여지가 있지만, 이보다 좋은 것은 두 세계를 안전하게 오가면서 좋은 점만 받아들이는 법을 배우는 것이다. 이는 바로 자녀들을 위해서라도 꼭 이행해야 할 일이다. 현실 세계에 몸을 담거나 적어도 한쪽 발만이라도 담그고 있는 것은 삶에서 무엇이 중요한지 판단할 수 있는 감각을 유지하고 정신 건강을 유지하기 위해서도 반드시 필요한 일이다.

미디어의 현주소:
미디어에는 시간과 공간, 내용이 있다

미디어의 본래 목적은 인간의 내면을 외부로 표출함으로써 특정한 방식으로 타인과 접촉하는 것이다. 인간은 미디어를 사용하여 상상력과 아이디어, 감정, 생각을 표현한다. 하지만 미디어로 표현되는 인간의 정신세계는 미디어가 발명되기 전부터 존재했다. 그래서 인간의 내면 깊숙한 곳에 존재하는 정신은 말하자면 미디어의 전신前身이라 할 수 있다. 미디어는 인간의 정신세계에 다시 영향을 미친다. 미디어와 상호작용하면서 인간은 정신적·사회적으로 계속 발전해왔다. 이런 점에서 미디어는 인간의 정신세계에서 움직이는 것들을 단순히 표현해놓은 것 이상의 의미가 있다. 정신적으로 보자면 인간은 항상 두 개의 세계, 즉 내면의 미디어 세계와 외부의 미디어 세계에서 산다.

하지만 신생아는 정신적이라기보다는 육체적인 존재에 가깝다. 이 시기의 아기는 손으로 만질 수 있는 구체적이며 현실적인 세계에서 산다. 아기가 자신의 육체에 안착할 수 있도록 우리는 우선 손으로 만질 수 있는 구체적이며 현실적인 세계에 잘 적응하게 이끌어야 한다. 현실 세계에서 이들이 가장 먼저 할 일은 몸의 모든 감각을 사용하는 법을 배우는 것이다. 그 다음에는 이런 다양한 감각을 이용해 자신의 정신세계, 감정, 상상력을 표출하는 것이다. 이를 위해 가장 적합한 수단은 아날로그 미디어다. 점점 더 복잡해지고 화려해져가는 미디어를 접하기 전에 아날로그 미디어로 강력한 내면 세계를 구축해놓는 것이다. 중요한 것은 우선 내면적 매체성을 안정적으로 발전시켜놓은 후 점점 더 강력해져가는 외부의 미디어 세계와 교류함으로써 이를 더욱 발전시키는 것이다.

인류가 발전을 거듭하며 지나온 각 시대마다 그에 맞는 적절한 미디어가 있었듯이, 한 인간이 성장할 때에도 각 시기에 가장 적절한 미디어가 있다. 디지털 미디어가 아날로그 미디어에 비해 늦게 등장한 것과 아이들에게 먼저 아날로그 미디어를 교육한 다음 디지털 미디어를 교육하는 이유가 분명 존재한다. 우리 인간은 아날로그 방식으로 잉태돼 아날로그적인 몸을 빌어 아날로그 세계에 태어난다. 이 모든 것은 디지털화시킬 수 없다. 세상에 태어난 지 얼마 안 된 인간의 욕구는 특히 육체적이며 감정적인 특성을 지닌다. 갓 태어난 아기는 먹을 것이 필요한데, 엄마의 품에서 먹는 모유가 가장 좋다. 또한 아기에게는 따스한 온기, 엄마 아빠가 주는 든든함과 안정감이 필요하다. 엄마 뱃속에 있을 때부터 들어온 엄마 아빠의 익숙한 목소리 외에는 아직 아무런 다른 미디어도 필요하지 않다. 아기에게는 아직 시간이 많다. 모든 미디어는 사용하기에 적당한 때가 있는 것이다. 이는 한 인간의 삶 전체에도, 하루하루의 일상에도 적용된다.

미디어의 역사

인류의 정신이 해당 시대에 존재했던 미디어의 복잡성에 좌우된 것처럼, 어린아이들의 정신 발달도 아이가 접하는 미디어에 좌우된다. 나는 아이들이 미디어를 접할 때 인류가 거쳐 온 미디어와 정신의 발달 과정을 순서대로 똑같이 체험하고 이를 성찰하는 법을 배워야 한다고 믿는다.

세상에 갓 태어난 인간은 원시인과 상당히 유사하다. 소리를 낼 수는 있지만, 말하지는 못하며 육체적·정서적 욕구가 다른 무엇보다도 우위에 있다. 동굴벽화가 인류의 내면을 표현한 최초의 미디어였던 것처럼, 아기에게는 헝겊인형이라는 형태의 조각과 그림이 세상을 알게 해주는 최초의 미디어다. 음성언어와 문자언어는 여러 가지 상징을 토대로 발전했으며, 최초의 의사소통 형태는 그림 언어였다. 그림 언어는 어린아이에게 첫 상상의 세계를 형성한다. 어린아이는 '개'라는 말을 익히기 전에 현실이나 그림책에서 개를 몇 번이나 본다.

이런 과정을 거친 후 언어 이해 능력이 발달하기 시작하면, 엄마나 아빠, 오빠, 언니, 할머니, 할아버지가 들려주는 여러 이야기를 듣는 과정에서 상상력이 더욱 발달한다. 눈으로 보는 그림과는 별개로 아이는 머릿속으로 자신만의 그림을 그리기 시작하는 것이다. 이처럼 주변 사람들이 들려주는 이야기는 아이가 여러 가지를 상상하는 데 자극제의 역할을 한다. 무의식적으로 꿈을 꾸던 아이가 이제 의식적으로 상상을 하는 것이다. 이는 매우 중요한 발달 단계다. 이러한 단계를 거쳐야만 이른바 정신적 매체성이라 불리는 무언가가 아이의 내면에서 발달하기 때문이다. 이는 아이 스스로 이야기를 만들어내거나 아무런 외부 개입 없이 혼자서 자유롭게 놀 때도 발달한다. 예를 들어 자신이 반복해서 들었던 이야기를 재현하여 말하거나, 들었던 이야기를 자기 마음대로 이어서 계속 꾸며감으로써 아이는 정신세계 속에 있는 상상의 세계를 주도적으로 확립한다. 자신만의 상상으로 여러 장면을 그려보고, 여러 생각을 실천해보기도 한다. 하지만 삶을 시작하는 순간부터 요란한 색깔의 캐릭터가 빠른 속도로 움직이는 시끄러운 비디오와 컴퓨터 게임에 무차별적으로 노출되면, 자신의 정신세계 속 공간을 제대로 펼쳐보지 못할 수도 있다. 만일 내가 마음속으로 그림을 그려보고 나만의 이야기를 만들어내는 법을 전혀 배우지 못했더라면, 끊임없이 내 눈앞에 펼쳐지는 수많은 바깥세상의 그림들에 내 생각과 삶이 좌우되었을 것이다. 하지만 여러 가지를 상상하며 상상력을 발전시켰다면, 현실 세계와 가상 세계가 나를 힘들게 할 때마다 언제든 내면의 세계로 들어가 마음껏 안식을 취할 수 있다.

아이들을 무제한으로 바깥세상에 풀어놓기에 앞서 우선 아이들에게 내적 체험을 표현하고, 현실 세계에서 자연 및 사람들과 관계 형성하는 법을 가르쳐야 한다. 이런 점에서 어린아이의 미디어 교육에서 중요한 것은 인류가 세상을 이해하고 가꾸기 위해 일찍부터 사용하기 시작했던 기본 미디어를 사용함으로써 세상과 관계를 맺도록 하는 것이다. 나는 모든 아이들이 색칠하기와 만들기, 그림 그리기와 계산하기, 읽고 쓰기 등과 같은 것을 컴퓨터를 사용하기에 앞서 우선 자신의 손으로 하는 법을 배워야 한다고 생각한다. 이러한 아날로그 문화와 미디어 기술을 이해하고, 작동 원리를 추론하는 것은 아이의 발달에 매우 중요하다.

아빠가 함께 산책하면서 아이에게 규칙적으로 숲에 나가 나무 위에도 올라가고, 쓰러져 있는 나무기둥 위에서 양팔 벌려 균형도 잡아보며, 여러 개의 나뭇가지를 사용하여 시냇물을 막아 댐을 만들고, 송진의 *끈끈함*을 느끼거나 초록빛 잎사귀의 향을 맡아볼 기회를 주는 것은 무척 바람직하다. 이런 시간을 보낸 아이는 온몸과 모든 감각을 사용하면서 정서적인 유대감을 느끼며 나무라는 형체를 지닌 물리적 세계를 경험한다. 이런 경험을 정신적 차원으로 이전하면서 가장 단순한 미디어를 사용하면 아이는 나무라는 세계를 좀 더 잘 이해할 수 있다. 예를 들어 온몸을 사용하여 나무를 구체적으로 체험한 아이는 나무로 종이를 만든다고 했을 때, 나뭇잎이 아닌 몸통으로 만든다는 사실을 아주 쉽게 이해할 수 있다. 초록색 색연필은 나무의 몸통으로, 색연필의 심은 나뭇잎의 초록빛 색소로 만들었다는 것도 쉽게 이해할 수 있다. 이런 경험을 한 상태에서 종이에 색연필로 나무를 그리면 아이는 종이 위에서 물리적으로, 화학적으로 일어나는 일을 온전히 경험하고 이해할 수 있다. 이 밖에도 종이에 그려진 나무가 진짜 나무가 아니라 나무를 그린 그림이라는 사실 또한 알 수 있다. 다양한 나무를 설명하는 그림책을 보면 아이는 여러 나무의 종류를 분명히 구분하고 분류할 수 있다.

반면 아주 어렸을 때부터 만화시리즈나 영화, 컴퓨터 게임에서 사람처럼 뛰어다니고 말하는 나무들을 주로 접하면 심각한 괴리가 일어나는데, 이는 현실 세계를 이해하는 것뿐만 아니라 미디어의 사용과 관련해서도 문제가 된다. 이 세상이 어떤 모습이고 단순한 미디어들이 어떻게 만들어지는지를 먼저 이해하고 나면, 숲의 현실과 미디어 세계의 비현실을 혼돈할 위험은 줄어든다.

가상과 현실, 상상과 허구를 확실히 구분할 수 있는 시기는 만 8세 이후부터다. 이 시기는 아이들이 읽는 법 정도만 배웠을 무렵이다. 오늘날의 상황으로는 비현실적일 수도 있지만 만약 이 시기까지 아이가 영상 매체를 접한 적이 없다 해도 발달에 필요한 그 어느 것도 놓친 것이 없다. 적어도 내 관점에서는 그러하다.

엄청난 속도로 움직이는 화려하고 시끄러운 전자 매체에 의존하지 않고 미디어를 유용하게 사용하게 하려면, 우선적으로 모든 기본적인 미디어 유형을 접하고 익힐 기회를 주어야 한다. 이는 기본 미디어의 명맥을 유지하기 위해서도 중요하지만, 우리의 문화와 사회를 유지하기 위해서도 중요하다. 언젠가 전기 공급과 데이터 네트워크가 와해될 경우를 대비해서라도 우리는 재래적인 방법으로 읽고 쓰기를 할 수 있어야 하기 때문이다.

어떤 경우에든 아이들이 복잡한 전자 매체를 아주 서서히 신중하게 접할 수 있도록 유도하는 것이 바람직하다. 지나치게 어린 나이에 지나치게 오랫동안 영상 매체를 접하는 것이 문제가 되는 결정적 이유는 대체로 아이들이 영상 매체에서 해로운 경험을 해서라기보다 오랫동안 그 매체에 매달려 있느라 많은 소중한 경험을 놓쳐버리기 때문이다. 다시 말해 너무 일찍부터 너무 많은 시간을 영상에 사용해버리면 어린 시절에 해야 할 특정한 신체적·정서적·정신적 발달을 이루지 못할 우려가 있다는 것이다.

최초의 멀티미디어 영상 매체인 텔레비전은 거실과 자녀 방에 당당하게 입성한 순간부터 지금까지 줄곧 비판의 대상이 되어왔다. 오늘날에도 텔레비전은 세계에서 여전히 가장 인기가 높은 미디어다. 하지만 급변하는 추세를 보면 인터넷이 이미 오래전에 텔레비전보다 우위를 점한 것 같다. 텔레비전이 사람들을 좀 더 똑똑하게 만들었는지 아니면 더 멍청하게 만들었는지를 평가하기란 그다지 어렵지 않다. 문자 언어, 책과 출판물이 영향력을 잃은 것은 인터넷이 출현한 이후가 아니라 텔레비전이 중요한 미디어로 등장하면서부터다. 하지만 문자 매체들은 다행히 아직 사라지지 않았고 아마 앞으로도 그럴 것이다. 책과 출판물은 미래에도 여전히 중요한 미디어로 남을 것이다.

이러한 현상을 아이들의 발달과 연관시키면, 아동이나 청소년 시기에 책을 거의 읽지 않고 텔레비전만 본 아이들이 성인이 되어 독서광이 될 확률은 매우 낮다고 단언할 수 있다. 일일이 눈으로 글을 읽는 수고를 하지 않아도, 말이 나오고 거기에 여러 가지 그림과 소리까지 나오는 미디어에 익숙해지면 편안함에 젖어 다른 미디어에는 시선이 가지 않는다. 텔레비전이라는 특징적인 미디어 사용 패턴에 익숙해지면 책에 흥미를 붙이기 힘들다. 책을 읽는 것은 텔레비전 시청에 비해 커다란 수고가 뒤따른다. 이런 점에서 12세 이상 19세 이하 청소년 중 여가시간에 규칙적으로 책을 읽는다고 응답한 수가 전체의 절반에도 미치지 못하는 것은 더 이상 놀랄 일도 아니다.

하지만 일단 독서 습관을 들이고, 재미를 위해서뿐만 아니라 학습적으로나 미래의 시민으로서 필요한 정보를 습득하는 수단으로의 책읽기를 진심으로 소중하게 여기게 된 아이는 텔레비전에 과도하게 빠질 위험이 매우 적다. 이렇게 되면 소설이나 신문이 의미 있는 미디어가 되고, 이런 미디어를 이용하는 습관은 일생동안 지속될 확률이 매우 높아진다. 결론적으로 우리는 최대한 많은 유형의 미디어 레퍼토리*

---

* 미디어의 '레퍼토리'라는 개념은 요헨 회르쉬Jochen Hörsch의 훌륭한 저서 《미디어의 역사》에서 인용해온 것이다.

를 유지하고 있어야 한다. 그렇지 않으면 만에 하나 디지털 미디어 세계에 대형 사고가 일어나기라도 하면, 미디어 사용과 관련하여 우리는 모두 원시인 수준으로 되돌아갈 수밖에 없을 것이다.

인류의 역사가 발달하는 과정에서, 특히 역사가 문명화되는 과정에서 각 미디어는 부침을 겪었지만, 새로운 미디어를 발명할 때마다 인간은 새로운 도약을 이루었다. 혁명적인 미디어가 개발된 시간적 간격, 예를 들어 책이라는 미디어와 사진과 영화라는 미디어가 발명된 간격, 텔레비전이라는 미디어와 컴퓨터와 인터넷이라는 미디어가 발명된 간격은 점점 더 좁아졌다. 이런 점에서 미디어의 역사는 가속화의 역사라고 할 수 있다.* 이렇게 미디어가 발달하면서 인류는 정신적 발달과 통찰력, 사고력을 축적해왔다. 이는 인간 개개인에게도 해당한다.

아이들이 자라 청소년이 되면 정신세계가 급속히 성장한다. 이때 영상 매체, 특히 여러 형태의 컴퓨터가 점점 더 중요한 역할을 하는 것은 지극히 정상적이다. 이 단계의 아이들에게 중요한 것은 성인의 삶을 시작함과 함께 자신이 사용해야 하는 미디어를 제대로 다룰 능력을 갖추는 것이다. 여기에서 말하는 능력은 두 가지 관점에서 볼 수 있다. 하나는 미디어를 기술적인 면에서 다룰 줄 아는 구체적인 능력이고, 다른 하나는 해당 미디어에 지배되지 않고 바람직한 방향으로 사용하는 능력이다. 이는 부모가 자녀들 스스로 미디어 사용에 대한 책임을 지도록 서서히 단계적으로 이끌어야 함을 의미한다. 이를 위해서

---

* 폴 비릴리오Paul Virilio는 저서 《질주하는 정체현상》에서 이렇게 가속화되어온 미디어의 역사를 누구보다도 정확히 지적하고 있다.

는 무엇보다도 아이들이 성장하는 과정에서 그때그때 적합한 미디어를 사용하도록 교육해야 한다. 또한 미디어 교육상 이런 포괄적인 계획을 세우고 이행하는 것 외에 일상에서 미디어 사용 시간을 적절히 관리하는 것도 매우 중요하다.

미디어 사용 시간의 관리

많은 가정에서는 지금 이 순간이 바로 미디어 사용 행태를 개선할 적기일 수 있다. 무언가를 하기에 너무 늦은 때란 없다. 당신이 정말로 지금 이 자리에서 미디어 사용 시간을 변화시키고자 한다면 우선 현재 상태를 평가해보라. 오늘날 각 연령대별 평균적인 미디어 사용 시간에 대한 비교 수치는 수없이 많다. 하지만 상대적인 수치는 바람직한 정도를 알려주는 지표가 아니다! 이 책에서 자주 인용한 '청소년, 정보, 멀티미디어에 관한 연구^{JIM-Studie} 2013'에 따르면 12~13세의 청소년은 주중에 하루 평균 2시간(119분)을 인터넷에서 보낸다. 14~15세는 3시간(188분), 16~17세는 3시간 반(212분)을 쓴다. 이 수치는 청소년들이 직접 응답한 자료를 토대로 한 것이며, 이들이 실제로 인터넷을 사용하는 시간은 이보다 더 많을 수도 있다.

인터넷에서 보낸 시간을 당사자가 직접 가늠하기란 쉬운 일이 아니다. 가족이 한자리에 모여 각자 하루 동안 어떤 미디어를 얼마나 오랫동안 사용하는지 종이에 빠짐없이 적어보라. 학업이나 직무와 관련해 사용하는 시간은 제외하고 영상 매체를 사용하는 시간을 빠짐없이 포함시킨다. 텔레비전, 게임 콘솔, 컴퓨터, 태블릿 PC 및 스마트폰 사용 시간을 모두 포함해야 한다. 중요한 것은 주중과 주말, 공휴일을 구분하는 것이다. 가족 구성원 모두가 미디어 사용 시간을 기록했으면, 한 사람씩 돌아가며 그 내용을 큰 소리로 읽는다. 자신의 미디어 사용 시간을 합산하기 전에 당사자 외의 가족들이 각 구성원의 미디어 사용 시간을 평가하고 의견을 내놓는다. 개별 미디어의 사용 시간을 합산할 때에는 계산기를 사용하지 않고 종이에 직접 계산하는 것이 좋다. 다른 가족의 시간을 평가할 때 중요한 것은 부모도 자녀의 평가를 받고, 자신의 사용 행태에 대해 다른 사람의 의견을 들을 자세가 되어 있음을 보여주는 것이다. 각 시간을 곱하고 더하는 과정을 거치면 각 미디어당 하루 평균 사용 시간 및 주간 사용 시간과 전체 미디어 사용 시간을 구할 수 있다. 이렇게 나온 결과는 당사자도 깜짝 놀랄 만큼 상당히 충격적일 수 있다. 미디어 사용 시간을 줄이려면 각 사용 시간의 추이를 기록해두는 일지를 작성하는 것이 도움이 된다. 때로는 미디어 사용 일지를 작성하는 가족 구성원들 간에 선의의 경쟁이 벌어지기도 한다.

물론 가족들이 자신의 사용 시간을 정직하게 이야기할지에 관한 문제가 제기된다. 미디어 의존 현상이 심각할수록 모든 가족이 집단적으로 약간의 거짓말을 하고 미디어 사용 시간을 실제보다 줄여 말할 소지가 크다. 물론 서로 신뢰하고 불편한 진실까지도 솔직히 말하며 인정할 수 있는 분위기가 조성되는 것이 훨씬 바람직하다. 때로는 미디어 사용 시간을 객관적인 도구를 사용해 확인해보는 것도 의미 있다. 다시 말해 누가 얼마나 많은 시간을 인터넷에서 보냈는지 혹은 컴퓨터 게임을 했는지 측정하는 소프트웨어를 컴퓨터에 깔아놓는 것도 바람직한 방법이다.

스마트폰의 경우에는 현재 '멘탈'이라는 앱처럼 매우 유용한 해법이 많이 개발되어 있다. 이 앱은 본 대학 컴퓨터공학과 교수 알렉산더 마르코베츠와 그 팀이 개발한 것으로 이 앱의 사용자는 하루가 끝나면 하루 동안 스마트폰을 몇 번 손에 쥐었는지, 전화 통화는 몇 번, 이

메일과 문자는 몇 번, 소셜 네트워크에 몇 번 글을 남겼는지 정확히 기록된 표를 전달받는다. 또한 스마트폰을 쓸 때마다 얼마동안 사용했는지, 하루에 얼마나 스마트폰을 사용했는지도 확인할 수 있다. 해당 앱을 설치한 대학생들을 대상으로 한 첫 연구 결과 이들은 평균 12분마다 스마트폰을 들여다보며 하루 중 몇 시간을 스마트폰을 사용하는데 보낸다. 앱의 개발자들은 사용자들이 미디어 사용 행태에 관한 피드백을 받는 것만으로도 의식이 바뀌고, 자신의 사용 행태를 변화시키려는 동기가 생길 것으로 생각한다. 이들의 목적은 사용자를 통제하는 것이 아니라 미디어 사용에 관한 객관적인 정보를 제공하는 것이다.

가족의 분위기 자체가 '아는 것도 좋지만, 통제하는 것은 더 좋다'라는 말과 맞아떨어지는 가족도 있다. '멘탈'은 스마트폰 외에 컴퓨터와 게임 콘솔에도 설치할 수 있는데, 이와 유사한 프로그램을 사용하면 디지털 미디어 사용을 합리적으로 통제할 수 있다. 즉 이런 프로그램을 디지털 기기에 설치하고 자신이나 자녀들이 해당 기기로 인터넷을 얼마나 사용할지 혹은 특정한 프로그램을 몇 시간이나 사용할지를 미리 설정해놓을 수 있다. 이런 프로그램들은 날이 갈수록 점점 더 섬세한 기능을 갖추어가고 있어 우리가 사용하는 모든 가전제품을 중앙에서 조작하게 될 날도 머지않았다. 디지털 미디어 사용을 중앙에서 간단히 통제하는 또 다른 방법은 집 안에서 무선 LAN만을 이용해 인터넷에 접속하도록 하고 정해놓은 시간 이후에는 인터넷 접속을 완전히 차단하는 것이다. 이같이 정해둔 시간 외에는 원칙적으로 오프라인에서 생활하는 것이 성인에게도 바람직하지 않은가?

하지만 마음만 먹으면 이러한 규제를 피해갈 방법은 얼마든지 있다. 그중 한 가지만 예로 들자면 스마트폰인데, 스마트폰은 대부분 오래전부터 블루투스(휴대폰, 노트북, 이어폰, 헤드폰 등의 휴대 기기를 서로 연결해 정보를 교환하는 근거리 무선 기술 표준—옮긴이)나 USB로 연결하여 모뎀으로 사용할 수 있다. 이런 방법을 이용해 가족의 미디어 사용 규제에 대항하라는 말이 아니다. 오히려 내가 전하고 싶은 주된 메시지는 가족 구성원의 미디어 사용이 위험 수위에 도달한 경우, 전체 가족 차원에서 이를 저지하기 위한 규칙과 수단이 있다는 것이다. 다만 이러한 규칙의 최종 목적은 무엇보다 당사자의 자기 통제 능력과 책임감을 장기적으로 강화시키는 것이다. 즉 이런 조치를 도입하기에 앞서 이를 정확히 숙고하고 가족들에게 그 취지를 잘 설명하는 것이 중요하다. 예를 들어 언젠가는 이러한 규칙이 없더라도 자신의 시간을 책임감 있게 관리하는 것이 최종 목표라는 것을 이야기할 수 있다.

여기서 독자는 몇 살에 어떤 미디어를 얼마나 오랫동안 사용해도 되는지 묻고 싶을 것이다. 이에 관한 명쾌한 답은 존재하지 않는다. 미성년 자녀들의 미디어 사용에 있어 세세한 규칙과 한계를 나열해놓은 빡빡한 일정표를 제시할 수도 없는 노릇이다. 부모에게 일방적인 지시를 할 만한 학문적 토대 또한 존재하지 않는다. 각 가정마다 출발점이 다르며, 디지털 미디어 사용에 대한 태도도 다르고, 가족이 함께하는 여러 활동에 비해 디지털 미디어 사용이 차지하는 비중도 각기 다르다. 각 가정은 저마다의 특성과 상황에 따라 디지털 미디어와 기타 활동을 다양한 형태로 건전하고 조화롭게 가꾸어 나갈 일이다.

가족의 디지털 미디어 사용에 관한 개별적 해법을 모색할 때는 당신의 본래적인 교육 방식과 상식을 포기하지 말라. 이는 디지털 시대에도 계속 제 기능을 할 것이다. 디지털 문화와 관련된 문제를 해결하려고 새로운 교육 방식과 도구를 발명할 필요는 없다. 또한 디지털 미디어를 어느 정도 소비하는 것이 공평하고 완벽한 기준인지를 찾는 것은 중요하지 않다. 그보다 중요한 것은 우선 당신이 자녀들이 지켜야 할 분명한 한계를 정하고, 그들이 기준으로 삼을 만한 확고한 태도를 보여주는 것이다. 자녀에게 분명한 한계를 정하지 못하는 부모는 근본적으로 교육적인 면에서 문제 있는 부모다. 이런 부모는 이미 다른 여러 면에서도 자녀교육에 문제가 많은데, 단지 디지털 미디어 사용과 관련하여 문제가 악화되고 분명히 드러난 것뿐이다.

이는 자녀에게 얼마나 오랫동안 디지털 미디어를 사용하도록 허용하느냐 하는 양적인 기준과는 완전히 별개인 문제다. 가정에서 그리고 개인적으로 사용하는 모든 영상 매체의 사용량은 시간 단위로 정하는 것이 좋다. 우선 주중에는 하루에 한두 시간, 주말에는 두세 시간으로 정해놓고 시작하는 것이 적절하다.

규칙이 잘 지켜지면 하루 단위가 아니라 1주일에 7시간 내지 14시간으로 정하는 방식으로 넘어가도 좋다. 이러한 방식은 소아나 청소년들이 시간을 스스로 나누어 사용하는 법을 배우는 데 도움이 된다. 이 과정을 성공적으로 거친 아이들은 언젠가는 아무 규칙 없이도 미디어 사용량을 스스로 통제하는 습관을 들일 수도 있을 것이다. 바람직한 미디어 습관은 어린 나이에 체득할수록 좋다.

이처럼 정해진 규칙에 따라 디지털 미디어를 사용하도록 하는 것보다 더 바람직한 것은 그 시간을 온 가족이 함께 다른 활동을 하면서 보내는 것이다. 이렇게 하면 자녀들이 눈치 채지 못하는 가운데 여러 디지털 기기에서 멀어지도록 자연스럽게 유도할 수 있다. 다른 한편으로는 이런 방법을 완전히 공개적으로 활용할 수도 있다. 예를 들어 일주일에 하루 혹은 적어도 하루 저녁만이라도 디지털 미디어 없이 보내는 날을 정해놓고, 평소와는 아주 다른 방식으로 시간을 보내는 것도 의미 있다. 일 년에 한 번, 일주일 동안은 어떤 영상 매체도 없이 보내는 방법도 권할 만하다. 함께 휴가를 갈 때도 모든 유형의 전자 기기는 집에 놔두는 것이 좋다. 그렇지 않으면 아이들은 게임을 하고 어른들은 업무를 처리하느라 소중한 시간을 허비할 수 있다. 이처럼 디지털 미디어 없이 하루 저녁 혹은 며칠을 보내면서 그것으로 가득 차 있던 일상을 새로운 시각으로 돌아보고 기타 다양한 여가 활동에 새로운 지평을 여는 계기로 삼을 수도 있다. 어떤 이는 휴가 동안 자신에게 맞는 새로운 운동을 발견하여 휴가가 끝난 후에도 계속하기도 한다. 혹은 휴가 동안 무언가를 만들어내는 창조적인 취미나 악기 연주를 배우는 사람들도 있다. 가장 좋은 것은 휴가 동안 당신의 자녀가 컴퓨터 게임이나 소셜 네트워크 외에 다른 무언가를 하며 즐겁게 시간을 보내는 법을 배우는 것이다. 또한 휴가 동안 부모는 평소처럼 단순히 텔레비전을 보거나 잠자기 위해서가 아니라, 둘만의 친밀한 시간을 보내기 위해 침실에 들어갈 수도 있다.

성인들도 일생생활에서 일정 시간이 되면 모든 종류의 미디어를 사용하지 않는 것이 좋다. 우리의 일상은 온통 디지털 미디어로 가득 차 있기 때문에 가끔은 미디어 없이 더 좋은 시간을 보낼 수 있다는 생각 자체를 잊고 살 때가 많다. 친구들과 대화를 나누고, 친척과 함께 저녁 식사를 하며, 기차를 타고 차창 너머로 시골 풍경을 감상하고, 이메일을 보내지도 받지도 않으면서 주말을 보내고, 파트너와 함께 느긋하게 저녁을 보내는 것이 얼마나 좋은지 잊고 사는 것이다. 정신 건강을 위해서도 우리에게는 어떤 디지털 미디어도 개입하지 않는 시간이 필요하다. 그렇지 않으면 자신과의 관계, 우리 앞에 있는 사람과의 관계, 심지어 최악의 경우 자녀와의 관계까지 온전히 누리지 못한 채 디지털 미디어만 들여다보며 살게 될 것이다. 모든 미디어에는 적절한 시간이 있다. 미디어 없이 보내는 시간, 미디어가 없는 공간이 점점 더 가치 있는 존재가 되어가고 있다.

■ 일상생활에서 미디어 사용 시간 관리하기

- 가능한 한 인류의 역사에서 미디어가 발명된 순서에 따라 자녀가 미디어를 체험하게 하라. 읽기, 쓰기, 계산하기와 같이 단순한 아날로그 문화를 접하고 나서 복잡한 디지털 기술을 접하게 하는 것이다.
- 평균적으로 8세가 되어서야 비로소 현실과 허구를 분명히 구분할 수 있다는 사실을 명심하라! 8세 전까지는 아이들 방에 텔레비전이나 게임 콘솔, 컴퓨터를 절대 들여놓지 말라.
- 당신과 가족들이 얼마나 인터넷에 접속해 있는지 날마다 기록해보라.
- 하루 동안 컴퓨터로 무엇을 얼마나 했는지 정확히 알려주는 소프트웨어를 활용하라. 그러면 미디어 사용 행태를 변화하고 싶은 동기가 유발될 것이다.
- 당신과 자녀의 인터넷 사용 시간을 정하라. 자녀의 연령을 고려하여 처음에는 하루에 1~2시간으로 하고 이 규칙이 제대로 이행되면 1주일에 7~14시간으로 정해본다.
- 타이머를 사용하여 인터넷 접속이 가능한 모든 영상 매체 사용 시간을 측정하라.
- 섹스와 범죄 등 특정 콘텐츠는 청소년기가 끝날 때쯤 접하게 한다고 생각하라. 해당 연령이 되기 전까지는 필터 소프트웨어를 사용하여 자녀를 보호하라.
- 자녀들이 디지털 미디어 없이 시간을 보내도록 교육하라. 적어도 아침에 기상 후 1시간 혹은 취침 전 1시간 동안, 그리고 식사시간에는 항상 디지털 미디어 사용을 자제하도록 하라.
- 자녀들이 영상 매체 앞에 우두커니 앉아 있는 동안 얼마나 많은 것을 체험하고 학습할 기회를 놓치는지를 항상 염두에 두라.
- 온 가족이 미디어 없이 보내는 특별한 시간을 계획하고 가꾸어보라. 예를 들어

매일 저녁식사 후 1시간 동안 온 가족이 함께 특별한 시간을 보내는 것이다.

- 적어도 일주일에 하루 혹은 하루 저녁은 디지털 미디어 없이 보내라!
- 일 년에 한 번, 일주일간 온 가족이 함께 디지털 미디어 없이 보내라!
- 휴가를 갈 때는 최소한의 전자 기기만 갖고 가라.
- 하루가 끝날 때쯤 '좀 더 많은 시간을 운동과 다른 창조 활동을 하면서 보낼 수 있으면 좋겠다'라고 생각할 정도로 자녀들이 컴퓨터 외에 운동과 다른 활동을 하도록 하루 일정을 조정해보라.
- 자녀들이 일찍부터 사람들을 만나고 함께 어울려 지내면서 친구의 소중함을 경험할 수 있도록 도와라.

모든 미디어는 제자리가 있다

유아와 청소년이 소유한 디지털 기기의 숫자가 급격히 증가한 것은 인터넷에 의존하는 아이들의 숫자가 점점 증가한 결정적인 원인이다. 부모가 과거에 비해 훨씬 일찍부터 컴퓨터를 설치해주는 바람에 컴퓨터는 아이들의 방을 완전히 점령해버렸다. 또한 점점 더 많은 장난감이 컴퓨터화 되어간다. 아이들은 어렸을 때부터 스마트폰과 태블릿 PC를 가지고 놀며, 이를 사용하여 인터넷에 접속해 사이버 공간을 마음대로 누비고 다닌다. 오늘날에는 게임용 기기(휴대용 미니컴퓨터 혹은 대형 게임 콘솔)뿐만 아니라 모든 전자 기기를 사용하여 컴퓨터 게임을 할 수 있다.

가까운 미래에는 텔레비전이나 노트북, 컴퓨터뿐만 아니라 모든 가전제품으로 컴퓨터 게임을 할 수 있을 것이다. 심지어 모든 냉장고에도 인터넷 접속 기능이 장착될 것이다. 오늘날 인터넷 접속 능력을 갖춘 스마트폰 덕분에 모든 사람이 인터넷과 항상 연결되어 있듯이, 집

안의 모든 공간이 사이버 공간과 연결될 것이라는 말이다. 적어도 디지털 원주민으로 태어난 우리 자녀 세대가 주역이 되는 시대에는 어딜 가든 항상 인터넷에 접속할 수 있을 것이다.

우리는 미디어가 세상 구석구석을 정복해가는 것을 지켜만 보고 있다. 지구에서 가장 외딴 곳까지 웹캠이 설치돼 끊임없이 사진과 동영상을 전송한다. 설사 그렇게 아름다운 곳을 직접 찾아간다 해도 우리는 우선 카메라부터 꺼내 들고 사진을 찍어 곧바로 소셜 네트워크에 올릴 것이다. 이런 광경을 떠올리면 우리는 이제 더 이상 자연을 매체의 개입 없이 있는 그대로 편안히 바라볼 능력을 상실해버린 것 같다. 오늘날 사람들은 멋진 순간을 있는 그대로 즐기기보다는 미디어라는 수단을 이용해 그 자리에서 물질화시키는 것을 더 중요하게 생각한다. 멋진 광경을 사진과 동영상의 형태로 하드 디스크에 넣어두고 간직하겠다는 욕구가, 멋진 광경을 내 기억 속에 담아두면 언제라도 다시 불러낼 수 있다는 믿음보다 더 크다. 세상을 바라보는 시각이 미디어라는 안경 때문에 나도 모르는 사이에 변해버렸다. 한 발짝만 물러나 외부에서 이런 내 모습을 바라본다면, 마치 내가 이 세상에 관한 영화를 만들기 위해 사는 사람처럼 보일 것이다. 이제 디지털 미디어에 왜곡되지 않고 처음으로 직접 발견하고 체험할 수 있는 공간은 지구상에서 찾아보기 힘들다.

이러한 미디어 개입 현상은 여행할 때보다 집이나 직장에서 일상생활을 할 때 더욱 심하게 나타난다. 거실에는 점점 더 많은 대형화면이나 빔-프로젝터가 설치되고 있다. 빔-프로젝터 기능이 내장된 스마트폰도 이미 오래전부터 개발 중이다. 디지털 세계로 연결시켜주는 전자 기기들은 사방에 널려 있다. 누구든 자신의 집 안에 컴퓨터 기능을 갖춘 기기와 영상 매체가 얼마나 많은지 세어본다면 엄청난 숫자에 놀랄 것이다. 가정에 이런 기기들의 수는 점점 더 늘어나고 있다. 이전 모델보다 더 빠르고 성능 좋은 새 기기가 출시되는 시간적 간격이 점점 더 좁아지고 있기 때문이다. 이런 기기들이 자신에게 정말 필요한지 의문을 품는 사람은 찾아보기 힘들다. 디지털 혁명의 이러한 경제적 역학 때문에 사람들은 점점 더 많은 하드웨어를 집 안에 들여놓는다.

이러한 상황은 우리 집도 다를 바 없었으며 현재도 마찬가지다. 부모님은 오래전부터 스테레오 전축과 텔레비전을 계속 새 것으로 교체해왔고, 컴퓨터가 대중화되고 나서는 컴퓨터 역시 정기적으로 최신 모델로 교체했다. 우리 형제에게는 반가운 일이었다. 왜냐하면 새로운 기기를 들여놓고 나면 그때까지 사용하던 기기를 우리 방에 들여놓을 수 있었기 때문이다. 아날로그식 볼륨 조절 버튼이 달린 흑백텔레비전이 거실에서 밀려나 형 방에 들어온 날, 형과 함께 〈악마는 네 시에 찾아왔다〉라는 오래된 재난영화를 봤던 기억이 아직도 생생하다. 그 영화의 주인공은 섬의 감옥에 갇혀 있다가 화산이 폭발하는 바람에 감옥에서 탈출한 세 명의 죄수들이다. 이들은 탈출 도중에 화산의 피해가 닥친 한센병 병동에 있던 고아들과 마주친다. 세 죄수는 위험에 빠져 있던 고아들을 구출하려다 모두 목숨을 잃는다. 당시 나는 아홉 살이 채 안 되었던 것 같다. 내 기억으로 이 영화는 태어나서 처음으로 본 성인영화였다. 영화가 어찌나 무서웠던지 그 후 일주일이 넘도록 혼자서 잠을 잘 수 없었다.

그 다음번에 밀려난 흑백텔레비전은 내 책상 위에 자리를 잡았다. 그 당시 내 책상에는 숙제할 때 필요하다고 부모님을 졸라 산 코모도어 64라는 컴퓨터도 있었다. 하지만 실제로 컴퓨터를 숙제에 사용한 적은 거의 없다. 나는 숙제를 할 때마다 컴퓨터를 켜놓고 부모님 몰래 컴퓨터 게임을 하곤 했다. 시간이 좀 더 흘러 사춘기가 찾아왔을 때에는 아무것도 하지 않고 몇 시간 동안 〈드롬부쉬 가족〉, 〈비허르트 가족〉 등 시시한 텔레비전 시리즈물을 보며 시간을 보냈다. 늦은 저녁에 텔레비전을 볼 때는 인기척이 나면 곧바로 끌 수 있게 스위치를 손으로 잡고서 봤다. 그러다가 정말로 누군가가 방에 들어오면 텔레비전을 얼른 끄고 숙제하고 있는 척했다.

당시 나는 부모님이 내가 늦게까지 텔레비전을 보는 걸 좋아하지 않는다고 생각했던 것 같다. 그렇지 않았더라면 내 방에 있는 텔레비전보다 화면이 큰 거실의 컬러텔레비전으로 시리즈물을 시청했을 것이다. 그 당시에도 이미 나는 그렇게 오랫동안 텔레비전을 보는 것은 바람직하지 않다고 느꼈다. 정확히 말하자면 그렇게 오랜 동안의 텔레비전 시청은 엄청난 시간 낭비라고 생각했던 것이 생생히 기억난다. 하지만 당시의 나로서는 어쩔 수 없었다. 다만 병적이라고 할 정도로 텔레비전에 중독돼 있었던 것은 아니다. 요즘도 어린 환자와 부모들을 상담하면서 이들이 청소년기 중 얼마나 오랜 시간을 화면 앞에서 허송세월했는지를 듣노라면 이따금씩 나의 그 시절이 떠오른다.

그렇다고 해서 내 부모를 비난할 생각은 전혀 없다. 부모님은 텔레비전을 거의 보지 않았고, 우리 형제와 함께 자주 시간을 보내며 많은 활동을 함께했다. 또한 무엇보다도 우리 형제에게 자연과 문화를 즐기며 사는 멋진 삶의 모습을 보여주셨다. 성인이 되고 보니 그런 부모님의 모습을 보며 자란 것이 커다란 자산이 되었음을 깨달았다. 그러나 부모님이 만일 오늘날과 같은 상황에서 젊은 시절을 보냈다면 당시와는 조금 다른 삶을 살았을지도 모를 일이다. 오늘날은 선택할 수 있는 기기의 종류도 훨씬 많고 과거보다 훨씬 빨리 새 기기가 출시돼 상황이 훨씬 더 복잡할 수 있기 때문이다.

내가 여기에서 하려는 말은 부모가 계속 더 크고 더 새로운 모델의 기기를 들여놓는 자신의 행동을 대수롭지 않게 생각하지 말라는 것이다. 쓰던 기기들을 자녀들이 사용하도록 하면 아이들이 좋아한다*는 핑계로 새로운 기기로 교체하는 것은 생각보다 큰 파장을 불러일으킬 수 있다. 새 기기를 들여놓기보다는 스스로 '정말로 더 크고 더 평평한 텔레비전이 필요한가?'라고 질문해야 한다. 여기에서 부모가 한 번쯤 갖고 싶은 걸 포기하는 모습을 보이고, 새 기기를 구입하려던 돈으로 악기나 운동기구를 사거나 멋진 나들이나 여행비용으로 쓰는 것은 가족 전체에게 중요한 신호가 될 수 있다. 여윳돈으로 무엇을 할지 함께 생각하고 결정을 내리면, 새 기기를 구입하지 않아 실망한 자녀들의 마음도 많이 풀어진다. 이런 결정을 내릴 때 자녀들이 부모의 바람직한 모습을 보고 배운다는 점 또한 매우 가치 있는 일이다. 새로운 미디어를 들여놓고 여기에 빠져 많은 시간을 보내는 것보다 가족 구성원 모두 함께 즐길 수 있는 일에 돈을 쓰는 것은 가족의 화합을 중요시한다는 매우 중요한 신호다.

이처럼 가끔씩은 전자 산업과 오락 산업, 광고 산업계 사람들의 말에 넘어가지 않고, 엄청나게 싼 가격에 판매한다고 떠드는 기기를 멀리서 바라보고 마는 것도 바람직하다. 또한 오래된 전자 기기는 자녀에게 물려주는 것 외에 다른 방법, 즉 중고로 판매할 수도 있고 해당 기기가 없는 사람에게 선물할 수도 있다. 필요가 없어진 오래된 기기를 아이 방이나 부모 침실에 쌓아두어야 한다는 법칙은 어디에도 없

---

* 예를 들어 4세와 5세 유아의 6퍼센트가 이미 핸드폰을 소유하고 있는데 이 중 절반이 중고 모델이다. 이는 부모가 쓰던 핸드폰을 물려주었다는 의미다. 이는 에그몬트 에파 출판사의 요청으로 실시한 '2014 유아 소비 분석'의 내용 중 일부다. 해당 보고서에 따르면 6세 이상 13세 이하의 소아 중 82퍼센트가 수시로 컴퓨터와 태블릿 PC를 사용하며 이 중 3분의 1이 자기 컴퓨터를 소유하고 있다.

다. 의식적으로 선을 긋지 않으면 집은 어느새 갖가지 전자 기기로 발 디딜 틈이 없어질 것이다. 아이 방이나 침실을 생각해보면 사용하지 않는 전자 기기들을 제대로 처분하는 것이 가족의 정신 건강과도 직결되는 문제임을 잘 이해할 수 있다.

특히 소아와 청소년기 자녀를 둔 가정에서는 디지털 미디어를 어느 정도 허용할지 정확히 정해놓을 필요가 있다. 가장 이상적인 것은 8세가 되기 전까지는 컴퓨터와 다른 영상 매체를 들여놓지 않는 것이다.* 8세 미만 자녀의 방에 이러한 미디어 기기를 설치하는 것은 아이들은 게임을 하고 부모는 좀 더 편하게 시간을 보낼 수 있다는 점을 제외하면 아무 이득도 없는 행동이다. 반면 이에 반대하는 입장의 근거는 넘쳐난다. 특히 어린 자녀를 둔 가정에서는 전자 기기를 유형별로 하나씩만 구비해 공동 공간에 설치하는 것이 바람직하다. 이런 여건을 조성해놓으면 가족이 미디어를 사용하여 함께 시간을 보내면서 여러 경험을 할 수 있을 뿐 아니라 별다른 목적 없이 미디어 앞에 앉아 있는 일도 적어진다. 또한 자녀의 사용 시간과 내용에 틀을 마련해줌으로써 부모의 교육적인 책임도 수행할 수 있다. 게다가 부모는 적합하지 않은 콘텐츠를 접하지 않도록 보호할 수 있으며, 그러한 경우 즉각 반응할 수 있다. 또한 이렇게 여건을 조성해놓으면 무엇보다 지나치게 오랫동안 컴퓨터를 사용하지 않도록 할 수 있어, 컴퓨터 의존에 빠지지 않게 보호할 수 있다. 그 밖에 누가 언제 무슨 기기를 사용할지 협상을 하고, 의견이 일치되지 않을 때는 합의를 위한 방법을 모

---

* 지대한 영향력을 지닌 '미국 소아과 협회'는 만 2세 미만의 유아에게는 어떠한 영상 매체도 보여주지 말라고 경고한다. www.aap.org/en-us/advocacy-and-policy/aap-health-initiatives/Pages/Media-and-Children.aspx

색하다 보면 가족 구성원 간에 유대감이 돈독해지고 사회성 또한 한 층 발달한다. 모두 가정 내 공동 공간에 디지털 미디어를 설치함으로 써 얻게 되는 결정적인 유익함이다.

가족 간 다툼을 피하기 위해 가족 모두 자신만의 전자 기기를 소유 해야 한다는 주장은 납득은 가지만 문제의 소지가 매우 크다. 가족이 모두 각자의 기기를 사용한다면 공유할 필요가 없으니 주장대로 다툼 이 없을 수밖에 없다. 하지만 자녀에게 한정된 물건을 나누어 쓰도록 가르치는 것은 매우 중요한 교육이다.

새로운 미디어 기기를 공동 공간에 설치해놓고 사용하게 하면, 어 린 자녀들의 미디어 사용에 관한 자기 통제 능력을 부모가 잘 가늠할 수 있다. 이런 환경은 아이에게도 좋은 자극이 될 수 있다. 이들이 자 라 청소년이 되면 언젠가는 자기 방에서 혼자 영상 매체를 사용하게 될 것이기 때문이다. 많은 미디어 교육학자들은 자녀가 어렸을 때 처 음 얼마 동안은 가족의 공동 공간에 디지털 기기를 설치해둘 것을 권 장한다. 이는 컴퓨터에만 국한된 것이 아니라 게임 콘솔과 텔레비전도 마찬가지다. 하지만 평균적인 가정에서 자녀들의 모습은 이와는 완전 히 다르다. 어린 자녀의 방에 텔레비전과 게임 콘솔, 컴퓨터, 기타 전 자 기기들이 동시에 전부 켜 있는 경우도 허다하다.

대다수 부모의 침실 모습도 별반 다르지 않다. 일반적으로 침실에서 컴퓨터 게임을 하는 일은 드물다. 하지만 침실에 놓인 디지털 평면 스 크린 텔레비전은 대부분 침실에 어울릴 에로틱한 분위기와는 거리가 멀다. 특히 어린 자녀가 있는 가정에서 부부가 언어적으로나 육체적으 로 둘만의 친밀함을 나눌 수 있는 유일한 공간은 침실뿐이다. 그런 점 에서 침실에 놓여 있는 텔레비전이 부부생활에 부정적인 영향을 미친 다는 연구 결과는 그다지 놀랍지 않다.*

다수의 연구 결과에 따르면 잠자리에 들기 전 텔레비전 시청은 수면에 부정적인 영향을 초래한다. 미디어가 흥분을 유발하여 정서가 불안해지므로 편안히 잠들기 어려워진다는 것이다. 이는 텔레비전보다 사용자가 적극적으로 개입하는 컴퓨터 게임이 특히 더 그렇다. 이에 비해 책은 잠자기 전에 읽어도 수면에 아무 부정적인 영향도 미치지 않는다. 다시 말해서 정신 건강에 좋은 미디어는 수면의 질에도 좋은 영향을 미친다. 분주했던 하루에서 벗어나 휴식을 취하고, 낮 동안 받았던 여러 가지 자극을 소화하고 기억에 저장하기 위해 우리는 반드시 잠을 자야 한다. 하루를 마치고 기분 좋게 고단한 상태로 깊이 잠들기 위해서는 무엇보다도 하루 동안 실제로 몸을 부딪쳐가며 체험해야 한다. 낮 동안 맑은 머리로 온몸을 사용하고 모든 감각을 동원하여 활동하는 것이 질 높은 수면을 위한 가장 이상적인 방법이다.

■ 모든 미디어는 제 자리가 있다

- 집 안에 모두 몇 개의 영상 매체가 있는지 세어보라. 이러한 미디어 환경이 만족스러운가?
- 이 중 가족에게 즐거움을 주고 스트레스를 해소시켜주며 정보를 제공해주는 의미 있는 매체는 무엇인가?
- 가족의 본질적인 생활에 방해만 되고 쓸데없이 소음만 유발하는 디지털 미디어는 전부 집 밖으로 처분해버려라!

---

* 이탈리아의 성문제 치료사 세레넬라 살로모니Serenella Salomoni가 2006년 523쌍의 부부를 대상으로 한 연구에 따르면 침실에 텔레비전이 있는 부부의 부부관계 횟수는 평균의 절반에 해당한다.

- 스마트폰과 컴퓨터, 텔레비전이 없는 공간을 만들어라.
- 집 안에 놀이와 악기 연주, 독서 등 온전히 아날로그적인 활동만을 위한 공간을 정하라.
- 주방과 침실, 욕실은 컴퓨터와 기타 영상 매체를 사용하지 않는 공간임을 분명히 선언하라!
- 새로운 전자 기기를 구입할 때마다 세 번 생각하라. 더 큰 텔레비전, 더 빠른 컴퓨터, 또 하나의 게임 콘솔 혹은 새로운 스마트폰이 정말로 필요한가? 가족이 함께 사용하는 공간에 새 기기를 들여놓고 나면 무엇을 치울지 생각해보라.
- 차세대 전자 기기가 출시될 때마다 구입하지 않는다는 원칙을 세우라!
- 새 전자 기기를 사려던 돈으로 무엇을 구입할지, 다른 집으로 이사를 가더라도 계속 사용할 수 있는 것이 무엇일지, 운동기구가 나을지 아니면 악기를 구입하는 편이 나을지 가족과 함께 생각해보라.
- 이 모든 것을 고려하고 나서도 기기를 구입하기로 했다면, 생각 없이 아이들 방이나 침실에 들여놓지 말라. 새 기기를 어디에 설치하는 것이 바람직할지 신중하게 생각하라.

모든 미디어는 자신만의 콘텐츠가 있다

어린 자녀가 인터넷에 의존하지 않도록 보호하기 위해서는 전자 기기의 숫자와 인터넷 사용 시간 같은 양적 측면뿐만 아니라 질적인 측면까지 고려해야 한다. 콘텐츠 중에는 상대적으로 인터넷 의존 증상을 좀 더 심하게 유발하는 특정한 콘텐츠가 있다. 이러한 맥락에서 특히 성적인 것이나 폭력적인 콘텐츠에 도덕적 문제를 제기하기보다는 인터넷상에서 섹스와 범죄는 특히 강력한 중독의 위험이 있다는 사실에 초점을 맞추어야 한다. 나이 어린 유저들이 이러한 콘텐츠를 이른 나이에 더 많이 접할수록 인터넷에 의존하게 될 위험성이 커진다.

양적으로 문제되는 인터넷 사용과 질적으로 문제 있는 인터넷 사용은 밀접한 관련이 있어 상호간에 영향을 미친다. 미디어의 형태와 내용도 미디어의 양적 사용에 영향을 준다는 말이다. 이를테면 책이라는 미디어는 성행위와 폭력 행위에 관해 움직이는 사진을 담을 수 없다는 이유만으로도 다른 매체들보다 훨씬 덜 위험하다. 소아와 청소년 유저들은 이러한 움직이는 사진, 즉 동영상을 멀리하기가 쉽지 않다.

아이들에게는 이야기가 필요하다

모든 이야기에 처음과 끝이 있듯이 우리 삶에도 처음과 끝이 있다. 인류의 역사가 시작되었을 때부터 지금까지 이야기는 인간과 항상 함께해왔다. 인간은 선조가 들려준 이야기를 후세에 전함으로써 과거를 기억하고 이를 바탕으로 더 나은 미래를 만들 수 있었기 때문이다. 이야기는 많은 것을 배우고 경험하는 데 중요한 원천이다. 설화, 전설, 영적인 글 등의 환상적인 구비문학도 많은 가르침을 주는 이야기에 속한다. 모든 시대와 모든 문화권에서 아이뿐만 아니라 어른까지 매료시켜온 동화 또한 마찬가지다. 자녀에게 무언가 좋은 일을 해주고 싶으면 많은 이야기를 소리내어 들려주고 직접 읽어주어라!

인간은 시간과 공간을 벗어나 생각하고 느낄 수 있는 능력이 있다. 새로운 미디어의 등장과 함께 이러한 능력에 상응하는 새로운 서술 방식과 내용이 모습을 드러냈다. 소설과 영화는 이제 더 이상 연대기적으로 서술되지 않으며, 하나의 다른 논리에 따라 진행된다. 어른들은 이러한 서술 방식이 다소 피곤하긴 하지만 연대기적 서술보다 한층 흥미진진하다고 느끼며, 이야기의 내용도 충분히 이해할 수 있다. 하지만 아이들은 이런 이야기를 이해하기 힘들어하기도 한다. 어린 독자와 관객들은 시간적 순서에 따라 서술되는 이야기를 읽거나 영화를 볼 때 안정감을 느낀다. 어른들도 때로는 그저 사건이 진행되는 순서에 따라 서술되는 소설이나 영화가 그리울 때도 있다.

컴퓨터 게임 중에도 줄거리가 있는 게임이 있다. 이런 게임의 유저들은 게임 속 이야기에 직접 참여할 수 있다. 주인공이 되어 수수께끼를 풀어야 할 때도 있고, 모험을 성공적으로 수행하거나 사건을 해결하기도 한다. 이런 컴퓨터 게임은 한 편의 이야기처럼 처음과 끝이 있어서 유저들은 처음부터 끝까지 '게임의 끝'에 도달할 수 있다. 이런 게임은 대체로 의존증을 유발하지 않는다. 유저에게 의존증을 유발하는 것은 대개 끝없이 계속되는 게임들이다.

많은 컴퓨터 게임은 이처럼 처음과 끝이라는 서술 구조가 없는데, 이는 어린 유저들에게 정서적으로 문제를 야기할 수 있다. 아이들에게 적합한 이야기의 결말은 이야기 속에 내재된 윤리적 가치를 전달하며, 아이들의 마음을 위로하거나 신뢰를 심어주는 것이다. 끝이 있는 이야기를 읽을 때 독자는 이야기에서 벗어나 거리를 둘 수 있으며, 무언가 새로운 것을 시작할 수 있다는 느낌을 받는다. 때로는 동화 중에도 무섭거나 끔찍한 이야기가 담긴 것이 있다. 한 편의 이야기를 읽고 나서 또 다른 이야기를 읽기 전에 우리는 앞서 읽은 이야기에서 벗어나 본래의 자신으로 돌아와 다른 사람들과 이야기를 나눈다. 부모나 형제, 혹은 친구에게 방금 읽은 이야기가 무엇을 의미하는지, 그 이야기가 삶과 어떤 관계가 있는지 물어볼 수도 있다. 가장 이상적인 것은 이야기를 읽고 이를 계기로 우리 자신이 다른 사람에게 들려줄 만한 이야기가 담긴 삶을 살고 싶어지는 것이다. 하지만 끝없이 계속되는 대부분의 온라인 게임에는 이 같은 이야기가 담겨 있지 않다.

이러한 온라인 게임의 외형적인 배경 이야기는 대부분 부수적인 액

세서리에 불과하다. 온라인 게임을 구성하는 여러 미니게임들의 순서를 필요에 따라 바꿀 수 있듯이, 이러한 부수적인 줄거리 또한 언제든 바꿀 수 있다. 이러한 온라인 게임 속의 미니게임들은 일반적으로 매우 단순하다. 게임의 내용은 대체로 유저가 혼자서 혹은 다른 유저들과 함께 무언가를 얻기 위해 혹은 무언가에 대항하여 싸우는 것이다. 이러한 미니게임 간에 엮여 있는 배경 이야기는 흔히 교체할 수 있는 껍데기에 불과하며, 핵심적인 게임 요소들과는 완전히 무관하다. 즉, 온라인 게임의 배경 이야기는 마치 포르노 영화의 줄거리 같다. 포르노 영화의 허접한 배경 이야기는 관객에게 단순히 섹스만을 보여주려는 영화가 아니라는 느낌을 주려고 노력한다. 하지만 사실상 포르노 영화에서 보여주려는 것은 단 한 가지뿐이다. 포르노 영화가 보여주려는 것이 섹스라면, 많은 인기를 구가하는 대다수 컴퓨터 게임이 보여주려는 것은 대결이다.

유년기를 지켜주려면 어른 세계의 비밀이 지켜져야 한다

아이들에게는 놀라운 마법이 존재하는 상상 속의 이야기가 필요하다. 고전적인 동화나 현대 동화, 전설 같은 상상 속의 이야기는 아이들의 건강한 정신 발달을 위해 매우 중요하다. 대다수 아이들은 가혹하다 싶은 현실의 비밀을 너무 어린 나이에 알게 된다. 내가 매우 중요하게 생각하는 것은, 지나치게 이른 시기에 아이들이 가상의 미디어를 통해 가혹한 현실을 접하지 못하도록 하는 것이다. 아이들은 일정한 나이가 되기 전까지는 현실과 가상을 구별하지 못하기 때문이다. 일정한 나이에 이르기 전까지는 섹스와 범죄에서 보호된 상상의 세계가 필요한 것도 바로 이 때문이다. 또한 그때까지 어른들의 잔인한 세계에서 보호받아야 한다. 그러기 위해서는 어른들의 세계가 아이들에게 비밀이 되어야 하며, 아이와 어른의 세계가 뒤죽박죽 섞여서는 안 된다. 하지만 아무 제약 없이 인터넷에 접속할 수 있으면 인터넷상에서 어른 세계의 적나라한 모습을 여과 없이 보게 된다.

인터넷은 실제 세계 위에 그림자처럼 드리워진, 하나의 유사 세계라고 볼 수 있다. 이쪽 편의 현실 세계에는 어둡고 깊은 나락이 곳곳에 산재해 있다. 어른들은 아이들뿐만 아니라 자신도 이러한 나락에 빠지지 않으려고 애쓴다. 그러기 위해 접근 자체를 금지하고 자제하는 등 여러 가지를 노력하는 것은 당연히 바람직한 일이다. 예를 들어 섹스와 범죄가 난무하는 장소를 피하는 것도 이러한 노력의 일환이다. 섹스와 범죄라는 두 단어는 흔히 짝을 이루어 언급되는 개념이지만, 어찌 보면 무척 어울리지 않는 조합이다. 섹스는 성인 간에 행해지는 자연스럽고 아름다운 행위지만 범죄는 마땅히 지양해야 할 행위가 아닌가. 지금까지 이 두 행위는 아이들에게 금기로 여겨져왔다. 성인들은 타인에게 정신적 혹은 육체적으로 상처 주지 않는 범위에서 에로틱과 폭력의 모종의 연관성을 은밀히 갈망하는 반면, 일반적으로 아이들에게는 이와 최대한 무관하게 살도록 하려 애쓴다. 예를 들어 아이들이 성인용품점이나 홍등가 혹은 무기 상점에 들어가는 것을 금지한다. 자녀들이 몸을 사고파는 행위 혹은 범죄가 난무하는 지역에 혼자 돌아다니도록 놔두지 않는다. 이런 어두운 세계에는 대부분 성인들도 출입을 자제한다.

하지만 이처럼 자녀를 보호하려는 자연적인 보호 본능이 지나치다 보면 과잉보호 경향으로 변질될 수 있다. 심지어 충분히 나이가 들었는데도 혼자서 거리에 나가지 못하게 하는 부모도 많다. 혼자서 바깥 세상을 탐색하고 알아가며 그곳의 위험성에 대처하는 법을 배우는 것은 어른이 되는 과정의 일부다. 그런데 적지 않은 부모들은 직접 바깥

세상과 부딪쳐가며 세상을 알아가기보다는 영상 매체를 이용해 세상을 보는 편이 더 낫다고 여긴다. 이런 부모들은 집에 앉아 인터넷에서 세상을 접하면 적어도 자녀들이 소아성애나 폭력 혹은 마약에 노출되고 이에 희생될 위험은 없다고 착각한다. 하지만 이는 잘못된 추론이자 궤변이다.

섹스와 범죄는 인터넷을 통해 다양한 방식과 모습으로 우리의 거실과 자녀들 방에 침투한다. 사이버 음란물과 사이버 범죄, 사이버 따돌림, 사이버 스토킹 등 그 목록은 끝이 없다. 결론적으로 말하자면 인터넷에는 현실 세계와 똑같이 어둡고 깊은 나락이 존재한다. 대부분의 성인들은 인터넷에 널려 있는 이러한 나락에 빠지지 않도록 자신을 보호할 능력이 있다. 하지만 소아나 청소년들은 인터넷에서 소아성애자나 노출증환자에게 괴롭힘을 당하거나, 공개하고 싶지 않은 사진이 공개돼 주변 사람들의 조롱거리가 되거나, 잔인한 고문 장면 혹은 처형 장면이 담긴 동영상을 보고 오랫동안 트라우마를 겪을 수도 있다. 이런 모든 것이 중독과 무슨 연관이 있느냐고 묻고 싶은가? 이 책에서 다루는 인터넷 의존 문제는 차치하더라도, 오늘날에는 마음만 먹으면 약간의 요령만으로 인터넷상에서 전 세계 모든 종류의 마약을 온라인으로 주문할 수 있다. 청소년들이 편안히 자신의 집으로 마약을 배달받을 수 있다는 말이다.

그러므로 아이들이 집 안에 있으니 안심할 수 있다고 자신을 기만하는 것은 이제 그만두자. 인터넷은 현실 세계에서 할 수 있는 모든 일을 집으로 끌고 들어온다. 그중에는 멋진 일들도 있지만, 현실 세계의 모든 어두운 부분과 인간이 알고 있는 나락도 포함되어 있다. 이러한 실상을 인정한다는 것은 바로 인터넷의 심각성을 인지하고 인터넷을 현실 세계가 그대로 반영된 포괄적인 유사 세계로 간주하는 것을 의미한다.

섹스와 범죄 : 미디어에 방치하는 것*은 또 다른 아동 폭력이다

부모가 침실에서 섹스하는 장면 또는 비디오 속 포르노 배우들의 성행위 장면을 본다면 아이들은 분명 충격받을 것이다. 상대방에게 달려들어 격렬하게 몸을 부딪치고 거친 숨과 비명을 지르는 사람들을 아이들은 서로 싸우는 것으로 생각한다. 성적인 욕구와 만족에 대해 아는 바가 전혀 없는 아이들의 눈에는 그렇게 보일 수밖에 없다. 따라서 이러한 광경을 보지 못하도록 보호하는 것이 교육적인 측면에서 바람직하다. 이성과의 육체적 친밀감이 자연스럽게 발달하기 위해서는 성은 일정한 나이까지 은밀한 비밀로 남아 있어야 한다.

부모는 자녀들이 미디어를 올바르게 사용할 수 있도록 도와야 하며, 사람들은 이를 부모가 갖춰야 할 능력이라고 여긴다. 이른바 이러한 '미디어 사용 지도 능력' 외에 오늘날 부모의 과제로 심각하게 거론되는 것이 또 하나 있는데 바로 '음란물 대처 능력'이다. 정확히 말해 이는 온라인 음란물과 사이버 음란물을 근본적으로 폄하 혹은 금지하는 것이 아니라, 미성년 자녀들이 너무 어린 나이에 성적 표현이 담긴 사진이나 동영상에 과하게 노출되지 않도록 보호하는 것이다. 이러한 매체를 처음 접하는 것도 문제가 되지만, 그보다 더 심각한 것은 성을 극단적으로 표현해놓은 질 낮은 매체를 빈번히 접하는 것이다. 특히 아이들이 성적 정체성을 확립하고 이성과의 멋진 첫 경험을 하기도 전에 지속적으로 하드코어 음란물을 접하는 것은 심각한 문제다. 인간의

---

* '아이들을 미디어에 방치한다'는 말은 니더작센 주 범죄연구소 소장 크리스티안 파이퍼Christian Preiffer 박사가 처음으로 사용한 개념이다.

발달단계를 볼 때 성적 상상력은 상대적으로 높은 연령에 이르러서야 비로소 세밀하게 발달한다. 이러한 상상력이 음란물의 지나친 영향을 받지 않고 최대한 자연스럽고 자유롭게 발달하는 것이 바람직하다.

하지만 어린 나이에 음란물을 접하는 것이 성인 이전과 이후, 실제로 성적 문제를 야기하는지에 관해서는 아직까지도 논란이 분분하다. 이에 관한 여러 연구는 서로 상반된다. 아직까지는 소아나 청소년이 인터넷에서 하드코어 포르노에 자유롭게 접속할 수 없으므로 이와 관련된 장기적 영향을 정확히 예측하지 못하는 것도 어찌 보면 당연하다. 하지만 내가 단언할 수 있는 것은 인터넷 음란물은 소비자에게 의존 증상을 유발할 수 있으며, 이러한 의존 증상은 어릴 때부터 음란물을 접한 사람에게서 더욱 빈번하게 나타난다는 점이다. 모든 중독 매체에 적용되는 철칙이 하나 있다면, 바로 중독 매체를 일찍 접할수록 이에 의존할 위험성이 그만큼 더 커진다는 것이다. 그 이유 하나만으로도 자녀들을 음란물에서 떼어놓기에 충분하지 않은가?

주변을 둘러보면 가정에서 소아청소년 자녀들과 하드코어 포르노와 극단적인 공포영화를 공공연하게 함께 보는 부모가 점점 많아지고 있다. 심지어 심한 경우에는 평소에도 이런 성격의 미디어들을 켜놓고 일상생활을 하는 가족들도 있다. 이들은 가정 내에 이러한 분위기를 조성해놓으면 자녀들이 음란물과 공포물을 보다 의문을 가질 때 양육권자인 자신들이 나서서 대답해줄 수 있고 놀란 마음을 진정시켜줄 수도 있는 등의 장점이 있다고 주장한다. 성행위나 폭력이 적나라하게 표현되는 영상물을 혼자서 보는 것보다는 차라리 공공연하게 보게 하는 편이 훨씬 낫다는 것이다. 이들은 부모가 허용하지 않더라도 아이들이 인터넷에 들어가면 어차피 언제든 볼 수 있다며 자신들의 입장을 정당화한다. 하지만 이런 부모들의 행동은 두 가지 측면에서 문제가 있다. 첫째, 이는 가정이라는 울타리에서 자녀를 미디어에 방치해 두는 극단적인 사례이며, 둘째 이러한 방치 때문에 아이의 미디어 사용이 병적인 방향으로 흘러간다는 것이다.

특히 두드러지는 문제는 미성년 자녀들이 인터넷에서 과격한 폭력물을 보고 말썽을 일으킨다는 점이다. 어른들이 미성년 자녀가 시청해도 된다고 허용하는 폭력물의 수위는 날이 갈수록 높아지고 있다. 오늘날 부모가 자녀에게 허용하는 폭력물은 30년 전만 해도 아이들이 볼 수 있는 것이라고는 상상할 수도 없는 수준이었다. 현재 미성년에게 허용되는 다수의 텔레비전 프로그램과 영화들도 과거였다면 영화자율심의위원회에서 16세 혹은 18세 이상 관람가 판정을 받았을 만한 것들이다. 이제 우리 사회는 과거와는 달리 유년기를 더 이상 특별히 보호할 가치가 있는 시기라고 생각하지 않는 것 같다. 일찍이 닐 포스트만^{Neil Postman}은 대중 매체의 확산으로 사회에서 유년기가 사라져 가고 있다고 지적한 바 있다. 이처럼 예리한 지적을 한 그가 세상을 떠난 후 인터넷은 성공가도를 달렸고 상황은 더욱 악화되었다.

상황이 악화된 가장 주된 원인은 미성년자들이 아무런 여과장치 없이 인터넷에 자유롭게 접근할 수 있다는 것이다. 가족 모두가 새로 나온 초대형 평면 텔레비전을 갖고 싶어 하는가? 새 텔레비전 덕택에 지금까지 사용해온 멀쩡한 텔레비전이 자기 차지가 된 딸은 무척 기뻐할 것이다. 아버지가 새로 나온 더 빠른 컴퓨터를 사고 싶어 하는가? 어차피 아들도 숙제하는 데 컴퓨터가 필요하다고 하지 않았는가. 물론 일단 컴퓨터가 자기 방에 들어오고 나면 슈팅 게임을 하느라 숙제할 시간도 없겠지만 말이다. 이처럼 새로운 미디어를 들여놓으면 모든 가족이 기뻐한다. 다양한 매체를 사용할 수 있게 된 자녀들은 각자의 방으로 들어가 더 이상 부모를 귀찮게 하지 않는다. 이제 부모는 자신들이 좋아하는 일, 즉 텔레비전 시청과 컴퓨터 게임을 마음껏 할 수 있다. 새로운 미디어가 들어온 후 한동안 아이들이 웬일인가 싶을 정도로 조용히 지내는 것을 이상하게 여기는 사람은 아무도 없다. 그 사이 어쩌면 봐서는 안 될 사진이나 동영상을 보고 나서 밤잠을 못 자거나 일생 동안 지워지지 않을 트라우마를 얻을 수도 있다는 사실, 혹은 그러한 매체에 자주 노출돼 비정상적으로 둔감해질 수 있다는 걱정을 하는 사람 또한 없다.

학교에서의 상황도 이와 별반 다르지 않다. 머지않아 우리 사회의 모든 아이들이 스마트폰을 사용해 인터넷에 마음대로 접속하는 시대가 올 것이다. 부모나 조부모들은 아이들이 이러한 기기를 활용해 인터넷 안에 떠돌아다니는 온갖 것들을 보고 들을 수 있다는 사실을 알고는 있는 것일까? 필터 소프트웨어*의 이용자 수가 소수에 불과한 것을 보면 이에 대해 제대로 아는 사람이 많지 않다고 보는 것이 타당할 것이다.

필터 소프트웨어 기술과 제품 현황에 대해 알고 싶으면 유럽연합에서 주관한 '안전한 클릭' 프로젝트에서 제공하는 정보를 참고할 수 있다. 위험한 인터넷 매체로부터 자녀를 보호해주는 이러한 장치에 대해 모르는 부모보다 더 나쁜 부모는 바로 자녀나 손자들이 유해 매체에 대해 책임감 있게 행동할 것이며, 만일 문제가 있으면 부모나 조부모인 자신들과 의논할 거라고 믿는 사람들이다. 이러한 모든 상황에 아무 관심도 없는 부모들 또한 마찬가지다.

---

* 2012년 발표된 연구 결과에 따르면 청소년 자녀를 보호하기 위한 필터 소프트웨어에 관해 제대로 알고 있는 부모는 많지 않았다. 이에 대해 들은 적이 있다고 응답한 부모는 다수였지만, 이들 중 21~27퍼센트만이 자녀의 인터넷 사용과 관련하여 청소년 보호 목적의 소프트웨어를 활용한다고 응답했다.

어른 세계의 비밀, 그중에서도 특히 섹스와 폭력은 청소년을 잡아끄는 마력이 있다. 사람들은 금지된 것에 매력을 느끼고 자신도 모르게 자꾸만 다가가게 된다. 이를 감안하면 중고등학교 운동장에서 학생들이 섹스와 폭력이 주를 이루는 사진과 동영상을 서로의 스마트폰으로 전송해가며 돌려보는 것은 그다지 놀랄 일이 아니다. 하드코어 포르노와 공포영화는 건전하다 할 정도로 이 중에는 난잡한 사진과 동영상들이 허다한데, 영화나 텔레비전에서는 상상도 하지 못할 수준이다. 예를 들어 극단적인 사디즘이 묘사되기도 하고, 이른바 고문 포르노라고 부르는 금지된 공포영화들도 있다. 혹은 동물이나 어린아이들과의 변태적인 성행위를 담아놓은 불법 포르노들도 있다. 자라나는 세대는 이런 것들을 서로 보여주며 상대방을 놀라게 하기를 좋아한다. 부모는 이러한 사태에 대해 아무것도 전해 듣지 못하지만 교사들은 수도 없이 접하는 일들이다.

인터넷에서는 이보다 훨씬 심한 일도 일어난다. 그것은 바로 개인적으로 아는 사람의 실제 성행위와 폭력 장면을 당사자의 반대에도 불구하고 불법적으로 사진이나 동영상으로 찍어 인터넷에 올리는 것이다. 더욱 끔찍한 사실은 인터넷에 올리기 위해 비정상적인 행위를 저지르는 청소년의 수가 점점 늘고 있다는 점이다. 많은 청소년들이 이른 나이에 성행위를 시작하는 이유가 바로 자신의 성행위를 동영상으로 찍어 올리고 자랑하기 위해서라는 것이다. 최악의 경우, 동료 여학생의 첫 경험 장면을 몰래 동영상으로 찍어 인터넷에 올리는 청소년도 있다. 폭력과 관련한 실례로는 이른바 '해피 슬래핑happy slapping(10대들이 자신과 상관없는 행인을 지목해 구타하고 이를 카메라 폰 등으로 찍어 친구들에게 전송하거나 인터넷에 올리는 행위―옮긴이)'을 들 수 있다. 해피 슬래핑을 자행하는 청소년들은 한 명의 또래 청소년에게 폭력을 가하고 이를 동영상으로 찍어 인터넷에 올린다. 남들에게 힘을 과시하고 피해자를 모욕하기 위해서다. 이 모든 것은 인간의 존엄성을 짓밟는 행태들이다.

하지만 부모 세대가 가장 많은 시간을 할애하는 미디어인 텔레비전에 넘쳐나는 캐스팅 쇼나 리얼리티 쇼의 주된 내용도 사람들을 웃음거리로 만드는 것이다. 이러한 현 세태를 떠올린다면 우리의 자녀가 남을 웃음거리로 만드는 것을 목표로 삼는 것도 놀랄 일은 아니지 않은가? 정글에서 살아남기 위해 있는 힘을 다하는 연예인들, 모델이 되고자 모여든 소녀들, 체중을 줄이겠다고 마음먹은 비만 환자들, 혹은 이런저런 방식으로 스타가 되려는 사람들, 혹은 적어도 인생에서 한 번쯤은 조명받고 싶은 사람들을, 수많은 캐스팅 쇼와 리얼리티 쇼의 제작진과 시청자는 결국 웃음거리로 만들고 조롱하면서 즐긴다. 이것 말고는 이러한 프로그램의 제작의도를 설명할 방법이 없다. 왜냐하면 이러한 쇼에서는 그 누구도 눈부신 승자가 되지 못하기 때문이다. 극소수의 승자들조차 쇼가 끝나갈 무렵에는 존재 의미를 상실한 채 서서히 시청자의 관심에서 멀어진다. 그렇다. 우리의 자녀들이 인터넷에서 보여주는 잔혹성은 어찌 보면 우리가 뿌린 씨앗에서 맺은 열매인 것이다.

어른들은 타인의 웃음거리가 되는 사람들이 겪는 수치심을 똑같이 느껴봐야 한다. 도대체 무엇이 잘못된 것일까? 미디어 사용에 관해서는 우선 어른들이 명백하게 잘못된 본보기를 보이고 있다. 어찌 보면 우리는 미디어 사용의 편의성과 어디에서나 자유롭게 접속할 수 있는 인터넷의 개방성을 자녀의 정신 건강보다 더 중요시하는 것 같다.

점점 많은 성인 콘텐츠가 우리 아이들의 생활 속으로 침투해 들어오면 부정적인 영향을 초래할 수밖에 없다. 아이들은 몸집이 작은 어른이 아니다. 어른들의 가장 친한 친구로 보아서도 안 된다.* 아이들이 포르노나 공포영화를 볼 때 어른들이 함께 있거나 가까운 곳에 있다고 해서 아이들이 아무 해도 입지 않는 건 결코 아니다. 아이들은 어른의 보호가 필요하다. 또한 넘어서는 안 되는 경계선도 있어야 한다. 이러한 경계선은 어른의 비밀을 지켜줄 뿐만 아니라 때로는 아이들이 있어야 할 곳을 지정해주는 기준이 되며 정서적으로 안정감을 준다. 청소년이 인터넷에 아무런 장벽 없이 접속하는 것은 어른들이 이를 태만하게 관리하고 있다는 증거다. 사람들은 이를 '미디어 방치'라고 부른다.

엄밀히 보면 어린아이가 마음대로 인터넷을 하도록 허용하는 것은 심지어 아동 학대라고까지 볼 수 있다. 이와 관련하여 지금 이 순간 모든 어른이 유년기를 여전히 보호할 가치가 있는 소중한 기간이라고 생각하는지 스스로 질문을 던져보아야 할 것이다. 인류가 유년기를 특별하고 소중한 기간이라고 여기기 시작한 것은 그리 오래되지 않았으며 이는 문명사회가 이루어낸 업적이다. 사회 전체가 점점 미디어화되어 가면서 우리는 이러한 중요한 것들을 포기하고 있다. 어른 세계의 어두운 부분들이 점점 더 일찍부터 유년기에 침투하고 있는 반면, 어른들은 점점 더 모든 욕구를 즉시 충족시키고 싶어 졸라대는 유아적인 행태를 보이고 있다.

이제는 어른들이 다시 어른다운 행동을 보여야 할 때다. 때로는 원하는 바를 뒤로 미루고 거실의 텔레비전과 컴퓨터 스위치를 끄고 온

---

* 이러한 맥락에서 부모가 자녀의 '친구'로 링크되어 있는 현상에 관해 생각해볼 필요가 있다. 12세 이상 19세 이하 청소년의 42퍼센트가 온라인 커뮤니티에서 자기 부모와 '친구'이며, 심지어 38퍼센트는 교사와도 '친구'를 맺고 있다.

갓 미디어가 넘쳐나는 아이들의 방에서 아이들을 밖으로 불러내 이들과 함께 의미 있는 활동을 할 때가 온 것이다. 우리가 어렸을 적 부모님이 날마다 밖으로 내보내 신선한 공기를 마시며 놀게 하고, 저녁마다 둘러앉아 카드놀이를 했던 것이 당신에게는 그토록 귀찮게 느껴졌는가? 근본적으로 우리의 미디어 환경이 이 상황까지 오게 된 데에는 단 한 가지 원인만 존재한다. 그것은 다름 아닌 우리 어른들이 미디어에 이미 오래전부터 의존하고 있어서, 아이들을 위해 더 이상 무언가를 포기할 용의가 없다는 것이다.

교육:
부모와 조부모가 할 수 있는 일

이미 유년기부터 많은 시간을 인터넷에 접속한 채 보내는 아이들은 점점 더 디지털 세계에 의존할 위험성이 크다. 이런 아이들은 현실 세계에서 몸을 움직이며 생활하는 것보다 디지털 세계에 있는 것을 더 편안하게 느낀다. 점점 더 복잡해져가는 게임 세계와 소셜 네트워크는 사용자들을 잡아끄는 흡인력이 있다. 게임이나 소셜 네트워크 속에서 사용자들은 원하는 모습대로 완벽한 존재가 되어 모든 것을 할 수 있기 때문이다. 현실 세계는 이러한 매력을 지닌 가상 세계와는 경쟁 상대가 안 된다. 부모와 조부모들은 나들이라도 한번 갈라치면 아이들을 컴퓨터에서 떼어내 현실 세계로 데리고 나오는 것이 얼마나 힘든지 잘 안다. 하지만 새로운 미디어가 베이비시터 노릇을 해줄 때는 아이들을 즐겁게 해주는 전자 기기에 고마움을 느끼기도 한다. 아이가 아파서 약을 먹고 누워 있을 때를 제외하고는 텔레비전을 보거나 컴퓨터 게임을 할 때가 가장 조용하니 말이다. 좀 솔직해져보자. 많은 부모는 이처럼 자녀의 디지털 미디어 사용에 관해 이중적인 태도를 보인다. 하지만 이러한 이중적인 태도로 자녀를 인터넷이 지배하는 삶에 익숙하게 만들고 있다는 사실을 의식하지 못하는 부모도 많다.

우리가 새로운 멀티미디어 세계에 이처럼 무비판적으로 대응하는 데에는 결국 경제적인 이해관계의 작용도 크다. 디지털 미디어 제품의 이면에는 거대한 업체가 존재하는데, 이들 업체는 고객을 어릴 때부터 손아귀에 넣고자 한다. 소위 교육적 가치가 높다는 명목 하에 떠들썩한 광고를 해서 판매되는 교육용 컴퓨터와 소프트웨어들은 부모가 어린 자녀의 방에 일찍부터 전자 기기를 들여놓도록 만든다. 이렇게 끌어들인 유아용 전자 기기는 아이가 자랄수록 방대해질 전자 기기 창고의 초석이 된다. 이와 관련하여 미디어 교육자들과 미디어 업계 양측에서 내세우는 강력한 키워드는 '미디어 능력'이다. 물론 미디어 능력을 습득하는 것은 중요하지만 미디어 능력 습득도 적당한 시기가 있다. 유럽 전역에서 광범위하게 진행된 연구에 따르면 정서적으로 불안한 아이에게 일찍부터 디지털 미디어를 사용하도록 하면 아이의 발전이 퇴행할 수 있다고 한다. 또한 이 경우 아이가 인터넷 사용과 관련하여 문제를 겪을 위험이 커진다는 결과가 나왔다. 이처럼 어린 자녀의 디지털 미디어 사용과 관련하여 부모들이 근본적으로 잘못된 길로 들어설 수 있다는 사실을 부모 중 한 사람이라도 아는 경우가 지금까지는 극히 드물었다. 아이가 현실 세계에서 바람직한 삶을 살 수 있도록 준비시키는 부모의 모습은 분명 이와는 다르다. 일단 인터넷 의존증이 발생해서 당사자와 주위 사람들이 이를 분명하게 인식하기까지는 매우 오랜 시간이 걸린다.

소아와 청소년 자녀들의 방에 놓인 디지털 기기의 숫자가 엄청나게 늘어나는 현상은 나날이 높아가는 인터넷 의존증의 발생률에 결정적 영향을 미치는 요인 중 하나다. 이처럼 물밀듯이 밀려오는 미디어의 공세와 거대한 관련 업계의 경제적 이해관계에 제대로 대항하지 못하면, 이 같은 추세는 더욱 강화될 것이다. 이러한 추세를 막지 못하면 언젠가는 우리 모두 매트릭스 영화 속의 인간처럼 종속적인 존재로 기계와 컴퓨터의 지배를 받게 될 것이다. 그러면 우리는 더 이상 우리 집의 주인이 아니게 된다. 부모라는 자격으로 자녀에게 이런저런 지시를 하는 것 자체도 불가능해질 것이다.

인터넷 의존 예방을 위한 기본 원칙

인터넷 의존을 치료하거나 예방할 때 똑같이 적용되는 단순한 기본 원칙이 있다. 그것은 바로 미디어 사용을 제한하거나 금지하는 것만으로는 충분치 않으며, 인터넷을 대체할 만한 활동을 마련해주어야 한다는 것이다. 다시 말해서 아이들에게 의미 있고 재미있는 대안 활동을 제시하지도 않은 채, 전자 미디어를 몇 살 때부터 정해진 시간 동안만 사용하도록 허용하겠다고 말하는 것은 소아와 청소년 연령의 유저들에게 설득력이 없다. 나이가 어릴수록 놀이와 관련하여 가장 중요한 것은 아이들이 모든 감각을 사용하여 몸을 움직이며 자신과 세상을 알아가는 것이다. 둘째, 어린아이들에게는 타인과의 직접적인 경험이 특히 중요하다. 다시 말해서 엄마, 아빠, 형제, 자매, 친구들과 함께 놀거나, 무언가를 만들어내는 창조적인 작업을 하거나, 운동을 하면서 몸을 맞대고 서로의 눈을 바라보는 것이 무엇보다 중요하다.

삶이 점점 도시화되는 환경에서 부모 역할 하기란 쉽지 않다. 옳고 그름을 떠나 요즘의 부모는 자녀가 길거리에서 다른 아이들과 함께 놀거나, 집 근처 놀이터나 운동장에서 뛰어놀도록 집 밖으로 내보내는 일이 과거에 비해 훨씬 드물다. 아이들은 다른 아이들과 놀기 위해 A장소에서 B장소로 보호자와 함께 이동한다.

독일어권 국가에서 종일제 유치원과 학교를 시행하는 지역이 아직 많지 않은 관계로, 하루 종일 일하는 부모와 외부모 가정은 자녀를 돌봐줄 곳을 찾느라 애를 먹는다. 자녀를 혼자 집에 두어야 할 때 디지털 영상 매체를 베이비시터로 활용하는 것은 축복인 동시에 저주다. 이 경우 아이들은 컴퓨터나 인터넷을 하느라 바빠서 길거리로 나와 마약을 복용하거나 폭력이나 범죄 쪽으로 빠질 염려는 없다. 다만 이런 아이들이 집에서 디지털 정키가 되어 마약이나 범죄와는 또 다른 방식으로 삶을 위험에 빠뜨릴 수 있다는 사실을 대다수 부모는 인식하지 못한다. 부모가 자녀들을 우선 아날로그 세계에 잘 적응하도록 돌보고, 이 과정에서 디지털 미디어 사용을 최대한 자제시키기 위해서는 시간적으로나 교육적인 면에서나 상대적으로 훨씬 많은 투자를 하고 노력해야 한다.

운동

세상에 태어난 인간은 무엇보다도 육체적인 존재다. 그래서 갓 태어난 아기가 이 세상에서 살아남기 위해서는 육체적인 욕구가 충족되어야 한다. 이를 위해서는 생존에 필수적인 영양분 섭취만으로는 부족하다. 언젠가 독립적으로 움직이고 자신을 먹여 살릴 수 있으려면 우선은 자신의 몸에 완전히 안착해야 한다. 이를 위해 인간은 몸을 사용할 수 있어야 한다. 다시 말해서 우리는 우리의 몸을 움직여야 한다. 이러한 발달 과정이 이행되는 데에는 여러 해가 걸리며, 인간의 몸이 완전히 성장할 때까지 발달은 계속된다.

결론적으로 아이들에게는 무엇보다 육체적 활동이 필요하다. 이러한 육체 활동에 대한 아이들의 자연스러운 욕구를 단순히 몸을 움직이려는 충동으로 생각해 부정적으로 바라보고, 병리적 행동으로 치부해 이를 컴퓨터 게임으로 대체하려 하면 문제가 생기고 만다. 특히 아이들은 지나치게 어려서부터 오랫동안 조용히 앉아 있으라는 요구를 받는다. 마음껏 뛰어다니고 때로는 다른 아이들과 몸싸움을 할 기회를 주지 않으면서 다른 아이들과 싸우지 말고 컴퓨터 게임을 하라는 식으로만 대처한다면, 이들이 후에 '문제 있는 행동'을 하더라도 놀라서는 안 된다. 컴퓨터 게임은 아이들의 넘치는 에너지와 긍정적인 운동 욕구를 해소할 수 있는 통로가 아니기 때문이다.

게임 업계 대표들과 토론하는 자리에서 이들은 내게 아이들이 함께 카운터 스트라이크 같은 컴퓨터 게임을 하는 것이나 바깥에 나가서 도둑 잡는 경찰놀이를 하는 것은 전혀 다를 바 없다며 반론을 제기한 적이 있다. 내 생각은 완전히 다르다. 첫째, 설사 이러한 전쟁 시뮬레이션을 게임이라고 표현하더라도 게임을 하는 동안 아이는 몸을 거의 움직이지 않는다. 둘째, 게임할 때의 접촉은 밖에서 뛰어놀 때 친구들과 하게 되는 접촉과 성격 자체가 다르다. 도둑 잡는 경찰놀이를 할 때 아이는 현실 세계에서 동네 주변을 온몸을 사용해 뛰어다닌다. 자기 몸을 한껏 움직이며 뛰다가 저녁이 되면 기분 좋게 녹초가 되어 단잠을 잔다. 이처럼 동네를 샅샅이 돌아다니면 다양한 감각기관과 몸에 대한 제어 능력이 저절로 발달한다. 또한 집 주변의 자연환경과 건물들의 위치를 익히고 복잡한 거리에서 목적지를 찾아가는 법을 익힐 수 있다. 이 외에도 경찰놀이를 할 때 친구들과 협동하는 과정 또한 게임을 할 때와는 완전히 다르다. 경찰놀이를 하는 아이들은 외부에서 정해준 규칙에 따라 움직이는 것이 아니라, 자기들끼리 의논하여 규칙을 만들어간다. 인터넷으로 단순히 기계적으로 연결된 것이 아니라, 모든 참여자가 실제로 한자리에 모여 노는 것이다. 아이들은 집 안에 앉아 컴퓨터 게임을 할 때보다 바깥에서 놀이를 할 때 사회적 행동 방식을 훨씬 쉽게 습득할 수 있다. 사회적 방식을 익히기 위해서는 실제로 타인 앞에서 행동하고 이에 관한 피드백을 받는 과정이 필요하기 때문이다. 바깥에서 뛰어다니며 놀다가 예를 들어 장애물을 넘기 위해 다른 아이들과 서로 도움을 주고받거나, 서로 주먹다짐을 하면서 타인과 신체적 접근을 경험하기도 한다. 어쩌면 이 과정에서 함께 놀던 아이들이 고의든 아니든 가끔씩 지나친 행동으로 상대방의 몸을 다치게 할 수도 있다. 이런 식으로 아이들은 타인의 신체에 부적절하게 접근할 경우 갈등을 겪을 수도 있다는 것을 경험하며, 이를 사회에서 통용되는 방식으로 풀어가는 법을 배운다. 이는 아이들의 심리사회적 발달에 있어서 매우 중요하다.

관계

아기가 태어나면 사람들은 무엇보다도 몸을 사용하여 호감을 표시한다. 사람들은 갓 태어난 아기를 품에 안고 부드럽게 쓰다듬어준다. 이러한 접촉은 아이들의 신체적 발달뿐만 아니라 정서 발달에도 중요한 역할을 한다. 지금까지 인류의 역사상 수차례 잔인한 생체실험이 자행된 바 있는데, 당시에 타인에게 아무 관심을 받지 못한 채 영양분만 공급받은 아이들은 생명을 유지하지 못하고 세상을 떠났다고 한다. 실제로 인간은 말 그대로 빵만으로는 살 수 없다.

누군가의 손길을 받고 눈을 마주치며 타인의 목소리를 듣고 그 진동을 감지하는 이런 모든 행위는 아이의 정서적 균형에 있어 매우 중요한 역할을 한다. 이런 모든 행위를 하면서 전달되는 안정감, 관심,

따스함은 아이의 애착 능력과 대인관계 능력의 발달에 결정적인 영향을 미친다.

디지털 미디어는 성인 간의 만남을 다양하게 만들어주지만, 영아나 소아와의 만남에는 그다지 도움이 되지 못한다. 많은 부모는 집에 있는 아이들이 출장 중인 엄마나 아빠와 화상통화하는 것을 좋아할 거라고 생각한다. 엄마 아빠를 아예 못 보는 것보다는 화상통화로라도 보는 편이 나을 수 있지만, 이는 엄마 아빠와의 직접적인 만남을 대체할 수 없다. 화상통화를 할 때에는 상대방을 만질 수가 없을뿐더러, 무엇보다도 시선을 직접 마주칠 수가 없다. 사람과 사람 사이의 관계가 안정되기 위해서는 눈을 직접 바라보는 것이 매우 중요하다. 이는 모유를 수유할 때도 마찬가지다. 텔레비전을 바라보면서 아기에게 수유를 하는 것과 아기를 바라보며 온전히 관심을 집중한 채 수유하는 것은 발달심리학적으로 엄연한 차이가 있다. 또한 수유할 때 주위가 조용한 가운데 엄마의 목소리만 들리는 것과 텔레비전 소리가 끊임없이 들리는 것 또한 분명한 차이가 있다.

어른들은 구체적인 것을 감정적으로 추상화시키는 능력이 있다. 다시 말해서 영상편지로 사랑 고백을 받을 때에도 실제로 얼굴을 마주하고 고백받을 때와 동일한 정도의 감동을 느낄 수 있다. 청소년도 일정한 연령에 이르면 멀리 떨어진 친구와도 우정을 느끼고 유지해갈 수 있다. 하지만 어린아이들은 지금 이 자리에서 신체 욕구와 감정적 욕구가 충족되는 것이 중요하다. 어린 자녀가 있는 가정에서 지나치게 일찍부터 지나치게 많은 디지털 미디어를 사용하면, 가족 간의 관계가 약화되며 자녀의 전반적인 대인관계 능력이 저하된다. 부모 역시 어떤 미디어에도 방해받지 않고 항상 온전히 자녀에게 집중할 때 그들과 더 큰 즐거움을 누릴 수 있을 것이다.

모범을 보이기

어떤 교육보다 강력한 것은 부모가 직접 가치를 실천하는 모범을 보이는 것이다. 미디어 환경에서 자라나는 세대에게 어른들이 모범을 보이는 것은 매우 의미 있는 일이다. 아무리 아이들에게 과도한 미디어 사용에 관해 잔소리하며 교육을 시키더라도, 어른인 내가 정작 함께 있는 동안 끊임없이 미디어에 시선을 고정하고 있으면 나는 교육적으로 아무 권위를 발휘할 수 없다.

여기에는 텔레비전은 물론이고 당연히 모든 전자 기기가 포함된다. 가족이 결속감을 느끼는 때가 함께 모여 앉아 영화나 시리즈물 혹은 텔레비전 쇼를 시청할 때이고, 가족이 함께하는 주된 활동이 미디어 콘텐츠를 수동적으로 소비하는 것이라면, 이 가정의 아이들은 부모가 인터넷 사용을 제한하거나 금지하는 것을 전혀 납득할 수 없을 것이다. 그 이유는 다음과 같다. 첫째, 이러한 가정의 아이들은 영상 매체가 삶에서 중요한 역할을 하는 것을 몸으로 체험하고 배워왔다. 둘째, 이런 가정에서 아이들은 컴퓨터 게임을 하거나 소셜 네트워크 활동을 할 때 단순히 수동적인 수용자가 아니라 능동적인 사용자 역할을 하며, 어찌 보면 직접 프로그램에 참여하는 것과 다름없다는 주장으로 인터넷 사용의 정당성을 역설할 것이다. 아이들의 이런 주장은 어느 정도 타당하며 이것은 스마트폰 사용에도 해당한다.

부모가 끊임없이 스마트폰 자판을 두드리는 것을 보며 자란 아이들, 심지어 어쩌다 오랜만에 부모의 온전한 관심이 필요한 특별한 시간에도 계속 스마트폰만 들여다보는 모습을 보고 자란 아이들이 있다. 이들의 부모는 자녀가 스마트폰 없이는 1분도 편안히 있지 못하는 것에 놀라서는 안 된다. 우리가 식당이나 대중교통을 이용할 때 흔히 접하게 되는 상당히 우려스러운 장면 또한 바로 이러한 가정환경에서 기인한 것이다. 한자리에 앉아 있는 가족 구성원들이 모두 각자 모바일 단말 기기에 얼굴을 파묻고 누군가와 소통하고 있다. 단, 그 누군가는 이들의 바로 곁에 앉아 있는 가족이 아니다. 이런 모습은 집에서 식사할 때도 그다지 다르지 않다.

이처럼 디지털 미디어 사용과 관련하여 자신이 자녀에게 보여주는 행동과 자녀에게 요구하는 행동 사이의 간극이 큰 부모들이 우리 주변에는 많다. 하지만 이보다 더 심각한 경우는 자녀의 미디어 사용에 아예 무관심한 부모들이다. 유감스럽지만 우리 사회에는 자녀가 사용하는 미디어의 양과 종류에 아무 문제도 제기하지 않는 가족들이 존재한다.

"더 이상은 못 따라가겠어"

인류의 발전을 촉진시킨 모든 기술 혁명은 그 사회의 고령자들에게 시대의 흐름에 자발적으로 참여할 것인지 혹은 떠밀려서 참여할 수밖에 없게 될 것인지의 문제를 제기한다. 최신 기기를 이해하고 사용할 수 있는지의 여부를 척도 삼아 자신의 두뇌 나이를 가늠하려는 사람들은 새로운 기기가 나올 때마다 고민한다. 컴퓨터와 그에 딸린 모든 부속 기기의 발전에 보조를 맞추는 것은 이미 중년들에게 엄청난 스트레스다. 아직까지 시대의 추세를 따라가고 싶은 고령자들은 컴퓨터 관련 기술의 발전에 당혹감을 느낄 수밖에 없다.

그런데 고령자들이 세상의 변화를 더 이상 이해하지 못하는 현상은 근본적으로 새로운 것이 아니다. 젊은 세대가 그들이 사는 세상을 끊임없이 변화시키기 때문이다. 하지만 지금껏 디지털 혁명처럼 그 시대의 일상을 이토록 급속히 변화시킨 기술 발전은 인류 역사상 그 어디에도 없었다. 중년 세대조차 이런 시대의 흐름을 좇아가려 태블릿 PC

를 구입해야 하는지 혹은 소셜 네트워크 열풍에 참여해야 하는지를 수시로 결정해야 한다. 이와 관련하여 모든 이들에게 해당하는 조언을 하자면, 막연한 두려움은 문제 해결에 아무 도움도 못 된다는 것이다.

현재의 삶에 의미가 있는지 생각해보지도 않은 채 컴퓨터와 관련한 모든 최신 경향을 따라가야 한다고 믿는 고령자는 자신뿐만 아니라 주위 사람들에게까지 부담을 준다. 이들이 새로운 기기를 사용하다가 무언가 제대로 작동하지 않으면 그 문제를 해결하기 위해 자녀와 손자들까지 출동해야 하는 일도 허다하다. 주변에는 이런 문제에 시달려 견디기 힘들어하는 젊은이도 적지 않다.

하지만 여기에서도 인터넷 의존과 동일한 현상이 적용된다. 우리는 지금 컴퓨터와 인터넷으로 하는 일이 정말로 삶에 유용한 것인지, 아니면 그 일을 하는 것 자체가 목적이 되어버린 것은 아닌지 자신에게 물어야 한다. 최신 컴퓨터 기술을 배우려는 이유가 다름 아닌 '늙는다는 두려움과 마주하기 싫어서'인 고령자들은 컴퓨터와 인터넷을 사용하는 행위 자체가 목적일 수 있다. 고령의 나이에도 불구하고 온 힘을 다해 최신 경향에 동참하려는 노력은 우리 주위에 만연한 '청년 문화에 대한 동경'의 발로일 수 있다.

하지만 정작 청소년과 젊은이는 부모와 조부모가 안간힘을 써서 모든 최신 경향을 좇는 것보다는 점잖고 품위 있게 나이 들어가기를 바란다. 물론 바깥세상에서 어떤 일이 일어나고 있고, 오늘날 사람들이 무엇에 관심이 있는지를 아는 것은 중요하다. 특히 자녀나 손자들에게 마음 놓고 사줄 수 있는 안전한 전자 기기와 소프트웨어, 게임이 무엇인지 알고자 할 때는 바깥세상의 전반적인 동향을 파악하고 있는 것이 유용하다. 하지만 이런 확신이 없다면 컴퓨터와 전혀 무관한 것을 자녀나 손자들에게 선물하는 것이 좋다.

조부모들은 자신의 세대만이 지니고 있는 특성을 부인하지 말아야 한다. 어쩌면 오늘날 조부모의 역할은 아날로그 세계에 남아서 디지털 혁명과의 균형을 이루고, 자라나는 세대가 읽기와 쓰기, 악기 연주하기, 뜨개질하기, 톱질하기 등 오래된 아날로그적 기술에 흥미를 갖도록 이끄는 것일 수도 있다. 청소년에게 과거 전 세계가 부러워할 정도로 전성기를 누렸던 독일어 문화권의 음악회나 연극, 오페라 문화를 접할 기회를 줄 수도 있다. 혹은 점점 더 도시화되는 환경에서 자라나는 아이들에게 자연을 접하게 하고 일종의 고향의 느낌을 전달해줄 수도 있다.

물론 이 같은 생각이 지나치게 낭만적이며 진부하다고 여기는 이도 많을 것이다. 하지만 수백 년에 걸쳐 자연과 문화를 바탕으로 형성된 우리의 고유한 것을 존중하고 소중히 여기는 것은 우리가 해야 할 당연한 일이다. 수십 년도 채 되지 않는 단기간 동안 이루어진 디지털 혁명의 물결에 휩쓸려 오랜 역사가 담긴 소중한 것들을 내동댕이치지 말아야 할 것이다.

이런 점에서 인생에서 다양한 경험을 한 연륜 있는 사람들에게는 무척 중요한 과제가 주어진다. 아마도 인터넷에 사진을 쌓아놓고 시간을 보내는 것보다는 어린아이와 청소년에게 자신들이 지켜온 아날로그 세계를 소개해주는 것이 훨씬 즐거울 것이다. 아이들에게 필요한 할머니, 할아버지는 컴퓨터 게임을 사주고 함께 게임을 하는 사람이 아니다.

정책:
인터넷 의존증의 치료와 예방

인터넷 의존 환자의 증가 추세에 제동을 걸기 위해서는 정책적 지원이 반드시 필요하다. 디지털 혁명의 가속화는 분명 많은 사람들의 이해와 관계있으며, 경제적 이윤이 최종목표는 아니더라도 이들은 분명 경제적 목표를 추구한다. IT업계는 우리의 일상생활을 구석구석 디지털화시키는 것에 지대한 관심이 있다. 그런데 이들 업계가 디지털 기기들을 앞세워 유년기 아이들의 공간과 시간을 차지하려 시도한다면, 이는 인터넷 의존이라는 맥락에서 분명 문제가 있다. 이와 관련하여 우리는 관련 정책 기관들의 좀 더 많은 책임 의식과 적극적인 개입을 촉구할 만한 충분한 근거를 제시할 수 있다. 지난 수년간 발생했던 디지털 기기를 사용한 도청 스캔들은 차치하고라도, 무엇보다도 인터넷 의존은 국민의 건강을 위협하고 있다. 정책 기관들은 인터넷 의존과 관련한 의학적인 치료와 예방이라는 두 가지 측면에서 적극적인 조치를 취해야 한다.

치료와 예방이 원활히 이루어지기 위해서는 우선 인터넷 의존에 관한 광범위한 지식과 이해가 필요하다. 현재 인터넷 의존이라는 질병을 잘 치료하고 예방하기 위한 문제에는, 뾰족한 답이 없는 실정이다. 인터넷 의존의 진단에 관해서는 더 이상 독자적 질병으로 인정받기 위한 투쟁이 불필요할 만큼 그간 탄탄한 학문적 지식을 확립한 상태다. 단, 이러한 학문적 토대에도 불구하고 아직까지도 독자적인 질병으로 완전히 인정되지 않는 현실이 유감스러울 뿐이다. 이 때문에 인터넷 의존 관련 의학적 치료 발전에 지장이 있기 때문이다. 외부 기관들이 인터넷 의존의 치료와 예방 연구에 재정 지원을 거부하는 주된 이유 또한 아직 완전히 독자적인 병증으로 인정되지 않아서다. 이런 악순환은 도대체 언제까지 계속되어야 한단 말인가! 우리가 인터넷 의존에 관해 좀 더 설득력 있는 연구 결과를 내놓고 한층 개선된 치료 및 예방 프로세스를 제공하기 위해서는 특히 과학부와 보건부에서 이와 관련해 과감한 행보를 보이고 좀 더 많은 연구비를 지원해야 할 것이다. 우리는 관련 학계와 협력하여 좀 더 파급력이 큰 과감한 시범 프로젝트를 운영함으로써 상황을 최대한 빠른 시일 내에 실질적으로 개선할 필요가 있다.

인터넷 의존 치료가 진료비 상환청구를 걱정할 필요 없이 이루어지려면 정책 기관들이 진료 기관과 의료보험공단에 중재자로서의 역할을 잘 수행해야 한다. 그러한 여건을 조성하지 않으면 어떠한 상담센터나 외래진료 클리닉, 병원들도 인터넷 의존 치료를 위한 전문적인 프로그램을 개발하지 않을 것이기 때문이다. 또한 최종적으로 심리치료를 시행하는 심리학자나 의사들이 인터넷 의존 치료에 집중할 수 있는 구속력 있는 틀이 현재까지도 여전히 마련되지 않았다. 지금이 바로 이같이 애매한 상황을 개선할 적기다. 인터넷 의존 환자들이 가장 먼저 찾는 중독상담센터들의 상황은 이보다 더 힘들다. 중독상담센터는 이미 오래전부터 인건비를 추가로 지원받지 않고도 인터넷 의존 환자들을 보살펴왔다. 나날이 증가하고 있는 수요에 상응하기 위해서라도 관련 정책 기관들은 이러한 중독상담센터에 재정 지원을 확대해야 한다. 그래야만 해당 질환의 환자들을 어느 정도 빠짐없이 치료하고자 하는 우리의 목표에 근접할 수 있다.

인터넷 의존 치료에 중독상담센터가 중요한 역할을 하듯, 예방에 중요한 역할을 하는 기관은 교육상담센터다. 나는 관련 정책 기관이 모든 교육기관과 교육상담센터 측에 재정과 이념적 지원을 한층 더 확대할 필요가 있다고 생각한다. 인터넷 의존의 예방과 관련한 과제는 치료 과제보다 정치적으로 훨씬 민감하다. 그 주된 이유는 미디어라는 주제에 대해 교육계가 취할 수 있는 입장이 허용적·자유주의적인 입장에서부터 엄격하고 보수주의적인 입장에 이르기까지 매우 방대하기 때문이다. 이처럼 미디어 교육이라는 주제는 극히 정치적인 성격을 띠고 있어 관련 정책 기관들이 섣불리 나서지 못하는 것이다. 어떻게 하면 자라는 세대에게 건전한 미디어 사용 능력을 고취시키는 교육을 시행할 수 있을지 알기 위해서라도, 우리는 학계와 연계된 시범 프로젝트를 진행해야 한다. 특히 각각의 미디어에 대한 적절한 사용 연령과 그 근거에 관한 장기적인 연구가 필요하다.

또한 인터넷 의존은 특히 소아와 청소년에게 더욱 위험하므로 다른 중독 질환처럼 계몽 캠페인을 벌여 그 위험성을 널리 알려야 할 것이다. 이러한 계몽 캠페인은 유치원과 학교에만 국한하지 않고 모든 미디어 채널로 펼쳐나가야 한다. 부모인 어른들도 똑같이 이 문제에 해당할 수 있기 때문이다. 이와 관련하여 인터넷에 의존할 잠재적 위험성이 상대적으로 특별히 크다고 예상되는 개인과 가족들을 상대로 집중적인 예방조치를 취하는 것도 바람직하다.

인터넷 사용이 사용자에게 의존 증상을 유발할 수 있다는 경고를 좀 더 와닿게 전달하기 위해서는 인터넷 의존을 유발하는 미디어, 특히 온라인 게임 등에 경고마크를 부착하는 방법이 있다. 이 외에 미디어 의존 전문가협회가 이미 수년 전부터 독일연방정부 마약문제 담당관들과 함께 추진하고 있는 정책이 있는데, 바로 독일 내 오락용 소프트웨어 자율심의위원회가 컴퓨터 게임의 사용 연령을 결정할 때 중독 위험성을 판단 기준에 포함시키는 것이다.

하지만 이러한 정책은 분명 시행하기 힘들 것이기에 나는 새로운 인증마크 도입에 힘을 싣고자 한다. 즉, 어떠한 의존 증상도 유발하지 않을 제품임을 표시해주는 인증마크를 무해한 인터넷 매체, 특히 무해한 컴퓨터 게임에 부착하는 것이다. 이는 자녀의 미디어 교육과 관련해 온갖 결정을 내려야 하는 부모에게 큰 도움이 될 것이다. 유기농 농산물에 대한 국가인증마크처럼 이러한 인증마크 또한 무해한 인터넷 콘텐츠를 생산하는 업체에 긍정적인 자극이 될 것이므로 업체 또한 인증마크 제도와 관련한 비용을 분담할 용의가 있을 것이다. 정책 기관들은 이러한 제도를 도입하여 결정적인 제반 여건을 마련할 수 있을 것으로 본다. 독일어권 국가에는 이런 인증제를 위한 기준을 제정할 유능한 전문가들이 많다. 이러한 예방 차원의 접근 방식은 금지 조치보다 훨씬 거부감 없이 다가갈 수 있다.

하지만 인터넷 의존 현상의 증가 추세가 지금처럼 계속 이어진다면, 관련 정책 기관이 나서서 한계를 그어야 하는 상황이 닥칠 수도 있다. 우리는 일반 기업이 항상 건강에 유익하고 환경친화적인 제품만 생산할 것이라고는 기대하지 않는다. 그렇다면 왜 인터넷 관련 기업들은 소비자에게 유익한 제품만 생산할 것이라고 기대한단 말인가? 인터넷 의존 현상의 증가를 저지하기 위해 관련 분야의 적극적인 정책적 결단이 절실한 상황이다.

■ 인터넷 의존의 치료와 예방을 위한 정책적 과제

치료

• 인터넷 의존을 독자적인 병증으로 인정받기 위해 매진하는 전문 단체와 기초 연구 프로젝트에 재정 지원

- 독자적 병증으로 인정받기까지, 인터넷 의존 치료에 대한 공식적인 틀을 확보하기 위해 정책 기관이 진료 기관과 건강보험공단 간에 중재자로서의 역할을 성실히 수행하기
- 인터넷 의존 환자를 빠짐없이 치료한다는 목적 하에 중독상담센터들을 재정적으로 지원하기
- 관련 연구 기관과의 협력 하에 인터넷 의존 전문 상담 및 치료기관 설치를 위한 시범 프로젝트 지원하기

예방
- 인터넷을 건전하게 사용하는 길을 제시해줄 장기적인 연구 프로젝트에 재정 지원하기
- 인터넷에 의존할 위험성이 큰 개인과 가정을 대상으로 집중적인 예방 프로그램을 시행하기
- 오락용 소프트웨어 자율심의위원회가 컴퓨터 게임의 사용 연령을 결정할 때 중독 유발 위험성을 판단 기준에 포함시키기
- 의존 증상을 유발하지 않을 제품임을 표시한 인증마크를 무해한 인터넷 매체, 특히 무해한 컴퓨터 게임에 부착하는 제도 도입하기

교육:
미디어 사용을 금해야 한다 vs 사용 능력을 길러야 한다

일선 학교와 교사들은 학부모와 관련 정책 기관들이 전가한 과제 때문에 지쳐 쓰러질 지경이다. 교사들이 이제 미디어 관련 교육까지 떠맡게 되었기 때문이다. 미디어 교육의 필요성

과 중요성은 누구나 알고 있다. 디지털 혁명은 하루가 멀다 하고 새로운 기술을 쏟아내고 그 결과 시급한 과제들을 안겨준다. 이러한 환경에서 미디어 교육은 하루 종일 이야기해도 끝나지 않을 만큼 복잡한 주제가 되어버렸다.

이런 상황에서 학교가 감당할 역할은 간단치 않다. 한편으로는 학생들에게 디지털 미디어 활용법을 가르쳐야 하고, 다른 한편으로는 읽기와 쓰기 등의 아날로그 미디어 기술을 가르쳐야 한다. 학교의 역할 중 후자를 간과해서는 안 된다. 글씨 쓰는 법을 가르칠 때 전자 칠판을 사용하는 경우가 있는데 이는 아이들에게 혼란을 줄 수 있다. 왜냐하면 이렇게 할 때 아이들은 아날로그 방식과 디지털 방식의 문화 기술을 동시에 접하게 되기 때문이다. 전자 칠판을 사용하여 글쓰기를 가르치는 것이 어떤 장점이 있는지는 별개의 문제다. 나는 아날로그 방식의 문화 기술을 습득할 때 처음 얼마간은 아날로그 방식으로 배울 필요가 있다고 생각한다. 좀 더 간단히 말하자면, 능숙하게 손으로 쓰고 암산을 익히기 전까지는 재래식 칠판과 분필을 사용하도록 하는 것이다. 칠판과 분필을 사용함으로써 자신이 살고 있는 세계와 그 세계의 원천적인 형태의 미디어를 직접 몸으로 접하고 경험하는 것은 중요하다. 칠판과 분필이 어떻게 작동하는지는 모든 아이들이 금세 이해할 수 있다. 하지만 전자 칠판의 작동 원리는 우리 어른들조차 이해하기 힘들다.

사람들은 미디어에 관한 문제가 제기될 때마다 '미디어 교육' 혹은 '미디어 사용 능력'이라 이름 붙인 새로운 과목을 도입하는 방식으로 문제를 해결하려 한다. 하지만 모든 과목이 이런저런 방식으로 미디어와 연관이 있으므로 새로운 교과목을 도입하는 것이 능사는 아니다. 어떤 과목이든 해당 과목의 내용을 전달하기 위해 미디어를 사용한다.

디지털 혁명이 우리 삶의 구석구석까지 침투했듯이, 디지털 혁명은 학교의 수업 모습까지도 바꿔놓았다. 요즈음 어떤 과목이든 어떤 교사든, 미디어를 사용하지 않고 수업을 진행할 수는 없다. 예를 들어 역사 시간에는 청각적 자료나 사진, 동영상 등의 미디어가 수업 내용을 다채롭게 만들어준다. 외국어 시간에는 오래전부터 있었던 이른바 어학 실습실에 들어가 쌍방향 소프트웨어를 사용하여 컴퓨터와 말을 주고받으며 외국어를 배운다. 미술과 음악 시간에는 고전적인 도구나 악기 외에도 새로운 기술을 사용하여 창작 활동을 한다.

아날로그 방식의 미디어만 사용해서 수업을 진행한다면, 이를 교수법과 교과과정에 포함시키는 것에 어떤 우려나 이의를 제기할 필요가 없다. 하지만 실제로는 모든 과목이 어떤 방식으로든 디지털 미디어와 연관되기 때문에, 나는 오늘날 모든 과목에서 미디어 교육이 이루어져야 한다고 주장한다. 이런 의미에서 단지 명칭만 미디어 교육이라는 이름으로 학생들에게 필요한 모든 미디어 교육을 떠맡기겠다는 것은 근시안적인 생각이다. 컴퓨터와 태블릿 PC, 스마트폰, 인터넷이 난무하는 시대에 이런 과목을 만들어 가르치는 것이 당분간은 의미 있는 일일 수도 있다. 하지만 장기적으로는 모든 과목의 수업이 저마다 과목의 특성에 상응하는 적절한 방식으로 미디어 사용 능력을 전달하고 습득시켜야 한다.

미디어 사용 능력이 있다는 말은 언제 무엇을 위해 디지털 미디어를 사용하는 것이 바람직하고 의미 있는지를 구별할 줄 안다는 것을 의미한다. 또한 이 말은 특정한 상황에서는 디지털 미디어 사용을 자제할 수 있다는 의미이기도 하다. 미성년 자녀들이 이를 이해하고 이런 능력을 갖추기 위해서는 우선 교사들이 이에 관한 교육을 받아야 한다.

학교는 학생들이 이러한 미디어 사용 자제 능력을 기르는 데 결정적인 역할을 수행할 수 있다. 일반적으로 학교의 수업 시간에는 학생들이 컴퓨터 게임이나 음란물 사이트, 혹은 소셜 네트워크에 접속하지 못한다. 인터넷 의존증을 유발하는 콘텐츠에 적어도 공식적으로는 접속할 수 없다. 수업 시간뿐만 아니라 쉬는 시간까지 학생들의 개인적인 디지털 미디어 사용을 규제하는 학교도 서서히 늘어나고 있는 실정이다. 발달 과정상 쉬는 시간에 운동장에서 뛰어 노는 것보다 친구들과의 사회적 교류가 더 중요한 청소년 연령층에게는 쉬는 시간에 스마트폰을 허용하는 것은 상대적으로 문제가 덜하다. 하지만 이보다 어린 학생들의 경우는 다르다. 소아 연령의 학생들이 쉬는 시간에 친구들과 공놀이를 하고 나서 수업에 참여할 때와 스마트폰으로 혼자서 게임을 하고 나서 수업에 참여할 때를 비교해보면 수업에 대한 집중도와 참여도에서 현저한 차이가 난다. 학부모 사이에서도 이처럼 학생들의 디지털 미디어 사용에 주의를 기울이고 관련 규칙을 정해 시행하는 학교를 바람직한 곳으로 판단하는 경향이 서서히 증가하고 있다.

하지만 디지털 미디어 때문에 변화된 환경에서 아이들에게 바람직한 학습 환경을 마련해주기 위해서는 이보다 훨씬 근본적인 조치가 필요하다. 유치원과 학교를 종일제로 운영해야 할 합당한 근거는 매우 다양하다. 종일제 유치원과 학교가 운영된다면 이는 인터넷 의존 현상의 증가 추세에 제동을 거는 데에도 중요한 역할을 할 수 있다. 현재 너무나 많은 아이들이 방과 후 오후 시간을 집에서 혼자 보내고 있어서 그렇다. 학교에서 돌아온 아이들은 지나치게 많은 시간을 영상 매체 앞에서 보낼 확률이 매우 높은데, 요즘 아이들은 텔레비전보다는 컴퓨터나 게임 콘솔을 선호하므로 더욱 걱정스럽다.

그렇다고 종일제 학교를 운영하며 더 많은 학습 과제를 부과함으로써 아이들의 여가시간을 모두 빼앗아버리는 것도 잘못이다. 종일제 학교는 학생들에게 다양한 프로그램을 제공해야 한다. 이런 프로그램은 무엇보다 학생들의 머리를 아프게 하는 학습과는 관계없는 활동으로 채워야 한다. 요즘 학생들은 어차피 공부할 것이 너무나 많다. '번아웃' 신드롬으로 소아청소년 정신과에 찾아오는 학생들이 점점 늘어나는 현상도 어찌 보면 당연한 일이다. 아이들이 학습과 관련해 받는 스트레스가 과거에 비해 엄청나게 늘었다. 학교를 졸업할 때까지 한 번도 과외를 받지 않은 (혹은 받을 필요가 없는)* 학생들의 수는 점점 감소하고 있다. 또한 중고등학교 혹은 대학교에서 성적을 올리기 위해 집중력을 강화하는 약을 복용하는 청소년과 젊은이의 수도 점점 증가하고 있다.** 이러한 현상의 원인은 점점 커져만 가는 불안감일 수도, 성공에 대한 욕심일 수도 있다. 원인이 무엇이든, 우리 자녀들이 성적 때문에 받는 압박감은 분명히 점점 커져가고 있다. 이 같은 현상이 지속된다면 한국처럼 심각한 사태에 이를 수도 있다. 한국의 학생들은 소아부터 청소년까지 학업에 대해 막중한 스트레스를 받으며, 인터넷에 의존하는 학생들의 비율도 상대적으로 매우 높다. 이 같은 사실을 감안할 때 오후 늦게까지 운영되는 종일제 학교에서는 학생에게 과제를 부과하지 말아야 함은 물론이고, 숙제 외에 다른 활동을 제시해야 한다. 머리를 써야 하는 활동보다는 몸을 움직이고 감각을 사용하는 활동이 바람직하다.

---

*   이에 관한 신뢰할 수 있는 자료는 소수에 불과하다. 오늘날 독일 학생의 35~50퍼센트가 과외수업을 받는다고 추측된다.

** 1,000명 이상을 대상으로 한 연구에서 설문 응답자 중 80퍼센트 이상이 아무런 의존 증상이나 장기적인 부작용을 유발하지 않을 경우, 사고력 증진 약제를 섭취할 의향이 있다고 응답했다.

오늘날 자라나는 세대는 일상에서 몸을 움직이고 운동할 시간이 너무 부족하다. 반면 학교에서든 집에서든 소아부터 청소년까지 책상 앞에 앉아 있는 시간은 너무 길다. 텔레비전을 보거나 컴퓨터 게임을 할 때도 앉아 있는 시간이 대부분이다. 학교는 체육 시간을 좀 더 늘리고, 죽어가는 스포츠클럽들이 예전처럼 활기를 띨 수 있도록 지원해야 한다. 나는 이와 관련하여 미국을 살아 있는 본보기로 삼아야 한다고 생각한다. 단, 미국의 경우 초·중·고등학교와 대학에서 운동이 차지하는 비중이 지나치게 크기 때문에, 그 점을 감안하여 적절한 정도만 취하면 될 것이다. 그런데 학생들이 몸을 움직이며 의미 있는 활동을 하는 데는 운동 외에도 여러 가지가 있다. 무엇보다 자연에서 몸을 움직이며 이른바 '비오톱Biotop'(다양한 생물이 서식하는 공간—옮긴이)을 조성하거나, 농장에서 실습을 하는 등 다양한 활동을 할 수 있다. 발도르프 학교는 컴퓨터가 대중화되기 전에 텔레비전이 주요 미디어였던 시절부터 이러한 다양한 야외활동을 함으로써 좋은 본보기를 보여왔다. 이런 관점에서 발도르프는 다른 많은 학교들보다 한 걸음 앞서 나간 것이다.

미디어 사용과 관련하여 지금까지 살펴본 사항들은 넓은 의미에서 미술과 음악 교육에도 적용된다. 아이들에게 미술과 음악을 가르칠 때 지금 접할 기회가 전혀 없었던 아날로그 미디어를 활용하는 것도 좋은 방법이다. 예를 들어 아이들에게 어쿠스틱 악기(북, 실로폰, 통기타 등 전자음을 배제한 악기—옮긴이)를 연주해보도록 하거나, 망치와 조각칼과 돌을 이용해 조형 작품을 만들게 할 수도 있다. 시간이 지나면 언젠가는 창의적인 소프트웨어를 활용하여 무언가를 만들어내는 활동이 재미있고, 중요하며, 의미 있을 수도 있다. 하지만 소아와 청소년기의 학생들이 자신의 몸을 알아가고 능숙하게 다루는 법을 익히는 시기에는 아날로그 방식의 기술을 익히고 사용하며 이에 따른 직접적인 피드백을 몸으로 체험하는 편이 더 의미 있다. 연장을 사용해 나무토막을 자르거나 타악기를 연주하면 우리 몸의 모든 감각과 신경, 근육을 단련시킬 뿐만 아니라 몸 자체가 공명통의 역할을 하는 것을 온몸으로 느낄 수 있다. 여기에서 한 가지 분명해지는 사실은, 자라는 세대가 이같은 수공업과 인류의 오랜 문화를 알아가고 이 중 일부라도 자기 것으로 만들 수 있는 다양한 프로그램을 제공해야 한다는 점이다.

이야기가 이 대목쯤 오면 끊임없이 논쟁의 여지가 있는 교육적 관점에 관한 문제가 부각된다. 그것은 바로 성별에 따라 상이한 교육을 해야 하는지에 관한 문제다. 남학생과 여학생은 다양한 분야에서 다른 관심과 욕구를 지니고 있으며, 이들이 이러한 상이함을 보이는 주된 이유가 성별에 따라 다른 교육을 받아서가 아니라는 사실은 이미 널리 알려져 있다. 하지만 아직까지도 이에 대한 이해가 부족한 것이 현실이다. 나는 남학생과 여학생이 일정한 나이가 될 때까지는 성별에 따라 다른 교육을 할 필요가 있다고 생각한다.

읽기나 쓰기, 계산하기 혹은 다른 지식을 전달할 때 남녀별로 다르게 교육하자고 주장하는 것은 아니다. 하지만 종일제 학교에서는 적어도 오후 활동 시간 동안 성별의 차이를 고려할 필요가 있다고 생각한다. 단, 남학생과 여학생에게 특정 프로그램을 일방적으로 정해주는 것이 아니라 최대한 다양한 선택권을 주는 것이다. 성별에 따른 차별을 방지하기 위해서는 자유로운 선택권을 주는 것이 매우 중요하다. 예를 들어 남학생도 음악 등의 창의적 활동을 하고, 여학생도 기술이나 체육과 관련한 활동을 중점적으로 할 수 있도록 선택권을 주어야 한다. 이렇게 하면 학교에서의 오후 시간을 개인적 성향에 따라 의미 있게 보낼 수 있다. 집에서 텔레비전이나 컴퓨터 앞에서 시간을 허비하는 것보다는 이것이 절대적으로 낫다.

　오후에 학생들과 함께 온몸으로 몸의 모든 감각을 사용하는 활동을 하려면, 새로운 디지털 기술을 이런 활동과 연계시키는 것도 좋은 방법이다. 때로는 가장 단순한 방법이 최선의 방법이 되기도 한다. 이는 디지털 미디어가 뇌에 미치는 영향에 대해 많은 연구를 해온 뇌과학자 게랄드 휘터Gerald Hüther가 고안한 방법으로, 소아와 청소년에게 새로운 미디어를 접하게 하는 가장 이상적일 수 있는 방법이다. 게랄드 휘터는 우선 소아 및 청소년과 함께 몸을 많이 움직이면서 창의력을 발휘하며, 주변의 아날로그 문화나 자연에서 대규모 프로젝트를 시작해보라고 권한다. 그의 이론에 따르면 이러한 프로젝트가 아이들에게 즐거움을 주고 주축을 이루는 한 디지털 미디어는 어떤 해도 끼치지 않으며, 심지어 프로젝트에 유용한 역할을 할 수도 있다는 것이다. 이처럼 아이들이 아날로그적인 프로젝트에 열중한 동안에는 프로젝트를 계획하고 수행하며 기록하고 발표하는 목적으로 디지털 미디어를 유용하게 사용할 수 있다는 것이다. 예를 들자면 호수나 강에서 범선을 타고 항해하는 체험학습을 할 때 인터넷을 사용하여 항해 계획을 세울 수 있다. 항해를 하는 동안에는 내비게이션이나 GPS를 활용해 목적지에 안전하게 도달할 수 있다. 사진이나 동영상을 찍고, 블로그에 올리며 포스팅함으로써 체험학습을 전부 기록으로 남길 수도 있다. 자신의 멋진 체험을 디지털 프레젠테이션 기술과 웹사이트를 이용해 최종적으로 본인과 다른 사람들을 위한 기록으로 남길 수도 있다. 디지털 기기 그 자체가 목적으로 전락하지 않고 이런 방식으로 실질적인 체험에 유용하게 활용된다면, 누구나 디지털 기기를 아무런 염려 없이 접하고 편하게 사용할 수 있을 것이다. 이러한 원칙은 궁극적으로 모든 종류의 수업에 활용할 수 있다. 단, 항상 분명히 해둘 것은 디지털 기기를 사용하는 실제 목적이 무엇인가 하는 것이다. 이처럼 사용 목적을 분명하게 해두면 진정한 미디어 사용 능력을 기를 수 있고 미디어 사용 자체는 저절로 이루어진다. 범선을 타고 항해하다 친구들과 함께 갑판에서 호수에 비치는 노을을 바라보며 노래를 부르다 보면 디지털 미디어 자체 능력쯤은 저절로 생겨날 것이다.

이런 이야기를 하면 사람들은 그런 프로젝트를 진행하는 데는 많은 돈이 든다고 이의를 제기할 것이다. 하지만 열악한 교육 환경과 그에 따른 비용에 관한 논쟁은 이미 내가 학생일 때부터 존재해왔다. 솔직히 말해 이런 논쟁에 반론을 제기해야 하는 상황이 매우 유감스럽다. 상황을 긍정적으로 활용해보자. 디지털 혁명이라는 것을 우리의 교육시스템을 총체적으로 시험대에 올려놓고 개혁하는 계기로 삼아보자는 말이다. 모든 학생에게 균등한 기회를 보장하면서도 개별적으로 발전해나갈 기회를 부여하는 진정한 현대식 교육시스템을 확립하기 위해서는, 자라나는 세대에게 학교에서도 최신 디지털 기술을 접함으로써 미디어의 진화에 발맞춰 갈 수 있는 기회를 제공해야 한다. 그렇다. 이를 위해서는 많은 재원이 필요하다. 하지만 이는 분명히 그럴 만한 가치가 있는 일이다.

직장에서:
누가 누구를 위해 일하는가?

 서구 선진국의 많은 사람들은 학교 교육의 일차적인 목적이 자라나는 세대가 좋은 직업을 구할 수 있도록 최대한 일찍부터 잘 준비시키는 것이라고 생각한다. 내가 자랄 때 수없이

들어온 것처럼, 오늘날 사람들은 더 나은 삶을 살기 위해서가 아니라 무엇보다 좋은 직장을 구하기 위해 배우고 공부한다. 그러니 관련 정책 기관과 생산 업체들이 이런 논리를 토대로 소아와 청소년의 미디어 사용 시기를 자신들이 원하는 방향대로 주장하는 것도 놀랍지 않다. 이들은 미디어 사용 능력이 떨어지는 아이들은 직업 세계에 발도 들여놓지 못할 거라는 공포의 시나리오까지 유포하고 다닌다. 나는 미디어 사용법을 조기에 습득하는 것과 직업적 성공 간에 인과관계를 설정하는 주장의 오류에 대해 이미 여러 번 지적한 바 있다.

요즘 어른들은 이 문제에 두려움을 느끼고 있다. 정도의 차이는 있지만 사람들은 모두 자신이 직장에서 수행하는 일을 언젠가는 컴퓨터 프로그램이 대신 처리할 수도 있다는 두려움을 의식하며 산다. 의사와 심리치료 전문의들 또한 예외가 아니다. 디지털 혁명은 이미 오래전에 의학계까지 침투해 들어왔다.

이러한 상황을 감안할 때 오직 인간만이 수행할 수 있는 일이 무엇인지 곰곰이 생각해봐야겠다. 이는 몸을 사용하고 감정이 개입하는 일, 즉 육체와 정신이 중요한 역할을 하는 일이다. 이것은 소아와 청소년들이 건강하게 성장하는 데에도 매우 중요하다. 자라나는 세대의 교육을 단순히 직업적인 목적, 즉 최종적으로 경제적인 목적에만 연계시키는 것은 당사자 개인이나 개인이 속한 집단 모두에게 극히 위험하다. 교육에는 인류애, 화합, 민주주의라는 한 차원 높은 목표가 있다. 날로 디지털화되고 있는 (직업) 세계를 모든 일의 기준으로 삼지는 말자.

하지만 이는 직장생활 전체가 디지털화되어감에 따라 엄청난 압박을 받고 있는 어른들에게도 해당하는 문제다. 컴퓨터를 조작해 제 기능을 발휘하도록 하는 것이 직장에서의 주된 업무인 경우, 이러한 서비스 활동을 하다 보면 직장에서 컴퓨터에 종속적인 입장이 될 수밖에 없다. 특히 이런 상황에 처한 직장인이 날로 가속화되는 컴퓨터와 인터넷 작업 속도 등 나날이 다양해지는 요구에 끊임없이 적응해야 하고, 결국 언젠가는 직장에서 쓸모없는 존재로 전락할 거라는 두려움을 은연중에 느낀다면, 이러한 종속적인 관계는 더욱 강해질 수밖에 없다. 직장에서 디지털 미디어를 바람직하게 활용하기 위해서는 우선 당사자 자신이 디지털 기기가 모방하고 대체할 수 없는 존재라는 전문가다운 정체성을 지녀야 한다. 이 외에도 디지털 미디어를 건강하게 활용하기 위해 유의해야 할 중요한 문제들이 있다. 그중 하나는 커뮤니케이션 속도가 빨라지면서 나타나는 스트레스이며, 다른 하나는 언제 어디서나 온라인으로 연락을 주고받을 수 있게 되면서 생긴 스트레스다.

커뮤니케이션 속도 늦추기

적어도 이틀은 지나야 받아볼 수 있는 우편으로 의사소통하던 직장생활을 기억하는가? 나는 이런 커뮤니케이션이 일상이던 그 시절을 어렴풋이 기억한다. 그 시절에는 편지 한 통을 쓰기 전에 일단 차분히 많은 생각을 했다. 편지를 다 써서 발송할 때까지 반나절이 걸릴 때도 많았다. 이틀이나 사흘 뒤 편지를 받은 사람은 답신까지는 얼마간 시간적 여유가 있었다. 차를 마시면서, 혹은 하룻밤을 보내면서 찬찬히 생각했다. 하루 이틀쯤은 업무 처리에 결정적인 영향을 미치지 않았고 오늘날에 비해 시간의 압박이 훨씬 적었으므로 양측 간 커뮤니케이션은 훨씬 상세했으며 결정을 내릴 때도 심사숙고할 수 있어서 실수의 위험성도 상대적으로 적었다. 서면으로 질문하고 답신을 받을 때까지 닷새나 일주일이 걸렸던 과거에 비해, 지금은 질문하고 답을 듣는 데

1분도 채 걸리지 않으며, 근무 중에는 하루에도 수백 건의 질문과 답변이 오가는 세상이다. 이메일과 소셜 네트워크, 데스크톱 컴퓨터와 노트북, 태블릿 PC와 스마트폰 등을 사용해 넘쳐나는 커뮤니케이션을 제대로 통제하지 못하는 사람은 직장생활에서 성공할 수 없다.

여기서 바람직하지 않은 직장인의 모습을 살펴보자. 아침에 출근하자마자 컴퓨터를 켜고 메일함과 네트워크 계정에 도착해 있는 소식을 하나라도 놓칠까 염려하며 찬찬히 살펴보고, 친절한 안부가 담긴 사적 메일과 반사적인 메일을 읽느라 한참을 보내며, 제목이 반갑지 않은 메일에는 아무 답도 하지 않는다. 이러한 방식으로 메일을 확인하는 사람은 사무실에서 소중한 시간을 허비할 수 있다.

자신을 화나게 하는 메일에 충동적으로 답하고 잘못 클릭하는 바람에 단체 메일로 발송돼 여러 사람의 비난이 쇄도하는 이른바 문자 테러를 당하기도 한다. 업무를 제대로 시작하기도 전에 발생한 이런 사고를 수습하느라 하루를 허비하기도 한다.

이메일 프로그램을 열어두고 새 메일이 도착할 때마다 신호음이 울리도록 해놓아서 업무 중에도 수시로 메일을 확인하느라 주위가 산만하다. 메일을 확인하지 않으면 중요한 소식을 놓칠 수도 있고, 자신에게 용건이 있는 사람의 연락을 받지 못할 수 있다는 생각이 머릿속에 맴도는 통에 단 15분 정도도 진득이 앉아 집중할 수가 없다.

이렇게 하루를 보내고 나면 엄청나게 많은 정보를 주고받았는데 실제로 달성한 것은 아무것도 없다는 느낌이 든다. 사무실을 나오기 전 마지막으로 하는 일은 컴퓨터를 끄는 것이지만 어찌 보면 아무 의미도 없는 일이다. 사무실의 컴퓨터를 껐더라도 퇴근길이나 집에 도착해서도 다양한 전자 단말기로 계속 이메일과 문자를 수신할 것이기 때문이다. 이처럼 현대인은 어딜 가든 직장과 늘 연결되어 있지만, 그럼에도 아무 생산적인 결과도 내지 못하는 이들이 허다하다.

생산적인 결과를 창출하기 위해서는 자신을 관리하고 중요한 것에 집중해야 한다. 하지만 전자 메시지가 쏟아지는 시대에 끊임없이 메일을 주고받느라 여념이 없는 사람들은 어떤 것에도, 적어도 중요한 것에는 집중하지 못한다. 장기적으로 볼 때 디지털 혁명의 물결을 타고 성공적으로 서핑하는 직장인은 바로 디지털 커뮤니케이션 속도를 자신의 의지대로 조절하는 사람이다. 자기 자신과 동료, 직원에게 디지털 미디어 사용 시간을 적절하게 관리하게끔 독려하는 이들 또한 마찬가지다.

최근 들어 일부 기업은 직원들의 건강이 바람직한 미디어 사용과 직결되어 있음을 인식하고 사내 주치의의 도움을 받아 이메일과 소셜 네트워크, 핸드폰 사용에 관한 행동수칙을 마련하기도 한다. 이 행동수칙에는 커뮤니케이션 예절뿐만 아니라 커뮤니케이션 속도의 완화 및 온라인 연락 가능 시간대 설정 등도 포함되어 있다. 나는 여러 해 전에 젊은 직원들의 비율이 특히 높은 세계적인 대기업의 요청으로 이 주제를 상담 교육한 적이 있는데, 직원 재교육 프로그램이라는 틀에서 중독 문제 담당자들을 대상으로 직장에서의 인터넷 의존증을 예방하고 식별하며 해당자에게 치료를 받게 하는 방법 등을 강의했다. 이 밖에도 심리학자 도로테 뮈켄Dorothee Mücken과 직장 내 인터넷 의존증 예방을 위한 바람직한 미디어 사용법을 알려주는 책자에 실릴 원고를 집필했다. 이 책자는 시대의 흐름을 조기에 인식한 영민한 기업이 발간했다. 나는 고용주들이 '미디어 번-아웃' 위기에 처한 직원들을 구하기 위해 보다 적극적으로 개입해야 한다고 생각한다.

▣ 직장에서의 미디어 사용 시간 관리

- 사무실에 도착하면 우선 조용히 여유를 갖고 하는 일과 다른 일보다 먼저 해놓아야 마음 편한 일을 우선적으로 처리하라. 이렇게 하루를 시작하면 능률이 좋아진다.

- 긴 문서나 손이 많이 가는 도표 작성 등 컴퓨터로 수행하는 반복적인 업무와 특별한 업무에 얼마나 시간이 필요한지 생각해보라. 이 시간을 마치 공식적인 약속, 이를테면 전문 직장인인 자신과의 약속처럼 생각하고 스케줄에 포함시켜라.

- 이메일과 소셜 네트워크상의 글을 확인하고 작성하는 시간을 정해둔다. 이를 위해 하루 혹은 일주일에 얼마나 많은 시간을 낼지 숙고해본다. 하루에 두 시간 혹은 최대한 세 시간 이하의 시간을 책정하라.

- 이 시간 외에는 이메일 프로그램과 모든 네트워크 프로그램을 꺼놓는다. 메일이나 문자가 왔다는 연락음도.

- 논란의 여지가 있거나 전하기 힘든 내용의 답장을 작성할 때는 시간을 두고 찬찬히 생각하라. 필요하다면 하루 동안 생각해보고 다음날 답장을 작성하라.

- 지나치게 이 일 저 일 하며 쫓기지 마라. 진정한 전문가는 스마트폰으로도 연락이 안 될 때가 있으며 문자나 메일에 즉각 반응하지 않는다.

- 가끔 컴퓨터를 사용하지 말고 손으로 편지를 쓰거나 암산을 하거나 도표를 그려보라. 당신의 아날로그 미디어 사용 능력과 사고력을 유지하라.

- 가끔은 이메일 대신 동료의 사무실을 직접 찾아가는 등 '이상한 짓'을 하라.

연락 가능성을 제한하라

직장 업무에 관한 한, 항상 연락이 가능하며 이에 대해 심지어 자부심을 느끼고 있는가? 만약 그렇다면 당신에게는 분명 문제가 있다. 나를 비롯한 의사들은 당직 근무일 때 24시간 연락이 가능하다. 우리 의사들이 과거처럼 특정 전화기 근처에서 대기할 필요 없이 핸드폰을 갖고 상대적으로 자유롭게 돌아다닐 수 있게 된 것은 매우 고마운 일이다. 항상 누군가의 연락을 받을 수 있다는 것은 당사자로선 매우 부담스러운 일이기도 하다. 하지만 오늘날 직업을 가진 대다수의 사회인은 직종을 막론하고 항상 상사와 동료의 연락을 받을 준비가 되어 있어야 한다. 이때는 핸드폰뿐만 아니라 이메일과 소셜 네트워크도 동원한다. 잠들기 직전에 중국의 고객과 채팅을 한다고 침실을 들락거리며 배우자의 잠을 깨울 때도 있다. 휴가 중이든 축구경기장이든 항상 업무를 짊어지고 다니는 셈이다. 아직도 이를 두고 직업 정신이 투철하다고 여기는 사람들이 많다. 하지만 대부분은 단지 자신을 과시하거나 일과 사생활을 분리하지 못하는 사람에 불과하다. 진정한 프로는 휴식시간 또한 제대로 누린다. 누구나 하루 일과를 마친 후에, 주말에, 그리고 일 년에 한두 번은 휴식이 필요하다.

자신을 과시한다는 말이 나온 김에 말하자면, 지금으로부터 15년 전 처음 핸드폰을 구입했을 때 나도 헤드셋을 착용한 적이 있다. 마이크와 스피커가 달린 헤드셋을 착용하면 양손을 자유롭게 사용하면서 통화할 수 있다. 가끔씩 양손으로 손짓을 해가며 걷는 사람들의 모습을 보게 되는데, 언뜻 보면 마치 자신과 대화를 나누는 사람처럼 보인다. 나 같은 심리치료 전문의는 그런 사람을 보면 타인의 목소리가 들리는 환청 증상이 있는 정신분열증 환자를 떠올린다. 요즘도 나는 헤드셋을 착용하고 주변에 소음을 유발하는 사람을 보면 여전히 민망하다. 안전요원이 이런 장비를 착용하고 일하는 것은 이해할 수 있지만, 일반인이 그러고 거리를 돌아다니면 정말로 우스꽝스러워 보인다.

그런데 도대체 누가, 24시간 내내 연락 가능한 사람이 진정한 프로라고 주장했는가? 내 생각은 정반대다. 진정으로 유능한 사람은 수시로 전화 연락을 받고 모든 소식을 즉각 수신하고 답할 필요가 없도록 철저하게 관리하고 처리한다. 진정한 프로는 퇴근 후의 시간과 주말, 휴가를 누릴 여유가 있다. 물론 한시적으로 휴식을 취하지 못하고 휴가를 반납해야 하는 직종도 있지만, 나는 가까운 미래에는 상시로 연락할 수 없다는 것이 바로 직업적으로 성공한 사람임을 나타내는 지표가 될 것이라고 확신한다. 다시 말해서 가까운 미래에는 업무 때문에 디지털 미디어에 의존한다면 직업적으로 자유롭지 못한 사람, 즉 고용 관계가 종속적인 사람을 나타내는 특징이 될 것이다.

물론 모든 사람이 직업적인 성공을 삶의 가장 중요한 목표로 삼을 필요는 없다. 단, 업무와 관련해서도 자신의 건강을 중요하게 여길 필요는 있다. 수시로 연락이 가능한 상황을 만들어 불필요하게 스트레스를 받고 편안하게 휴식을 취하지 못하면 건강에 좋지 않다. 그러므로 사적인 시간에 전화나 문자를 주고받는 시간을 최소한으로 줄이고, 이러한 용도로 사용하는 기기들을 특정한 시간에만 켜놓을 필요가 있다. 그래야만 여가시간에 휴식을 취할 수 있고, 휴식이 있어야만 효율적으로 일할 수 있다. 그리고 때로는 업무 중에도 일정 시간에는 모든 디지털 미디어와 전화를 꺼두고 조용히 업무에 집중하는 것이 바람직하다. 그러한 여건에서 당신은 좀 더 빨리, 좀 더 즐겁게 업무를 진행할 수 있을 것이다. 일을 할 때는 온 마음을 다해 온전히 집중하라.

온전히 집중

우리는 인터넷을 이용해 장소를 막론하고 업무를 진행할 수 있지만, 그 시간에 직접 그곳에 가 있는 것은 아니다. 혼자서 하든 누군가와 함께하든, 때로는 당사자가 반드시 직접 현장에서 진행하고 처리해야 하는 일이 있다.

한때 사람들은 미래에는 모든 업무가 디지털 기기를 이용한 다자간 통화와 화상 회의로 진행돼 사업상의 출장이 최소화되리라고 생각했다. 사업 파트너들이 더 이상 직접 만날 필요가 없을 것이라고 생각한 것이다. 하지만 오늘날에도 여전히 고속도로와 기차, 비행기 등이 미팅이나 회의에 참석하기 위해 출장 가는 사업가들로 가득 차 있는 것을 확인할 때마다 나 자신도 놀라곤 한다. 그러고 보면 디지털 기기를 이용한 커뮤니케이션이 아무리 발달한다 한들, 비즈니스 파트너가 직접 만나는 것을 완전히 대체하지는 못하는 것 같다. 아무튼 이는 나로선 무척 위로가 되는 사실이다. 이런 현상의 주된 원인은, 직접 만나 얼굴을 맞대고 시각, 청각뿐 아니라 모든 감각을 동원하여 커뮤니케이션하다 보면 의식하지 못하는 사이 함축적인 정보가 상대방에게 강렬하게 전달돼 성공적인 결과를 얻을 수 있기 때문이다. 반면 단지 시각과 청각만 가동되는 화상 회의에서는 생각지도 않은 오해가 발생하여 상황을 수습하느라 애먹을 때도 많다.

환자를 직접 만나 심리치료를 할 때 결과가 가장 좋은 이유도 이처럼 양측의 대화 파트너가 직접 얼굴을 맞대면 비언어적 커뮤니케이션이 이루어지고 인간적인 친밀감이 형성되기 때문이다. 디지털 프로그램을 이용한 심리치료가 아무리 발달해도, 구체적인 장소에서 정해진 시간에 양자가 만나 모든 감각을 동원해 소통하며 진행하는 심리치료를 쉽게 대체할 수는 없다.

상대방과 직접 대면하는 것은 모든 직업에서 가치 있는 일이다. 무언가를 물어볼 때 옆자리 동료에게 잠깐 들르는 것과 이메일을 보내는 것은 분명 차이가 있다. 우리는 같은 버스 또는 같은 공간에 있는 청소년들이 스마트폰과 소셜 네트워크로 글을 주고받는 장면에 몹시 마뜩잖아 하며 흥분한다. 하지만 이 문제에 있어서는 어른도 별반 다르지 않다. 우리도 한 사무실에서 근무하는 동료에게 가끔 미소를 보내거나 얼굴을 맞대고 이야기를 나누지 않고 묵묵히 제 일만 할 때가 많지 않은가.

아날로그 방식의 커뮤니케이션은 업무를 수행할 때 잊거나 포기하지 말아야 할 많은 것 중 하나다. 모든 업무를 컴퓨터로 처리하고 점점 많은 일을 컴퓨터에 맡기다 보면 예전에는 일상이던 일들을 완전히 손에서 놓아버리기 쉽다. 손을 사용하는 작업 방식을 잊지 않으려면 가끔씩 메모를 하거나 편지를 써보거나 스마일 표시를 그려보라. 어느덧 종이에 손으로 글을 쓸 때보다 자판에 입력하는 속도가 더 빨라진나 자신을 보면 이따금씩 섬뜩할 때가 있다. 손으로 종이 위에 도표나 그래프를 그려보는 것도 의미 있는 일이다. 자유롭게 도표나 그래프를 그리다 보면 오랜만에 창의력을 발휘할 수도 있고, 무엇보다 그래픽 프로그램이 정해놓은 규칙을 따르기 위해 애쓸 필요가 없어 매우 가벼운 마음으로 작업할 수 있다. 아날로그 방식으로 할 수 있는 일이 얼마나 많은지, 이 일이 자신에게 얼마나 중요한지, 어떻게 하면 이 능력을 유지하고 훈련하며 확장할 수 있을지 차분하게 생각해보라.

만약 몹시 색다른 일을 해보고 싶다면, 파워포인트를 사용하지 않고 프레젠테이션을 해보라! 나는 미디어 의존에 대해 자주 강연하기 때문에 최대한 미디어에 의존하지 않고 강연을 진행하려 노력하는 편이다.

아무 자료도 띄워놓지 않고 완전히 자유롭게, 혹은 몇 개의 키워드만 정해놓고 이를 참고해가며 발표나 강연을 할 엄두를 못 내는 사람들이 점점 많아진다. 하지만 능력을 키워 말 그대로 자유롭게 발표하거나 강연하면 자기 생각을 좀 더 자유자재로 펼쳐보고 표현하며 전달할 수 있다. 강연자가 노트북 화면이나 스크린을 계속 응시하면서 이야기하지 않고, 강사의 이야기에 고개를 끄덕이거나 졸거나 아무 말 없이 귀 기울이거나 호기심에 찬 얼굴로 질문하는 청중의 눈을 들여다보며 이야기하다 보면 강연의 질 자체가 달라질 수 있으며, 현장 분위기에 따라 적절하게 명확한 반응을 보이고 청중과 대화를 나눌 수도 있다. 강연자가 미리 준비해둔 자료에 얽매이지 않고 자유롭게 이야기를 하면 자신의 생각을 변증법적으로 펼쳐가며 전달할 수 있다. 아날로그 방식을 활용하면 이 같은 많은 이점을 누릴 수 있는데도, 이를 디지털 혁명의 제단 앞에 내려놓고 포기해야겠는가?

또한 모든 디지털 네트워크가 한꺼번에 다운되는 재난이 발생할 때 업무가 마비되는 사태를 방지하기 위해서라도, 디지털 미디어에 얽매이지 말고 자신의 아날로그 능력을 유지하라. 요리사들을 예로 들어보자. 진정한 프로 요리사는 긴급한 상황이 발생했을 때 동료 요리사의 일을 최대한 온전히 감당해낸다. 이런 점에서 모든 컴퓨터와 네트워크가 동시에 다운되는 사태가 발생할 때 나는 무슨 일을 할 수 있을지 이따금씩 자신에게 묻는 것도 바람직하다.

개인적으로:
미디어를 사용할 때 유의할 점

과거에 사람들이 아무 생각 없이 담배를 집어 들었듯이 오늘날 사람들은 틈만 나면 스마트폰을 집어 든다. 회의에 들어가 다른 참석자들을 기다리는 잠깐 동안에도 새로 도착한 메일이 있는지 확인해본다. 영화관에서 영화가 시작되기 전에도 다시 한 번 페이스북에 들어가 새로운 소식이 올라와 있는지를 확인한다. 또한 카페에서 친구와 신나게 이야기를 나누다가 친구가 "잠깐 전화 좀 받고 올게"라며 자리를 비우면 무엇을 하는가? 분명 친구가 나가자마자 핸드폰을 집어 들 것이다. 이처럼 오늘날 우리는 무슨 일을 하든, 새로운 정보나 재미있는 소식을 접하지 않고서는 단 한순간도 그냥 흘려보내려 하지 않는다.

어떤 불편한 상황에서 빠져나오기 위해 상황과 무관한 엉뚱한 행동을 하는 것을 전위행동이라 일컫는다. 그렇다면 우리는 어떤 상황을 불편해하며 견디기 힘들어할까? 그것은 바로 오직 자신과 오롯이 보내야 하는 상황, 조용히 생각하는 것 외에 다른 할 일이 없는 상황이다. 이처럼 그리 길지 않은 '작전타임'이 주어질 때는, 심호흡을 하고 편안하게 머릿속에 떠오르는 생각에 자신을 맡기고 그 시간을 즐겨보라.

인터넷에 항상 접속 가능하다는 것은 디지털 미디어로 만들어지는 모든 것을 항시 갖고 다닌다는 것과 다름없다. 다시 말해서 머나먼 가상 세계의 구석구석까지 들여다볼 수 있는 작은 창문을 어디든 항상 갖고 다닌다는 말이다. 우리가 살고 있는 지금 이곳에서의 순간을 그저 단순히 즐기지 못하는 것은 바로 이런 상황 때문이다. 때로는 동행인이 잠시 자리를 비운 사이에 스마트폰을 들여다보는 대신, 그저 식당 안을 둘러보고 그곳 사람들을 관찰하거나 식당의 분위기를 느껴보면 어떨까? 음악회와 영화, 오페라, 발레 혹은 연극을 보러 갈 때 5분 정도 일찍 들어가서 곧 상영될 공연을 기대하는 마음으로 앉아 있으면 그 시간에 스마트폰을 들여다보는 것보다는 공연에 한층 집중하고 즐길 수 있을 것이다. 장시간 자동차로 이동할 때도 뒷좌석에 앉아 아무런 음악도 오디오 북도 듣지 않고 전화 통화도 하지 않고서 그저 조용히 앉아 있자면, 무언가를 하면서 갈 때와는 전혀 다른 생각들이 머릿속에 찾아올 것이다. 당신은 최근 들어 아무것도 하지 않고 의식적으로 무언가를 곰곰이 숙고해본 적이 있는가?

항상 모바일 단말 기기를 갖고 다니는 요즘에는 아무것도 하지 않고 그저 조용히 앉아 있는 일이 점점 더 힘들어지는 것 같다. 내 경우에는 기차 여행을 할 때가 가장 그러하다. 한 번쯤 고속열차 객실칸의 모습을 유심히 살펴보라! 잠들지 않은 승객들은 십중팔구 컴퓨터나 전자책, 태블릿 PC나 스마트폰을 들여다보고 있을 것이다. 기차가 시속 200킬로미터 이상의 속도를 내며 달리는 동안, 승객들은 동시에 가상의 세계로 여행하는 것이다. 나 또한 마찬가지다. 기차를 타고 가는 동안 일을 하거나 적어도 책이라도 읽지 않으면 마음이 불편하다. 이따금씩 노트북이나 태블릿 PC 화면을 들여다보다가 무심코 차창 밖을 볼 때가 있다. 운이 좋으면 마침 그림 같은 경관이나 웅장한 도시의 모습이 창밖으로 보인다. 그 순간 이 세상이 내 곁을 스쳐 지나가는 것을 본다. 어쩌면 세상이 내게 "잠깐 하던 일을 멈추고 여기 좀 봐"라고 속삭이는 것 같기도 하다. 하지만 그것도 잠시뿐, 나는 잠깐 동안 차창 밖으로 향했던 시선을 이내 다시 거두어들이고 만다.

사용되지 않는 뇌의 잠재력

빌렘 플루서 Vilem Flusser 는 새로운 미디어 기술에 대해 균형 잡힌 비판을 했던 소수의 미디어 철학자 중 한 사람이다. 비판적이라는 말은 본래 한 가지 사물의 장점과 단점을 확실히 하기 위해 일정한 거리를 두고 바라보는 것을 의미한다. 플루서는 이미 20세기 후반이 시작되던 무렵부터 미디어 혁명이 도래하리라는 것을 예견하고 이런 새로운 혁명을 반가워하면서도 우려하고, 또한 비판적인 눈으로 바라보았다.

무엇보다도 빌렘 플루서는 디지털 미디어가 발전할수록 우리의 정신 활동은 점점 더 위축될 것으로 예견했다. 나는 학생들에게 전자계산기 사용을 허용할 것인가를 둘러싸고 열띤 토론이 벌어졌던 것을 아직도 기억한다. 사람들은 전자계산기를 허용하면 학생들이 암산을 제대로 배우지 않거나 이미 익혀놓은 암산법까지 잊어버릴 것이라며 근거 있는 우려를 하였다. 이제 솔직해져보자. 오늘날 암산을 하는 사람이 몇이나 되겠는가? 이제 스마트폰부터 데스크톱까지 모든 전자기기에 내장된 전자계산기 기능은 다른 최신 기능에 비해 시대에 뒤떨어진 단순 기능이 되어버렸다. 계산기 프로그램이 컴퓨터에서 차지하는 용량도 얼마 되지 않는다. 현재 우리가 사용하는 컴퓨터들은 이보다 훨씬 복잡하고 다양한 기능을 수행하고 있다.

계산에 대해서는 더 이상 말할 것도 없다. 왜냐하면 컴퓨터가 하는 모든 일이 일종의 계산이기 때문이다. 지금 우리는 더 이상 손이 아닌 자판을 사용해 글을 쓰지만, 머지않아 모든 글은 음성으로 입력될 것이다. 그 다음 단계로는 뇌파를 데이터 스트리밍 형태로 전송함으로써 우리의 생각을 직접 글로 전환하게 될 것이다. 현재 이와 관련한 첫 단계가 성공을 거둔 상태다.

과거에 비해 책을 읽는 시간도 점점 줄어들고 있다. 책을 읽어주는 컴퓨터의 목소리를 들으면 마치 사람과 이야기하는 듯한 느낌을 받는다. 사방에 설치된 카메라가 우리와 관련된 모든 것을 촬영해놓기 때문에 마음속에 어떤 장면을 담아두었다가 불러낼 필요도 없어졌다. 카메라가 내장된 스마트 안경 덕분에 머지않아 하루 동안 눈으로 보는 모든 것을 기록해놓을 수 있을 것이다. 이런 기능을 갖춘 구글 글래스는 이미 시판 단계에 이르렀다. 스마트 안경의 또 다른 기능은 우리가 실제 눈으로 보는 사물에 관한 정보를 기호와 글의 형태로 안경 렌즈에 비춰주는 것이다. 사람들은 이를 '증강 현실', 즉 좀 더 나은 현실이라고 일컫는다. 예를 들어 길을 가다 누군가와 마주쳤는데 그가 누구인지 기억하지 못하거나 그 사람을 사귀고 싶은 경우, 구글 글래스는 안면인식 기능을 작동해 그가 누구인지 즉시 알려줄 수 있다. 이로써 우리의 삶은 한 편의 영화가 되는 것이다. 이처럼 영화같이 되어버린 현실의 삶에서 시간을 보내지 않을 때는 아마도 수많은 영상 매체를 이용해 가상 세계로 들어가서, 즉 영화나 텔레비전, 혹은 컴퓨터 게임 안에서 시간을 보내게 될 것이다.

시간이 갈수록 모든 만남에 디지털 기기가 자꾸만 개입하는 탓에 우리는 현실 세계에서 점점 소외되어간다. 다른 한편으로 우리는 시각과 청각을 비롯한 감각 채널을 점점 더 많은 인공적인 사진과 동영상으로 가득 채워간다. 이러한 상황에서 우리의 상상력이 설 자리는 어디일까? 상상력을 유지하고 키우기 위해서라도 이를 가끔씩 사용해야 하지 않을까?

디지털 미디어의 중요한 기능 중 하나는 자료 저장 기능이다. 인류 역사에 존재해온 모든 지식을 디지털 미디어를 이용해 불러낼 수 있다는 것은 대단하다. 하지만 기억력이라는 능력으로 내게 인상 깊었던 순간과 지식을 저장해두었다가 불러낼 필요는 없을까? 예를 들어 새로운 외국어를 배워두었다가 삶에서 필요할 때마다 사용할 필요는 없을까? 자신의 인생 스토리와 직업과 관련한 지식을 기억했다가 언제든 필요한 순간에 사용할 필요는 없을까? 의사들은 디지털 기술을 업무에 매우 유용하게 활용할 수 있다. 하지만 환자를 직접 대할 때, 특히 환자의 상태가 위급할 때는 즉각 사용할 수 있는 지식과 직관적인 능력이 필요하다. 응급수술을 할 때나 환자와 얼굴을 마주하고 심리치료를 할 때처럼, 필요한 지식을 구글에서 검색하기 힘든 상황에서는 머릿속에 들어 있는 지식과 몸에 밴 능력이 필요하다. 나는 모든 사람이 기초적인 학습 능력과 인지 능력을 훈련하고 포괄적인 지식을 지니고 있어야 디지털 기기를 사용할 수 없는 순간에도 자신의 업무를 제대로 수행할 수 있다고 주장한다.

더 이상 사용하지 않는 뇌의 영역은 언젠가 제 기능과 능력을 상실한다. 뇌의 일정한 영역을 특정 나이까지 전혀 개발하지 않으면 그 영역은 영영 사용할 수 없다. 만일 컴퓨터가 이러한 뇌의 기능들을 지속적으로 떠맡는다면 만프레드 슈피처Manfred Spitzer가 '디지털 치매'라고 표현했던 현상이 실제로 나타날 것이다.

빌렘 플루서라면 이를 두고 미래에는 인간이 더 이상 사용하지 않는 뇌의 영역을 지금과는 다른 방식으로 사용할 것이라고 반박했을 것이다. 빌렘 플루서는 컴퓨터 미디어가 뇌의 사고 기능을 점점 떠맡는 만큼 인간의 뇌에 창의력을 발달시킬 공간이 그만큼 많아질 것이라는 희망을 피력한 바 있다. 컴퓨터가 디자인이나 디지털 미디어 예술 등 창의적인 작업에도 많은 도움을 주고 있으며, 과거에는 없었던 새로운 창작 기회를 제공하는 현실을 보면 그의 낙관론이 조금은 설득력 있게 느껴지기도 한다.

하지만 적어도 이 문제를 자라나는 세대와 연관시키면 낙관적으로 볼 수만은 없다. 우리는 말하기, 새로운 이야기 만들기, 이야기를 듣고 후속 이야기를 만들어가기, 혼자서 자유롭게 놀기, 손으로 글쓰기, 책 읽기, 머릿속으로 계산하기, 악기 연주하기 등 인류의 원천적인 문화 기술을 디지털 형태로 단순화시켜 사용하고 있다. 그런데 이러한 본래적인 문화 기술은 모두 창의력이나 정신적인 면과 연관되어 있음에도, 정작 우리는 디지털 기술보다 이런 기술의 습득을 소홀히 여기는 경향이 있다. 소아와 청소년들이 이러한 기술들을 습득하고 사용하지 않으면, 컴퓨터 미디어의 작동 방식과 저장 기능만 습득하게 돼 뇌가 균형 있게 발달할 수 없다. 이러한 상황에서 자라나는 소아와 청소년들의 뇌는 인생을 출발할 때부터 이미 디지털 미디어에 의존하게 되는 것이다.

따라서 어린아이들에게 자신만의 정신적 도구를 발달시킬 기회를 주지 않고 처음부터 디지털 도구만을 사용하도록 방치하는 것은, 디지털 미디어에 의존할 수밖에 없는 환경을 만들어놓고 그 안에서 아이들을 키우는 것이나 다름없으며 이는 디지털 세계의 권력 앞에 아이들을 희생시키는 것이다. 이런 시각으로 상황을 돌아볼 때 머지않아 전 세계의 모든 미디어를 통합하고 모든 사람을 연계시킬 거대 미디어 권력은 엄청난 잠재력을 지닐 수밖에 없다. 빌렘 플루서는 이에 대해 그의 낙관과는 극명한 대조를 이루는 끔찍한 유토피아를 언급한 바 있다. 그는 언젠가는 디지털 권력을 지닌 거대 미디어가 사이비 종교집단 혹은 독재 정권과 흡사한 파시스트적인 형태를 띠게 될 것이라 우려했다. 이 문제에 대해서는 그의 예측이 틀리기를 바랄 뿐이다. 하지만 이미 기정사실이 된 현상이 하나 있는데, 그것은 바로 인터넷과 관련한 권력을 지닌 자가 세상에 대한 권력을 지녔다는 사실이다. 이는 분명 우리가 독립적인 아날로그 문화를 수호해야 한다는 주장을 뒷받침해주는 가장 강력한 논거일 것이다.

인간에게는 생각의 자유가 있다

나의 자유는 타인의 자유가 시작하는 곳에서 멈춘다. 하지만 인터넷에서의 모습을 생각하면 이 문장의 의미에 대해 완전히 새로운 이해가 필요할 것 같다. 같은 맥락에서 중요한 의미를 지니는 또 하나의 글귀가 있다. 그것은 바로 '인간에게는 생각의 자유가 있다!'라는 말이다. 그렇다. 우리에게는 자유가 있다. 하지만 인터넷은 우리의 생각에 변화를 가져왔다. 우리가 인터넷과 특히 소셜 네트워크를 이용해 끊임없이 타인과 의사소통을 하면서부터 우리의 생각은 매우 시끄러워졌다. 정신의학에서는 이를 '생각이 시끄러워지는' 현상이라고 부른다. 인터넷에서 사람들의 생각은 시끄러워지는 데 그치지 않고 다른 사람에게 심한 상처를 줄 수도 있다. 인터넷에서 우리의 생각이 투명해진다고도 표현할 수 있겠다. 우리는 인터넷에서 타인의 생각을 읽을 수 있다. 인터넷에 들어갈 때마다 타인들의 시끄러운 생각을 듣는 것은 그다지 유쾌한 일은 아니다. 마치 학교 교정이나 카페 혹은 남성 화장실에서 끼리끼리 주고받는 잡담을 한마디도 삭제하지 않고 그대로 글로 옮겨놓은 것 같다. 더욱 고약한 것은 이름을 밝히지도 않고 이런 잡다한 생각을 인터넷에 가득 채울 수 있다는 점이며, 인터넷에는 그 외에 훨씬 끔찍한 것들까지 올라온다는 점이다. 도대체 누가 이런 일을 하고 싶어 하는지 이해가 가지 않지만, 이는 인터넷에서 날마다 벌어지는 일이다. 사람들은 대부분 인터넷에 자신의 모든 생각을 쏟아놓는 것을 정당하다고 여긴다.

인간에게는 생각의 자유가 있다. 이는 바람직한 일이다. 하지만 그렇다 해서 타인의 삶이 담긴 사진과 동영상을 마음대로 처분할 자유까지 있는가? 오늘날 사람들은 허락을 구하지도 않고 타인의 사진이나 동영상을 마음대로 인터넷에 올려버린다. 이러한 몰상식한 행동 때문에 원치 않는 사진이나 동영상이 유포되어 씻을 수 없는 상처를 입는 사람도 많다. 사람들은 이를 사이버 폭력이라고도 부른다. 최악의 경우 이른바 문자 테러의 표적이 되기도 한다. 인터넷에 원치 않은 사진이나 동영상이 유포되어 심한 모욕을 받고 이를 수습할 길이 보이지 않아 스스로 목숨을 끊는 사람도 있다. 누군가의 나체 사진이 인터넷에 올라오고 이 사진에 관심 있는 사람들이 이를 무단으로 가져가

이리저리 전송해버리면 이를 다시 삭제하기란 거의 불가능하다. 특히 젊은이들은 이러한 막막한 상황에 처하면 자신이 살아갈 이유마저 잃어버린다.

이로써 알 수 있는 것은 인터넷이 젊은이들에게는 이미 오래전부터 삶에서 가장 중요한 공간이 되어버렸다는 사실이다. 인터넷에서 비인 간적인 일을 겪고 수치와 모욕을 당한 사람에게 우리가 해줄 수 있는 조언은 인터넷이라는 공간에서 나와 등을 돌리고 "인터넷 속에 있는 너희 놈들이랑은 이제 살아 있는 동안 상종도 안 할 거야"라고 외치라 는 것이다. 하지만 대부분의 젊은이들과 다른 연령층의 많은 이들에게 이는 상상하기도 힘든 일이 되어버렸다. 나는 건강한 젊은이들이 "인 터넷과 소셜 네트워크가 없다면 나는 더 이상 나 자신과 친구들에게 아무 의미 없는 존재다"라고 말하는 것을 여러 번 들었다. 이제는 인 터넷을 하지 않으면 내가 누구이며, 내 곁을 지켜줄 사람이 누구인지 조차 알 수 없을 정도로 우리 사회의 인터넷 의존 현상이 극심해진 것 이다.

무엇보다도 개인의 사진과 동영상을 함부로 게시하는 것은 사적 영역을 극심하게 침해하는 행위다. 한 사람의 모습을 담은 사진은 글과는 비교할 수 없을 정도로 지대한 감정적인 반응을 불러일으키기 때문이다. 우리가 인터넷을 자유로운 공간이라고 칭할 땐, 무엇보다도 자유롭게 관념과 사상을 표현할 수 있다는 의미다. 인터넷이 오직 글 만으로 의사소통하는 미디어 공간이라면, 인터넷이 완전히 자유로운 공간으로 존재하는 것은 의미 있는 일이며 가능했을 수도 있다. 하지 만 인터넷에서 가장 많은 돈을 벌 수 있는 수단은 사진과 동영상이기 때문에 (인터넷이 등장한 초기에는 포르노 산업이 주된 수입원이었다) 인터넷은 극히 감정적이고 육체적인 특성을 지니게 되었다. 인터넷을 움직이고 이끌어가는 것은 사람들의 생각과 말이 아니라 탐욕과 욕구다. 특히 컴퓨터 게임, 사이버 음란물, 소셜 네트워크같이 의존 증상을 유발하는 콘텐츠는 주로 감정적인 사진과 동영상으로 이루어진다. 미디어 의존은 병적인 의미에서의 미디어 의존 환자만의 문제가 아니라, 개인마다 정도의 차이는 있지만 우리 모두에게 해당하는 문제다.

머릿속을 자유롭게

자신의 머리를 스크린 삼아 여러 상상을 펼쳐보는 것은 유용한 일이다. 어른도 마음속으로 여러 그림을 그려보는 것이 중요하다. 매체를 사용해 생성된 사진과 음향 없이, 한 편의 영화 같은 장면을 상상할 수 없는 사람의 삶에는 무언가 메워지지 않은 부분이 있을 수밖에 없다. 상상력이 없는 사람은 자신이 어떤 사람인지, 어떤 삶을 살 수 있을지도 상상할 수 없기 때문이다. 꿈이 한밤중에 우리 영혼의 모습을 비추고 알려주는 창문이라면, 상상은 우리의 은밀한 갈망을 알려주는 백일몽이다. 상상의 세계가 어떤 모습인지를 살펴보면 내가 자신에게 원하는 것이 무엇인지, 누구와 어떤 관계를 이루며 살기를 원하는지 알 수 있다. 상상의 세계에는 내가 어떤 우정을 원하는지, 이성과 어떤 관계를 원하는지, 어떤 성적 욕구를 지니고 있는지 전부 드러나기 때문이다.

인터넷은 이러한 온갖 욕구를 즉시 이루어주겠다는 감언이설로 우리를 유혹한다. 인터넷에서 클릭 몇 번만 하면 새로운 친구, 새로운 파트너 혹은 연인이 모습을 드러낸다. 아무리 무례한 것을 원하더라도 인터넷상에는 이러한 욕구를 함께 나누고 충족시켜줄 사람이 있다. 성적 욕구뿐만 아니라 낭만적인 만남이나 우정에 대한 소망을 들어줄 사람도 존재한다.

인터넷은 특히 성적인 욕구를 즉각 충족시켜준다는 특성이 있다. 음란 채팅방과 음란물 사이트는 분명 유저들이 성적으로 만족할 만한 것을 찾는 데에 매우 유용하다. 이런 사이트들은 특히 성적 정체성을 주위 사람에게 용인받지 못하는 사람의 욕구를 충분히 만족시켜준다. 예를 들어 동성연애자와 양성애자, 트랜스젠더들이 그렇다. 인터넷에서 사람들은 이 외의 여러 형태의 성적 행위를 규명해보고 상세한 정보를 얻을 수도 있다. 하지만 자신의 성과 관련한 문제를 구석구석까지 샅샅이 파헤쳐보는 것이 정작 본인의 삶에는 별 도움이 안 될 수도 있다. 우리 중 누가 자신에게는 무의식 속에 감춰진 어두운 성적 욕망 따위는 없다고 단언할 수 있겠는가? 하지만 이러한 욕망이 자신이나 타인에게 아무런 해를 입히지 않는 한, 욕망을 품고 있는 것 자체는 문제가 아니다.

하지만 인터넷상에 외설 사진과 동영상이 난무하는 현상은 많은 문제를 일으킨다. 인터넷에서 마음 내키는 대로 음란물을 찾다 보면 흔히 비정상적인 행위가 담긴 음란물에 현혹되기 쉽다. 그러한 음란물은 보는 이를 극단적으로 자극하기 때문이다. 평범한 사람들이 극단적 음란물 속 행위들을 자신의 성적 욕구와 같은 것으로 착각하며 화면을 한참 들여다보면 성적 정체성에 혼란을 겪을 수도 있다.

로맨틱한 내용의 영상도 이와 유사한 결과를 초래할 수 있다. 드라마와 텔레비전 시리즈물, 장편 영화에서 볼 수 있는 로맨틱한 관계는 대부분 현실과는 너무나 동떨어져 현실적인 남녀 관계는 도저히 이와 보조를 맞출 수 없다.

자신이 어떤 모습의 로맨틱한 남녀 관계를 원하는지, 본래부터 어떤 성적 환상을 지녔는지 파악하지 못한 상태에서 탤런트와 포르노 배우들의 연기만 끊임없이 접하다 보면, 어느 순간 실제의 연인 혹은 부부

관계를 진정한 자기 바람대로 가꾸고 싶은 마음 자체가 사라져버릴 수도 있다. 이따금씩 머릿속을 깨끗이 비워내고 자신만의 성적 환상으로 채워보는 것이 소중한 파트너와의 관계를 유지하는 데 결정적인 역할을 하기도 한다.

미디어 금식

최근 들어 현대인은 나날이 새로운 유형의 금식을 개발해낸다. 이러한 금식은 사람들을 때때로 의존하게 만드는 종교와는 아무 관계가 없다. 본래 금식은 음식에 관한 것이다. 담배나 술, 기타 마약과는 달리 인간은 음식을 섭취하지 않으면 살 수 없다. 음식은 생존에 필수적이다. 오늘날 사람들이 미디어를 대하는 모습을 보면 마치 미디어가 없으면 살 수 없을 것 같다는 생각마저 든다. 미디어를 사용하지 않는다고 음식을 끊을 때처럼 굶어죽지는 않겠지만, 우리는 분명 미디어 없이는 제대로 살 수 없다고 느낀다. 이런 점에서 미디어 금식을 이행하면 다시 적나라한 자신의 모습을 볼 수 있을 것이다. 적어도 일정 기간 동안 전자 미디어를 사용하지 않고 지내면 자신의 실제 모습을 보게 될 것인데, 그러면 몸과 정신에 온전히 시선을 돌리고, 자신과 상대방을 더 잘 들여다볼 수 있을 것이다.

요즘은 직장에서 영상 매체를 사용하지 않고 업무를 보는 것 자체가 거의 불가능해졌기 때문에 일상에서의 미디어 금식은 상당히 어려워졌다. 따라서 여가시간에 한하는 것이 바람직하다. 가장 좋은 방법은 친구나 파트너 혹은 가족 모두 함께 실천하는 것이다. 일주일 정도가 적당하지만, 주말에만 집중적으로 실천하더라도 그 효과는 오래 지속된다. 이런 시간을 보내고 나면 타인들과 지낼 때 자신도 깜짝 놀랄 만큼 달라져 있을 것이다. 막상 미디어 금식을 시작하면 처음 얼마간은 혼자서 혹은 타인과 무엇을 하면서 시간을 보내야 할지 막막해하는 사람도 많다. 하지만 이내 미디어 사용이 과하지 않았던 시절에 했던 것과 의사소통 방식을 생각해내고 이를 다시 시작한다. 저녁 시간에 식구들이 한자리에 둘러앉아 시간 가는 줄 모르고 이야기를 나누거나 보드게임을 하는 것은 많은 가족에게 어느새 무척 특별한 일이 되어버렸다. 어떠한 디지털 기기도 사이에 두지 않고 텔레비전 화면만 바라보지도 않으며 상대방의 눈을 서로 마주보며 함께 있는 것은 무척 멋진 경험일 수 있다. 이러한 환경은 서로 가까이 다가가게 해주고, 좀 더 친밀하게 만들어주며, 서로에 대해 좀 더 잘 알게 해준다. 하지만 이런 시간을 혼자서 보내는 것도 멋진 경험일 수 있다. 읽고 싶었던 책을 읽거나 일기를 쓰거나 손으로 무언가 창조적인 것을 만들면서 온전히 자신과의 시간을 보내는 것은 누구에게나 유익하다.

이렇게 시간을 보내고 나면 온갖 미디어로 꽉 차버린 일상에서 전자 미디어가 내게는 어떤 의미인지, 그 많은 미디어 중 어떤 것이 진정으로 의미가 있는지를 돌아보게 된다. 무엇이 진정으로 중요하고 무엇이 시간 낭비에 불과한지 분명히 알 수 있다. 이는 디지털 금식이 가져다주는 가장 중요한 선물이다. 디지털 금식이 끝나고 나면 우리는 온갖 미디어로 가득 차 마치 한 편의 서커스처럼 시끌벅적한 일상에서 한 발자국 거리를 둘 수 있다. 이는 어쩌면 일상에서 미디어가 개입하지 않는 자신만의 시간을 마련하는 계기가 될지도 모른다. 즉 저녁이나 주말, 휴가 동안 모든 미디어 사용을 중단하고 차분히 자신을 돌아보고 자신과의 시간을 보내는 계기가 될 수도 있다.

미디어 금식이라는 단어는 매우 엄격하고 인간의 쾌락을 적대시하는 듯한 느낌을 준다. 하지만 이를 정반대의 시각으로 볼 수도 있다. 나는 미래에는 진정한 사치와 진정한 기쁨을 가상 세계가 아닌 현실 세계에서만 찾고 누릴 수 있게 될 거라고 생각한다. 미디어가 개입하지 않는 시간과 공간이 점점 희귀해지고 전 세계 인구가 점점 많아지면, 사람들은 탁 트인 자연에서 살아 움직이는 사람들과 함께하는 활동을 다시 귀하게 여기고 열망하게 될 것이다. 생각해보면 참으로 아이러니한 일이다. 그렇지 않은가?

싱그러운 자연에서 살아 움직이는 사람들과 평안한 시간을 보내기 힘든 많은 이들이 이를 갈구하게 되는 것이다. 단체 관광객과 대중 매체가 쫓아올 수 없는 멀고 먼 아름다운 곳에서 파트너나 가족과 오붓하게 휴가를 보내는 장면을 상상해보라. 이에 비하면 인터넷이라는 가상 세계로의 여행은 누구나 할 수 있는 저렴한 여행이다. 닌텐도가 출시한 위Wii 같은 게임 콘솔 앞에서 화면을 들여다보며 몸을 움직이는 것은 누구나 누릴 수 있는 일이지만, 실제로 운동을 할 수 있는 사람들은 미래로 갈수록 점점 더 줄어들 것이다. 확신하건대 미래에는 무엇보다도 가상 세계가 아닌 현실 세계에서 살아 움직이는 사람들과 직접 만나는 일이 매우 가치 있는 일이 될 것이다.

지금 이 순간에 집중하고 공감하기

아버지께서 돌아가시기 전 마지막으로 아버지와 함께한 여행의 목적지는 수도원이었다. 지금 이 글을 쓰고 있는 곳도 바로 그 수도원이다. 나는 오래전 대학 시절부터 시험 준비를 하기 위해 이곳에 자주 들렀다. 내가 처음 이곳에서 여러 주를 보낸 것도 벌써 20여 년 전의 일이다. 그때는 아직 핸드폰도 사용하지 않던 시절이다. 나는 이미 그 시절부터 일 년에 한 번 정도 누구와도 연락하지 않은 채 2주 내지 3주를 혼자서 조용히 보내기를 좋아했다. 어차피 컴퓨터가 일상에 아무 영향도 미치지 않던 시절이었다. 디지털 시대를 사는 지금 그 시절을 돌아보면 정말로 오래전

일같이 느껴진다.

　수백 년 역사를 지닌 수도원 안으로 들어가면 마치 시간 여행을 하는 기분이 든다. 여기에서는 어디를 가든 중세와 바로크 시대를 느낄 수 있다. 마치 시간이 멈춰버린 것 같다. 근래 들어 나는 글을 써야 할 때마다 이곳에 온다. 이곳 수도원만큼 글이 잘 써지는 곳은 어디에도 없어서다. 몇 년 전 나는 첫 작품의 초고를 손으로 직접 써내려갔다. 분명한 의도를 갖고 손으로 원고를 씀으로써 폭발적으로 개발되고 있는 디지털 미디어와 일종의 대결을 벌였다. 오래전 방식으로 천천히 글을 써내려가며 한 발자국 떨어져 여유를 갖고 눈앞의 대상을 바라보려 애썼다. 이는 디지털 혁명에 어떻게든 대항해보려는 작은 시도였다. 나는 '우리의 필기도구는 우리와 함께 생각을 한다'라고 했던 니체의 말에 공감한다. 지금 나는 노트북을 사용하여 이 글을 쓰고 있고, 곁에는 원할 때마다 인터넷에 접속할 수 있는 태블릿 PC와 스마트폰이 놓여 있다. 이 모든 기기들을 끄고 켜는 것은 내 손에 달려 있다. 모든 기기가 꺼진 완전히 조용한 상태는 익숙할 뿐만 아니라 항상 갈망하는 것이지만, 그럼에도 불구하고 이 모든 기기를 내 손으로 끄기란 쉽지 않다. 모든 기기를 껐음에도 미디어가 내 생각에 얼마나 큰 영향을 미치는지 또렷이 다가온다. 아니, 정확히 말하면 모든 기기를 완전히 끄고 나니 비로소 내 생각이 미디어의 영향을 얼마나 많이 받는지 분명히 느낄 수 있다.

　수도원의 시간 여행에서 이 사실이 다른 어느 때보다 더 분명히 느껴지는 순간은 바로 수도사들과 아무 말 없이 식사를 하거나 수도원 길을 산책할 때다. 그 이유는 이 특별하고 아름다운 곳에 있다 보면 시간이 멈춰버린 세상 속의 수도사들과 신부님의 모습을 카메라에 담고 싶은 마음이 나도 모르게 자꾸만 들어서다. 물론 구체적으로 사진을 찍어도 되겠느냐고 허락을 구해볼 생각을 한 적도 있다. 하지만 내 생각에 이는 분명

논의할 필요조차 없는 일이다. 짐작컨대 수도원 내에서의 사진 촬영은 금지라는 점을 차치하더라도, 수도사들의 모습을 촬영했다면 아마도 그들의 삶에서 무언가를 훔쳐내는 것 같은 기분이 들었을 것이다. 허락 없이 촬영했다면 더욱 더 그러했을 것이다. 내가 그들의 삶에서 훔쳐냈을 수도 있는 것이 무엇인지는 나도 정확히 설명하기 힘들다. 아마도 그들의 품위나 위엄 정도가 아니었을까 짐작해볼 뿐. 만일 그들의 모습을 카메라에 담았더라면 나 자신도 무언가를, 어쩌면 나의 품위를 잃어버렸을 수 있다는 생각이 든다. 이 생각은 매우 중요한 의미가 있다. 내가 수도원에서 카메라를 들고 이곳저곳을 누비고 다니면 이곳이 선사하는 평안함과 신비는 사라져버릴 것이다. 카메라 셔터를 누르는 장면은 상상만으로도 끔찍하다. 나는 사진 촬영과 관련하여 수도원에서 느낀 바를 일상생활에서도 실천하고 있다. 일상에서 카메라 등의 미디어를 사용할 때도 해당 미디어를 사용할 만한 편안하고 적절한 상황인지를 한 번 더 확인하게 되는 것이다.

내가 수도원을 찾는 데에는 책을 읽거나 쓰는 것 말고도 훨씬 멋진 이유가 있다. 진짜 이유는 조용한 시간을 보내고 내 오랜 친구를 만나기 위해서다. 그는 이 수도원의 수도사이며, 미디어를 거의 사용하지 않기 때문에 직접 찾아오지 않으면 연락이 닿지 않는다. 스트레스가 매우 심한 상태임에도 수도원을 찾을 수 없는 상황일 때, 나는 다시금 모든 잡다한 일에서 벗어나 내게 집중할 수 있도록 집 안의 모든 전자 기기를 끈다. 그러고 나서 지금 내가 있는 곳에 수도원의 시간과 공간과 동일한 분위기를 만들어보려 시도한다.

인터넷을 통해 지구 구석구석까지 이르게 되었지만 정작 자신이 있는 곳에서 이 순간에 집중하지 못하는 상황에서, 마음과 영혼의 건강을 위해서는 지금 이곳 이 순간에 온전히 주의를 집중하는 것이 무엇보다 중요하다. 지금 이 순간에 온전히 주의를 기울이자는 트렌드는 신비주의나 종교적 이념과는 별 상관이 없으며, 삶의 미디어화에 반기를 드는 움직임으로 이해할 수 있다.

명상과 요가, 슬로 라이프와 긴장 완화, 자연과 문화에 대한 재고, 이런 모든 것은 특별한 이념적 배경 없이도 좋은 반향을 얻고 있다. 우리는 과거를 기억하고 미래를 계획하는 정신적인 존재이므로 당연히 우리의 생각도 과거와 미래를 자유롭게 오갈 수 있다. 그리고 다양한 교통수단 및 전화와 인터넷 등 커뮤니케이션 수단의 발달로 마음만 먹으면 지구상 어디로든 떠날 수 있어 우리의 생각도 언제나 지구상의 여러 곳을 오갈 수 있다. 하지만 디지털 미디어가 발달하면서 시간과 공간의 한계가 과도할 정도로 무너져버린 탓에 우리는 지금 존재하는 곳에 온전히 집중하지 못하고 중심을 상실해버렸다.

주의를 기울이는 연습이란 지금 육체가 존재하는 곳에서 바로 이 순간을 온전히 의식하는 것이다. 명상을 할 때 가장 중요한 것 또한 과거와 미래에 시선을 빼앗기지 않고, 과거에 몸담았던 곳과 미래에 존재하고자 하는 목적지에서 시선을 돌려 온전히 자유로워짐으로써 자신의 본래 모습을 만나는 것이다.

이처럼 본래의 모습을 만나기 위해서는 몸과 친밀해져야 하는데, 가장 간단한 방법은 호흡에 온전히 주의를 기울이고 집중하는 것이다. 명상을 하거나 공원 벤치에 앉아 있거나 욕조에 몸을 담그고 있는 순간에도 자신의 본래 모습과 만날 수 있다. 또 다른 방법은 모든 주의를 기울여 자연을 관찰하는 것이다. 예를 들어 그저 한 그루의 나무를 바라보거나 예술 작품을 감상하거나 음악을 들을 때도 자신의 본래 모습을 만날 수 있다.

최근에 어딘가에 앉아 한 시간 정도 아무것도 하지 않고 자연을 바라보거나, 소파에 앉아서 음악만 들었던 적이 있는가? 나를 비롯해 우리 중 적지 않은 사람들은 시간을 이렇게 보내는 것을 무척 어려워한다. 이렇게 시간을 보내기가 정 어렵다면 그 대신 무언가를 아날로그 방식으로 직접 만들면서 그 과정에 흠뻑 빠져보는 것도 좋다. 어떤 사람들에게는 몸을 움직여 운동하는 것이 명상의 효과를 가져다주기도 한다. 요리하기, 정원 가꾸기, 수공예 작업과 목공 작업, 즉 무언가를 직접 만드는 일이 최근 들어 인기를 누리는 것은 분명 우연이 아니라 디지털 혁명에 대한 일종의 반작용으로 볼 수 있다. 이 모든 활동의 공통점은 순간을 즐기고 지금 자신이 하는 일에 기쁨을 느끼며 이로써 온전히 자신에게 집중하는 것이다.

온전히 집중하기 위해서는 무엇보다 자신의 몸이 거하는 시간과 공간에 집중해야 한다. 디지털 시대의 사람들은 자기 몸과 온전히 함께할 수 있는 시간이 점점 줄어든다. 인터넷으로 지구촌 어디라도 달려갈 수 있도록 자신의 몸과 최대한 거리를 두는 것은 삶이 미디어화되어가는 과정의 일부다. 날마다 가상 세계로 여행을 갔다가도 의식적으로 자신의 본래 모습으로 돌아오려 노력하는 사람들은 몸이 존재하는 현실 세계에 온전히 집중할 수 있다. 이따금씩 디지털화된 일상 밖으로 빠져나올 때마다 우리는 이렇게 디지털화된 일상을 벗어는 것이 얼마나 좋은지, 우리에게 아직 무엇이 필요한지를 깨닫는다. 번잡스러운 일상을 벗어나 오롯이 홀로 자신의 적나라한 모습을 보는 것은 힘들긴 하지만 꼭 필요한 일이다. 이처럼 자신의 모습을 바라보기 위해 가끔씩 의식적으로 혼자만의 시간을 보내야 한다. 그렇지 않으면 스마트폰과 소셜 네트워크로 수시로 누군가가 연락하는 바람에 혼자 있을 시간이 거의 없다. 하지만 이처럼 수시로 연락하며 시간을 보낸다고 고독하지 않은 것은 절대 아니다.

　최근 들어 우리 사회는 자신에게 온전히 주의를 기울이고 집중하자는 경향이 절정에 달하고 있는데, 여기에는 한 가지 맹점이 있다. 자신에게 집중하자는 메시지를 일종의 자기 통제 기술로 간주한다면, 이 메시지의 결정적인 부분을 이해하지 못한 것이다. 이 메시지가 전하려는 요지는 우리 자신뿐만 아니라 타인의 존재와 타인이 필요로 하는 바에도 주의를 기울이고 집중하자는 것이다. 타인에게 주의를 기울인다는 것은 타인과 공감한다는 의미이기도 하다. 이는 실천심리학에서 한창 뜨거운 이슈인 또 다른 주제다.

　따지고 보면 인터넷은 일종의 소셜 네트워크다. 그렇다면 인터넷상에서 사용자들이 상대방에게 주의를 기울이는지 혹은 서로 존중하는지 의문을 제기해볼 수 있다. 인터넷의 수많은 어설픈 관계들 덕분에 우리의 사회적 능력과 관심이 높아졌는가? 나는 소셜 네트워크에서 더 많은 시간을 보낼수록 현실 세계에서의 대인관계는 점점 소원해진다는 셰리 터클Sherry Turkle의 의견에 동의한다. 이런 현상이 나타나는 이유는 사람들 사이의 육체적 접촉이 대인관계에서도 중요한 영향을 미치기 때문이다. 여기에서 육체적 접촉이란 결코 성적인 접촉만을 의미하지 않는다.

　인터넷에서 누군가와 교류할 때 우리는 상대방의 몸을 쓰다듬거나 가볍게 어루만지거나 껴안아줄 수 없다. 스카이프 같은 화상 통화를 할 때에도 상대의 눈을 제대로 들여다볼 수 없다. 뿐만 아니라 상대의 온기와 호흡, 시선을 느낄 수도 없고 체취를 맡을 수도, 숨결을 느낄 수도 없다. 그리고 무엇보다 같은 공간에서 같은 공기를 들이마시며 평온한 시간을 보낼 수 없다. 친구와 실제로 만난다는 것은 그와의 만남을 소중히 여기고 몰두한다는 뜻이다. 인터넷 단체 채팅방에서 친구들 모두가 읽을 수 있는 글을 한 친구와 주고받는 시간이 일주일 동안 모두 합쳐 두 시간인 것과, 그 친구와 바에서 만나 두 시간 동안 얼굴을 맞대고 이야기를 나누거나 아무 말 없이 그저 함께 있는 것과는 엄연히 다르다. 아무 말 없이 함께 있어도 어색하거나 불편하지 않다는 것은 친한 친구나 연인들끼리만 누릴 수 있는 최고의 감정이지만, 인터넷에서는 이를 결코 경험할 수 없다. 이런 감정을 교류하기 위해서는 다른 많은 관계에서처럼 양측이 직접 만나야 한다. 입원한 친구에게 문병을 가거나 아기가 태어난 지인의 집에 찾아가 축하해주는 것같이 말이다.

우리는 삶에서 얼마나 많은 시간과 공간을 타인과 공유하고자 하는지를 자신에게 물어야 한다. 이는 자신과 가족의 삶에 지대한 영향을 미치는 매우 중요한 결정이다. 매일 2시간을 인터넷에서 보낸다면, 이는 일주일에 14시간을 친구나 파트너, 자녀 등과 함께하지 않는다는 소리다. 이를 긍정적으로 표현하자면, 얼마나 많은 시간을 누구와 실제로 보내고 싶은지를 자문하고 행동하라는 것이다. 그러면 미디어를 사용함으로써 발생하는 부수적인 관계가 당신의 삶에서 차지하는 비중은 저절로 축소될 것이다. 가장 소중한 시간과 공간은 자신이나 타인과 직접 만나는 시간과 공간이다. 홀로 있든 타인과 함께 있든, 아무런 미디어의 방해 없이 그 순간에 온전히 주의를 기울이고 집중하는 것이 바로 행복을 누리는 길이다.

Chapter 6

인터넷 컬트
: 디지털 미디어는
'구원의 약속'인가?

인 터 넷 컬 트

: 디 지 털 미 디 어 는

' 구 원 의 약 속 ' 인 가 ?

이제 인터넷은 전 세계 구석구석까지 미치지 못하는 곳이 없으며, 전세계 인구의 절반이 인터넷을 사용한다. 인터넷에 대한 환호가 계속 이어지는 한편으로, 인터넷이 인간의 심리와 정치에 미치는 부정적인 영향 또한 점점 더 많이 드러나고 있다. 사회 구성원이 개별적으로 인터넷에 의존하는 것뿐만 아니라 사회 전체에 집단적인 인터넷 의존 현상의 조짐이 보이는 것 또한 매우 우려스럽다. 인터넷 의존의 확산에 과감히 맞서기 위해서는 우리가 디지털 혁명의 과정을 거쳐오면서 얼마나 심각한 의존 증상을 보이고 있는지 스스로 자문해야 한다. 그리고 이에 대한 대답은 매우 충격적이다.

디지털 혁명을 이야기할 때면 항상 '네티즌'이 거론된다. 이것이 정확히 누구를 지칭하는지는 분명하지 않다. '오래된' 아날로그 미디어들조차 마치 베일에 싸인 신탁을 향해 자문을 구하듯 네티즌의 의견을 자주 인용한다. 예를 들어 다양한 주제에 관한 트위터 혹은 페이스북의 글을 아날로그 미디어에 게재할 때도 많다. 이런 현상을 보면 아날로그 미디어 제작자들이 자신의 존재 가치를 매우 불안해하면서 생존의 정당성을 입증하려 투쟁하고 있다는 것을 여실히 느낄 수 있다. 이들은 자신의 매체에 젊고 진보적인 색채를 덧입히기 위해 인터넷에 제시된 의견에 특별한 의미를 부여한다.

네티즌은 무엇보다 인터넷의 시각으로 세상을 바라보며 나날이 커져가는 집단이다. 이러한 네티즌의 숫자는 날이 갈수록 늘어나는데, 이 집단은 흔히 종교적 근본주의와 매우 유사하다. 어떤 근본적인 비판도 염두에 둘 필요 없는 우월한 존재라고 여기는 인터넷의 기이한 태도 또한 근본주의와 유사하다. 인터넷 신봉자들은 인터넷이 세간의 비판 대상이 될 때 이따금씩 극도로 예민하게 반응하기도 하는데, 이들은 인터넷에 인류의 미래가 달려 있다는 절대적인 믿음을 지키려는 것이다. 이들의 절대적 신봉은 궁극적으로는 한없이 펼쳐진 사이버 공간에서 영생을 누릴 수 있으리라는 희망으로까지 이어지는데, 이러한 이단적 믿음이 인터넷과 관련한 모든 것을 예찬하는 기현상을 빚어내 외부 사람들의 눈에는 마치 대체 종교나 사이비 종교같이 보일 정도다. 그러므로 인터넷이 우리에게 흘리는 매혹적이면서도 위험한 '구원의 약속'을 좀 더 냉철히 바라보아야 한다.

쌍방향 능동성 혹은 쌍방향 수동성?

디지털 미디어의 새롭고 멋진 특징은 우리가 그 안에서 더불어 상호작용할 수 있다는 점이다. 과거에 우리는 주로 시청자였고 청중이었다. 즉, 과거에 우리는 미디어가 전해주는 메시지의 수용자였다. 이에 반해 오늘날 우리는 수시로 직접 방송을 한다. 우리는 자기 프로그램의 제작자다. 끊임없이 채팅을 하고 포스팅을 올리고 트위터를 하는 가운데 디지털 커뮤니케이션 프로세스는 한없이 가속화되고 있다.* 컴퓨터 게임을 할 때는 능동적으로 게임에 참여함으로써 게임 속에서 무언가를 체험할 수 있다. '쌍방향 능동성Interactivity'은 마법 같은 키워드다. 하지만 능동적으로 게임에 참여한다고 해서 우리는 정말로 좀 더 능동적이 되는가? 삶이 디지털화되면서 인간의 육체적 운동과 구체적 행위가 줄어들고 있음을 증명해주는 여러 정황이 있다. 우리는 수많은 이메일과 문자, 컴퓨터 게임의 캐릭터들을 끊임없이 이곳저곳으로 움직여보지만, 그럼으로써 우리의 삶과 사회는 별달리 바뀌지 않는다.** 철학자 로베르트 팔러Robert Pfaller는 이러한 현상을 '쌍방향 수동성Interpassivity'이라는 용어로 정확히 지적한다. 어쩌면 많은 이들이 칭송하는 사이버 쌍방향 능동성이 실상은 사이비 능동성에 가깝지 않을까? 점점 더 많은 시간을 마치 최면에 걸린 토끼처럼 영상 매체 앞에서 무력하게 보내고 몸을 더 안 쓰게 되면 점점 수동적으로 되지 않을까? 하지만 우리의 현 시대를 지배하는 인터넷의 경제 원칙은 인간의 관심과 주의를 최대한 오랫동안 인터넷에 집중시키고, 육체적 능동성을 상실한 채 모니터 앞에 앉아 있도록 잡아두는 것이다.

---

* 미디어 철학자 폴 비릴리오Paul Virilio는 엄청난 속도로 커뮤니케이션 프로세스가 진행되다 결국 세상사는 파열하거나 붕괴된다고 말하면서 이러한 상황을 '질주하는 정지 상태'라고 표현했다.
** 이런 맥락에서 사람들은 디지털 원주민 세대가 상호작용이 가능한 컴퓨터 게임과 네트워크 밖으로 진출하여 사회의 다양한 프로세스에 능동적으로 참여한다고 강조하지만, 2013년 JIM-연구 결과의 수치는 이와는 다르다. 예로, 인터넷 포럼이나 뉴스그룹에서 공개토론에 참여하는 디지털 원주민 집단은 6퍼센트에 불과하다. 이는 이들의 좁은 의미의 사회적 참여도를 나타내준다.

디지털 미디어를 이용한 자기실현?

오늘날 많은 사람들은 삶에서 일어나는 일을 글이나 사진, 동영상으로 끊임없이 쏟아내야 한다고 생각한다. 그렇게 생각하는 이유는 누군가가 실제로 자기 삶에 지대한 관심을 두고 있을 것이라는 희한한 확신을 하고 있어서다. 하지만 '기차에 앉아서 지루해하고 있는 중'이라는 글이나 접시 위에 예쁘게 담아놓은 음식 사진에 정말로 관심 있는 사람이 있을까? 더군다나 접시 위의 음식 사진은 이미 백 번쯤 보아온 익숙한 것이다. 대부분의 사람들은 누군가의 삶이 담긴 일기 형식의 글이나 사진, 동영상에 아무 관심이 없다고 인정할 것이다. 이런 기록은 인터넷이 존재하기 전부터 사람들이 삶을 간직하기 위해 해온 것들이다. 그런데 인터넷에 올린다고 해서 다른 사람들이 갑자기 이에 관심을 두어야 한단 말인가?*

어쩌면 소셜 네트워크의 핵심은 타인들과의 사회적 교류라기보다는 개별 사용자들의 자기표현 내지 자기연출이라고 볼 수 있다. 소셜 네트워크의 암묵적인 존재 목적은 모든 사용자가 타인에게 작은 관심과 인정을 받도록 해주는 것이다. 우리는 모두 타인에게 인정받기를 갈망한다. 소셜 네트워크상의 프로필과 방문자 수, 수백 개의 링크는 사용자들이 서로 인정해주고 인정받도록 기능한다. 소셜 네트워크의 글 중에서 유저들의 진지한 일상이 담긴 글은 찾아보기 힘들다.

---

* 인터넷이 등장하기 전부터 친구와 친척들 간에 자신에 대해 상세한 글을 써서 돌려보는 것이 유행했다. 이는 소식지를 돌리기 시작하면서부터 시작되었다. 일 년을 돌아보는 글을 써서 여러 장을 복사해 우편으로 부치다가 이메일이 등장하고 나서부터는 이메일로 보냈다. 이러한 소식지는 대부분 그다지 가깝지 않은 지인들이 보낸 것이다. 나로서는 나만을 위해 쓰인 것이 아니라는 사실 때문에 이런 소식지가 그다지 친근하게 느껴지지 않았고, 오히려 발신인과 수신인 사이의 거리감을 더욱 부각시킨다고 느껴졌다. 당시에 내가 그러한 소식지를 좋아하지 않았던 것만큼 오늘날에도 나는 디지털 소셜 네트워크에 넘쳐나는 자기연출적 글을 그다지 좋아하지 않는다.

이러한 현상을 이렇게도 볼 수도 있다. 소셜 네트워크는 자기상품화를 하기에 매우 적절한 공간이다. 이는 소셜 네트워크의 사업 모델에도 아주 정확히 부합한다. 이런 원리에 따라 소셜 네트워크는 개별 사용자의 자기가치를 마치 상품가치처럼 엄청나게 상승시킨다. 이른바 '온라인 계정'이라고도 불리는 사용자 프로필은 인터넷 세계에서 일종의 명함과도 같다. 이것을 본연의 목적에 따라 합리적으로 사용한다면 아무런 이의를 제기할 필요가 없다. 하지만 소셜 네트워크에서 유저들은 자기표현을 하고 타인의 관심을 받는 대가로 개인적인 인간관계, 특히 친구들과의 관계를 마치 하나의 상품처럼 물물교환의 수단으로 이용하고 있다. 페이스북과 왓츠앱 등이 바로 이런 방식으로 돈을 번다. 재런 래니어 Jaron Lanier가 《당신은 기계 부속품이 아니다》에서 정확히 짚어냈듯이 우리는 인터넷 기업의 상품이며, 이로써 이들 기업에 의존적인 존재가 된다.

　우리는 인터넷이라는 공공연한 공간에 대부분 자신과 삶에서 가장 멋진 부분, 혹은 스스로에게 바라는 이상적인 삶을 공개한다. 이와 관련하여 나날이 다양해지는 디지털 기술은 우리가 스스로 원하는 자아상에 근접해갈 수 있도록 돕는다. 심리학적으로 볼 때 내가 나 자신에 몰두하는 것과 내 자아상에 몰두하는 것은 분명한 차이가 있다. 자기실현과 자기상품화는 엄연히 다르다. 자기실현이라는 개념은 오래전부터 우리 곁에 있었던 개념이다. 과거에 우리가 자기실현이라는 개념과 결부시켰던 신조는 '네 본연의 모습의 네가 돼라!'이다. 하지만 오늘날 첨단기술 미디어와 관련해 사용하는 개념은 자기최적화다. 그래서 이와 함께 외치는 모토는 '네가 원하는 모습의 네가 돼라'이다.

　이 같은 추세는 바로 우리의 신체와도 연관이 있다. 우리는 첨단 모바일 기기의 도움으로 수면 리듬, 심장 박동수, 걸음 수 혹은 체지방지수 등 신체 기능을 측정한다. 단, 이렇게 측정한 자료도 당연히 관련 업체의 목적에 따라 이용된다. 우리는 이른바 바이오피드백Bio-feedback 으로 자기 몸을 끊임없이 측량하고 이에 맞춰 관리할 수 있다. 여기에서의 목표는 좀 더 아름다워지는 것이며 최종적인 목표는 더욱 멋진 사진을 인터넷에 올리는 것이다. 자신의 모습을 카메라에 담는 셀카의 유례없는 성공 사례가 이와 관련한 모든 것을 말해준다. 우리는 자신의 자아상을 점점 더 세밀하게 다듬어간다. 부득이한 경우에는 사진 보정 프로그램을 사용하기도 한다. 자신의 몸을 최적화시키려는 열망 덕분에 성형외과는 호황을 누리고, 이러한 열망은 시간이 갈수록 점점 극단적으로 치닫고 있다. 디지털 미디어에 자신을 표현하고 과시하려는 경향에 휩쓸려 바깥세상에 비치는 모습을 중요한 척도로 삼으면, 우리는 그릇된 자아상에 종속된다. 모든 초점을 자신에게 맞추고 자신의 자아상에 몰두하며, 타인은 단지 자신을 인정하고 칭찬해주는 존재로만 여기는 이들은 점점 비인간적인 모습으로 변해간다. 남들이 감탄하는 완벽한 모습을 유지하려면 남들과 거리를 둘 수밖에 없다. 이들의 모습이 아무리 완벽하다 해도 진정으로 사랑스럽지는 않다. 소셜 네트워크에서 활발하게 활동하면서 많은 사람들과 항상 아주 가까이 있다는 착각 속에 살지만, 결국에는 소셜 네트워크 때문에 사람들과 더 멀어질 수도 있는 것이다.

집단지능 혹은 디지털 따돌림?

인터넷이 내세우는 또 하나의 '구원의 약속'은 다수의 인간을 디지털 미디어를 이용해 집결시키면 인간의 지성이 더욱 발현되리라는 것이다. 사람들은 이와 관련하여 '집단지능' 혹은 '군중의 지혜'를 거론한다. 다수의 사용자들이 자신의 지식을 자발적으로 모아 온라인 백과

사전을 만들고 이를 서로 공유하는 현상은 이들이 내세우는 좋은 사례다. 여기까지는 매우 훌륭하다.

하지만 인터넷상의 모든 단체 행동이 지성과 이성으로 주도되는지에는 의문의 여지가 있다. 지금까지 존재해온 모든 미디어와 마찬가지로 인터넷에서 많은 이의 이목을 끄는 것은 이성적인 현안이 아니라 유저들의 감정을 자극하는 사건이다. 사람들은 욕망과 분노가 부풀어 올라 세간을 흥분의 도가니로 만들어버리는 그런 사건에 주목한다. 이러한 흥분의 물결은 몇몇 개인들에게 끔찍한 결과를 초래할 수도 있다. 예로, 어떤 범죄가 발생하면 인터넷상에 여러 가지 소문이 도화선처럼 퍼져나간다. 이러한 억측을 근거로 무고한 몇몇 사람들이 범인으로 지목되고 고발과 처벌이 자행되며 인터넷 구석구석이 열기로 달아오른다. 이렇게 되면 무고한 사람들의 삶이 무너질 수도 있다. 때로는 인간의 감정이 이성보다 강력하다는 것은 그다지 놀라운 사실이 아니다. 이는 인터넷상에서도 마찬가지다.

집단감성이 최소한 집단지능만큼 강력하다는 것을 시사해주는 근거는 매우 많다. 집단지능은 여러 개체가 모인 집단이 긍정적인 방향으로 발전해나간다는 증거로 이해되기도 하는데, 이미 이러한 출발점에서부터 문제가 있다. 집단지능을 거론하는 사람들은 인간 집단을 한 떼의 동물과 비교하기 때문이다. 인간과 달리 동물은 무엇보다 충동 때문에 움직인다. 예를 들어 한 떼의 사냥개는 적에게서 달아나거나 사냥감을 처치할 때 본능적으로 지능적인 행동을 할 수 있다. 충동으로 움직이는 사람들이 희생양을 향해 달려들 때도 사냥감에게 달려드는 사냥개들처럼 매우 위험할 수 있다. 유감스럽지만 인터넷은 이러한 사태를 막을 힘이 없다. 안타깝게도 우리는 인터넷상의 '군중의 지혜' 덕분에 디지털 따돌림 현상이 발생하지 않을 거라고 확신할 수 없다.

만약 인터넷이 사람들을 단순히 잠깐 동안 연결시키면, 인터넷의 원천적인 지능은 당연히 바람직한 결과를 가져올 수도 있을 것이다. 하지만 현실적으로 인터넷을 단순히 원천적인 지능의 보고라고 여기는 것은 지나치게 순진하면서도 위험한 발상이다. 인터넷은 결코 인간을 더 나은 인간으로 개조시키지 못한다.

또한 많은 이들의 바람처럼 인터넷이 개인에게 더 많은 자유를 가져다주고, 인류의 민주주의에 이바지할지는 매우 의심스럽다. 이른바 '아랍의 봄', 즉 아랍세계의 정권에 대항하는 혁명과 봉기에 불을 지핀 사건은 소셜 네트워크가 자체적으로 민주주의를 위해 잠재력을 발휘할 수도 있겠다고 잠시나마 생각하게 만들었다. 하지만 이 사건은 별다른 소득이 없었다. 이들 중 어느 나라도 예전보다 더 많은 자유와 안전을 얻지 못했다. 이 사건과 관련해 디지털 세계가 너무 일찍 자화자찬에 나선 것은 여러 이유로 볼 때 매우 부끄러운 일이다. 결과적으로 해당 사건이 수많은 사람의 죽음을 초래한 것을 생각해보면 소셜 네트워크를 찬양했던 당시의 분위기가 떠올라 씁쓸해진다. 어쩌면 페이스북과 트위터는 촉매제로써 사건의 진행을 가속화하는 역할을 했을 뿐, 내용면에서 어떤 긍정적인 영향을 미치지 못했다고 볼 수도 있다. 이제는 세월이 흘러 잔혹한 독재자들과 종교적 광신자들 또한 디지털 미디어를 이용하고 있으며, 이로써 새로운 집단적 의존 현상을 유발하고 있다.

자유와 민주주의를 쟁취하고 유지하는 주체는 최첨단기술이 아니라 바로 인간이다. 이러한 사실은 이미 정착된 민주주의에도 똑같이 해당한다. 깊은 본능 속에 도사린 군중적 특성이 발현되지 않도록 통제하기란 쉽지 않다는 사실을 항상 유념해야 한다. 인간의 이 같은 특성은 결코 변하지 않을 것이며, 이는 특히 인터넷상에서 유의해야 할 사항이다. 이와 관련하여 재런 래니어는 절박하게 경고한 바 있다. '인 터넷이라는 매체는 인간의 특성 중 최악의 특성을 이따금씩 발현시킨 다. 수백만의 사람들이 이런 위험천만한 매체에서 하나로 연결된 현실 을 감안할 때, 어느 순간에 갑자기 거대한 파시스트적인 집단 따돌림 현상이 발생할 수 있다는 우려는 매우 타당하다.'

인터넷상의 투명성과 민주주의

우리는 모두 인터넷이 가져다주는 투명성을 환호하며 반겼다. 디지 털 혁명의 진행 과정에서 투명성이라는 개념처럼 급속도로 등락을 경 험한 주제는 없다. 이제는 투명성이라는 주제가 지녔던 마법이 완전히 사라졌다. 투명성의 특성이 모든 비밀을 없애버리는 것임을 감안하면 이는 이미 예견된 일인지도 모른다.

사회의 많은 분야에서 더 많은 투명성을 확보하는 것은 분명 의미 있고 필요한 일이다. 무엇보다 정치권과 경제계 관계의 투명성은 반드 시 확보해야만 한다. 누군가가 혹은 어떤 기관이 투명한 모습을 보이 면 우리는 그 사람 혹은 그 기관의 개방적이며 진실된 모습을 신뢰하 게 된다. 이런 의미에서 투명성은 최종적으로 우리가 좀 더 자유롭고 좀 더 공정하며 평화롭게 어울려 살기 위한 토대가 된다.

하지만 최근 수년간의 상황을 보면 투명성은 전투 용어가 되어버 린 것 같다. 철학자 한병철 교수는 이 맥락에서 심지어 '투명성의 테 러'라는 말까지 한 바 있다. 실제로 현재 우리 사회에는 궁극적인 투 명성을 달성하도록 기대하는 네티즌 때문에 곳곳에서 불만이 싹트고 있다.

투명성은 항상 양면적이다. 국민은 정치권에 완전한 투명성을 요구 한다. 즉 정치권을 끊임없이 완벽하게 감시하려 한다. 반면 오늘날 민주주의 정부의 비밀정보기관들은 국가기관의 기능을 수행하기 위해 국민을 완전히 투명하게 감시할 필요가 있고, 이것이 적법하다는 주장을 공공연하게 한다.

국민은 정부기관과 기업들이 자신을 도청하고 감시하는 것에 대해 더없이 분노한다. 그럼에도 우리가 인정해야 할 사실이 있는데, 그것은 우리가 검색엔진이나 쇼핑 포털사이트, 소셜 네트워크의 사용자로서 이미 오래전부터 이들에게 우리의 카드를 엿볼 기회를 자발적으로 과도하게 주어왔다는 것이다. 현재 우리는 이미 거대 인터넷 기업들에 심각하게 의존하고 있어서, 이들이 내미는 사업 모델을 거부할 엄두조차 내지 못한다. 경제적 안정 내지 물질적 풍요보다 우리에게 더 큰 비중을 차지하는 건 없는 것 같다. 투명성의 부정적인 측면은 우리를 갈라놓는 것이 아니라 오히려 전 세계인을 하나의 종속적인 집단으로 만들어버리는 것이다.

인터넷이 우리를 감시하고 심지어 조작했다는 정황은 명백하지만, 그렇다고 해서 인터넷을 사용하지 않을 사람이 어디에 있겠는가? 구글보다 더 성능 좋은 검색엔진은 없다. 인터넷 대기업의 권력이 특히 우려스러운 이유는 우리가 이들 기업에 집단적으로 의존하고 있다는 사실을 정작 우리 자신은 거의 의식하지 못하고 있어서다. 아마존이나 구글, 페이스북에 개인정보를 남기면 어떤 대가를 치르는지 우리 중 누구도 잘 모른다. 제품을 광고하려는 목적을 가진 기업들은 우리가 남긴 개인정보를 이용해 우리에 대해 많은 것을 예측한다. 이보다 심각한 것은 같은 방식으로 수집된 개인정보가 정기적으로 비밀정보 기관으로 흘러들어간다는 점이다. 우리는 이러한 사실을 최근에야 주지하게 되었다. 사람들이 그토록 열광했던 투명성은 이처럼 정치와 경제의 막강한 동맹에 기여하는 수단으로 이용되기도 한다. 관련 당국과 이해관계의 당사자들은 이 모든 것이 국민의 자유를 보호하기 위한 것이라고 재차 강조하지만 그것의 실질적인 목적은 국민을 통제하고 종속적인 존재로 만드는 것이다.

하지만 나는 국민이 정치권에 지속적이며 완전한 투명성을 요구하는 것 또한 바람직하지 않다고 생각한다. 정치인은 자신의 태도와 결정을 대중에게 알리기 전에 굳게 닫힌 문 뒤에서 숙고하고 토론할 수 있어야 한다. 이들은 스마트폰으로 주고받는 논의 사항이 미디어에 새 나갈 것을 매우 우려한다. 이제 어떤 정치인도 자신이 믿고 한 이야기가 절대로 국민에게 알려지지 않을 거라고 확신할 수 없는 상황이 되어버렸다. 이들은 대중의 즉각적이면서도 엄격한 판결을 몹시 두려워한다. 상황이 이러해서 대중에게 알려진 공인은 어딘가에서 솔직한 의견을 말할 엄두도 내지 못한다. 그러므로 우리는 정치인이 분명하게 의사표현을 하지 않거나 볼썽사나울 정도로 인기에 영합하려는 발언을 하더라도 이를 이상하게 여겨서는 안 된다. 오늘날의 정치는 이른바 극단적인 미디어 정치의 표본이 되어버렸다. 하지만 투명성과 관련하여 미디어의 독재에 완전히 복종하는 정치는 독립성을 상실했으므로 독자적 행동을 하기가 힘들다. 정치권의 행동반경이 지나치게 좁아지면 이들이 대리하는 국민의 자유도 위협받는다.

정치적 행동주의자와 정당들은 인터넷이라는 공간의 완전한 자유를 위해 오랫동안 투쟁해왔다. 어쩌면 인터넷이라는 세계에서 인간 중심의 무정부 상태를 실현할 수도 있을 거라는 믿음은 무척 매력적이었다. 이러한 믿음의 배후에는 인터넷이 모든 사용자에게 자동적으로 연대감을 조성해주고 하나로 묶어주리라는 단순한 생각이 깔려 있었다. 그러나 오늘날 디지털 혁명의 많은 선구자들은 이런 꿈을 접었다. 다름 아닌 정부와 기업, 여러 범죄조직들의 행동 때문에 인터넷상에 규칙이 필요하다는 사실을 인식하게 된 까닭이다. 권력을 잡고 돈을 버는 것은 현실 세계에서뿐만 아니라 사이버 공간에서도 여전히 매력적이다. 오늘날 디지털화되어가는 세계에서 공생을 위해 더 많은 권리와 의무를 촉구하는 것은, 인터넷을 현실 세계와 나란히 존재하는 하나의 방대한 세계로 간주한다는 것을 의미한다.

기억 및 망각의 필요성

인터넷과 연결되는 모든 컴퓨터와 하드 디스크는 인류의 집단 기억을 저장할 엄청난 공간이다. 인류가 이룩한 모든 학술적·예술적 결과물이 저장되어 있는 인터넷에서 누구나 필요한 정보를 가져올 수 있다는 점은 사이버 공간의 무한한 저장 능력이 지닌 장점이다. 무엇보다 국민과 정치인들이 인터넷을 이용해 인류의 역사와 철학에 대한 지식을 불러올 수 있다는 점에서 인터넷의 이러한 장점은 더욱 빛을 발한다.

인터넷은 아무것도 잊지 않는다. 이 문제와 관련하여 인터넷은 상당히 냉혹하다. 디지털 미디어가 존재하는 한 인터넷은 우리의 오래된 죄를 영원히 기억한다. 무한하게 넓은 사이버 공간에서 특정인의 과거사를 찾아내려는 개인과 기업의 의뢰를 받아 실제로 이런 활동을 하는 업체들도 있다. 이러한 상황에서는 인터넷이 기억하는 과거의 죄 때문에 결혼이나 취직을 못하는 사람도 생겨날 수 있다. 이는 디지털 미디어의 집단 기억력이 지니는 어두운 측면 중 하나다.

정신적으로 건강하기 위해서는 무언가를 기억하는 것도 중요하지만 잊는 것도 무척 중요하다. 이는 디지털 미디어가 지닌 집단 기억력의 또 다른 어두운 면과 연관이 있다. 만일 우리가 과거에 어떠했는지, 어떤 일을 했는지를 끊임없이 의식한다면 제정신을 유지하며 살기 힘들 것이다. 하지만 우리에 관한 자료는 짐작할 수 없을 만큼 엄청난 양으로 쌓여가고 있다. 우리는 글과 음성, 사진과 동영상을 이용해 수많은 기록을 인터넷에 저장해둠으로써 망각에 대한 두려움에 맞서 싸우고 있다. 우리는 자신의 기억력, 기억 속에 있는 것을 필요할 때 불러낼 수 있다는 사실을 신뢰하지 못한다. 하지만 지금처럼 모든 삶을 미디어를 이용해 기록해둔다면, 정말로 무언가를 인지하고 기억하는 법을 잊어버릴 수도 있다. 이는 이른바 디지털 치매의 가장 중요한 측면 중 하나다. 만프레드 슈피처Manfred Spitzer는《디지털 치매》에서 망각을 상세히 다루는데, 간략히 요약하자면 망각이라는 문제의 인지적인 측면을 다루고 있다.

반면 모든 것을 사진과 동영상에 담으려는 우리의 비정상적인 욕구는 망각과 관련한 정서적인 문제를 드러낸다. 우리 중에는 미디어를 사용해 기록해놓아야만 실제로 체험했다는 기분을 느끼는 사람도 많다. 만일 멋지고 감명 깊은 것을 보는 순간 반사적으로 카메라 혹은 스마트폰을 꺼낸다면, 이러한 멋진 체험을 온전히 즐길 수 없다. 우리는 지금 여기에서의 순간에 주의를 기울이고 집중할 능력을 잃어버린 것이다. 멋진 장면과 그것을 보며 느낀 감명을 마음속에 담아두면 그 영향이 지속되어 삶이 충만해진다는 믿음을 잃은 것이다. 하지만 오늘날 많은 사람들은 마치 모든 것을 수시로 기록하고 저장해두지 않으면 제대로 된 삶을 사는 것이 아니라는 듯이 행동한다.

이러한 추세는 계속 발전해나가는 중이다. 많은 사람들은 카메라가 내장된 최신 안경과 헬멧을 사용하여 일상 전체를 촬영한다. 여기에 타인의 삶이 포함되어 있다는 따위는 신경 쓰지 않는다. 그런데 도대체 누가 이 모든 것을 본다는 말인가? 누가 이 모든 것에 관심이 있단 말인가? 카메라로 촬영한 당사자 이외에는 누구도 관심이 없다. 또한 자신의 삶을 카메라로 빠짐없이 기록하면, 우리는 카메라와 네티즌의 시선으로 자신의 삶을 바라볼 수밖에 없다. 이로써 우리는 자기 경험과 일상을 또 다른 방식으로 미디어에 의존하게 만든다. 그런데 도대체 무엇을 영원히 담아두려는 걸까? 대체 실제의 삶을 살고 있기는 한 걸까? 심리학적인 관점에서는 이를 원초적인 두려움을 느끼고 있기 때문이라고 해석할 수 있는데, 최종적으로는 죽음에 대한 두려움 때문이라고도 볼 수 있다. 이러한 죽음에 대한 두려움은 종교적 문제와는 별개로 결국 누구에게나 찾아온다.

끊임없이 디지털 미디어를 사용해 자신의 삶을 담아두려 애쓰는 한, 우리는 제대로 살 수 없다. 이런 점에서 보면 많은 자녀들이 "인터넷에 접속하지 못하면 살아 있다는 느낌이 들지 않아요"라며 부모에게 소셜 네트워크나 온라인 게임을 하게 해달라고 조르는 것도 당연하다. 더욱 비극적인 것은 이들이 정말로 그렇게 느낀다는 사실이다. 이들이 품고 있는 '내가 오프라인에 있더라도 이 세상에 계속 존재하는 것일까?'라는 의문은 많은 인터넷 의존 환자들이 스스로에게 불안해하며 반복적으로 제기하는 질문이다.

업로드 대상으로서의 인간

사람들은 글과 음성, 사진과 동영상 형태로 자신에 관한 엄청나게 많은 자료를 남긴다. 일반적인 소셜 네트워크보다 더 용량이 큰 이러한 개인 자료를 돈을 받고 인터넷에서 모아주는 회사도 있다. 최근에는 최첨단 소프트웨어를 이용하여 이런 자료를 바탕으로 사람처럼 생기고 움직이며 말하는 가상의 피규어를 만들 수도 있다. 이 피규어가 어떤 모습인지는 컴퓨터 게임의 캐릭터들을 떠올려보면 된다. 흔히 이런 피규어를 만들 때는 유명 배우를 모델로 삼아 이들의 외모와 움직임, 목소리를 그대로 사용한다. 이런 데이터를 토대로 해당 자료의 주인인 실제 인간과 외모와 행동거지도 흡사한 아바타를 만들 수 있다.

기업들은 일반인에게도 이러한 아바타 제작 서비스를 제공하기 위해 준비 중이다. 이는 가까운 미래에 가상 인물의 형태를 지닌 우리 자신을 인터넷 공간에 출현시킬 수 있다는 것을 의미한다. 즉 자신의 디지털 도플갱어를 만들 수 있다는 말이다. 도플갱어의 외모를 완전히 동일하게 만들 것인지 아니면 실제 모습보다 조금 더 완벽하게 만들 것인지는 우리의 선택에 달렸다. 이처럼 도플갱어를 만들어놓으면 우리는 그 모습으로 지금보다 훨씬 다양한 방식으로 사이버 공간에서의 삶을 영위할 수 있다. 이 경우 인터넷은 더 매력적인 공간이 될 것이며, 우리는 인터넷상에서의 삶에 지금보다 훨씬 의존하게 될 것이다.

현재 이와 관련한 프로젝트는 지극히 극단적인 목표를 향해 나아가고 있다. 그것은 바로 우리의 아바타가 인터넷상에서 말 그대로 독립적인 존재가 되도록 만들겠다는 것이다. 우리는 현실 세계에서 살아 있는 생물처럼 행동하는 기계를 '로봇Robot'이라고 부른다. 그리고 가상 세계에서 인간처럼 행동하는 소프트웨어를 간략하게 '봇Bot'이라고 부른다. 2012년 제작된 영화 〈허Her〉에서 실제 여인과의 관계에 실망한 주인공은 스마트폰의 여성적 목소리에 사랑을 느끼고 흠뻑 빠져든다. 봇을 만드는 프로그래머들이 지금까지 가장 힘들어한 부분은 음성 프로그램으로, 실제 사람과 이야기를 주고받는다고 착각할 정도로 사실적인 음성을 만드느라 애를 먹고 있다. 하지만 인터넷에서 접하는 상대가 실제 인간인지 아니면 프로그램인지 구별하기 힘들 만큼 완벽한 봇이 곧 나타날 것이다. 온라인 컴퓨터 게임과 인터넷 만남 사이트에서는 이미 오래전부터 봇을 투입하는 것이 일상적인 일이 되었다. 유저들을 끌어들이고 해당 웹사이트에 오랫동안 잡아두기 위해 이미 오래전부터 가상의 엔터테이너를 투입하고 있다.

하지만 디지털 도플갱어에 관한 프로젝트의 최종 목표는 이보다 한 걸음 더 나아간다. 언젠가는 한 사람이 남기는 모든 디지털 자료를 바탕으로 가상의 도플갱어를 프로그래밍하여 당사자를 대신해 사이버 공간에서 독자적인 삶을 살게 한다는 것이다. 심지어는 이에 대한 대안으로 가까운 미래에 우리가 뇌를 하드 디스크와 인터넷에 업로드할 수 있게 되리라는 예측도 있다. 사람들은 이를 가리켜 '뇌-업로딩'이라 부른다. 마치 사이언스 픽션의 시나리오처럼 들릴 수도 있겠지만, 초인간주의(인간이 과학기술의 힘으로 한 단계 진화해야 한다는 이론—옮긴이) 운동을 주창하는 과학자들은 이러한 기술을 실제로 연구하고 있다.

〈엔터프라이즈 호〉라는 시리즈물을 시청한 사람들은 이른바 홀로데크Holodeck에 대해 알 것이다. 홀로데크는 홀로그램을 이용해 가상현실을 조성하는데, 사용자는 마치 무대에 올라가듯 홀로데크에 올라가 가상현실 속의 주변 상황과 상호작용을 한다. 뇌-업로드 또한 근본적으로 이와 다르지 않다. 구체적으로 설명하면 미래에는 인터넷 공간에서 가상의 도플갱어를 조종하는 데에 그치지 않고, 인터넷 세계에 자유롭게 풀어놓아 우리를 대신해 삶을 살도록 한다는 것이다. 소프트웨어 개발자들은 이러한 아바타가 심지어 우리와 똑같이 느끼고 생각할 수도 있다는 전망을 앞다투어 내놓고 있다. 이들은 설령 우리 몸이라는 하드웨어에서 글자 그대로 우리의 영혼이 빠져나간 뒤에도, 즉 우리가 죽고 나서도 이러한 아바타를 이용해 미래의 인터넷 세계에서 소프트웨어의 형태로 계속 살아갈 수 있으리라는 희망을 품고 있다. 이런 상황에서는 육체를 지닌 인간은 유행 지난 모델이 될 것이다. 인간은 최신 기술의 도움을 받아 사이버 공간에서 영원히 살 수 있는 불멸의 존재라는 유혹에 고민하다 결국은 신의 역할을 자처할 것이다.

디지털 기술로 우리의 영혼을 우리 몸 밖에서 구현하려는 것 자체는 더할 수 없이 과감한 시도다. 이런 방식으로 삶을 완전히 가상의 차원으로 옮겨놓는다면 사람들은 당연히 인터넷에 궁극적으로 의존하게 될 것이다. 사이버 공간에서 영생을 누리게 해주겠다는 약속은 인터넷에서 전파되는 유사 사이비 종교의 구원의 약속 중 최악이다.

우리는 로봇인가?

다음 단계는 '뇌에서 업로드해놓은 데이터'를 로봇의 뇌에 이식함으로써 컴퓨터를 조종하는 것이다. 얼마 전까지만 해도 언젠가 로봇이 이 세상에 살게 될 거라는 생각을 망상이라고 여겼다. 하지만 디지털 혁명이 진행되면서 로봇이 실제로 일상에 서서히 모습을 드러내고 있다. 오늘날 놀라울 정도로 발달한 컴퓨터 기술을 이용해 로봇은 뇌와 유사한 장치를 장착했고, 이로써 인간들이 흥미로워할 행동을 할 정도의 지능을 갖추었다. 그리고 여기에 바이오 공학 기술까지 덧붙여져 로봇은 언젠가 사람들에게 무척 매력적인 존재가 될 것이다. 또한 로봇은 이제 인터넷을 활용하여 서로 의사소통까지 할 수 있게 되었다. 사람들은 이처럼 사물들이 인터넷으로 연결돼 서로 정보를 주고받는 환경을 '사물 인터넷'이라 부른다.

이른바 사물 인터넷이 하는 일은 무엇보다 우리의 일상을 완전히 통제하는 것이다. 이와 관련하여 스마트폰은 삶을 원격 조종하는 수단이 된다. 이미 스마트폰에는 텔레비전, 오디오, 조명, 블라인드 등 가정용품에 딸린 여러 리모컨을 대체하는 기능이 있다. 여기까지는 좋다. 그런데 이제는 집에서 멀리 떨어진 곳에서도 스마트폰으로 집 안을 관리할 수 있다. 설치해둔 카메라로 실시간으로 집을 들여다보며 아무 문제가 없는지 살필 수 있다. 스마트폰이 라이브스트림^{live stream}, 즉 실시간 인터넷 방송 서비스로 집 안의 모습을 중계하는 것이다. 수상한 움직임이 있거나 연기나 불이 감지되면 스마트폰이 이를 알려준다. 왠지 섬뜩하다. 그런데 이보다 더 섬뜩한 것은 이 시스템을 이용하면 가전 기기와 특정 장소뿐만 아니라 사람들까지 통제할 수 있다는 사실이다. 최근에는 과잉 행동 장애가 있는 자녀나 치매 부모를 감독할 수 있는 기능이 탑재된 팔찌나 발찌가 출시된 바 있다. 이를 착용한 자녀나 부모가 지금 어디에 있으며 무엇을 하고 있는지까지 추적할 수 있다. 이러한 광적인 수준의 통제는 편집증적인 성격을 띤다. 인터넷은 모든 것을 지켜보고 있다. 이는 과거에 신의 영역에 속한 일이었다.

이처럼 우리가 상대방의 안전을 위한 것이라는 명목 하에 점점 더 서로를 통제하고 감시하는 동안 완전히 간과하고 있는 사실이 있다. 그것은 바로 이를 수행하는 인터넷이 한편으로는 안정감을 주지만 다른 한편으로는 결국 우리를 옴짝달싹하지 못하게 만든다는 것이다. 아내나 남편이 휴대한 스마트폰은 어찌 보면 서로를 감시하는 족쇄이기도 하다.

모든 것을 통제하려는 강박 때문에 우리는 많은 대가를 치른다. 이처럼 통제하려 들면 우리는 좀 더 자유로워지는 대신 좀 더 의존적인 존재가 된다. 즉 다른 사람들, 전자 기기, 인터넷에 더욱 의존하게 된다. 우리는 이 세상의 모든 것을 내 의지에 종속시키려 하지만, 실상 모든 인간은 거대한 기계의 아주 작은 톱니바퀴에 불과하다. 이런 비교가 다소 이상하게 들릴 수도 있지만, 우리의 이러한 상황은 사도마조히즘과 유사한 점이 있다. 사디스트는 마조히스트를 자기 마음대로 통제한다고 생각하지만, 근본적으로 보면 사디스트 또한 마조히스트의 통제를 받는다. 왜냐하면 마조히스트는 사디스트의 강박을 마치 유희를 하듯 지배하고 통제하기 때문이다. 디지털 기술을 이용해 환경과 타인을 통제하려 하면 할수록 그만큼 디지털 기술에 강하게 속박된다. 그런데 아마도 아주 가까운 미래에는 사물 인터넷이 이 모든 상황을 직접 주도할 것이다. 생각만 해도 섬뜩하다.

다음과 같은 시나리오에 필요한 기술은 이미 오래전에 마련된 상태다. 외출 직전 당신은 얼마 남지 않은 우유를 다 마신다. 당신이 집을 비운 동안 냉장고가 스캐너 기능으로 우유가 다 떨어졌다는 것을 확인한다. 이에 따라 냉장고는 내장된 온라인 기능을 이용해 쇼핑몰에 우유 두 팩을 주문한다. 주문을 받은 온라인 쇼핑몰에서는 컴퓨터와 로봇이 주문을 처리하는데, 이는 이미 일부 온라인 쇼핑몰에서 표준이 된 절차다. 로봇은 컴퓨터로 조종되는 무인비행장치 드론에게 우유를 건네고, 드론은 우유를 주문자의 집 베란다에 내려놓는다. 그러면 당신이 유리창 닦기, 진공청소기, 잔디 깎기 로봇 옆에 세워둔 가정 관리 로봇이 베란다 문을 열고 우유를 냉장고 속에 넣는다. 당신이 일을 일찍 마치고 집에 돌아와 시간적 여유가 있다면 맛있는 커피를 한 잔 마실 수도 있다. 커피에 넣을 우유는 이미 준비돼 있다.

이런 귀찮은 일들을 의욕에 넘치는 조력자에게 맡길 수 있다니 멋지지 않은가? 아마도 아주 가까운 미래에는 로봇의 완벽함을 본보기로 삼아 우리도 마치 기계처럼 작동하게 될 것이다. 그런데 가정이나 직장에서 인간이 할 일을 로봇이 점점 더 도맡아 수행하게 돼 그것 없이 살 수가 없을 정도가 되면 우리의 삶은 어떻게 될까? 가정 혹은 나라 전체에 로봇이 넘쳐나는 삶에서 과연 삶의 주인은 누구일까? 인간이 기계에 완전히 종속된 세상에서 살고 싶어 하는 사람이 있을까? 아니면 이미 그런 세상이 도래한 걸까? 이제 조금만 있으면 우리는 스타트렉 같은 사이언스 픽션 속에서 살게 될 것이다.* 이 대목에서 내가 치료했던 환자의 사례를 마지막으로 전해본다.

여러 해 동안 반지하 방에서 거의 하루 종일 컴퓨터를 하며 보낸 인터넷 의존 환자가 어느 날 자신은 사이언스 픽션 시리즈물 〈스타트렉-넥스트 제너레이션〉을 무척 좋아한다고 이야기했다. 텔레비전에서 방송되고 극장판으로 제작된 이 시리즈물은 〈엔터프라이즈 호〉의 속편이며 1편과 마찬가지로 미래의 세계를 철학적인 시각으로 다루었다. 주된 내용은 우주비행선 승무원들이 낯선 은하계에 들어가 인간과 유사한 형태의 생명체들의 삶을 접하고 자신들의 삶의 방식에 의문을 제기하는 것이다.

이 인터넷 의존 환자는 '데이터'라는 이름의 승무원이 특히 마음에 와 닿는다고 했다. 데이터는 안드로이드, 즉 컴퓨터와 바이오공학 덕분에 사람의 모습을 지니게 된 로봇이다. 어느 날 데이터는 실제 인간과 똑같이 느끼고 똑같이 생각하며 행동하게 만들어주는 컴퓨터칩을 하루 동안 몸에 지님으로써 인간의 삶을 체험할 기회를 얻는다. 이를 계기로 데이

---

*   인간이 지구를 마음대로 이용하고 훼손하기 전부터 인간은 다른 행성에서의 삶을 꿈꾸었다. 수많은 사이언스 픽션 소설과 시리즈물, 영화들이 인간이 새 삶을 찾기 위해 우주를 정복하는 이야기를 다루고 있다. 사이언스 픽션에서 우리는 미래의 기술에 힘입어 지금 이곳에서보다 훨씬 많은 선택권, 여러 곳을 자유롭게 이동하는 능력, 강력한 힘과 멋진 외모를 지녔다. 또한 미래에는 우리와 완전히 다른 모습의 선하고 악한 외계인을 만나게 된다. 모든 유형의 오락용 디지털 미디어에는 미래에 관한 이러한 상상이 반드시 등장한다. 오늘날 사람들은 지금의 자신보다 더 나은, 지금과는 다른 존재가 되길 바란다. 인터넷이라는 혹성에 거하는 우리의 계정과 아바타들은 우리의 현실적인 삶보다는 상상력과 갈망과 관련 있다. 갈망을 빨리, 완전히 충족시켜준다는 인터넷의 약속에는 중독의 위험이 도사린다. 이러한 상황에서 사이언스 픽션에서처럼 더 멋진 삶을 찾아 떠나는 우주여행에 관한 관심은 사그라들었다. 그러면 그간 만들어놓은 우주선은 무엇을 할까? 우주로 파견하는 우주인의 주된 임무는 지구를 완전히 네트워크화하는 위성 시스템을 설치하고 관리하는 것이다. 결국 우주선의 주된 기능도 인터넷을 위한 것이다. 심지어 우주에 사이버 공간을 만들 수 있다고 생각하는 사람들도 있다.

터는 인간 세상에 대해 새로운 관점을 얻게 되지만, 다른 인간들과 함께 지내면서 많은 어려움도 겪는다. 하루가 끝날 때쯤 데이터에게는 모든 것이 너무 복잡하게 느껴졌다. 주위 사람들의 감정과 기대에 반응하고 대응하는 것이 너무나 힘들었던 것이다. 결국 그는 인간의 삶을 살게 해주는 컴퓨터칩을 갖지 않겠다고 결정한다. 안드로이드로 사는 편이 낫겠다고 여긴 것이다.

인터넷 의존 환자가 원하던 것도 바로 그것이었다. 그는 지금까지 자신을 힘들게 해온 성가신 대인관계에서 너무나도 벗어나고 싶었기에 아무 감정도 느끼지 못하는 안드로이드가 되고 싶어 했다. 인간으로 사는 것보다 안드로이드로 사는 것이 더 나아 보였던 것이다. 사람들에 대한 실망 때문에 사람으로서의 삶을 포기하고 싶었던 것이다. 이는 심리치료 전문의인 나로서는 엄청난 충격이었다. 그의 깊은 슬픔은 내게 고스란히 전달되었고 이렇게 그의 감정에 진정으로 반응하는 내 마음이 우리 관계에 녹아들어 치료에 새로운 관점이 열렸다. 이런 일은 공동체에 속하고 싶어 하는 욕구가 결코 완전히 사라지지 않았기 때문에 가능했던 것이다. 그는 치료를 받는 동안 나와 함께 인간 대 인간의 관계를 쌓아감으로써 다시 한 번 실제 인간들과 어울려 살기 위한 연습을 해나갔다.

의존증을 유발하는 컴퓨터, 모든 사람과 사물을 연결시켜주는 인터넷, 이 두 가지는 사람을 자기 자신과 타인에게서 멀어지게 만든다. 나는 심리치료 전문의로 활동하면서 첨단기술을 무비판적으로 사용할 때 인간이 얼마나 고립되고 외로워지는지를 목격한다. 그럴 때마다 첨단기술에 대한 의존도를 최소한으로 줄여야겠다고 다짐한다. 나는 이미 내가 원하는 것보다 많은 시간을 컴퓨터 앞에서 보낸다. 이런 상태에서 로봇에 둘러싸여 시중을 받고 싶은 마음은 전혀 없다. 현재 이 세상에는 인간보다 컴퓨터의 수가 더 많으며, 인터넷상의 커뮤니케이션 중 60퍼센트 이상이 봇 등의 프로그램 간에 이루어지고 있다. 이는 이미 인터넷에서 사람보다 컴퓨터들이 더 많은 커뮤니케이션을 한다는 의미다.* 얼마 후면 로봇이 인간보다 수적으로 우월해질 것이다. 그다지 아름답지 않은 새로운 세계의 모습이다.

문명화 후에 도래한 미디어화

모든 혁명은 환희와 두려움을 동시에 가져다준다. 디지털 혁명 또한 다르지 않다. 이는 혁명의 특성이나 다름없다. 단 혁명에 대한 긍정적인 반응과 부정적인 반응 모두 나름대로의 근거가 있다. 우리는 진보의 장점은 자신을 위해 활용하고 단점은 최대한 피하려고 한다. 지난 수년간 인터넷에 대한 비판의 목소리가 점점 증가했지만 우리는 새로운 디지털 트렌드가 등장할 때마다 여전히 앞다투어 동참한다. 이제는 사이버 공간에서 많은 시간을 보낸다 해서 더 나은 삶을 사는 것이 아니라는 사실을 인정하고 이를 분명히 할 때가 왔다. 그래야만 더 많은 사람들이 인터넷에 빠져 길을 잃고 인터넷에 의존하는 최악의 사태를 막을 수 있다.

인간은 문명화를 거치면서 지구라는 행성과 인간의 동물적 충동을 얼마간 성공적으로 통제하고 교화시키는 법을 터득했다. 인간의 행보는 계속돼 이제 더 이상 지구에서의 삶의 조건에 복종하려는 마음이 없으며, 육체에 의존하는 영혼에게 자유를 주고 싶어졌다. 인간은 현재 존재하는 곳에서 최대한 멀리 떨어진 사이버 공간의 한복판으로

---

* 2013년 봇−트래픽−보고서에 따르면 웹−트래픽(웹사이트 방문자들이 데이터를 주고받은 양−옮긴이)의 61.5퍼센트가 사람이라 자처하는 프로그램이 주고받은 데이터였다.

자신의 존재를 이동시킴으로써 자유를 얻고자 한다. 문명 시대가 지나가고 미디어 시대가 오고 있다. 우리는 인터넷에서 좀 더 멋진 삶을 살 수 있기를 희망한다. 하지만 인터넷에서의 삶이 정말로 더 멋지다고 확신할 수 있는가? 우리는 도대체 어떤 것을 '멋지다'고 생각하는가? 인터넷은 분명 삶의 여러 부분을 훨씬 편리하게 만들어주지만, 실용성과 편리성은 '멋진' 것과는 아무 상관이 없다. 인터넷은 삶의 멋진 면을 특별히 부각시킬 기회를 주며, 우리가 이룩해놓은 멋진 것들에 쉽게 접근할 수 있도록 도와준다. 또한 우리는 내 마음대로 만든 새로운 가상 세계에서 아바타로 살 수도 있다.

멋지고 새로운 가상 세계에 매료돼 현실을 소홀히 하면, 가상 세계에 대한 몰입은 문제가 될 수 있다. 일상적인 삶의 많은 부분을 인터넷으로 이전시킨다 하더라도 결국 우리는 몸과 지구에 의존할 수밖에 없는 존재다. 인터넷상의 삶을 가꾸는 데 몰입하여 우리 몸을 포함한 자연과 문화를 소홀히 여긴다면, 멋진 삶을 위한 노력은 제로섬 게임이 될 수도 있다. 어차피 인터넷은 삶에서 가장 아름다운 순간을 대체할 수 없다. 가끔씩 인터넷에서 눈을 떼고 주위를 둘러보지 않으면 현실의 멋진 삶에 대한 감각을 잃어버릴 수도 있다. 미래를 가꾸어갈 때는 단지 미적인 측면만 볼 수는 없으며, 윤리적인 측면에 관해서도 생각해야 한다.

독일은 현재 오락용 전자미디어와 관련한 지출이 수십억에 달한다. 지출 가운데 오락용 전자미디어가 차지하는 비중도 증가 추세다. 또한 소득 중 점점 더 많은 부분을 인공적인 세계에 쏟아 붓고 있다. 심지어 가상 무기 등 가상 사물을 구입하기 위해 점점 많이 지출할 뿐만 아니라, 가상 농장을 가꾸기 위해 가상 사료와 비료까지 구입한다. 반면 실제 세계에 대한 관심은 날이 갈수록 줄어든다. 환경보호와 개발도상국

지원에 대한 관심도 감소하는 것으로 나타나고 있다. 사이버 공간에서 정신없이 즐기느라 지구와 지구 거주자들은 안중에도 없다. 바로 곁에 있는 사람이든 먼 나라에 있는 사람이든, 도움이 필요한 사람들에 대해서는 더욱 관심이 없다.

　오락용 전자미디어는 일상이 힘들고 우울할 때 기분을 전환시켜주고, 커뮤니케이션용 전자미디어는 타인의 아픔에 대해 알려주어 서로 위로할 수 있게 도와준다. 하지만 결국 사람과 사람 사이에서 가장 중요한 것은 직접 만나서 진심 어린 마음과 따뜻한 손길을 주고받는 것이다. 아이들이 건강하게 자라기 위해서는 무엇보다도 안정감을 주는 육체적 스킨십, 온기와 사랑이 필요하다. 어른들도 나이가 많이 들면 이와 같은 타인의 관심이 필요하다. 이는 어떤 컴퓨터도 어떤 로봇도 줄 수 없는 것이다. 모든 연령대의 환자와 장애인들도 이러한 관심이 필요하다. 소셜 네트워크나 온라인 컴퓨터 게임 사이트에 아무리 친구가 많더라도, 병들어 누워 있는 내게 위로가 되는 사람은 직접 문병을 오는 친구다. 병약해진 이에게 필요한 것은 머리를 쓰다듬어주고 실질적인 도움을 주는 손길이다.

　타인에게 손을 내밀고 한 끼 식사를 건네는 것이 의미 있는 일인 것은 우리 문화권 밖의 곤궁한 사람들에게도 마찬가지다. 구글과 페이스북 등의 대기업들은 이미 오래전부터 제3세계 국가에 디지털 기술을 전파할 계획을 세웠다. 통신 기능을 장착한 수천 개의 기구와 드론을 제3세계 국가에 설치하여 인터넷망을 확충한다는 계획이다. 이러한 계획은 공식적으로는 개발원조라는 명목 하에 진행되지만, 비공식적으로는 미래의 시장을 선점하려는 의도가 숨어 있다. 현재 UN을 비롯하여 여러 기관들은 제3세계 국가에 컴퓨터와 인터넷을 보급하여 교육과 정보를 전달함으로써 이들이 스스로 땅을 개척하고 기근을 면하도록 돕겠다는 야심찬 프로젝트를 추진 중이다. 이 같은 프로젝트가 의도대로 성공을 거둔다면 더할 수 없이 좋은 일이지만, 이렇게 보급된 디지털 미디어가 그곳에서 목적 그 자체로 전락한다면 식량과 식수 부족 문제는 결코 해결되지 않을 것이다. 무엇보다도 말 그대로 불모의 땅인 제3세계 시장을 거대 인터넷 기업들의 손에 맡겨버린다면, 이 같은 우려가 현실이 될 가능성은 더욱 커진다.

국제사회가 이 문제와 관련하여 어떤 우선권도 설정해놓지 않고 방관한다면 어떤 개선도 기대할 수 없다. 그 어떤 강력한 자본주의도, 인터넷이 세상에 선한 것들을 가져다줄 거라는 막연한 믿음도 이러한 상황을 개선시킬 수 없다. 현재 우리는 인터넷상에서 개별적으로 향유하는 즐거움과 인터넷 세상을 점점 더 중요하게 여기느라 지구를 좀 더 살기 좋고 인간적인 공간으로 만들려는 목표와는 점점 더 멀어지고 있다. 우리는 여유 자본이 생길 때마다 식량이나 식수와는 아무 상관도 없는 디지털 세계를 구축하는 데 사용하거나 낭비해버린다.

삶이 미디어화되어가는 과정에서 모든 문명을 사이버 공간으로 이전하는 것이 바람직하지 않다는 것을 뒷받침해 주는 다양한 근거가 있다. 우리가 타인과 함께 부대끼며 겪는 다양한 일과 과제들을 인터넷 공간에서는 체험할 수도, 이행할 수도 없다는 사실을 확인하기 위해 굳이 먼 곳까지 돌아볼 필요는 없다. 예를 들어 인터넷에서는 머리부터 발끝까지 누군가와 사랑에 빠질 수 없다. 인터넷 공간에서는 실제 섹스를 나눌 수도 없다. 아기를 임신할 수도 출산할 수도 없으며, 곁에서 아이가 커가는 과정을 지켜볼 수도 없다. 인터넷에 접속한다고 해서 배고픈 사람의 허기가 채워지지도 않는다. 인터넷에 들어가 병든 환자를 치료해줄 수도 없고, 죽음에 이를 때까지 곁을 지킬 수도 없다. 최종적으로 우리가 죽어 묻히는 곳도 인터넷 공간이 아니다. 특히 인간으로서 가장 약해지거나 가장 강력해지는 순간, 최고의 행복과 최악의 비참함을 이웃과 나누며 서로 가까워지는 순간, 이러한 순간에 인터넷은 어디에도 끼어들 틈이 없다. 우리는 타인과 삶을 공유하며 자기 존재를 확인하는 순간 몸과 감정과 정신이 하나로 어우러져 놀랄 만큼 커다란 힘이 발휘되는 것을 체험한다. 바로 이런 순간 우리는 자신이 인간임을 다시 한 번 확인한다. 이는 심리치료의 측면에서도 매우 중요한 체험이다.

심리치료 과정에서 젊은 인터넷 의존 환자들이 디지털 세계로 삶을 이전시키기 위해 현실에서 등을 돌리는 것을 볼 때마다 너무나 가슴 아프다. 이러한 의존 상태는 삶을 포기하는 것이나 다름없으며, 심지어 잠정적인 자살이라고 볼 만큼 치명적이다. 인터넷 의존 환자들이 인터넷 사용을 중단하는 과정에서 자신의 디지털 삶을 박탈당했다고 느끼고 현실의 삶에 아무 의욕도 느끼지 못하는 것만 보아도 인터넷 의존의 심각성을 분명히 알 수 있다. 이런 상태의 사람들은 정서적으로나 실질적으로나 현실 세계에서 생존할 능력이 없다. 이러한 환자들의 사례에서, 디지털 미디어의 의존이 세계적으로 지속된다면 본질적인 삶 자체가 위협받으리라는 사실을 깨달아야 한다. 그러니 상황을 정확히 바라보자. 이는 우리 모두의 삶이 달린 문제다.

지금 우리에게 부족한 것은 사이버 공간에서 삶의 조건을 개선하는 사회정책적 운동이다. 현실적인 삶의 조건을 개선하는 데 기여한 환경운동과 유사한 운동을 펼쳐 나갈 필요가 있다. 우리는 아직까지도 산업혁명의 부정적인 영향에 맞서 싸우고 있으며, 이를 위한 노력은 여전히 충분하지 않다. 그렇다고 해서 산업혁명을 돌이키려는 것은 결코 아니다. 단지 산업혁명으로 발생한 피해를 최소화하고 산업혁명의 유용성을 극대화시키려는 것뿐이다. 디지털 혁명과 관련해서도 마찬가지다.

우리의 정신 상태는 그때그때 만들어내고 사용하는 미디어에 영향을 받는다. 컴퓨터와 인터넷이 급속히 증가하면서 미디어 환경은 우리가 원하는 것보다 훨씬 빠른 속도로 변하고 있다. 이 같은 비정상적인 발전 추세는 미디어 환경의 균형을 깨뜨릴 수 있다. 이런 상황을 묘사할 때 비유적으로 사용되는 언어만 봐도 상황을 충분히 짐작할 수 있다. 예를 들어 메일함은 스팸 메일 때문에 '쓰레기 더미'가 되어가며, '데이터 스모그data smog'(인터넷이 제공하는 불필요한 과다 정보—옮긴이)가 감각을 마비시키며, '문자테러'가 덮치고, 컴퓨터 바이러스가 컴퓨터를 오염시킨다. 서버와 네트워크가 붕괴되기라도 하는 날에는 재앙이 닥칠 것이다.

오늘날 실제로 자연재해가 발생할 때 그것이 산업혁명으로 발생한 환경오염과 연관 있다고 단언할 수는 없다. 하지만 우리의 정신이 디지털 혁명 때문에 오염되는 것에 대해서는 우리 자신에게 완전히 책임이 있다. 과거의 실수를 되풀이하지 않으려면, 자연을 보호하고 가꾸어가듯이 미디어 환경도 똑같이 보호하고 가꾸어야 할 것이다. 디지털 혁명을 저지하려는 것이 아니라 의식적으로 신중하게 진행시켜야 한다는 것이다.

이제 미디어화에 직접 나설 때가 되었다. 나날이 증가하는 개인적·집단적 인터넷 의존현상에서 우리 자신을 보호할 수 있는 합리적인 미디어 환경이 필요하다. 인터넷 의존 예방이라는 대의적 과제 중 많은 부분은 관련 정책 결정권자들이 함께 감당해야 할 몫이다. 해당 과제를 수행하기 위해서는 환경운동과 마찬가지로 사회 구성원 개개인의 참여가 필요하다. 환경운동을 위한 독일어권 국가의 국민과 정치권의 참여는 세계적으로도 모범적인 본보기로 여겨진다. 이제 정신 건강을 해치지 않는 가상 세계의 환경을 마련하는 데에도 힘을 모아보자. 건강한 미디어 환경을 만드는 일은 자녀들의 자유로운 미래가 달린 중요한 일이다.

Jan Frölich, Gerd Lehmkuhl. Computer und Internet erobern die Kindheit: Vom normalen Spielverhalten bis zur Sucht und deren Behandlung. Stuttgart 2011.

Jaron Lanier. Warum die Zukunft uns noch braucht. Berlin 2010.

Jochen Hönisch. Eine Geschichte der Medien. Vom Urknall zum Internet. Berlin 2004.

Anthony McCarten. Ganz normale Helden. Zürich 2014.

Christoph Möller (Hg). Internet-und Computersucht. Ein Praxishandbuch für Therapeuten, Pädagogen und Eltern. Stuttgart 2011.

Evgeny Morozov. Smarte neue Welt: Digitale Technik und die Freiheit des Menschen. München 2013.

Kai Müller. Spielwiese Internet: Sucht ohne Suchtmittel. Heidelberg 2013.

Sherry Turkle. Verloren unter 1000 Freunden: Wie wir in der digitalen Welt seelisch verkümmern. München 2012.

Bert te Wildt. Medialisation. Von der Medienabhängigkeit des Menschen. Göttingen 2012.

Kimberly S. Young. Internet Addiction: A Handbook and Guide to Evaluation and Treatment. New York 2011.

Portal des Fachverbands Medienabhängigkeit, in dem sich Anbieter psychosozialer Hilfeleistungen in den deutschsprachigen Ländern vorstellen und organisieren: www.fv-medienabhängigkeit.de

Selbsthilfeportal von »Aktiv gegen Mediensucht e.V.« für Betroffene und Angehörige: www.rollenspielsucht.de

Medienpädagogischer Forschungsverbund Südwest, der jährlich Studien über das aktuelle Mediennutzungsverhalten von Kindern und Jugendlichen durchführt:

www.mpfs.de

Material zur Prävention und Beratung auf der Website der Stiftung Medien-und
Onlinesucht in Lüneburg:

www.stiftung-medienundonlinesucht.de

EU-Initiative für mehr Sicherheit im Netz:

www.klicksafe.de

Die Menthal-App für digitale Diät:

www.menthal.org

Englischsprachige Website von Dr. Kimberly Young:

www.netaddiction.com

Website der Ambulanz für Spielsucht von Dr. Klaus Wölfling an der Klinik
für Psychosomatische Medizin der Johannes Gutenberg-Universität Mainz mit
Selbsttests zur Internet-und Computerspielabhängigkeit:

www.unimedizin-mainz.de/index.php?id=5377

Website des Instituts von Prof. Dr. Matthias Brand mit Informationen über das
Krankheitsbild und den aktuellen Forschungsstand:

www.uni-due.de/kognitionspsychologie/index.shtml

Weiterführende Informationen über die LWL-Universitätsklinik für
Psychosomatische Medizin und Psychotherapie an der Ruhr-Universität
Bochum und die dortige Medienambulanz:

www.lwl-uk-bochum.de/klinik-fuer-psychosomatische-medizin-und-
psychotherapie

옮긴이_ 박성원

이화여자대학교 독어독문학과를 졸업하고 한국외국어대학교 통역번역대학원에서 한독과 국제회의 동시통역을 전공했다. 독일문화원 주재 '외국인을 위한 독일어 디플롬' KDS 및 GDS를 받았으며 2005년 프랑크푸르트 국제도서전에서 〈한국의 책 100〉 번역자에 선정되었다.
옮긴 책으로 《내가 혼자 여행하는 이유》《마음의 오류》《모두가 열광하는 셀프 마케팅 기술》《리더십: 소크라테스부터 잭 웰치까지》《지구는 왜 점점 더워질까》《아이의 영혼을 위한 가장 아름다운 이야기》《너에게 가장 소중한 친구가 되어줄게》《누가 바다를 훔쳐갔지》등 다수가 있다.

디지털 중독자들

초판 1쇄 발행일 2017년 3월 31일

지은이 베르트 테 빌트
옮긴이 박성원
펴낸이 김현관
펴낸곳 율리시즈

책임편집 김미성
디자인 Song디자인
종이 세종페이퍼
인쇄 및 제본 올인피앤비

주소 서울시 양천구 목동중앙서로7길 16-12 102호
전화 (02) 2655-0166/0167
팩스 (02) 2655-0168
E-mail ulyssesbook@naver.com
ISBN 978-89-98229-43-6 03330

등록 2010년 8월 23일 제2010-000046호

ⓒ 2017 율리시즈 KOREA

이 도서의 국립중앙도서관 출판시도서목록(CIP)은 서지정보유통지원시스템
홈페이지(http://seoji.nl.go.kr)와
국가자료공동목록시스템(http://www.nl.go.kr/kolisnet)에서
이용하실 수 있습니다.(CIP제어번호: CIP2017006858)

책값은 뒤표지에 있습니다.

**"이 책은 한국출판문화산업진흥원의
출판콘텐츠 창작자금을 지원받아 제작되었습니다."**